Windows 11 für Senioren für Dummies

Schummelseite

STANDARD-APP ZUM ÖFFNEN VON DATEIEN FESTLEGEN

Einige Dateitypen können unter Windows 11 mit verschiedenen Programmen geöffnet werden. Auf einem normalen Computer können beispielsweise Grafikdateien häufig mit zwei oder drei unterschiedlichen Programmen geöffnet werden. Windows 11 öffnet Dateien mit der *Standard-App* (auch *Standardprogramm*), von der es annimmt, dass diese die von Ihnen bevorzugte App ist. Aber was tun, wenn diese Standard-App nicht Ihre Methode der Wahl zum Öffnen von Dateien eines bestimmten Typs ist?

Gehen Sie wie folgt vor, um Windows mitzuteilen, welche Apps oder Programme es zum Öffnen von Dateien eines bestimmten Typs verwenden soll:

1. Öffnen Sie das Fenster EINSTELLUNGEN.
2. Klicken oder tippen Sie links auf den Eintrag APPS.
3. Auf der rechten Seite wählen Sie STANDARD-APPS.
4. Wandern Sie im nächsten Fenster durch die Liste und wählen Sie die App, für deren Dateiformate Sie die Standard-App ändern möchten.
5. Suchen Sie im nächsten Fenster, das eine sehr lange Liste mit Dateitypen zeigt, nach dem Dateityp, für den Sie die Standard-App ändern möchten.
6. Klicken oder tippen Sie rechts daneben auf das Symbol zum Ändern. Sie erhalten dann den Dialog WÄHLEN SIE EINE STANDARD-APP FÜR XXX-DATEIEN AUS. Wählen Sie das gewünschte Programm beziehungsweise die gewünschte App. Wenn nichts Passendes dabei ist, können Sie auch im Microsoft Store nach geeigneten Apps suchen.

Ihre Änderung wird nach der Anwahl direkt aktiviert, sobald Sie die Schaltfläche STANDARD FESTLEGEN anklicken.

Windows 11 für Senioren für Dummies

Schummelseite

APP-FENSTER HANDHABEN

Apps und Dateien werden in Fenstern auf dem Windows 11-Desktop geöffnet. Fenster sind in Windows 11 so wichtig, dass das Betriebssystem nach ihnen benannt wurde. Nachfolgend sind einige Techniken für den Umgang mit Fenstern beschrieben:

- ✔ **Verschieben:** Ziehen Sie (mit gedrückter linker Maustaste) an der Titelleiste – das ist der Bereich über dem Fenster, in dem der Name der Datei oder der App angegeben ist, mit der Sie gerade arbeiten.
- ✔ **Vergrößern/Verkleinern:** Schieben Sie den Mauszeiger oder Ihren Finger über eine Seite oder eine Ecke des Fensters. Anschließend ziehen Sie nach oben oder unten (um die Höhe des Fensters zu ändern) oder nach links oder rechts (um die Breite des Fensters zu ändern). Wenn Sie an der Ecke eines Fensters ziehen, können Sie die Höhe und die Breite gleichzeitig ändern (jeweils mit gedrückter linker Maustaste).
- ✔ **Wechseln:** Um zwischen einzelnen Fenstern zu wechseln, gehen Sie wie folgt vor:
  - Wählen Sie in der Taskleiste das Symbol AKTIVE ANSICHT. Miniaturabbildungen aller geöffneten Fenster werden angezeigt. Wählen Sie eine Miniaturabbildung aus. Sie können dazu auch [Windows]+[Tab] drücken oder von der linken Bildschirmkante aus nach innen wischen.
  - Wählen Sie ein Symbol in der Taskleiste aus. Wenn Sie mehrere Dateien mit einer App geöffnet haben, wählen Sie das Symbol für die App aus und dann die Miniaturabbildung für die betreffende Datei (oberhalb des App-Symbols).
  - Drücken Sie [Alt]+[Tab] und halten Sie die [Alt]-Taste weiterhin gedrückt. Ein Bildschirm mit Miniaturabbildungen aller geöffneten Fenster wird angezeigt. Halten Sie die [Alt]-Taste weiterhin gedrückt und drücken Sie [→] oder [←] oder die Taste [Tab], um eine Miniaturabbildung auszuwählen, und lassen Sie dann die [Alt]-Taste los.
- ✔ **Andocken:** Ziehen Sie das Fenster an eine Seite oder Ecke des Bildschirms. Das Fenster »dockt« an der Seite oder Ecke an, sodass es eine Seite oder eine Ecke des Bildschirms einnimmt.
- ✔ **Schließen:** Klicken oder tippen Sie auf die SCHLIEßEN-Schaltfläche (das »X«) oben rechts auf dem Bildschirm oder drücken Sie [Alt]+[F4].

Windows 11 für Senioren für Dummies

Schummelseite

EINEN ZWEITEN DESKTOP ÖFFNEN

Öffnen Sie unter Windows 11 einen zweiten (oder dritten) Desktop, um zu verhindern, dass zu viele geöffnete Fenster den Bildschirm unübersichtlich machen. Ein zusätzlicher Desktop ist wie ein zusätzlicher (virtueller) Monitor. Sie können Dateien eines Projekts auf einem Desktop öffnen und Dateien eines anderen Projekts auf einem anderen Desktop. Auf diese Weise behalten Sie den Überblick über Ihre Arbeit und sorgen für einen aufgeräumten Bildschirm.

Gehen Sie wie folgt vor, um einen weiteren Desktop zu öffnen:

1. Wählen Sie in der Taskleiste das Symbol AKTIVE ANSICHT (oder drücken Sie ⊞+Tab oder wischen Sie von der linken Bildschirmkante nach innen).

   Miniaturabbildungen der geöffneten Fenster werden angezeigt. Rechts unten auf dem Bildschirm sehen Sie die Schaltfläche NEUER DESKTOP.

2. Wählen Sie die Schaltfläche NEUER DESKTOP.

   Die Desktop-Kacheln DESKTOP 1 und DESKTOP 2 werden angezeigt.

3. Wählen Sie die Kachel DESKTOP 2.

   Desktop 2 wird geöffnet. Jetzt können Sie auf dem zweiten Desktop Apps und Dateien öffnen.

4. Wählen Sie erneut die Schaltfläche AKTIVE ANSICHT und wählen Sie die Kachel DESKTOP 1 aus, wenn Sie zum ersten Desktop zurückkehren wollen.

5. Um einen Desktop zu schließen, verschieben Sie den Mauszeiger oder Ihren Finger auf die Desktop-Kachel. Wenn die Schaltfläche SCHLIEßEN angezeigt wird, klicken oder tippen Sie darauf.

   Wenn Sie einen Desktop schließen, werden alle darauf noch geöffneten Apps und Dateien auf den noch geöffneten Desktop verschoben.

Windows 11 für Senioren für Dummies

Schummelseite

KENNWÖRTER VERWALTEN

Für private Computer brauchen Sie womöglich keine Kennwörter unter Windows 11, es sei denn, Ihr Computer soll auch von einer weiteren Person genutzt werden. Notebook-Benutzer jedoch sollten immer ein Kennwort anlegen. Machen Sie es den Dieben nicht zu einfach!

Windows 11 unterstützt zwei verschiedene Arten von Kennwörtern. Wenn Sie beim Einschalten Ihres Computers lieber auf die Eingabe eines Kennworts verzichten möchten, können Sie Windows 11 auch ohne ein Kennwort einrichten. Die beiden Kennworttypen sind:

- ✔ **Microsoft-Konto-Kennwort:** Diese Art Kennwort verwenden Sie, um Ihren Computer zu sichern und verschiedene Funktionen von Windows 11 zu nutzen, wie beispielsweise den Microsoft Store, in dem Sie Apps kaufen können, OneDrive, das einen Online-Speicher bereitstellt, oder die Synchronisierung von Einstellungen zwischen Computern.
- ✔ **Lokales Kennwort:** Dieses Kennwort sichert Ihren Computer gegen einen unerwünschten Zugriff.

Um Windows 11 mitzuteilen, welche Kennwörter Sie verwenden wollen, öffnen Sie das Startmenü, wählen Ihren Namen/Ihr Profilbild aus (unten im Startmenü) und wählen in dem jetzt geöffneten Drop-down-Menü den Eintrag KONTOEINSTELLUNGEN ÄNDERN bzw. MEIN MICROSOFT-KONTO. Der Bildschirm zum Verwalten der Konten wird geöffnet; hier können Sie auch Ihre Kennwörter verwalten:

- ✔ **Von Ihrem lokalen Konto zu einem Microsoft-Konto wechseln:** Wählen Sie auf dem Konten-Bildschirm den Link STATTDESSEN MIT EINEM MICROSOFT-KONTO ANMELDEN. Auf dem nachfolgenden Bildschirm geben Sie die E-Mail-Adresse und das Kennwort Ihres Microsoft-Kontos ein und wählen die Schaltfläche WEITER.
- ✔ **Windows 11 ohne Eingabe eines Kennworts starten:** Wandeln Sie Ihr Microsoft-Konto gegebenenfalls in ein lokales Konto um. Auf dem KONTEN-Bildschirm wählen Sie die ANMELDEOPTIONEN. Wählen Sie unter KENNWORT die Schaltfläche ÄNDERN aus. Der Bildschirm KENNWORT ÄNDERN wird angezeigt. Geben Sie Ihr Kennwort ein und wählen Sie WEITER. Auf dem folgenden Bildschirm tragen Sie nichts in die Felder ein und wählen WEITER. Anschließend wählen Sie FERTIG STELLEN.

Windows 11 für Senioren für Dummies

Schummelseite

IM WEB SUCHEN OHNE BROWSER

Windows 11 möchte Ihnen das Leben leichter machen. Daher gibt es oft mehrere verschiedene Möglichkeiten, eine Aufgabe zu erledigen. Wenn Sie beispielsweise das Internet durchsuchen wollten, mussten Sie früher einen Webbrowser öffnen, zu einer Suchmaschine (z. B. `www.google.de`) navigieren und dann nach dem Gewünschten suchen.

Das müssen Sie jetzt nicht mehr tun. Stattdessen können Sie das Internet direkt über die Suchfunktion von Windows 11 durchsuchen.

1. Wählen Sie das Suchsymbol in der Taskleiste, um das Suchfenster zu öffnen.
2. Geben Sie im Suchfeld Ihren Suchbegriff ein. Ihre Suchergebnisse werden auf der rechten Seite des Suchfensters angezeigt. Wenn Sie zum Beispiel nach `Erdbeerkuchenrezept` suchen, werden sofort diverse Rezeptvarianten angezeigt.
3. Wählen Sie einfach das gewünschte Suchergebnis aus, und Microsoft Edge öffnet sich automatisch und zeigt Ihnen die entsprechende Web-Seite an.

DATEIFORMATE ANZEIGEN LASSEN

Wenn Sie Dateien verschieben, kopieren, löschen oder umbenennen möchten, öffnen Sie zunächst den Datei-Explorer.

Bei der Verwaltung von Dateien ist es hilfreich zu wissen, mit welchem Dateityp Sie es zu tun haben. Auch wenn ein Dateiname noch so aussagekräftig ist, sagt er nichts darüber aus, ob es sich um eine DOCX-Datei (eine in Microsoft Word erstellte Textverarbeitungsdatei) oder um beispielsweise eine JPG-Datei (ein Format für Grafikdateien) handelt.

Um die Identifizierung von Dateien zu erleichtern, können Sie den Datei-Explorer anweisen, Dateinamenerweiterungen nach den Dateinamen anzuzeigen. Eine Dateinamenerweiterung ist ein Punkt gefolgt von einer Buchstabenfolge (in der Regel drei oder vier Buchstaben), die eine Datei nach Typ

Schummelseite

identifiziert. Zum Beispiel ist »Sonntag.docx« eine Microsoft Word-Datei, »Ostsee.jpg« ist eine JPG-Grafikdatei.

Gehen Sie folgendermaßen vor, um Dateinamenerweiterungen an Dateinamen anzuhängen:

1. Rufen Sie den Explorer auf.
2. Wählen Sie in der Symbolleiste ANZEIGEN und im Menü EINBLENDEN.
3. Wählen Sie im Untermenü DATEINAMENSERWEITERUNGEN.

Nach der Auswahl werden hinter den Dateinamen die Dateierweiterungen angezeigt. Jetzt können Sie Dateien leichter identifizieren. Sie können die Dateinamenerweiterungen deaktivieren, indem Sie die genannten Schritte wiederholen.

DATEIEN FINDEN

Manchmal verwenden Sie eine Datei, schließen sie und wissen dann nicht mehr, wo sich die Datei auf Ihrem Computer befindet. Sie können mit dem Suchsymbol in der Taskleiste danach suchen, aber was ist, wenn Sie sich nicht mehr an den Namen der Datei erinnern können?

Hier ist eine schnelle Lösung: Sie können eine Liste der letzten Dateien finden, mit denen Sie auf dem Startbildschirm interagiert haben, indem Sie folgende Schritte ausführen:

1. Rufen Sie über die Schaltfläche START das Startmenü auf.
2. Wählen Sie im angezeigten Startmenü die Schaltfläche MEHR.
3. In der Kategorie EMPFOHLEN erhalten Sie eine Liste der Dateien, mit denen Sie zuletzt interagiert haben, geordnet nach Datum und Uhrzeit (wobei die jüngste Datei zuerst erscheint).
4. Klicken Sie anschließend einfach auf die Datei, die Sie öffnen möchten.

Windows 11 für Senioren
für Dummies

Curt Simmons

Windows 11 für Senioren

für dummies®

Übersetzung aus dem Amerikanischen
von Christine Peyton
Fachkorrektur von Dirk Larisch
2. Auflage

WILEY

WILEY-VCH GmbH

Windows 11 für Senioren für Dummies

Bibliografische Information der Deutschen Nationalbibliothek

Die Deutsche Nationalbibliothek verzeichnet diese Publikation in der Deutschen Nationalbibliografie; detaillierte bibliografische Daten sind im Internet über `http://dnb.d-nb.de` abrufbar.

2. Auflage 2026

Coverfoto: Rido – `stock.adobe.com`
Korrektur: Isolde Kommer
Satz: Straive, Chennai, India
Druck und Bindung: CPI Group (UK) Ltd, Croydon, CR0 4YY

Print ISBN: 978-3-527-72454-3
ePub ISBN: 978-3-527-85790-6

C9783527724543_240226

Über den Autor

Curt Simmons ist Bestsellerautor von fast 100 Technologiebüchern zu einer Vielzahl von Themen. Außerdem entwickelt er Schulungsunterlagen zu Microsoft-Produkten und zur Fotografie. Wenn Curt nicht gerade schreibt oder unterrichtet, verbringt er seine Zeit mit Angeln, Gartenarbeit und der Restaurierung seines 125 Jahre alten viktorianischen Hauses. Er lebt mit seiner Frau Dawn und zwei Sphynx-Katzen in Texas.

Widmung

Für Dawn

Danksagung

Ich möchte mich bei Steven Hayes von Wiley dafür bedanken, dass er mir die Möglichkeit gab, dieses Buch zu schreiben, und bei Susan Christophersen für das Lektorieren des Manuskripts. Ein weiterer Dank geht an Ryan Williams, den Fachlektor der Originalausgabe, der dafür gesorgt hat, dass alle Anweisungen korrekt sind.

Auf einen Blick

Inhaltsverzeichnis

Einleitung

Windows 11 ist das Microsoft-Betriebssystem der neuesten Generation. Ein Betriebssystem ist das Masterprogramm, das einen Computer überhaupt erst nutzbar macht und die anderen Programme wie Textverarbeitungsprogramme, Fotosoftware und Webbrowser unterstützt. So wie Bildung einen Menschen in die Lage versetzt, Romane zu lesen oder Spiele zu spielen, so rüstet Windows 11 Ihren Computer für eine Fülle von Aktivitäten. Mit Windows 11 und anderen Programmen (oder *Apps*) können Sie Romane lesen oder schreiben, Spiele spielen oder Musik hören und mit Freunden und Verwandten in aller Welt in Verbindung bleiben.

Sowohl Windows als auch die Computer, also die *Hardware*, haben sich in den vergangenen 30 Jahren weiterentwickelt. Heute sind manche Computer nicht größer als ein Taschenbuch, und selbst ein so kleiner Computer ist unvorstellbar leistungsstärker als die Computer von vor zehn Jahren (und kostet nur einen Bruchteil davon). Die Hardware besteht aus dem Bildschirm und optional auch aus einer Tastatur und einer Maus.

Schon nach kurzer Zeit am Computer merkt jeder, dass das Ganze eigentlich auch einfacher gehen müsste. Zuweilen scheinen Computer übermäßig kompliziert und undurchschaubar. Haben Sie in letzter Zeit einmal ein Mobiltelefon oder die Fernbedienung eines Fernsehers zur Hand genommen? Warum hat jedes Mikrowellengerät andere Bedienungsknöpfe? Warum bietet jedes neue Gerät zahllose Möglichkeiten, die Ihnen den Blick auf die, die Sie benötigen, verstellen? Diese Fragen kann ich Ihnen zwar nicht beantworten, aber ich kann Ihnen vieles Schritt für Schritt erklären, was Sie mit Windows 11 anfangen können.

Nachdem ich viele Jahre lang mit Computern gearbeitet habe, weiß ich, dass es sich lohnt, ihnen mit Geduld, Neugier und systematischer Herangehensweise beizukommen. Insbesondere ältere Menschen wissen, dass man nie aufhört zu lernen und dass das Lernen einen jung hält, zumindest bildlich gesprochen. Vielleicht werden Sie durch dieses Buch ja zu einem Multitasking-Computerexperten, der mit Windows 11 virtuelle Gymnastik treibt. Andererseits: Wenn Ihnen dieses Buch hilft, auch nur eine einzige Sache zu erledigen, die Ihnen wichtig ist, sei es das Verschicken von E-Mails, das Surfen im Internet oder das Genießen von Fotos oder Musik, ist diese eine nützliche Sache vielleicht schon alles, was Sie brauchen.

Über dieses Buch

Das Alter ist nicht der springende Punkt. Dieses Buch ist für jeden da, der mit Windows 11 anfangen möchte und sich Schritt-für-Schritt-Anleitungen ohne großes Gerede wünscht. Die Einträge unter der Überschrift »In diesem Kapitel« am Anfang eines jeden Kapitels führen Sie direkt zu den praktischen Inhalten der Kapitel. Viele Abbildungen stellen die Computerbildschirme zu den einzelnen Arbeitsschritten dar. Dieses Buch zu lesen ist so, als würde Ihnen beim Arbeiten mit Windows 11 ein erfahrener Freund zur Seite stehen, der Ihnen nicht die Kontrolle über den Computer aus der Hand nimmt, sondern Sie führt und leitet.

Windows 11 wird laufend überarbeitet. Microsoft aktualisiert das Betriebssystem Windows 11 von Zeit zu Zeit, um es sicherer und benutzerfreundlicher zu machen. In Kapitel 3 erfahren Sie übrigens, wie Sie nach Updates für Windows 11 suchen und diese installieren können. Da das Betriebssystem ständig aktualisiert wird, stimmen die Bildschirmfotos in diesem Buch unter Umständen nicht ganz genau mit dem überein, was Sie auf Ihrem Bildschirm sehen.

Konventionen in diesem Buch

Dieses Buch verwendet konsequent bestimmte Hilfsmittel, um wichtige Informationen hervorzuheben und Ihnen die Orientierung zu erleichtern:

- ✔ **Verschiedene Methoden, Schritte auszuführen:** Normalerweise können Sie die Schritte auf drei Arten ausführen:
  - **Maus:** Wenn Sie eine Maus haben, befolgen Sie diese Instruktionen.
  - **Touchscreen:** Vielleicht können Sie die Aufgaben auch durch Berühren des Bildschirms ausführen.
  - **Tastatur:** Oft sind Tastenkombinationen der schnellste Weg zum Ziel.

Wenn Sie mehrere dieser Möglichkeiten haben, probieren Sie einfach aus, welche Ihnen am besten von der Hand geht.

- **Fettdruck** dient der Hervorhebung.
- **Hinweise oder Markierungen in Abbildungen** ziehen Ihre Aufmerksamkeit auf einen bestimmten Bildausschnitt. Der Text teilt Ihnen mit, wonach Sie suchen sollen, die Hinweise in den Abbildungen helfen Ihnen, es zu finden.
- **Webadressen:** Im Text sehen sie folgendermaßen aus: `www.dummies.com`. In Kapitel 6 wird das Surfen im Internet erläutert.
- **Programmoptionen und -schaltflächen:** In diesem Buch wird zur besseren Hervorhebung von Elementen von Windows und seinen Apps die Schriftart KAPITÄLCHEN verwendet.

Bei der Glühbirne stehen besonders hilfreiche Vorschläge und Tipps.

Wie Sie dieses Buch lesen

Sie können dieses Buch von Anfang bis Ende durcharbeiten oder einfach im Bedarfsfall im Inhaltsverzeichnis oder im Index die Stelle suchen, die Sie brauchen, um ein Problem zu lösen oder etwas zu lernen, das Sie gerade interessiert. Die Schritte der einzelnen Aufgaben bringen Sie schnell und ohne große technische Erklärungen ans Ziel. Sie werden in Nullkommanichts alles lernen, was Sie benötigen, um mit Windows 11 souverän umzugehen.

Jede Technologie hat ihre eigenen Fachbegriffe, aber Sie müssen nicht gleich eine neue Sprache lernen, um einen Computer zu benutzen. Sie benötigen keine Vorkenntnisse über Computer oder Windows. Schritt für Schritt werden Sie durch die Aufgaben geleitet und lernen zum Beispiel, wie Sie E-Mails abrufen oder Spiele spielen können. Die Schritte enthalten genau die Informationen, die Sie für die jeweilige Aufgabe benötigen, nicht mehr und nicht weniger.

Törichte Annahmen über die Leser

Ich gehe davon aus, dass Sie einen Computer besitzen und sich klare, knappe Schritt-für-Schritt-Anleitungen für den Umgang mit Windows 11 wünschen und dass Sie nur das Nötige wissen möchten, und zwar dann, wenn Sie es benötigen. Dieses Buch ist kein Computerkompendium, es behandelt nur den praktischen Umgang mit Windows 11. Wie es ein alter Freund von mir ausdrückte: »Ich will keine Uhr bauen, ich will nur wissen, wie spät es ist.«

Wie dieses Buch aufgebaut ist

Dieses Buch ist in vier Teile gegliedert, damit Sie besser finden können, was Sie suchen. Sie können es von vorn bis hinten durchlesen oder einfach die Stelle aufschlagen, die Sie interessiert.

- **Teil I: Windows 11 kennenlernen**

  In Kapitel 1 schalten Sie den Computer ein und machen sich mit den wesentlichen Teilen von Windows 11 vertraut, zum Beispiel mit der Startseite. Außerdem lernen Sie den Umgang mit Maus, Touchscreen und Tastatur kennen. Die Funktionen von Windows-11-Apps werden in Kapitel 2 erklärt. In Kapitel 3 wird erläutert, wie Sie Windows 11 an Ihre Anforderungen anpassen. Kapitel 4 erklärt, wie Sie Benutzerkonten anlegen und festgelegte Einstellungen wie Kennwörter ändern. Der Desktop, wie Sie ihn anpassen und Fenster darauf verwalten, ist Thema in Kapitel 5.

- **Teil II: Windows 11 und das World Wide Web**

  Über das Web bleiben Sie auf dem Laufenden und können mit Menschen rund um den Globus in Kontakt treten. Kapitel 6 verrät Ihnen, wie Sie mit Microsoft Edge im Web surfen, und Kapitel 7, wie Sie E-Mails senden und empfangen. Kapitel 8 stellt ein paar Apps vor, die Ihnen helfen können, den Alltag zu organisieren. Unter anderem lernen Sie die Karten-App und die Kurznotizen kennen. Kapitel 9 erklärt den Umgang mit Teams, mit dem Sie über Chats und Videokonferenzen in Kontakt mit Ihren Freunden und Kollegen bleiben.

- ✔ **Teil III: Unterhaltsames mit Windows 11**

  Wenn Sie bis jetzt noch keinen Spaß hatten, sind Sie bestimmt enttäuscht. Doch in Kapitel 10 begeben Sie sich in den Microsoft Store und installieren neue Apps – Werkzeuge und Spiele. In Kapitel 11 genießen Sie Fotos mit den Windows-11-Bordmitteln und laden Ihre eigenen Fotos auf den Computer. Wenn Sie Musik oder Hörbücher hören und Videos anschauen möchten, lesen Sie Kapitel 12.

- ✔ **Teil IV: Windows 11 für Fortgeschrittene**

  In Kapitel 13 erfahren Sie alles über die Wartung und Pflege von Windows 11. In Kapitel 14 lernen Sie, wie Sie Drucker und andere Hardware, zum Beispiel eine Maus und einen zweiten Bildschirm, anschließen. Hat bei Ihnen alles einen festen Platz? In Kapitel 15 räumen Sie Ihre Dokumente auf. Und in Kapitel 16 sichern Sie Ihre Dateien und verpassen Windows 11 eine Frischzellenkur, wenn es »launisch« wird.

Wie es jetzt weitergeht

Suchen Sie einfach im Inhaltsverzeichnis oder im Index nach einem Thema, das Sie am meisten interessiert. Oder blättern Sie um und lesen Sie von Anfang an. Schließlich ist es Ihr Buch.

Teil I
Windows 11 kennenlernen

IN DIESEM TEIL ...

- Sich mit den Grundlagen vertraut machen
- Den Umgang mit Apps erlernen
- Windows 11 an die eigenen Wünsche anpassen
- Benutzerkonten und Kennwörter verwalten
- Den Windows-Desktop personalisieren

IN DIESEM KAPITEL

Dem Computer sagen, was er tun soll

Mit der Maus arbeiten

Einen Touchscreen bedienen

Die Tastatur verwenden

Die Bildschirmtastatur aufrufen

Den Computer einschalten

Die Startseite erkunden

Den Computer herunterfahren

Neustart im Sperrbildschirm

Kapitel 1
Erster Kontakt mit Windows 11

Windows 11 ist ein *Betriebssystem*. Das Betriebssystem ist das Hauptprogramm für jeden Computer. Windows 11 ist auf vielen Geräten nutzbar: Vom Smartphone bis hin zum TV-Entertainmentsystem passt es zu fast jedem System. So können Sie mit vielen Geräten nicht nur dieselben Programme verwenden, sondern auch dieselben Dokumente, wie zum Beispiel Fotos, E-Mails, Dateien und Daten, die Sie mit einem Windows-Computer erstellt haben, und erhalten damit eine außerordentliche Wahlfreiheit und Mobilität.

Es gibt zwar zahllose Softwarefirmen, deren Programme Sie benutzen können, aber Microsoft versucht, ähnliche Funktionen über alle Programme hinweg konsistent zu machen. So gehören zum Öffnen eines Dokuments oder Versenden eines Fotos an einen Freund per E-Mail dieselben Schritte, ganz gleich welches Programm Sie verwenden. Sie müssen nicht für jedes Programm einen anderen Weg lernen, um häufig anfallende Aufgaben auszuführen. Diese Konsistenz wird Ihnen im Umgang mit Windows 11 und anderen neuen Programmen sehr nützen.

In diesem Kapitel starten Sie Ihren Computer und arbeiten mit dem *Startmenü*, der Schaltzentrale von Windows 11. Sie erkunden Möglichkeiten, wie Sie mit Ihrer *Hardware* (Computer, Maus, Tastatur, Touchscreen etc.) die Startseite nutzen. Dann fahren Sie Windows herunter und gleich wieder hoch.

Im einfachsten Fall ist Windows 11 auf Ihrem neuen Computer vorinstalliert. Wenn Ihr jetziger Computer mit einer älteren Windows-Version arbeitet (Windows 7, Windows 8 oder Windows 10), können Sie auf Windows 11 aktualisieren, auch wenn älteren Geräten die Unterstützung neuer Funktionen, zum Beispiel ein Touchscreen, fehlen. Je nach Ihrem jetzigen Betriebssystem müssen Sie für Windows 11 zahlen oder nicht. Besuchen Sie die Website `www.microsoft.com`, um Näheres zu erfahren.

Dem Computer sagen, was er tun soll

Wie bringen Sie Windows 11 dazu, zu tun, was es tun soll? Abhängig von Ihrer Ausstattung (Hardware) gibt es viele Möglichkeiten, einen Computer zu steuern. Ein Desktop-Computer bietet zum Beispiel andere Möglichkeiten als ein Mobiltelefon. Folgende Möglichkeiten gibt es:

- ✔ Maus
- ✔ Touchscreen
- ✔ Tastatur

Ein weiteres Steuergerät für Windows ist das Touchpad, mit dem die meisten Notebooks ausgestattet sind. Sie bewegen einen Finger auf dem Touchpad und steuern damit den Mauszeiger auf dem Bildschirm.

Wenn Ihr Computer über mehrere dieser Eingabemöglichkeiten verfügt, treffen Sie Ihre Wahl je nach Aufgabe. Setzen Sie ruhig die Technik ein, die für

Sie am einfachsten ist, doch scheuen Sie sich nicht, mit den verschiedenen Techniken zu experimentieren. In den folgenden Abschnitten lernen Sie die Vor- und Nachteile dieser Steuerungsmechanismen für Windows 11 kennen.

In den Schritten, die in diesem Buch beschrieben werden, bezieht sich »auswählen« oder »markieren« auf die Verwendung von Maus, Finger oder Tastatur und »ziehen« auf die Verwendung von (gedrückter) Maustaste oder Finger.

Mit der Maus arbeiten

Eine Maus ist ein seifenstückgroßes Gerät, das mit der Hand über den Schreibtisch bewegt wird. Bewegen Sie die Maus und beobachten Sie, wie ein Pfeil namens *Mauszeiger* über den Bildschirm fährt. Eine Maus hat zwei oder mehr Tasten und meistens auch ein Mausrad zwischen diesen Tasten.

Die folgenden Begriffe beschreiben Methoden zur Verwendung einer Maus mit Windows 11. In jedem Fall sollten Sie die Maus zuerst bewegen, um den Mauszeiger auf einem bestimmten Element zu platzieren:

- **Klicken:** Sie bewegen den pfeilförmigen Mauszeiger auf dem Bildschirm auf ein bestimmtes Element, drücken die linke Maustaste und lassen sie wieder los. Das ist ein Klick (manchmal auch Linksklick genannt, um ihn vom Rechtsklick zu unterscheiden).
- **Mit der rechten Maustaste klicken:** Sie drücken die rechte Maustaste und lassen sie wieder los, um die verfügbaren Funktionen anzuzeigen. Beachten Sie, dass sich das Wort »klicken« ohne Zusatz auf die Verwendung der linken Maustaste bezieht.
- **Ziehen:** Sie drücken die linke Maustaste und halten sie gedrückt, während Sie den Mauszeiger über den Bildschirm bewegen. Wenn Sie ein Objekt verschieben möchten, ziehen Sie es mit gedrückter Maustaste. An der gewünschten Stelle lassen Sie die Maustaste wieder los, um das Objekt dort abzulegen.

Das Verb »klicken« bezieht sich immer auf eine Maustaste und das Verb »rollen« (scrollen) auf das Mausrad.

Einen Touchscreen bedienen

Ein *Touchscreen* ist ein berührungsempfindlicher Bildschirm. Durch seine Berührung teilen Sie dem Computer mit, was er tun soll. Normalerweise verwenden Sie nur einen oder zwei Finger, aber Touchscreens können auch mit allen zehn Fingern bedient werden. In manchen Fällen verwenden Sie einen speziellen Eingabestift (auch *Stylus* genannt) statt Ihrer Finger. Tablet-Computer und die meisten Smartphones haben Touchscreens. Sie sind weniger üblich bei Desktop-Computern und Notebooks, aber das ändert sich allmählich. Sie wissen nicht genau, welche Art von Bildschirm Sie haben? Wenn Sie Windows 11 verwenden, tippen Sie einfach sanft mit dem Zeigefinger auf den Monitor und schauen, was passiert.

Die folgenden Begriffe bezeichnen verschiedene Arten, einen Touchscreen zu bedienen:

- ✔ **Tippen:** Den Bildschirm kurz berühren. Auf diese Weise können Sie ein Objekt, zum Beispiel eine Schaltfläche, auswählen.
- ✔ **Ziehen:** Dabei berühren Sie den Bildschirm, belassen den Finger auf dem Bildschirm und bewegen ihn dann über den Bildschirm. So können Sie ein Objekt, zum Beispiel eine Spielkarte, auf dem Bildschirm verschieben.
- ✔ **Wischen:** Hierbei berühren Sie den Bildschirm und bewegen den Finger schneller als beim Ziehen. Sie können an allen vier Seiten des Bildschirms beginnen, über diesen zu wischen, um Optionen und Befehle anzuzeigen. Die Seiten eines Dokuments blättern Sie durch Wischen um.
- ✔ **Auseinander- und zusammenziehen/spreizen:** Bei dieser Methode setzen Sie zwei Finger (oder einen Finger und den Daumen) auf den Bildschirm und bewegen sie entweder auseinander, um die Darstellung zu vergrößern (dann wird weniger Inhalt angezeigt), oder ziehen sie zusammen, um die Darstellung zu verkleinern (dann wird mehr Inhalt angezeigt).

Die Begriffe »tippen«, »wischen« und »auseinanderziehen« beziehungsweise »zusammenziehen« bedeuten, dass Sie Ihre Finger benutzen. Aktionen mit den Fingern auf dem Touchscreen werden oft auch als *Gesten* bezeichnet.

Wenn Ihr Computer keine separate Tastatur hat, wie es bei Touchscreen-Geräten oft der Fall ist, finden Sie im folgenden Abschnitt »Mit der Bildschirmtastatur arbeiten« weiter hinten in diesem Kapitel Informationen zum Arbeiten mit der Bildschirmtastatur.

Eine Tastatur verwenden

Eine Tastatur wie die einer Schreibmaschine ist ein traditionelles Steuerungsgerät für einen Computer und besonders nützlich für Anwender, die viel Text eingeben müssen. Spezielle Tastenkombinationen, auch *Shortcuts* genannt, sind oft der schnellste Weg, etwas zu tun, erfordern aber etwas Gedächtnisleistung.

Die folgenden Tasten sollten Sie sich besonders merken. Auch wenn Sie die Tasten nicht sofort verwenden, sollten Sie zumindest wissen, an welcher Stelle der Tastatur sie sich befinden.

»Drücken« bezieht sich auf eine Taste oder Tastenfolge der »echten« Tastatur, die vor Ihnen auf dem Schreibtisch liegt. Auf einer virtuellen Bildschirmtastatur »klicken« Sie entweder mit der Maus oder »tippen« mit dem Finger auf eine Taste. Tastenkombinationen werden übrigens nicht tatsächlich gleichzeitig gedrückt. Vielmehr drücken Sie zuerst eine Taste und halten sie gedrückt, während Sie dann die zweite Taste drücken. Anschließend lassen Sie beide Tasten los. (Auf Ausnahmen werde ich explizit hinweisen.)

- ✔ [Windows]-Taste: Links oder rechts neben der langen [Leertaste], zwischen [Strg] und [Alt], befindet sich eine Taste mit dem Windows-Symbol. Sie funktioniert sowohl allein als auch in Kombination mit vielen anderen Tasten. Im Verlauf des Buchs werde ich diese Kombinationen an Stellen, an denen sie gebraucht werden, angeben.
- ✔ [Tab]: Drücken Sie die [Tab]-Taste, um ein Element auszuwählen. Wenn Sie Elemente überspringen möchten, ohne sie auszuwählen, drücken Sie [Tab] mehrmals.

Objekte können zwar auch über die Tastatur ausgewählt werden, aber nicht so direkt wie mit der Maus oder dem Finger.

- **Pfeiltasten:** Mit diesen Tasten bewegen Sie die Einfügemarke (auch »Cursor« genannt) oder die Auswahl eines Objekts in die jeweils durch den Pfeil angezeigte Richtung (nach links ←, rechts →, oben ↑ oder unten ↓). In manchen Zusammenhängen bewirken die ↹-Taste und die →-Taste dasselbe. Es kommt eben auf den Kontext an.
- ↵: Mit dieser Taste wird zumeist ein ausgewähltes oder markiertes Element aktiviert, wie beim Klicken oder Tippen. Vorher muss das betreffende Element in der Regel mit der ↹-Taste oder einer Pfeiltaste ausgewählt werden.
- Strg-, Alt- und ⇧-Taste: Diese Tasten führen in Kombination mit anderen Tasten Befehle aus. Mit der Tastenkombination Strg+C können Sie zum Beispiel einen ausgewählten Text oder ein Objekt kopieren. Bei der Texteingabe wird die ⇧-Taste in Kombination mit Buchstabentasten zum Erzeugen von Großbuchstaben verwendet.
- ⟵: Bei der Texteingabe löscht jedes Drücken der ⟵-Taste ein Zeichen links von der Einfügemarke.
- Entf: Bei der Texteingabe löscht jedes Drücken der Entf-Taste ein Zeichen rechts von der Einfügemarke.
- **Funktionstasten:** Zwar haben alle Tasten Funktionen, aber die Funktionstasten sind mit F1 bis F12 beschriftet. In diesem Buch werden sie nicht oft benutzt, aber Sie sollten trotzdem wissen, wo sie liegen. Notebooks besitzen häufig eine spezielle Sperrtaste, um diese Funktionstasten ein- und auszuschalten.
- **Navigationstasten:** Suchen Sie die Tasten Pos1, Ende, Bild ⇧ und Bild ⇩ im rechten Bereich der Tastatur. Mit diesen Tasten können Sie die Einfügemarke auf dem Bildschirm bewegen oder zur vorherigen oder nächsten Bildschirmseite blättern. (Auf einigen Tastaturen funktionieren die Tasten Pos1, Ende, Bild ⇧ und Bild ⇩ als Zifferntasten, wenn die NUM-Taste aktiviert ist.)

Mit der Bildschirmtastatur arbeiten

Windows 11 kann auf dem Bildschirm eine Bildschirmtastatur darstellen. Diese Funktion ist für Geräte unverzichtbar, die nur einen Touchscreen und keine separate Tastatur haben. Auf einem Touchscreen erscheint die

Bildschirmtastatur automatisch, wenn die *Einfügemarke* (ein blinkender senkrechter Balken) anzeigt, dass Sie Text in ein Feld eingeben können. Wenn die Bildschirmtastatur nicht automatisch erscheint, sehen Sie vielleicht auch ein separates Feld über oder unter dem Textfeld. Wenn Sie darauf tippen, erscheint die Tastatur. Diese benutzen Sie, indem Sie auf die Buchstaben-, Zahlen- oder Symboltasten tippen oder klicken.

Auf einem Windows-Desktop-Computer können Sie die Tastatur über die Tastenfolge ⊞+Strg+O auf dem Bildschirm ein- und wieder ausblenden.

Das sind die verschiedenen Arten von Bildschirmtastaturen:

- Das *Standardlayout* (auch QWERTZ genannt, nach der Tastenreihenfolge in der ersten Buchstabenzeile der Tastatur) erscheint (auf einem Touchscreen) automatisch (siehe Abbildung 1.1). Die ↵-Taste kann sich je nach Kontext auch ändern.

Abbildung 1.1: Das Standardlayout der Bildschirmtastatur

- *Großbuchstaben* (siehe Abbildung 1.2) erscheinen, wenn Sie auf die ⇧-Taste des Standardtastaturlayouts tippen.

Abbildung 1.2: Das Tastaturlayout mit Großbuchstaben

- Ein Layout mit Zahlen und Sonderzeichen (siehe Abbildung 1.3) wird angezeigt, wenn Sie auf die Taste &123 tippen. Tippen Sie einfach noch einmal auf diese Taste, und das Standardlayout wird wieder angezeigt.

Abbildung 1.3: Tastaturlayout für Zahlen und Sonderzeichen

- Wenn Sie auf die Strg-Taste tippen (siehe Abbildung 1.4), zeigt die Bildschirmtastatur die zusätzliche Funktionsbelegung für fünf Tasten an, »A«, »X«, »C«, »V« und »Z«. Mit Strg+C kann beispielsweise markierter Text kopiert und mit Strg+V an anderer Stelle wieder eingefügt werden. Die Doppelbelegung dieser Tasten wird ausgeblendet, sobald Sie auf eine der Steuerungstasten tippen.

Abbildung 1.4: Doppelbelegung für die Tasten A, X, C, V und Z

- Wählen Sie die Schaltfläche EINSTELLUNGEN. Diese Schaltfläche gibt es oben links auf der Touch-Tastatur (sie sieht aus wie ein Zahnrad). Hier können Sie das Tastaturlayout auswählen. Das Standardlayout wird automatisch ausgewählt, aber Sie können auch KLEIN, GETEILT oder TRADITIONELL wählen. Sie können auch zur Option HANDSCHRIFT wechseln, mit der Sie mit dem Finger schreiben können. Windows wandelt Ihre Eingaben dann in Druckbuchstaben um. Schließlich können Sie auch THEMA UND GRÖSSE ÄNDERN auswählen. Dadurch wird das

Fenster PERSONALISIERUNG geöffnet, in dem Sie verschiedene Tastatur- und Größenoptionen auswählen können.

- ✔ Das Smiley-Layout lächelt Ihnen entgegen, wenn Sie unten links auf die Smiley-Taste tippen (siehe Abbildung 1.5). Suchen Sie sich in der Palette das gewünschte Symbol aus. Drücken Sie erneut auf die lächelnde Taste und das Standardlayout wird wieder angezeigt. Diese Symbole werden auch als *Emojis* oder *Emoticons* bezeichnet.

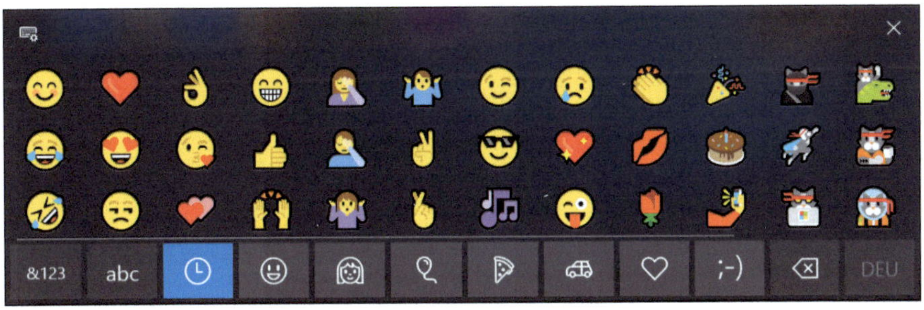

Abbildung 1.5: So viele freundliche Gesichter

Um ein Emoji schnell einzufügen, ohne dafür die Bildschirmtastatur zu öffnen, drücken Sie die ⊞-Taste und anschließend die .?123-Taste, worauf das Smiley-Layout erscheint. Klicken oder tippen Sie jetzt auf das gewünschte Emoji, worauf es auf dem Bildschirm angezeigt wird.

Den Computer einschalten

1. Drücken Sie kurz auf den Einschaltknopf und lassen Sie ihn wieder los. Jeder Computer besitzt einen solchen Knopf. (Wenn wir die Maschinen nicht mehr abstellen können, haben sie gewonnen.) Wenn Sie einen Desktop-Computer besitzen, befindet sich der Einschaltknopf vorn am Gehäuse, bei einem Notebook üblicherweise oben links oder rechts auf dem Bedienfeld oder in der Nähe des Scharniers. Beim Einschalten gibt der Computer meist ein Geräusch von sich, einige Tasten oder Leuchtdioden leuchten auf und auf dem Bildschirm erscheint ein Logo oder eine Nachricht, die wieder verschwindet, bevor Sie sie lesen können. (Lassen Sie das einfach geschehen.) Kurz darauf sehen Sie den Windows-11-Sperrbildschirm.

2. Schalten Sie etwaige Zusatzgeräte ein (zum Beispiel einen Bildschirm, Lautsprecher oder einen Drucker).
3. Geben Sie Ihr Kennwort ein und drücken Sie ↵ (oder klicken Sie auf den nach rechts zeigenden Pfeil rechts neben dem Texteingabefeld für das Kennwort). Kurz darauf erscheint der Windows-11-Startbildschirm, wie in Abbildung 1.6 zu sehen, in dem Sie den Benutzernamen zur Anmeldung eingeben oder auswählen müssen.

Abbildung 1.6: Der Desktop-Bildschirm von Windows 11

Wenn Sie das Texteingabefeld für Ihr Kennwort nicht auf Anhieb sehen, bewegen Sie die Maus einfach kurz hin und her oder drücken Sie eine beliebige Taste auf der Tastatur, um Windows 11 aufzuwecken.

Wenn Sie einen neuen Computer zum ersten Mal einschalten, werden mehrere Bildschirme zur Einrichtung von Windows angezeigt. Übernehmen Sie die Standardwerte oder ändern Sie die Vorgaben nach Bedarf ab und klicken Sie dann auf die Schaltfläche WEITER.

Wenn Ihr Computer nicht über eine Tastatur verfügt, wie es bei vielen Tablet-Computern der Fall ist, lesen Sie oben im Abschnitt »Mit der Bildschirmtastatur arbeiten« nach, um zu erfahren, wie Sie Ihre Eingabe vornehmen können.

Wenn Sie Windows 11 zum ersten Mal auf Ihrem Computer starten, müssen Sie ein Benutzerkonto anlegen, auch wenn außer Ihnen kein anderer den Computer verwendet. Weitere Informationen darüber, wie Sie Benutzerkonten anlegen und ändern, finden Sie in Kapitel 4.

Das Startmenü erkunden

1. Falls Sie es noch nicht erledigt haben, starten Sie Ihren Computer und melden Sie sich bei Ihrem Benutzerkonto an. Sie sehen den Anmeldebildschirm von Windows (siehe Abbildung 1.6).
2. Rufen Sie das Startmenü (siehe Abbildung 1.7) auf. Verwenden Sie dazu eine der folgenden Methoden:
   - **Maus:** Klicken Sie auf das Windows-Symbol bzw. die START-Schaltfläche. Sie befindet sich links in der Taskleiste; dies ist die Leiste mit diversen Symbolen unten am Bildschirm.

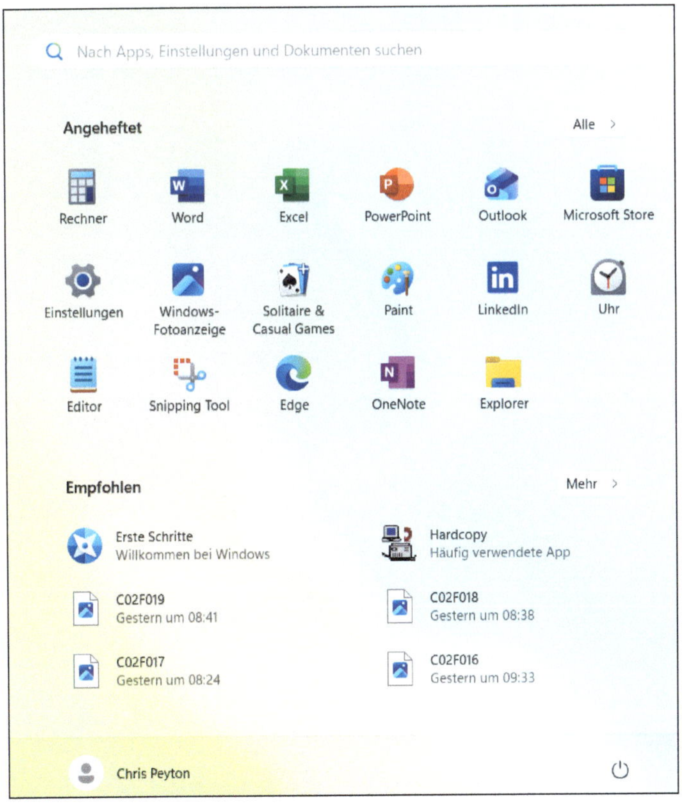

Abbildung 1.7: Startmenü von Windows 11

- **Touchscreen:** Tippen Sie auf die START-Schaltfläche.
- **Tastatur:** Drücken Sie die ⊞-Taste.

3. Schauen Sie sich das Startmenü genauer an. Die einzelnen Symbole repräsentieren Programme bzw. Apps, wie man heutzutage sagt. (App ist eine Abkürzung für »Application«, das heißt Anwendung oder Softwareprogramm.) Ein Klick auf ein App-Symbol startet die entsprechende App. (In Kapitel 2 erfahren Sie mehr über das Arbeiten mit Apps.)
4. Weitere App-Symbole tauchen auf, wenn Sie ganz rechts am Rand auf die Schaltfläche ALLE klicken oder tippen. Damit erscheint eine alphabetisch sortierte Liste aller auf Ihrem Computer installierten Apps (siehe Abbildung 1.8). Durch Auswählen einer App in dieser Liste öffnen Sie die App. Nutzen Sie die Schaltfläche ZURÜCK, um die Liste wieder zu schließen.

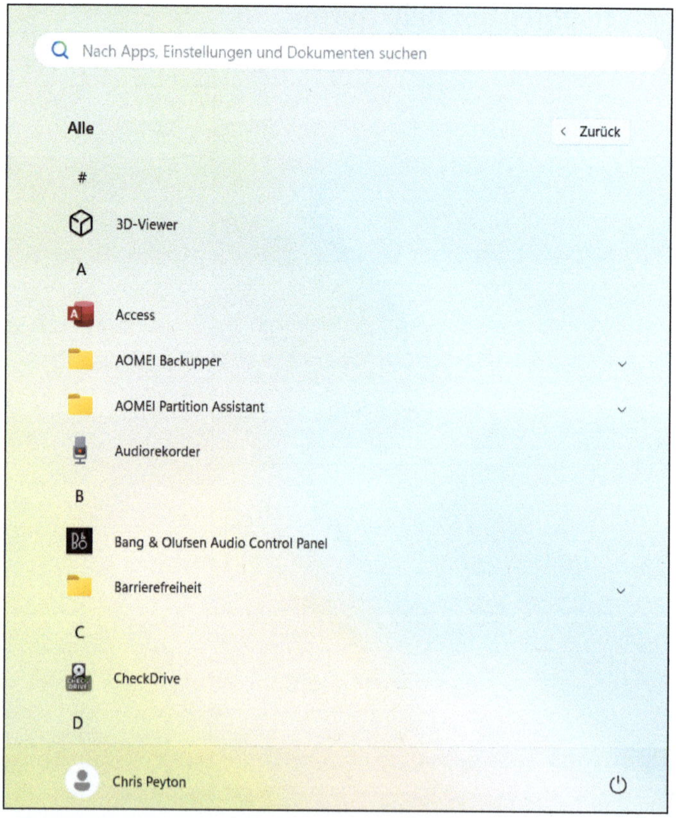

Abbildung 1.8: Auflistung aller Apps

Unter EMPFOHLEN werden im unteren Bereich auf dem Startbildschirm die Apps und Dateien aufgelistet, die Sie vor Kurzem geöffnet haben. Sie können natürlich auch in dieser Auflistung eine App bzw. eine Datei aufrufen.

Während das Startmenü geöffnet ist, können Sie in das Suchfeld ganz oben den Namen einer App eingeben, um diese zu öffnen. Um beispielsweise die Wetter-App aufzurufen, geben Sie in das Suchfeld `Wetter` ein. Daraufhin wird automatisch das Suchfenster mit Resultaten angezeigt. Klicken Sie auf den gewünschten Treffer, also auf die Wetter-App.

Abbildung 1.9: Rufen Sie eine App auf, indem Sie den Anfangsbuchstaben auswählen, zum Beispiel hier »W« für die Wetter-App

In der alphabetischen Apps-Liste sind manche Namen wirklich Überschriften, keine Apps. Anhand der auf der rechten Seite nach unten weisenden Pfeile erkennen Sie, wo die zu einem Programm gehörenden Funktionen zusammengefasst sind. Klicken Sie auf einen Pfeil nach unten, um die Liste der Apps und Funktionen zu diesem Thema anzeigen zu lassen.

Statt die alphabetisch sortierte Liste mit den Apps zu durchsuchen, um eine bestimmte App zu finden, können Sie auch einen Buchstaben in der Liste auswählen und dann in der angezeigten Pop-up-Liste mit den Buchstaben einen bestimmten Buchstaben auswählen. Um beispielsweise schnell die Wetter-App anzuzeigen, klicken Sie einen beliebigen Buchstaben an (zum Beispiel A) und wählen dann den Buchstaben W in der Liste aus.

5. Klicken oder tippen Sie im Startmenü ganz unten auf Ihr Profilbild (oder auf Profilbild und Name). Wie in Abbildung 1.10 gezeigt, wird ein Menü mit Befehlen geöffnet, um die Kontoeinstellungen zu öffnen (siehe Kapitel 3), Ihren Bildschirm zu sperren (siehe »Neustart im Sperrbildschirm« weiter hinten in diesem Kapitel) und sich zugunsten einer anderen Person abzumelden, die Ihren Computer verwenden möchte (siehe Kapitel 4). Wären Sie darauf gekommen, dass durch Anklicken Ihres Namens ein Drop-down-Menü geöffnet wird?

Abbildung 1.10: Drop-down-Menü unter Benutzernamen

6. Klicken Sie oder tippen Sie rechts unten im Startmenü auf das Symbol Ein/Aus. Wie in Abbildung 1.11 gezeigt, wird ein Pop-up-Menü mit Befehlen angezeigt, mit denen Sie Ihren Computer in den Ruhemodus (Energie sparen) versetzen, ihn herunterfahren oder neu starten. Im nächsten Abschnitt »Den Computer herunterfahren« werden Sie die Optionen in diesem Pop-up-Menü genauer betrachten.

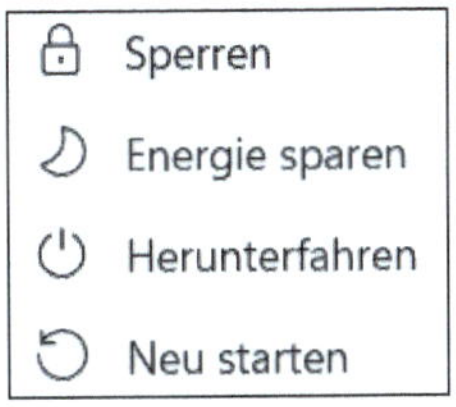

Abbildung 1.11: Pop-up-Menü »Ein/Aus«

7. Klicken oder tippen Sie auf die Start-Schaltfläche oder drücken Sie die ⊞-Taste. Wenn das Startmenü geöffnet ist, wird es damit geschlossen. Sie können das Startmenü auch schließen, indem Sie einfach an eine beliebige Stelle auf den Desktop klicken.

Den Computer herunterfahren

1. Wenn Sie Ihren Computer längere Zeit nicht brauchen, sollten Sie Windows 11 herunterfahren. Zeigen Sie dazu zunächst das Startmenü an:
   - **Maus:** Klicken Sie auf die Start-Schaltfläche.
   - **Touchscreen:** Tippen Sie auf die Start-Schaltfläche.
   - **Tastatur:** Drücken Sie die ⊞-Taste.
2. Klicken oder tippen Sie im Startmenü auf das Symbol für Ein/Aus (siehe Abbildung 1.11). Die verfügbaren Optionen werden in einem Pop-up-Menü angezeigt. Sie sehen die folgenden Optionen:
   - Sperren: Mit dieser Option wird der Bildschirm des Computers gesperrt und kann nur durch Eingabe des Kennwortes des angemeldeten Benutzers wieder entsperrt werden.
   - Energie sparen: Diese Option reduziert den Energieverbrauch, indem der aktuelle Zustand des Computers gespeichert wird, ohne jedoch Windows oder geöffnete Apps zu beenden. (Nicht alle Computer verfügen über diese Option.). Sobald Sie den Computer wieder aktivieren, indem Sie die Maus bewegen, den Bildschirm oder die Tastatur berühren bzw. die Einschalttaste betätigen, ist alles wie zuvor: Alle bis dahin verwendeten Apps und Dokumente stehen sofort (nach Anmeldung) wieder zur Verfügung.

- Herunterfahren: Diese Option beendet Windows 11 und spart (ebenfalls) Energie, weil der Computer damit ausgeschaltet wird. Beim Herunterfahren schließt Windows auch alle Apps, die gerade ausgeführt werden.
- Neu starten: Diese Option fährt Windows 11 komplett herunter, um es dann gleich wieder neu zu starten (alle Apps werden geschlossen). Ein Neustart empfiehlt sich, wenn Windows 11 Sie dazu auffordert oder sich irgendwie seltsam verhält.

Alternativ dazu können Sie den Computer auch mithilfe der Start-Schaltfläche herunterfahren. Zeigen Sie mit der Maus auf die Start-Schaltfläche und klicken Sie mit der rechten Maustaste. Wählen Sie im Kontextmenü Herunterfahren oder abmelden und wählen Sie dann eine entsprechende Option aus (Abmelden, Energie sparen, Herunterfahren, Neu starten).

3. Wählen Sie Herunterfahren, um den Computer auszuschalten.

Bei den meisten Computern wird durch Drücken der Ein/Aus-Taste auch der Computer heruntergefahren. Ein Notebook wird durch Zuklappen des Deckels entweder heruntergefahren oder in den Ruhezustand versetzt. Das Verhalten des Computers lässt sich dabei jeweils in den Energieeinstellungen beeinflussen.

Einen Desktop-Computer können Sie samt Monitor und Drucker an eine Stromleiste anschließen. Nachdem Sie den Computer heruntergefahren oder in den Ruhezustand versetzt haben, können Sie die Stromleiste abschalten, um den Standby-Modus einiger Geräte deaktivieren und noch mehr Energie zu sparen.

Neustart im Sperrbildschirm

1. Schalten Sie Ihren Computer ein. Wie bei jedem Einschalten des Computers erscheint erneut der Sperrbildschirm. Wie in Abbildung 1.12 gezeigt, werden auf dem Sperrbildschirm die Zeit, der Tag und das Datum ausgegeben, zusammen mit einem Foto. (Wie Sie dieses Foto austauschen, erfahren Sie in Kapitel 3.). Auf Wunsch und je nach Konfiguration werden dort weitere Informationen angezeigt.

Abbildung 1.12: Sperrbildschirm von Windows 11

2. Schließen Sie den Sperrbildschirm unter Verwendung einer der folgenden Methoden:
   - **Maus:** Klicken Sie an irgendeine Stelle, drehen Sie das Mausrad auf sich zu oder ziehen Sie den gesamten Bildschirm nach oben.
   - **Touchscreen:** Ziehen Sie den gesamten Bildschirm nach oben.
   - **Tastatur:** Drücken Sie eine Taste.
3. Wenn Sie kein Kennwort verwenden, warten Sie kurz, bis der Startbildschirm angezeigt wird. Wenn Sie ein Kennwort verwenden, geben Sie es über die reale Tastatur oder die Bildschirmtastatur ein. Anschließend drücken Sie ↵ oder wählen den Pfeil neben dem Kennwortfeld aus, um den Windows-Desktop-Bildschirm anzuzeigen.
4. Machen Sie eine kurze Pause, bevor es mit Kapitel 2 weitergeht.

Wenn Ihre Pause länger dauert, wird Ihr Computer automatisch in den Energiesparmodus versetzt, um die Lebensdauer des Akkus zu erhöhen (in Abhängigkeit von den Energieeinstellungen). Sie können selbst entscheiden, wie viel Zeit vergehen soll, bis Ihr Computer einschläft. Klicken Sie dafür im Startmenü auf das Symbol EINSTELLUNGEN. Der Bildschirm EINSTELLUNGEN öffnet sich.

Klicken Sie links auf SYSTEM, dann rechts auf LEISTUNG und dort auf den Eintrag TIMEOUTS FÜR BILDSCHIRM, STANDBYMODUS UND RUHEZUSTAND. Nehmen Sie hier die gewünschten Einstellungen vor (Bildschirm, Standby, Ruhemodus). Wenn Sie beispielsweise 15 Minuten auswählen, wird Ihr Computer nach dieser Zeit der Inaktivität in den entsprechenden Modus versetzt.

IN DIESEM KAPITEL

- Apps öffnen
- Zwischen Apps wechseln
- Apps schließen
- App-Leiste benutzen
- Wetter-Standort hinzufügen
- App-Einstellungen ändern
- Auf dem Desktop nach Apps suchen
- Apps anordnen und gruppieren

Kapitel 2
Startseite, Apps und Widgets kennenlernen

Das *Startmenü* von Windows 11 erscheint, sobald Sie links auf der Taskleiste auf die START-Schaltfläche klicken oder Sie die ⊞-Taste drücken. Über das *Startmenü* erhalten Sie Zugriff auf alle Apps und Funktionen von Windows 11.

Das Startmenü ist der Ausgangspunkt vieler Programme oder *Apps*. (App ist die Abkürzung für das englische Wort »Application«, was wiederum so viel wie Programm bedeutet.) Eine App führt eine Funktion aus oder zeigt Informationen an. So zeigt Ihnen zum Beispiel die Wetter-App den Wetterbericht für Ihren Standort oder einen anderen gewählten Ort an (Überraschung!), und mit der Karten-App können Sie eine Reise von A nach B planen. Manche Apps sind ganz einfach, andere eher komplex.

Apps erscheinen im Startmenü in Form von Symbolen. Ein Symbol repräsentiert die App und zeigt ihren Namen. Eine geöffnete App füllt in der Regel den gesamten Bildschirm aus und verdeckt alle anderen geöffneten Apps. Manche Apps lassen sich aber auch mit einer Funktion, die als »Andocken« bezeichnet wird, nebeneinander anzeigen.

Windows 11 bietet auch einfachen Zugriff auf Mini-Apps, die *Widgets* genannt werden. Widgets sind grafische Anwendungen, mit denen Sie schnell und auf einen Blick Informationen über Nachrichten, Sport, Wetter, Aktien usw. erhalten. Sie können auswählen, welche Widgets Sie interessieren. Über das WIDGETS-Symbol in der Taskleiste werden sie auf dem Bildschirm angezeigt.

In diesem Kapitel werden Sie einige der in Windows 11 enthaltenen Apps öffnen, schließen und verwenden und zwischen ihnen hin und her wechseln. Sie erfahren, wie Sie nach Apps suchen, deren Symbole nicht im Startmenü angezeigt werden. Und Sie lernen, wie Sie das Startmenü durch Umordnen und Anheften von Apps selbst organisieren können. Schließlich erfahren Sie, wie Sie Widgets hinzufügen und entfernen.

In Kapitel 10 finden Sie Informationen zum Abrufen/Kaufen neuer Apps im Microsoft Store.

Die Schritte, die im Folgenden beschrieben werden, funktionieren bei fast allen Apps auf dieselbe Weise.

Windows-11-Apps öffnen

1. Wählen Sie die START-Schaltfläche links auf der Taskleiste. Damit wird das Startmenü geöffnet.

   Sie können den Startbildschirm auch öffnen, indem Sie die ⊞-Taste drücken.

2. Im Startmenü sehen Sie eine Reihe von Apps. Einige dieser Apps sind angepinnt, d. h., sie werden immer angezeigt (Sie können diese angepinnten Apps ändern; wie das geht, erfahren Sie unter »Apps im Startmenü anheften und wieder lösen« weiter hinten in diesem Kapitel).

Klicken Sie auf die Schaltfläche ALLE, um eine alphabetisch geordnete Liste aller auf Ihrem Computer verfügbaren Apps anzuzeigen. In der Liste klicken Sie dann auf den Eintrag WETTER. Die Wetter-App öffnet den Bildschirm VORHERSAGE (wie in Abbildung 2.2 dargestellt) in dem die aktuelle Temperatur und die Wettervorhersage angezeigt werden.

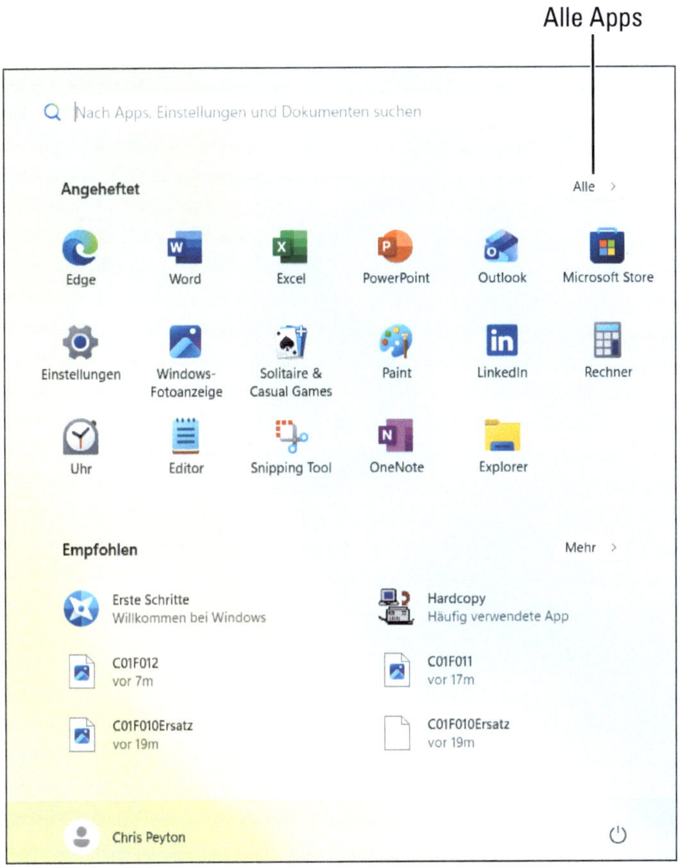

Abbildung 2.1: Der Startbildschirm mit dem Startmenü

3. Wählen Sie die Schaltfläche OPTIONEN ANZEIGEN. (Wie die meisten Apps verfügt auch die Wetter-App über eine Schaltfläche OPTIONEN ANZEIGEN bzw. ein sogenanntes Hamburger-Menü mit drei horizontalen Strichen in der oberen linken Ecke.) Klicken Sie auf diese Schaltfläche, um die Namen der Optionen in der App-Leiste anzuzeigen. Klicken Sie erneut auf die Schaltfläche, um die Namen wieder verschwinden zu lassen.

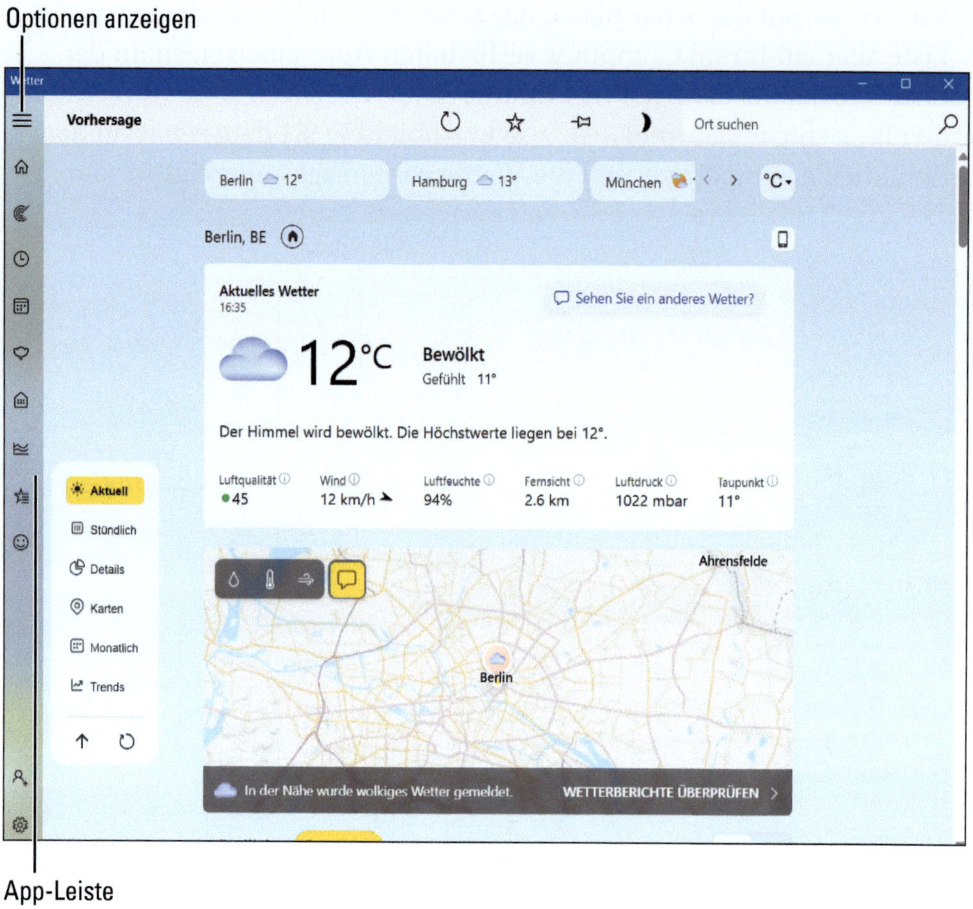

Abbildung 2.2: Die Wetter-App mit der Schaltfläche »Optionen anzeigen«

Wenn Sie die Wetter-App zum ersten Mal öffnen, wird ein Begrüßungsbildschirm angezeigt. Dort geben Sie in das Suchfeld den Ort ein, für den Sie das Wetter sehen möchten; klicken Sie dann auf das Lupen-Symbol. Zudem wird diese App von Microsoft ständig weiterentwickelt, sodass sich diese bei Ihnen unter Umständen etwas anders darstellt.

4. Wechseln Sie zurück zum Startmenü. Dazu gibt es mehrere Möglichkeiten:

   - Tippen oder klicken Sie auf die Start-Schaltfläche.
   - Drücken Sie die ⊞-Taste.

Verwenden Sie die Methode, die für Sie am einfachsten ist. Vergessen Sie jedoch nicht, dass es auch noch andere Methoden gibt, Ihren Computer zu steuern.

5. Wechseln Sie zurück zur Wetter-App, indem Sie auf die Titelleiste der App klicken. Sie liegt jetzt (vermutlich) hinter dem Startmenü. Die Wetter-App erscheint wieder, und das Startmenü verschwindet.
6. Wechseln Sie wieder zum Startmenü.
7. Wählen Sie auf der Taskleiste jetzt das Symbol für Microsoft Edge, den Webbrowser von Windows 11. Das Programmfenster öffnet sich, wie in Abbildung 2.3 dargestellt.

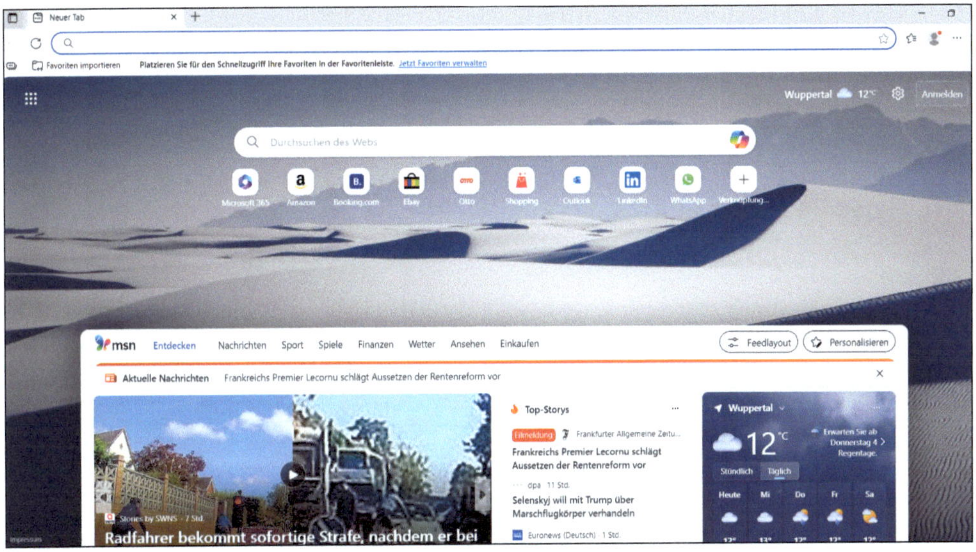

Abbildung 2.3: Edge-Browser nach dem Aufruf

Ist von dem Edge-Symbol auf Ihrem Bildschirm weit und breit nichts zu sehen, blättern Sie durch die alphabetisch sortierte Liste mit den App-Namen, bis Sie auf das Symbol der Microsoft-Edge-App stoßen, und wählen Sie es aus.

Microsoft Edge ist ein Browser. Ein Browser ist ein Programm, mit dem Sie das Internet erkunden können. Kapitel 6 widmet sich ausführlich dem Webbrowser Microsoft Edge.

8. Blättern Sie im Browser-Fenster bis zum unteren Rand, um alles zu sehen, was sich auf der Internetseite befindet, die Sie gerade besuchen. Blättern (auch *scrollen* genannt) können Sie auf diese Arten:

   - **Maus:** Ziehen Sie die Bildlaufleiste am rechten Bildschirmrand nach oben oder nach unten. Wenn Ihre Maus ein Rad hat, können Sie zum Blättern auch am Mausrad drehen.

   - **Touchscreen:** Wischen Sie auf dem Bildschirm nach oben oder unten.

9. Schließen Sie *Edge* und die Wetter-App. Benutzen Sie eine der folgenden Methoden:

   - **Maus:** Klicken Sie auf die Schaltfläche SCHLIEßEN (X) in der oberen rechten Ecke (siehe Abbildung 2.4).

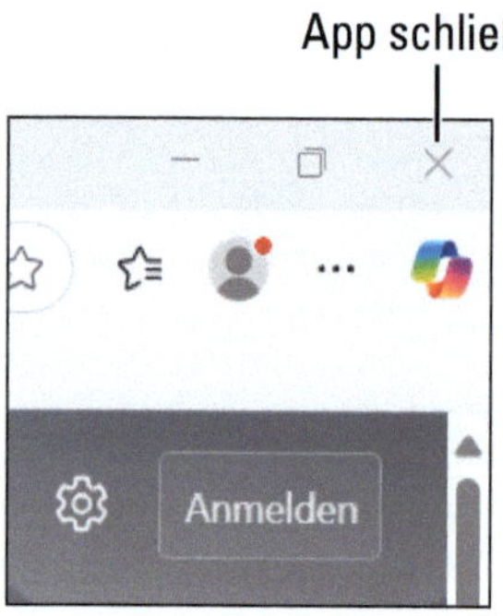

Abbildung 2.4: Microsoft Edge mit dem Schließkreuz beenden

   - **Touchscreen:** Tippen Sie auf das X in der oberen rechten Ecke des Bildschirms.

   - **Tastatur:** Drücken Sie die Tastenkombination Alt+F4.

Zwischen Apps wechseln

1. Öffnen Sie die Wetter-App, wie im vorigen Abschnitt beschrieben.
2. Wechseln Sie zum Startmenü und öffnen Sie die App Microsoft Edge.

3. Wechseln Sie zur Schaltfläche AKTIVE ANSICHT, wie in Abbildung 2.5 gezeigt. Dort werden Miniaturansichten aller geöffneten Apps auf dem Bildschirm angezeigt. Sie wechseln mit einer der folgenden Methoden in diese Ansicht:

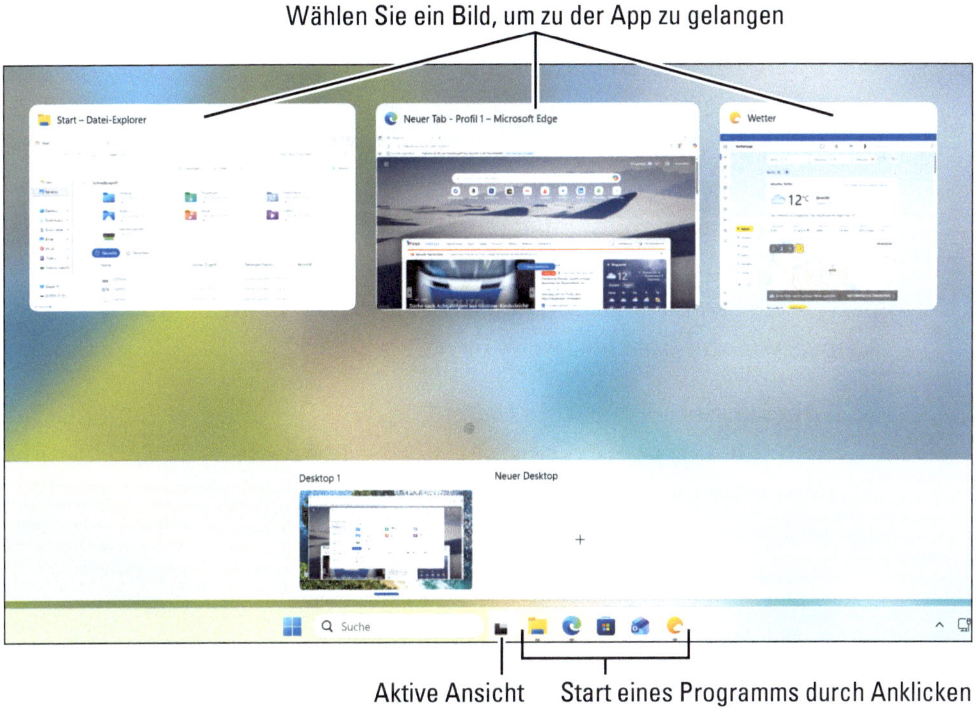

Abbildung 2.5: Schaltfläche »Aktive Ansicht«

- **Maus:** Klicken Sie in der Taskleiste auf das Symbol AKTIVE ANSICHT.
- **Touchscreen:** Wischen Sie vom linken Bildschirmrand nach innen oder tippen Sie auf die Schaltfläche AKTIVE ANSICHT .
- **Tastatur:** Drücken Sie ⊞+↹. Mit anderen Worten: Drücken Sie die ⊞-Taste und halten Sie sie gedrückt, während Sie auf die ↹-Taste drücken. Nachdem Sie das Fenster der gewünschten App angewählt haben, lassen Sie beide Tasten los.

4. Wählen Sie das Miniaturbild der Wetter-App aus, um dorthin zu wechseln.

   Verwenden Sie diese Methode, um zwischen Apps zu wechseln, wenn viele Apps auf dem Bildschirm geöffnet sind. Die Anzeige von Miniaturbildern für alle geöffneten Apps macht das Wechseln zwischen den einzelnen Apps ganz einfach.

In Kapitel 5 erfahren Sie, wie Sie einen zweiten Desktop erstellen und ihre geöffneten Apps auf diese verteilen können. Wenn Sie viele Apps gleichzeitig ausführen, ist es sehr praktisch, einen zweiten Desktop zu öffnen, um schnell und bequem zwischen Apps zu wechseln.

Geöffnete Apps erscheinen als Symbole auf der Taskleiste, aber wenn sie geschlossen werden, verschwinden die Symbole wieder. Einige Apps werden immer in der Taskleiste angezeigt. Beispielsweise befindet sich das Symbol für den Datei-Explorer immer in der Taskleiste, unabhängig davon, ob dieser gerade ausgeführt wird oder nicht. In Kapitel 5 erfahren Sie, wie Sie Ihre bevorzugten Apps permanent in die Taskleiste einfügen können, sodass Sie sie ganz schnell von der Taskleiste aus öffnen können.

5. Drücken Sie Alt+Tab und halten Sie die Alt-Taste gedrückt, nachdem Sie Tab gedrückt haben. Ein Fenster mit den Miniaturbildern aller geöffneten Apps wird auf dem Bildschirm angezeigt. Während Sie die Alt-Taste gedrückt halten, drücken Sie die Pfeiltaste nach links oder rechts, um zur gewünschten App zu wandern; dann lassen Sie die Alt-Taste los. Die Wetter-App wird auf dem Bildschirm angezeigt. Auch mit Alt+Tab können Sie zwischen geöffneten Apps wechseln.

In Kapitel 5 lernen Sie Techniken kennen, wie Sie Fenster auf dem Bildschirm verschieben, die Größe von Fenstern ändern oder Fenster seitlich am Bildschirm andocken.

Um eine »eingefrorene« oder abgestürzte App (eine App, die nicht reagiert) zu schließen, drücken Sie Strg+⇧+Esc. Der Task-Manager wird geöffnet. Er listet alle Apps auf, die derzeit ausgeführt werden. Wählen Sie die App aus, die Sie schließen möchten, und klicken Sie dann auf die Schaltfläche TASK BEENDEN.

Mit der App-Leiste arbeiten

1. Zeigen Sie im Startmenü die Liste ALLE an und wählen Sie die Wetter-App, falls diese nicht ohnehin schon geöffnet ist.

2. Die *App-Leiste* enthält Funktionen, die jeweils für die aktuelle App spezifisch sind. Zeigen Sie die App-Leiste an, indem Sie die Schaltfläche OPTIONEN ANZEIGEN auswählen. Abbildung 2.6 zeigt die App-Leiste in der Wetter-App.

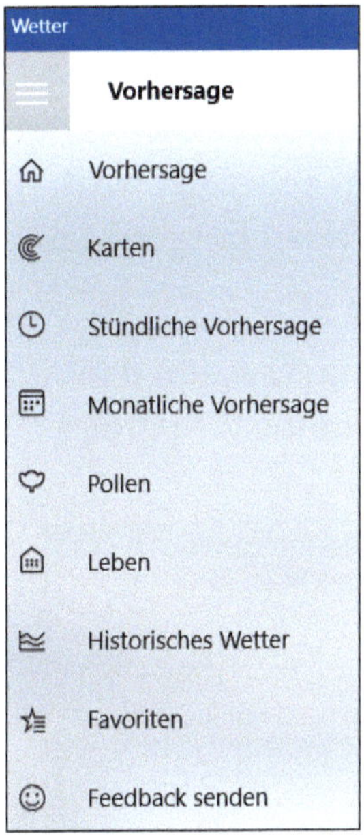

Abbildung 2.6: Die App-Leiste der Wetter-App

Die App-Leiste kann oben entlang des Bildschirms, links am Bildschirm oder an beiden Positionen angezeigt werden.

3. In der Wetter-App leitet Sie die App-Leiste zu unterschiedlichen Funktionen. Wählen Sie beispielsweise KARTEN aus, um sich eine Wetterkarte für Ihren Standort anzeigen zu lassen.
4. Blenden Sie die App-Leiste der Wetter-App wieder ein. Wählen Sie dann HISTORISCHES WETTER aus. Es erscheint ein Fenster mit Wetterinformationen der vergangenen zwölf Monate.
5. Haben Sie schon das Haus-Symbol links oben entdeckt? Wenn Sie auf dieses Symbol klicken oder tippen, kehren Sie sofort auf den Startbildschirm der App zurück, egal wo Sie sich gerade in der App befinden.

Bei den meisten Apps können Sie oben links auf die Schaltfläche ZURÜCK (ein nach links gerichteter Pfeil) klicken, um zum vorherigen Bildschirm zurückzukehren.

Einen Standort in der Wetter-App hinzufügen

1. Zeigen Sie im Startmenü die Liste ALLE an und wählen Sie die Wetter-App. Nachdem die Wetter-App auf dem Bildschirm angezeigt wird, wählen Sie die Schaltfläche OPTIONEN ANZEIGEN (Hamburger-Menü), um die App-Leiste mit den Optionen einzublenden.
2. Klicken oder tippen Sie in der App-Leiste auf FAVORITEN, um den gleichnamigen Bildschirm aufzurufen, wie in Abbildung 2.7 gezeigt.

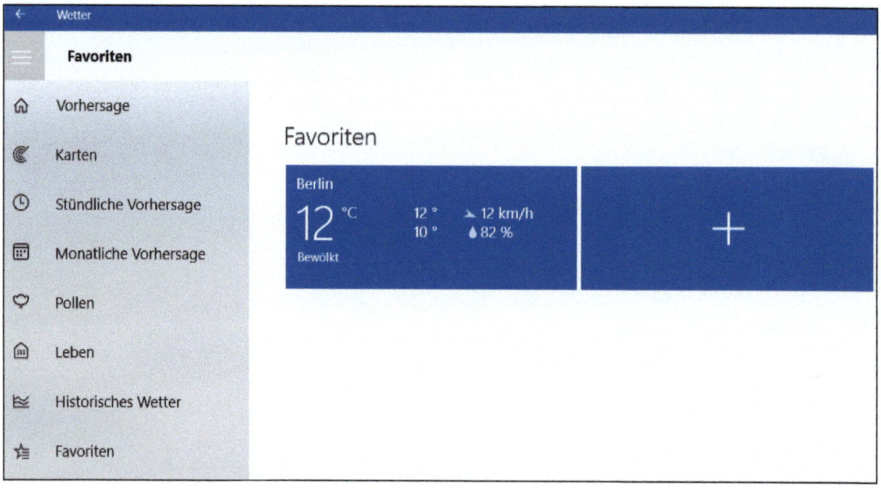

Abbildung 2.7: Hinzufügen von Favoriten

3. Klicken Sie auf ZU FAVORITEN HINZUFÜGEN, also auf die Schaltfläche, die durch ein Pluszeichen dargestellt. Nun öffnet sich der Bildschirm ZU FAVORITEN HINZUFÜGEN.
4. Geben Sie einen Ortsnamen in das Textfeld unterhalb von ZU FAVORITEN HINZUFÜGEN ein (siehe Abbildung 2.8). Während der Eingabe werden passende Ortsnamen unterhalb des Eingabefelds vorgeschlagen. Wenn Sie den gewünschten Ort entdecken, wählen Sie den betreffenden Namen durch Anklicken aus.

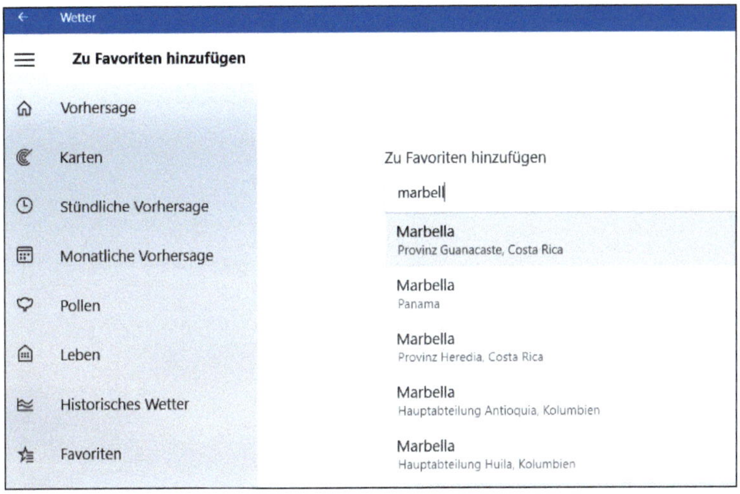

Abbildung 2.8: Schreiben Sie den Ortsnamen in das Textfeld.

Durch die Wiederholung der Schritte 3 und 4 können Sie weitere Orte hinzufügen.

5. Wählen Sie das Symbol für den hinzugefügten Standort aus. Die Wetter-App zeigt alle Informationen für den ausgewählten Standort an.

Mit der Schaltfläche FAVORITEN in der App-Leiste bewegen Sie sich zwischen mehreren Standorten.

Wählen Sie in der App-Leiste die Option FAVORITEN, um einen Bildschirm mit den von Ihnen ausgewählten Orten anzuzeigen. Von dort aus können Sie einen Ort auswählen, um Berichte und Vorhersagen über das Wetter in einer anderen Stadt oder einem anderen Ort zu erhalten.

App-Einstellungen ändern

1. Öffnen Sie in der Liste ALLE des Startmenüs die Wetter-App, falls diese noch nicht geöffnet ist.
2. Klicken Sie in der Wetter-App auf das Symbol EINSTELLUNGEN ganz unten in der App-Leiste (das Symbol sieht aus wie ein Zahnrad). Der Einstellungsbildschirm wird angezeigt, wie in Abbildung 2.9 gezeigt.

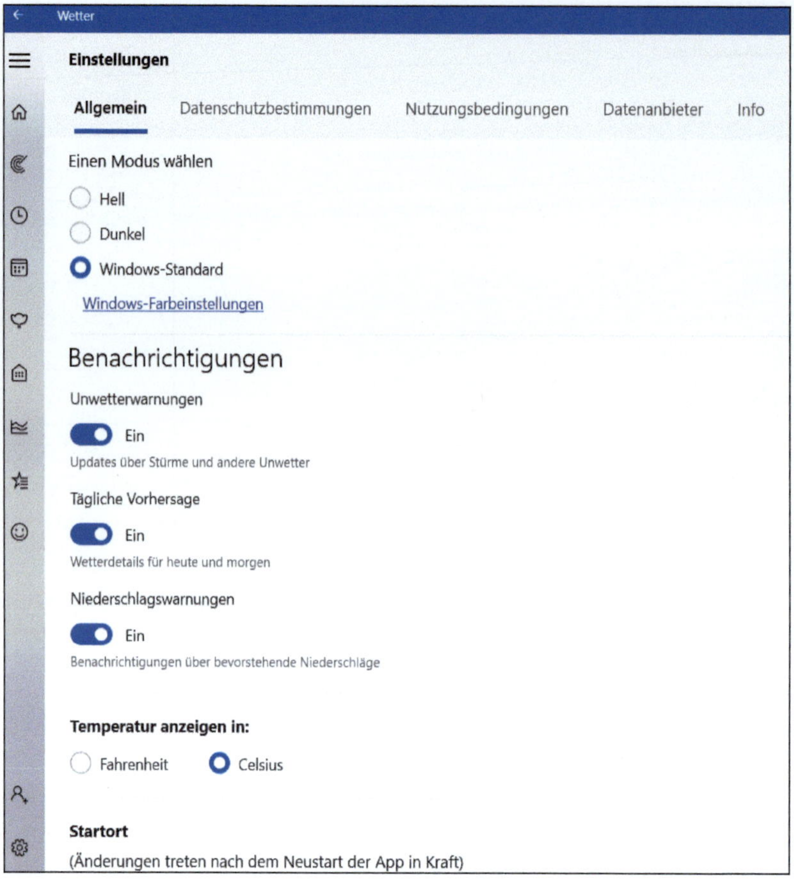

Abbildung 2.9: Der Einstellungsbereich für die Wetter-App

Vielleicht können Sie sich nicht sofort merken, wann die App-Einstellungen benötigt werden und wann die App-Leiste. Im Allgemeinen werden die Funktionen in der App-Leiste häufiger benötigt als die des Einstellungsbereichs (Zahnrad).

3. Wählen Sie beispielsweise, ob die Lufttemperaturen in Fahrenheit oder Celsius angezeigt werden sollen.

4. Wählen Sie einen STARTORT aus. Die Option AKTUELLEN STANDORT IMMER ERMITTELN weist die Wetter-App an, anhand Ihrer Internetverbindung festzustellen, wo Sie sich gerade befinden, und den Wetterbericht für diesen Ort auszugeben. Wählen Sie STANDARDORT und geben Sie den Namen Ihres Wohnorts ein, wenn Sie standardmäßig immer die Wettervorhersagen für diesen Ort erhalten möchten.

Aktivieren Sie im Einstellungsfenster die Registerkarte DATENSCHUTZBESTIMMUNGEN, wenn Sie sich dafür interessieren, wie Microsoft Daten über Sie sammelt, wenn Sie die Wetter-App und andere von Microsoft entwickelte Apps verwenden. Sie sehen eine Seite mit allerhand Hinweisen auf Gesetze und andere undurchsichtige Informationen.

Änderungen an Einstellungen werden sofort wirksam. Sie brauchen sie nicht erst zu speichern oder zu aktivieren.

Nach Apps suchen

1. Öffnen Sie das Startmenü. Oben im Startmenü erscheint ein Suchfeld. Noch schneller suchen Sie nach einer App, indem Sie auf das Lupen-Symbol in der Taskleiste klicken.
2. Geben Sie in das Suchfeld das Wort `Rechner` ein, um nach der Rechner-App zu suchen. Sofort zeigt die Suchseite Ihnen Treffer für Ihren Suchbegriff an. Oft reichen schon wenige Buchstaben (siehe Abbildung 2.10). Über das Suchfeld können Sie nach allen verfügbaren Optionen und Funktionen suchen.

   Klicken Sie auf eine der Optionen unter dem Suchfeld, um Ihre Suche einzugrenzen (siehe Abbildung 2.11). Mit einem Klick auf DOKUMENTE suchen Sie nur nach Dateien auf Ihrem Computer, mit APPS nur nach Apps. Wenn Sie WEB auswählen, suchen Sie im Internet. Mit dem Symbol MEHR öffnet sich ein Drop-down-Menü, über das sich noch vieles mehr suchen lässt, zum Beispiel Musikdateien, Ordner oder Videos.

3. Falls noch nicht geschehen, geben Sie den Namen der gesuchten App vollständig ein, hier das Wort `Rechner`. Das Suchfeld listet nur Einträge auf, die das vollständige Wort *Rechner* enthalten, unter anderem auch die Rechner-App.
4. Die Rechner-App wird auf dem Desktop geöffnet, wie in Abbildung 2.12 gezeigt. Um eine Berechnung durchzuführen, wählen Sie die Schaltflächen auf dem Bildschirm oder verwenden eine Tastatur.

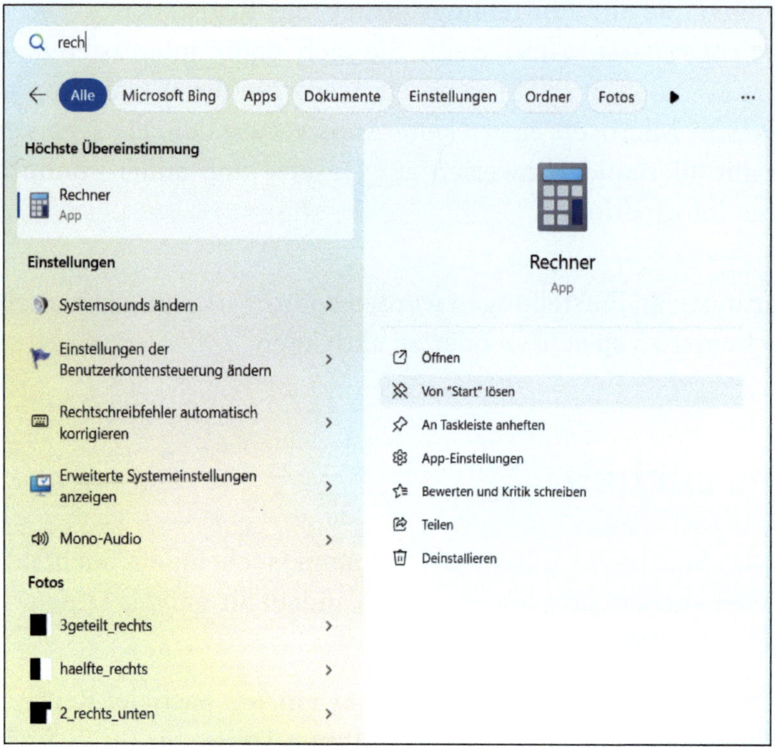

Abbildung 2.10: Fangen Sie einfach an zu tippen und Windows 11 zeigt, was es zu dem eingegebenen Suchbegriff findet.

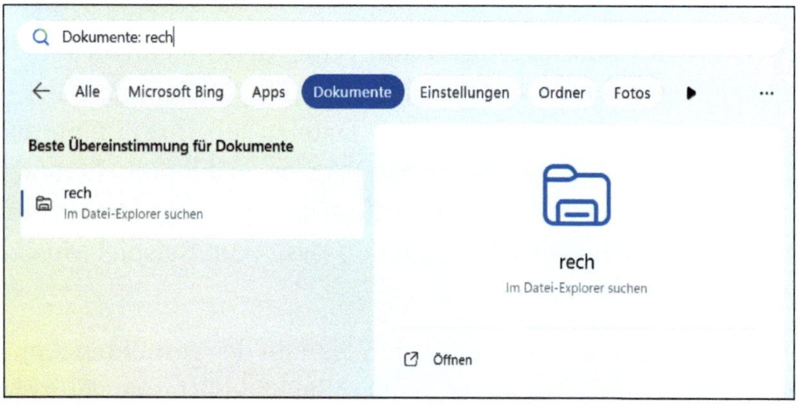

Abbildung 2.11: Mit den Kategorien können Sie die Suche auch einschränken.

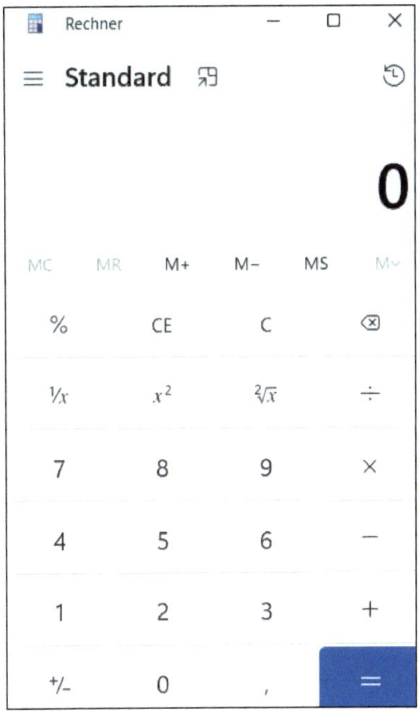

Abbildung 2.12: Rechner-App von Windows 11

5. Schließen Sie dann bitte die Rechner-App wieder, indem Sie das Schließkreuz in der oberen rechten Ecke anklicken.

Apps im Startmenü anheften und wieder lösen

1. Öffnen Sie das Startmenü. Auf Ihrem Computer sind bereits zahlreiche Apps an das Startmenü angeheftet und somit direkt sichtbar, um einen einfachen und schnellen Zugriff zu ermöglichen. Möglicherweise möchten Sie jedoch einige der App-Symbole aus dem Startmenü entfernen und andere Apps bzw. App-Symbole hinzufügen. Wählen Sie die Schaltfläche ALLE und suchen Sie in der alphabetischen Liste nach dem Symbol/Eintrag RECHNER.

2. Zeigen Sie das Kontextmenü der Rechner-App mit einer der folgenden Methoden an:

   - Klicken Sie mit der rechten Maustaste auf das Rechnersymbol.
   - Auf einem Touchscreen berühren Sie das Rechnersymbol und halten es gedrückt, bis das Kontextmenü angezeigt wird; dann heben Sie den Finger wieder.

3. Wählen Sie im Kontextmenü die Option AN »START« ANHEFTEN, wie in Abbildung 2.13 gezeigt.

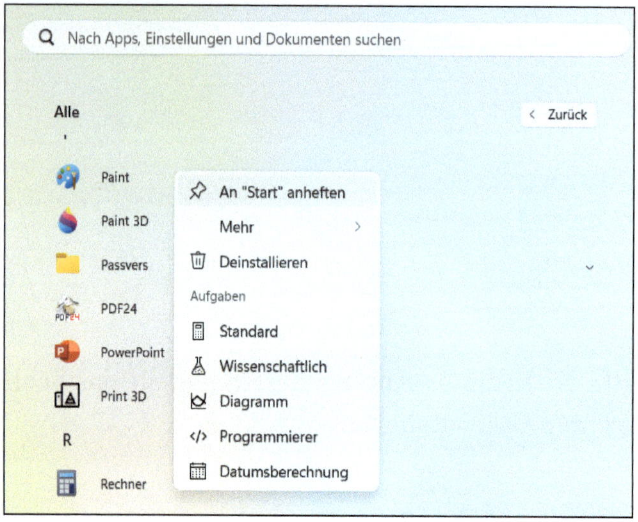

Abbildung 2.13: Heften Sie die App an das Startmenü an.

4. Wählen Sie die Schaltfläche ZURÜCK, um zum Hauptfenster zurückzukehren. Die Rechner-App ist nun an das Startmenü angeheftet und wird in der Gruppe ANGEHEFTET angezeigt.

5. Um die Rechner-App wieder aus dem Startmenü zu entfernen, rufen Sie erneut das Kontextmenü auf und wählen Sie VON »START« LÖSEN.

Wenn Sie eine App mit dem Befehl VON »START« LÖSEN aus dem Startmenü entfernen, wird lediglich das Symbol der App aus der Gruppe ANGEHEFTET entfernt. Die App befindet sich weiterhin sicher und unversehrt auf Ihrem Computer und wird durch diesen Vorgang nicht deinstalliert.

Apps im Startmenü arrangieren

1. Sie können die Symbole im Startmenü neu anordnen, indem Sie sie an eine andere Stelle ziehen. Ziehen Sie das Rechnersymbol an eine andere Stelle. Wenn Sie das Symbol verschieben, werden andere Symbole aus dem Weg geräumt.

2. Um eine App zu verschieben, wählen Sie das Symbol mit der linken Maustaste aus und halten Sie die Taste gedrückt. Ziehen Sie das Symbol dann einfach an eine neue Position im Bereich der angepinnten Apps. Wenn Sie einen Touchscreen verwenden, halten Sie das Symbol mit dem Finger gedrückt und ziehen Sie es.

3. Fahren Sie mit diesem Vorgang fort, bis Sie die App-Symbole ganz nach Ihren Wünschen angeordnet haben. Sie können die Apps beispielsweise in einer Liste anordnen, beginnend mit den am häufigsten bis hin zu den am wenigsten verwendeten, oder Sie könnten sie in alphabetischer Reihenfolge sortieren.

Sie möchten eine App an erster Stelle in der Liste haben? Zeigen Sie einfach mit der rechten Maustaste das Kontextmenü des App-Symbols an und wählen Sie eine entsprechende Option (zum Beispiel NACH VORNE VERSCHIEBEN).

Apps deinstallieren

1. Sie können neue Apps aus dem Microsoft Store herunterladen (siehe Kapitel 10), aber es kann auch der Zeitpunkt kommen, an dem Sie eine App deinstallieren möchten. Sie haben zum Beispiel ein Spiel heruntergeladen, das Ihnen nicht besonders gefällt. Sie möchten die App nicht mehr auf Ihrem Computer haben. Kein Problem, Sie können sie ganz einfach deinstallieren. Öffnen Sie das Startmenü und wählen Sie die Schaltfläche ALLE.

2. Suchen Sie die App, die Sie deinstallieren möchten, in der alphabetischen Liste ALLE, die Sie aufgerufen haben.

3. Zeigen Sie das Kontextmenü des App-Symbols mit einer der folgenden Methoden an:
   - Maus: Klicken Sie mit der rechten Maustaste auf das Symbol der App.
   - Touchscreen: Berühren und halten Sie das Symbol der App, bis das Kontextmenü erscheint, und heben Sie den Finger dann wieder.
4. Wählen Sie im Kontextmenü die Option DEINSTALLIEREN, wie in Abbildung 2.14 dargestellt. Ein Dialogfeld wird angezeigt, das Sie darauf hinweist, dass die App entfernt wird. Wählen Sie die Schaltfläche DEINSTALLIEREN in diesem Fenster. Die Anwendung wird dann von Ihrem Computer entfernt.

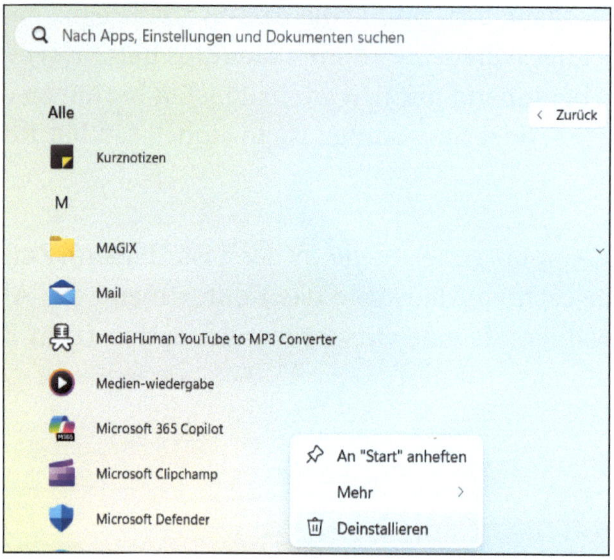

Abbildung 2.14: Wählen Sie DEINSTALLIEREN, um eine App von Ihrem Computer zu entfernen.

Nachdem Sie eine App deinstalliert haben, ist sie verschwunden. Sie können sie nur wiederherstellen, indem Sie sie erneut aus dem Microsoft Store (oder von einem Datenträger) herunterladen und installieren.

Um eine App deinstallieren zu können, benötigen Sie auf jeden Fall bestimmte Berechtigungen; ggf. müssen Sie sich dafür als Benutzer mit Administrator-Berechtigungen anmelden; andernfalls erhalten Sie dazu am Bildschirm einen entsprechenden Hinweis.

Das Widget-Panel nutzen

1. Klicken Sie in der Taskleiste auf das Symbol für die Widgets, um das Widgetboard zu öffnen. Standardmäßig handelt es sich um eine Schaltfläche, in der beispielsweise Angaben zum Wetter angezeigt werden (siehe Abbildung 2.15).

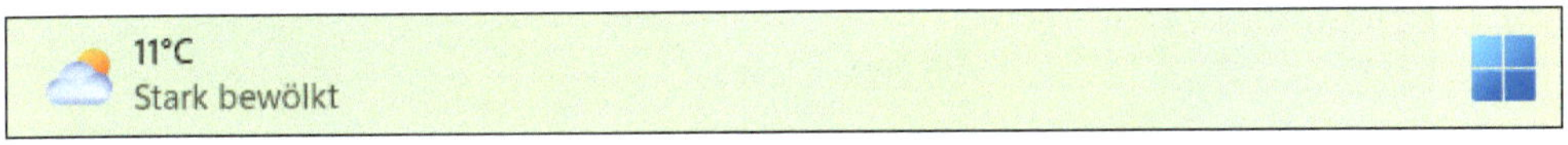

Abbildung 2.15: Klicken oder tippen Sie auf das Widget-Symbol.

Sollte das Symbol in der Taskleiste nicht angezeigt werden, müssen Sie dies in den Taskleisteneinstellungen einschalten bzw. auf aktiv setzen.

2. Das Widgets-Panel hat mehrere Hauptbereiche:

   - **Durchsuchen:** Die Suchoption ermöglicht Ihnen einen einfachen Zugriff auf das Internet. Die Suchergebnisse werden in Microsoft Edge angezeigt, sobald Sie die Eingabetaste drücken (weitere Informationen zu Microsoft Edge finden Sie in Kapitel 6). Wenn Sie in diesem Bereich nach unten blättern, sehen Sie zudem die wichtigsten Nachrichten des Tages. Sie können eine Nachricht auswählen, die dann in Microsoft Edge geöffnet wird.
   - **Widgets:** In diesem Abschnitt werden die derzeit installierten Widgets angezeigt.

3. Um ein neues Widget hinzuzufügen, müssen Sie auf der linken Seite die Schaltfläche WIDGETS anwählen (siehe Abbildung 2.16) und dann rechts oben das Pluszeichen anklicken.

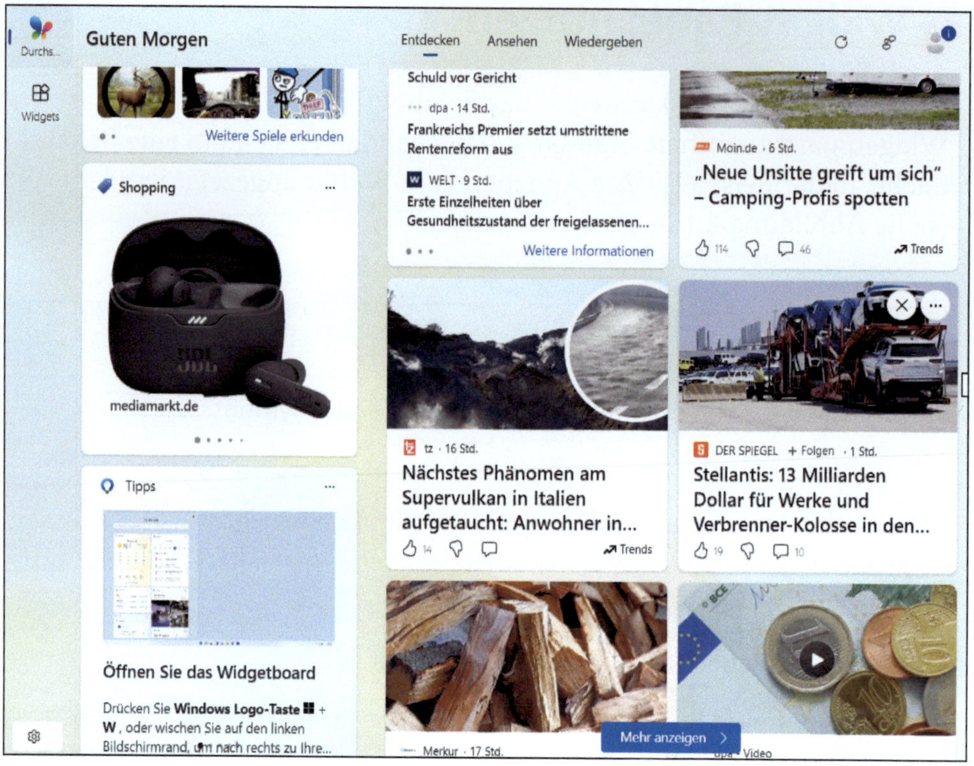

Abbildung 2.16: Das Widget-Fenster

4. Wählen Sie dann im Fenster WIDGETS HINZUFÜGEN das (neue) Widget an, das Sie hinzufügen möchten (siehe Abbildung 2.17). Mit Anklicken der Schaltfläche WIDGET HINZUFÜGEN wird die Widget-Sammlung um das ausgewählte Widget erweitert.

Neben den standardmäßig verfügbaren Widgets, die Sie wie dargestellt einbinden können, steht im Microsoft Store eine Vielzahl weiterer Widgets zur Verfügung, die Sie bei Bedarf herunterladen und einbinden können. Unter Umständen sind diese jedoch mit zusätzlichen Kosten verbunden.

Abbildung 2.17: Neue Widgets hinzufügen

Widgets entfernen und neu anordnen

1. Öffnen Sie das Widgets-Panel, indem Sie auf das Widget-Symbol in der Taskleiste klicken (siehe Abbildung 2.15).
2. Sie können die Widgets verschieben, um sie in einer anderen Reihenfolge im Widgets-Panel anzuzeigen. Es gibt keinen richtigen oder falschen Weg, die Widgets anzuordnen; ordnen Sie sie einfach so an, wie es für Sie am besten ist. Um ein Widget an eine neue Position zu ziehen, bewegen Sie den Mauszeiger über das Widget und halten die linke Maustaste gedrückt. Bei Touchscreens halten Sie den Finger auf dem Widget. Ziehen Sie das Widget dann einfach an eine neue Position. Die anderen Widgets werden aus dem Weg geräumt.
3. Um ein Widget zu entfernen, klicken Sie auf die drei Punkte in der oberen rechten Ecke eines Widgets. Wählen Sie dann im angezeigten Menü die Option ENTFERNEN.

Wenn Sie ein Widget entfernen, wird es nur aus dem Widget-Panel entfernt (es wird nicht gelöscht). Sie können es später jederzeit wieder hinzufügen.

Widget anpassen

1. Öffnen Sie das Widgets-Panel, indem Sie auf das Widget-Symbol in der Taskleiste klicken (siehe Abbildung 2.15).
2. Sie können die Größe eines Widgets ändern, indem Sie über die drei Punkte in der oberen rechten Ecke eines Widgets das Kontextmenü öffnen. Bei der Größe können Sie hier zwischen KLEIN, MITTEL und GROß wählen. In Abbildung 2.18 sind beispielhaft alle Widgets auf KLEIN eingestellt.

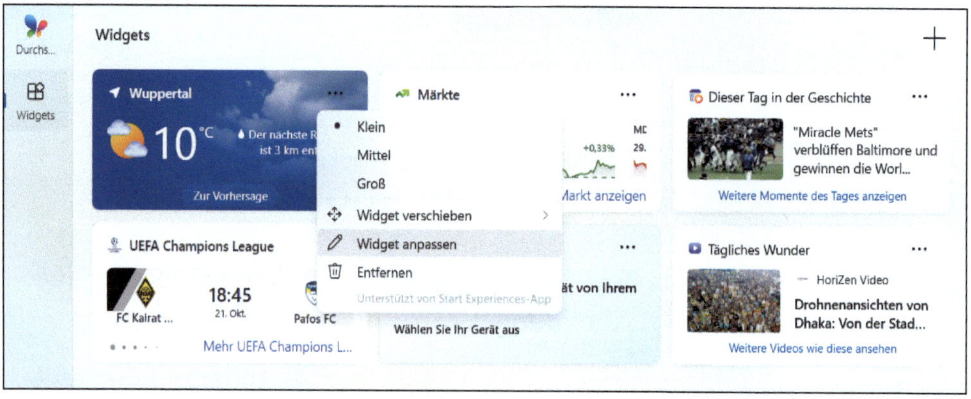

Abbildung 2.18: Die Größe der Widgets anpassen

3. Um die Größe des Widgets zu ändern, wählen Sie einfach die gewünschte Größe aus dem Kontextmenü (drei Punkte) aus. Die Widgets müssen nicht die gleichen Größen haben, sondern diese können sehr unterschiedlich sein.

Größere Widgets zeigen in der Regel mehr Informationen an. Überlegen Sie, ob Sie die wichtigsten Widgets größer und die weniger wichtigen Widgets kleiner machen. Zudem verfügen nicht alle Widgets über Optionen zur Größenanpassung; dies ist Widget-spezifisch.

4. Sie können die Daten, die Sie in einem Widget sehen, bei einigen Widgets anpassen; dabei variieren die Anpassungsoptionen je nach Widget und dessen Funktion. Fügen Sie zum Beispiel das Wetter-Widget zu Ihren Widgets hinzu (falls es noch nicht hinzugefügt wurde). Wählen Sie dazu aus dem Kontextmenü (drei Punkte) des Widgets den Punkt WIDGET ANPASSEN (siehe Abbildung 2.18).

Im Anpassungsfenster können Sie einen Ort angeben, zum Beispiel eine Stadt und ein Bundesland, oder Sie können wählen, dass Ihr Standort erkannt wird. Die zweite Option ist hilfreich, wenn Sie häufig reisen. Auf diese Weise ist das Widget immer genau passend, egal wo Sie sich gerade befinden. Treffen Sie Ihre Auswahl und bestätigen Sie mit der Schaltfläche SPEICHERN (siehe Abbildung 2.19).

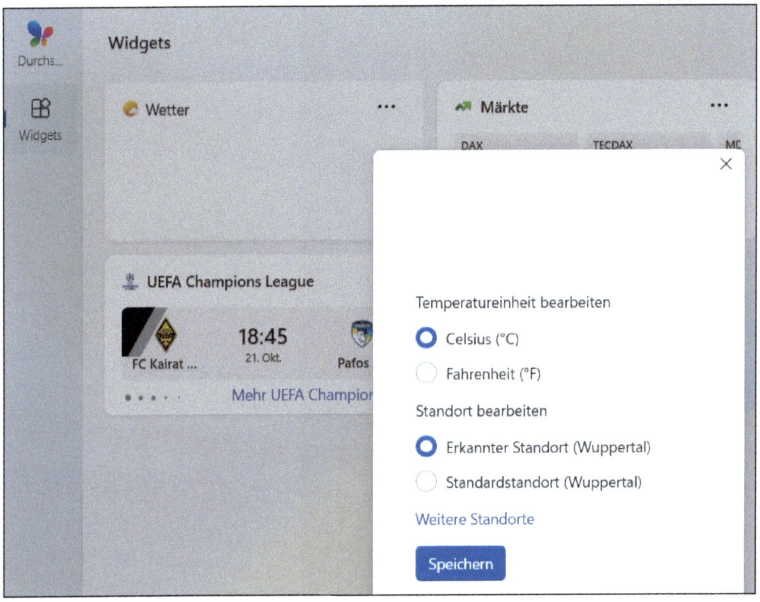

Abbildung 2.19: Spezifische Anpassungen eines Widgets

Widgets sind dazu gedacht, Ihnen schnelle und passgenaue Informationen zu liefern. Behalten Sie diesen Gedanken im Hinterkopf, wenn Sie Ihre Widgets auswählen, organisieren und anpassen.

IN DIESEM KAPITEL

- Auf den Einstellungsbildschirm zugreifen
- Den Sperrbildschirm anpassen
- Bild für Ihr Benutzerkonto wählen
- Nach wichtigen Updates Ausschau halten
- Windows 11 benutzerfreundlicher machen
- Startmenü anpassen
- Benachrichtigungen ein- und ausschalten

Kapitel 3
Die Einstellungen von Windows 11 anpassen

Schon im »Urzustand« ist Windows 11 elegant und farbenfroh. Wenn Sie dieses Aussehen jedoch nicht mögen, können Sie die Bilder und Farben auf dem Bildschirm auch ändern. Durch Anpassen der Einstellungen können Sie sich auch die Bedienung von Windows 11 einfacher und angenehmer machen. Wenn Sie bereit sind, machen Sie sich am besten gleich daran, Windows 11 ganz auf Sie abzustimmen.

In diesem Kapitel passen Sie den Sperrbildschirm an. Da Sie diesen Bildschirm jeden Tag viele Male sehen, sollte er Ihnen auch gefallen. Sie wählen außerdem ein Bild für Ihr Benutzerkonto im Startmenü. Außerdem erklärt dieses Kapitel, wie Sie Texte auf Ihrem Bildschirm leichter lesen können und wie Sie Funktionen wie die Sprachausgabe einschalten, die den Inhalt des Bildschirms laut vorliest. Zum Schluss erfahren Sie, wie Sie das Startmenü anpassen und entscheiden, welche Benachrichtigungen in der unteren rechten Ecke Ihres Bildschirms angezeigt werden sollen.

Viele Menschen lassen Windows 11 im Wesentlichen im ursprünglichen Zustand. Aber manche lieben es, alles zu verbessern und hier und da ein wenig herumzuschrauben und zu ändern. Es liegt ganz bei Ihnen, wie sehr Sie Windows 11 anpassen möchten. Schließlich ist es Ihr persönlicher Computer.

In Kapitel 4 erfahren Sie, wie Sie Kennwörter und andere Benutzereinstellungen ändern.

Auf den Einstellungsbildschirm zugreifen

1. Klicken oder tippen Sie auf der Taskleiste auf die START-Schaltfläche (oder drücken Sie die ⊞-Taste).
2. Klicken Sie im Startmenü auf das Symbol EINSTELLUNGEN, wie in Abbildung 3.1 gezeigt.

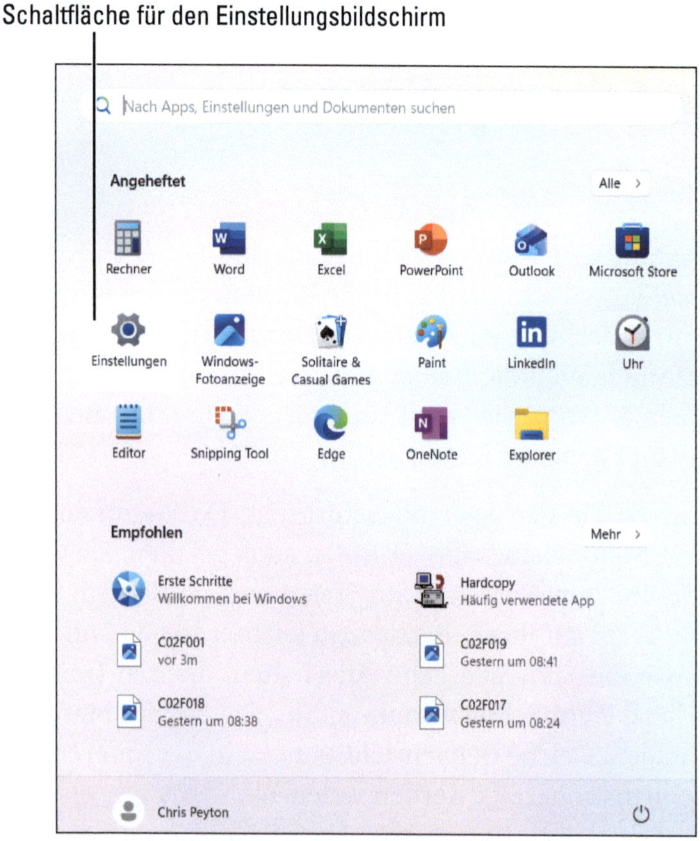

Abbildung 3.1: Das Startmenü mit der Schaltfläche »Einstellungen«

Falls Sie nicht mehr wissen, wie man eine App im Startmenü öffnet, lesen Sie dazu in Kapitel 1 nach.

3. Der Bildschirm EINSTELLUNGEN wird geöffnet, wie in Abbildung 3.2 gezeigt. Dies ist der Ausgangspunkt für die Einstellungen, die Sie hier und dort und eigentlich überall an Ihrem Computer vornehmen können.

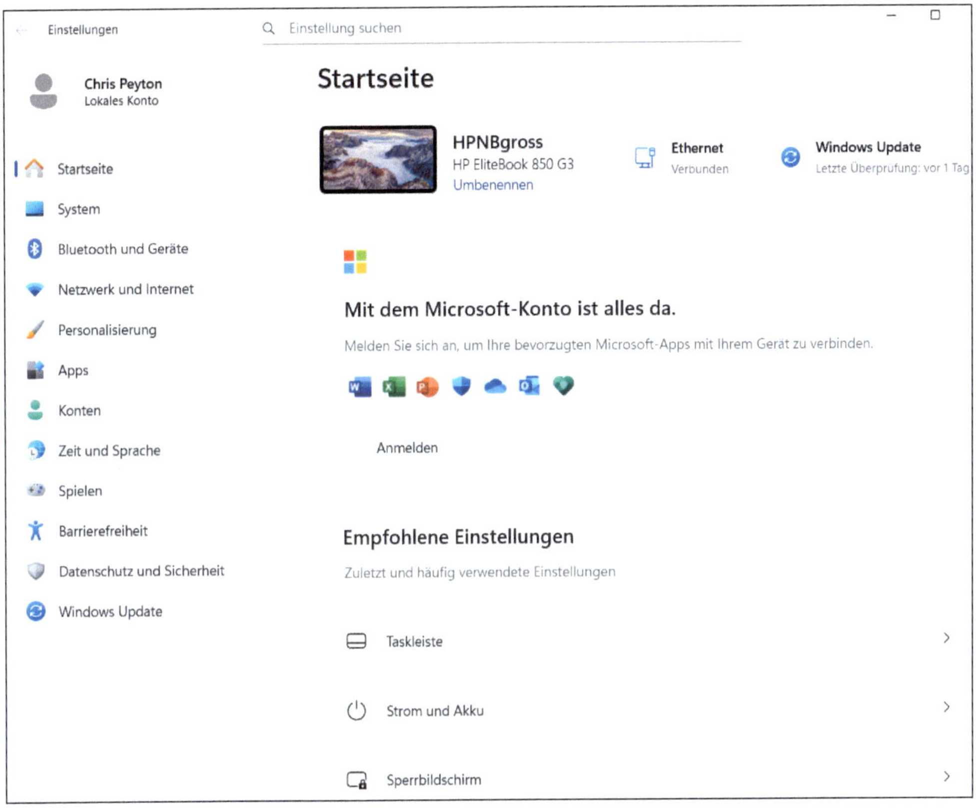

Abbildung 3.2: Der Bildschirm »Einstellungen«

4. Wählen Sie Sie nacheinander die einzelnen Einträge des Fensters EINSTELLUNGEN an, um die verfügbaren Optionen anzuzeigen. Mit dem nach links zeigenden Pfeil (oben links) können Sie zum Hauptbildschirm EINSTELLUNGEN zurückkehren.

5. Geben Sie im Fenster EINSTELLUNGEN in das Feld EINSTELLUNG SUCHEN das Wort `Drucker` ein (oben in der Mitte des Bildschirms). Sobald Sie das Wort eingeben, wird eine Liste der Einstellungen angezeigt, die sich auf Drucker beziehen. Sie können eine Einstellung in der Liste auswählen, um das zu dem Thema gehörige Dialogfeld aufzurufen.

Windows 11 unterstützt sehr viele verschiedene Einstellungen. Es kann mühsam sein, sie alle zu finden. Am einfachsten ist es häufig, den Namen der gesuchten Einstellung in das Feld EINSTELLUNG SUCHEN auf dem Bildschirm EINSTELLUNGEN einzugeben. Sie können dazu auch einfach im Suchfeld des Startmenüs nach einer beliebigen Einstellung (zum Beispiel `Drucker`) suchen.

Den Sperrbildschirm anpassen

1. Um Einstellungen für den Sperrbildschirm anzupassen, müssen Sie im Hauptbildschirm EINSTELLUNGEN links die Kategorie PERSONALISIERUNG anwählen.
2. Auf dem Bildschirm PERSONALISIERUNG scrollen Sie auf der rechten Seite etwas nach unten und klicken den Eintrag SPERRBILDSCHIRM an. Der gleichnamige Bildschirm (siehe Abbildung 3.3) wird geöffnet. Im Drop-down-Menü IHREN SPERRBILDSCHIRM PERSONALISIEREN (rechts oben) gibt es drei Optionen:
   - **Windows Blickpunkt:** Bei dieser Option zeigt Microsoft wechselnde Bilder, meist eine schöne Auswahl an Fotos (häufig Naturaufnahmen).
   - **Bild:** Mit dieser Option können Sie ein Foto aus Ihrer Sammlung auswählen, das sich derzeit auf Ihrem PC befindet (zum Beispiel in Ihrem Bilderordner).
   - **Diashow:** Mit dieser Option können Sie durch eine Sammlung von Fotos blättern, die als Diashow auf dem Sperrbildschirm angezeigt wird. Wenn Sie diese Option wählen, müssen sich alle Bilder in demselben Ordner auf Ihrem Computer befinden.
3. Wenn Sie die Option BILD auswählen, können Sie aus den letzten Bildern auswählen, die nach Anwahl direkt unterhalb angezeigt werden. Alternativ wählen Sie die Schaltfläche FOTOS DURCHSUCHEN, um nach einem bestimmten Foto zu suchen, worauf sich automatisch der Windows-Explorer öffnet (siehe Abbildung 3.3).

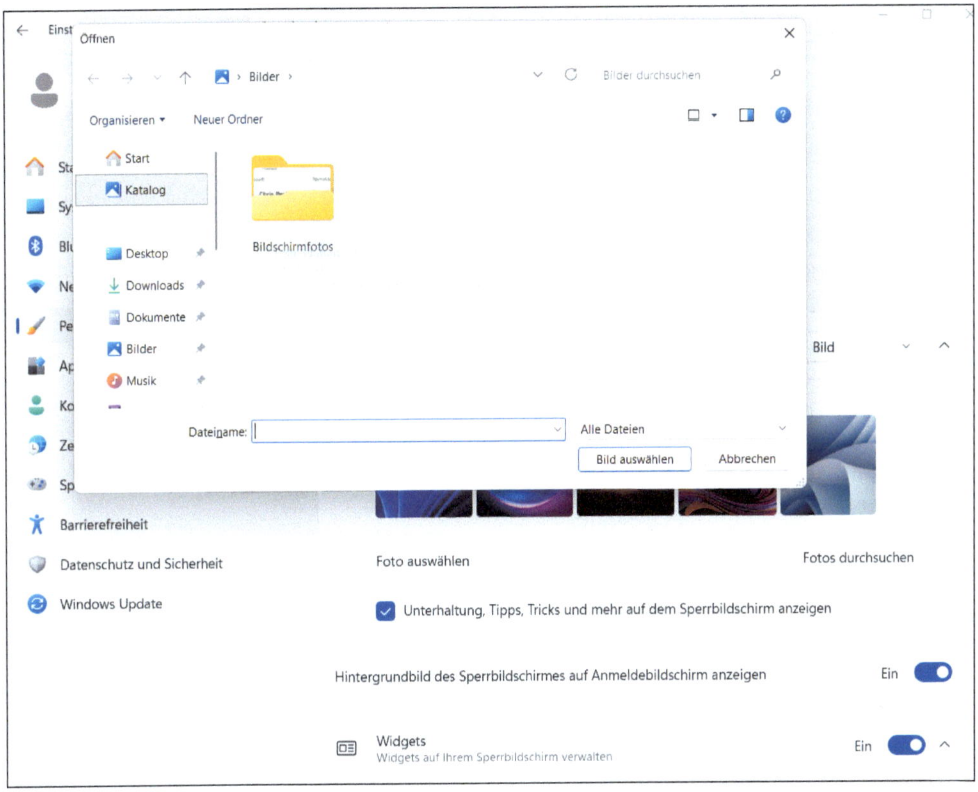

Abbildung 3.3: Wählen Sie eines der angebotenen Motive für den Sperrbildschirm aus.

Der Sperrbildschirm ist der erste Bildschirm, den Sie sehen, wenn Sie Windows 11 starten bzw. sobald der Bildschirm gesperrt wird.

4. Nachdem Sie ein Bild ausgewählt haben, wird es auf dem Sperrbildschirm angezeigt. Sie können diese Schritte jederzeit wiederholen, um ein anderes Bild auszuwählen, oder Sie entscheiden sich für DIASHOW oder WINDOWS BLICKPUNKT.

Sie können Ihren Computer jederzeit sperren, indem Sie [Win]+[L] drücken. (»L« steht für das englische »lock«, was wiederum »sperren« bedeutet.)

Ein Bild für Ihr Benutzerkonto wählen

1. Um beispielsweise Ihrem Benutzerkonto ein Foto zuzuweisen, müssen Sie auf dem Hauptbildschirm EINSTELLUNGEN links die Kategorie KONTEN anklicken. Wie das geht, ist im Abschnitt »Auf den Einstellungsbildschirm zugreifen« weiter vorne in diesem Kapitel beschrieben. Ihr aktuelles Profilbild wird oben angezeigt. Sollten Sie noch kein Bild für Ihr Benutzerkonto ausgewählt haben, wird dort lediglich eine Silhouette angezeigt, wie in Abbildung 3.4 zu sehen ist.

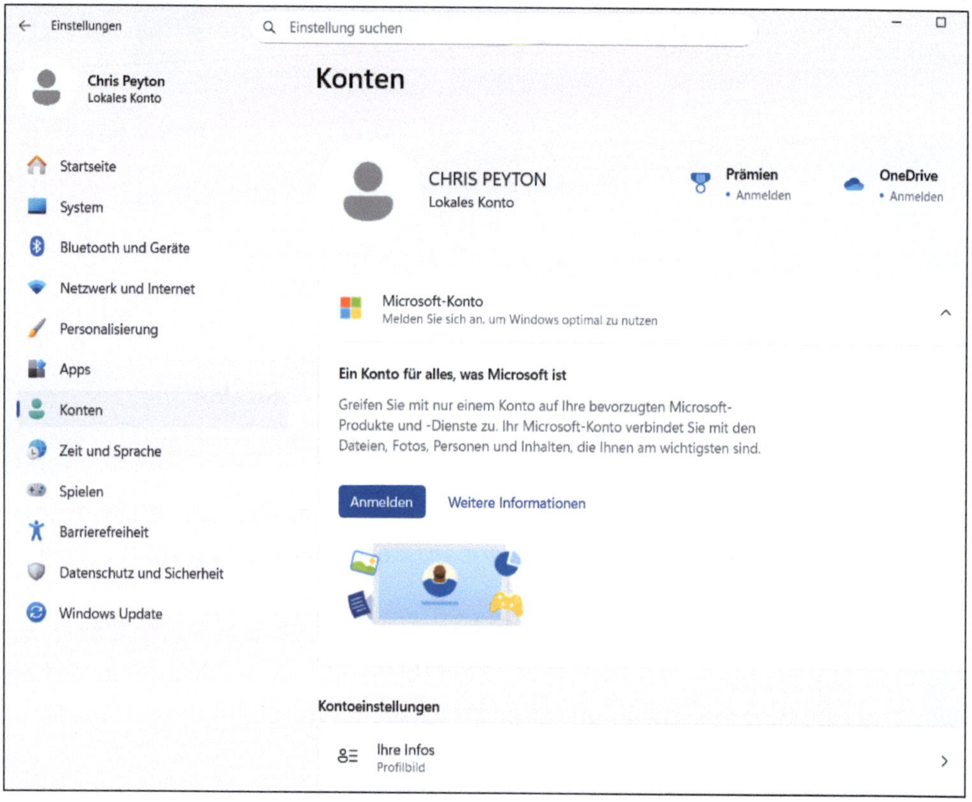

Abbildung 3.4: Das aktuelle Profilbild des Benutzerkontos wird angezeigt.

Das Profilbild erscheint auf dem Bildschirm zur Eingabe Ihres Kennworts, im Startmenü und in anderen Fenstern.

2. Klicken Sie auf IHRE INFOS und dann auf die Schaltfläche DATEIEN DURCHSUCHEN, um eines Ihrer Fotos auszuwählen. Der Inhalt Ihres

Ordners *Bilder* wird im Dialogfeld ÖFFNEN angezeigt. Hier können Sie die Schaltfläche HOCH (Pfeil nach oben) wählen, um auf einen beliebigen anderen Ordner auf Ihrem Computer zuzugreifen, oder einen Unterordner auswählen, der geöffnet werden soll. Wenn Sie das gewünschte Bild gefunden haben, wählen Sie BILD AUSWÄHLEN, um das Foto zu übernehmen, oder ABBRECHEN, um unverrichteter Dinge zu den PC-Einstellungen zurückzuschalten.

In Kapitel 11 erfahren Sie, wie Sie auf Ihrem Computer Bilder in Ihren speziellen Bilderordner einfügen können.

3. Wenn Sie eine eingebaute oder angeschlossene Kamera (eine sogenannte *Webcam*) besitzen, wählen Sie KAMERA ÖFFNEN, um ein Foto zu machen (siehe Abbildung 3.5). Die Kamera-App öffnet sich mit einem Vorschaubild dessen, was Ihre (angeschlossene) Kamera gerade »sieht«. In Kapitel 11 wird beschrieben, wie Sie mit einer Webcam Bilder aufnehmen können.

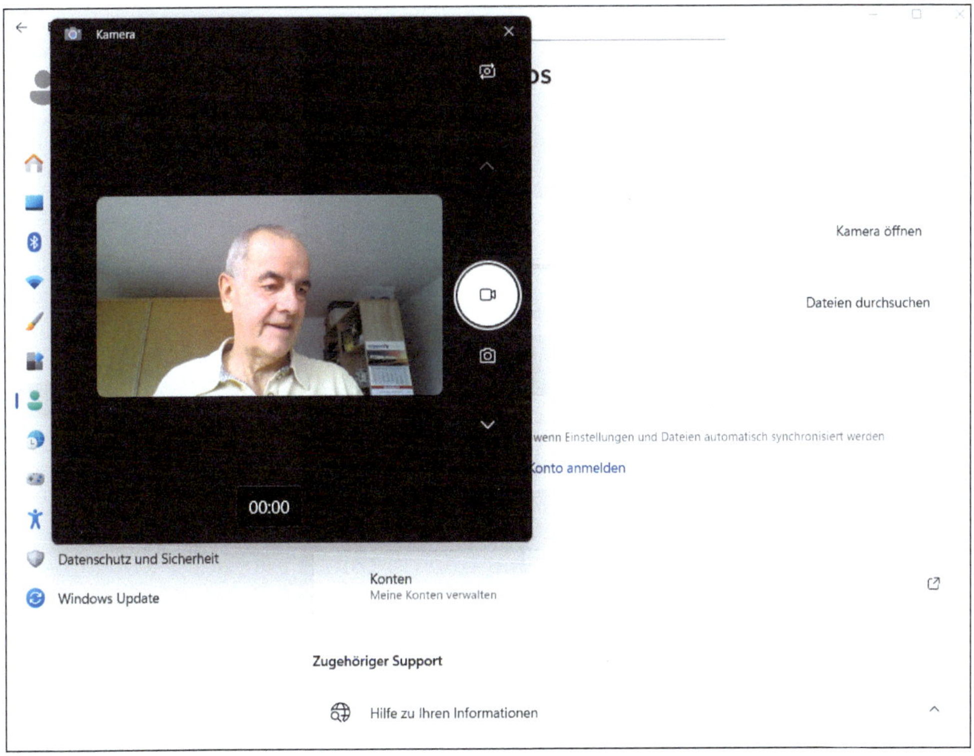

Abbildung 3.5: Öffnen Sie die Kamera-App.

4. Nach Zuweisung eines Profilbilds können Sie zurückwechseln zum Startmenü. Dazu klicken Sie entweder auf die START-Schaltfläche oder drücken die ⊞-Taste auf Ihrer Tastatur.

Alternativ können Sie auch direkt über Ihren Kontennamen auf den Bildschirm KONTEN zugreifen, um beispielsweise Ihr Profilbild zu ändern. Klicken Sie im Startmenü mit der rechten Maustaste auf Ihren Namen und wählen Sie dann MEIN KONTO VERWALTEN, wie in Abbildung 3.6 gezeigt. An der Stelle können Sie dann die Option IHRE INFOS anwählen.

Abbildung 3.6: So rufen Sie den Bildschirm »Konten« auf.

Am einfachsten greifen Sie über Ihren Kontennamen auf den Bildschirm KONTEN zu, um Ihr Profilbild zu ändern. Klicken Sie im Startmenü mit der rechten Maustaste auf Ihren Namen und wählen Sie dann KONTOEINSTELLUNGEN ÄNDERN, wie in Abbildung 3.6 gezeigt. Voilà! Der Bildschirm KONTEN wird angezeigt, wobei IHRE INFOS ausgewählt ist.

Nach wichtigen Updates Ausschau halten

1. Um nach verfügbaren Updates für Windows 11 zu suchen, wählen Sie in den EINSTELLUNGEN die Kategorie WINDOWS UPDATE. Das Fenster WINDOWS UPDATE erscheint (siehe Abbildung 3.7).

2. Auf dem Bildschirm WINDOWS UPDATE erfahren Sie, wann Windows 11 zuletzt nach Updates gesucht hat und ob solche gefunden wurden. Wählen Sie die Schaltfläche NACH UPDATES SUCHEN, um festzustellen, ob Updates zur Verfügung stehen, und um Windows 11 auf Ihrem Computer zu aktualisieren.

3. Für die Installation mancher Updates muss Ihr Computer heruntergefahren und gegebenenfalls neu gestartet werden. In diesen Fällen sehen

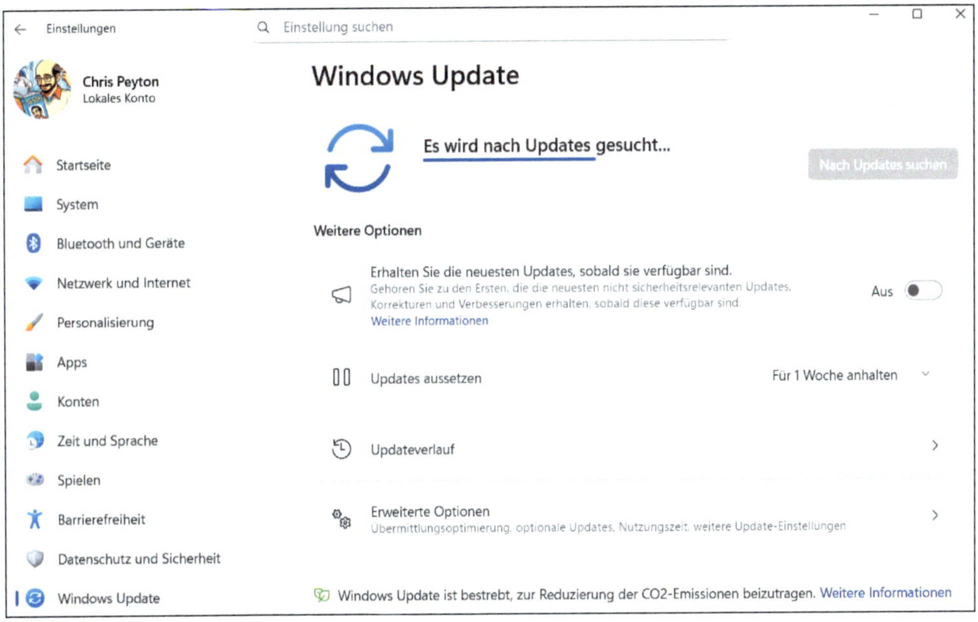

Abbildung 3.7: Der Bildschirm »Windows Update«

Sie eine Schaltfläche JETZT NEU STARTEN auf dem Windows Update-Bildschirm. Wenn Sie die Updates sofort installieren möchten, klicken Sie auf diese Schaltfläche. Sie können aber auch warten, bis Sie Ihren Computer das nächste Mal ausschalten und Ihrem Computer dann den Neustart zur Installation der Updates überlassen.

Alternativ können Sie Ihren Computer auch einfach nachts eingeschaltet lassen. Windows 11 übernimmt dann die Update-Arbeit, während Sie schlafen.

4. Vielleicht sehen Sie jetzt die Nachricht, dass ein oder mehrere Updates heruntergeladen und automatisch installiert werden. Sie müssen in diesem Fall nichts weiter tun, damit diese Updates installiert werden; das wird von Windows zu einer bestimmten Zeit automatisch erledigt; alternativ können Sie die Installation mit der Schaltfläche ALLE INSTALLIEREN aber auch jederzeit manuell anstoßen (sofern Sie dazu über die benötigten Berechtigungen verfügen). Kehren Sie an der Stelle bitte auf den Desktop zurück und lassen Sie Windows 11 seine Updates automatisch verwalten. Sie können in der Zeit mit Ihrem Computer parallel andere Dinge erledigen.

Sie können auf dem Bildschirm WINDOWS UPDATE den Link ERWEITERTE OPTIONEN wählen, um festzulegen, wie Windows 11 Updates installiert. Wenn Sie auf den Link UPDATEVERLAUF ANZEIGEN klicken, erhalten Sie den Verlauf der Updates, die Windows für Ihren Computer durchgeführt hat.

Das Installieren eines Updates dauert selten länger als ein paar Minuten. Sie können Ihr System während des Update-Prozesses nutzen und andere Aufgaben erledigen.

Informationen über Updates und die Wartung von Windows 11 finden Sie in Kapitel 13.

Windows 11 bedienungsfreundlicher machen

1. Wählen Sie auf dem Hauptbildschirm EINSTELLUNGEN die Kategorie BARRIEREFREIHEIT, wie in Abbildung 3.8 gezeigt. (Weitere Informationen

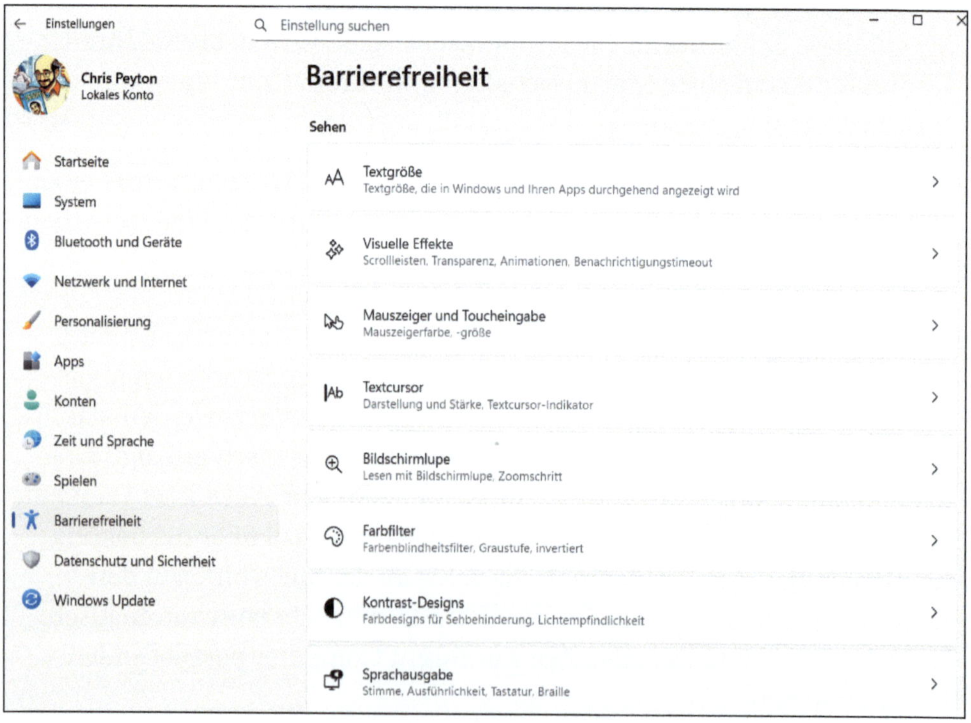

Abbildung 3.8: Optionen der Barrierefreiheit in Windows 11

finden Sie im Abschnitt »Auf den Einstellungsbildschirm zugreifen«.) Über die hier verfügbaren Optionen können Sie das Arbeiten mit Computer, Maus und Bildschirm einfacher gestalten. Die Optionen sind in drei Kategorien aufgeteilt: SEHEN, HÖRVERMÖGEN und INTERAKTION.

Am schnellsten gelangen Sie zum Bildschirm BARRIEREFREIHEIT, wenn Sie auf Ihrer Tastatur die folgende Kombination eingeben: ⊞+U. (Das U steht für das englische Wort *usability*, was im Deutschen so viel wie Benutzer- oder Bedienerfreundlichkeit bedeutet.)

2. Um Ihren Bildschirm so einstellen, dass Schrift besser zu lesen ist, müssen Sie in der Kategorie SEHEN den Punkt TEXTGRÖẞE anwählen (siehe Abbildung 3.8). Es gibt hier Einstellungen, um Text größer und kleiner darzustellen.
3. Wählen Sie – ebenfalls in der Kategorie SEHEN – MAUSZEIGER UND TOUCHEINGABE, um die Größe und Farbe des Mauszeigers zu verändern. Wie Sie in Abbildung 3.9 sehen, bietet Windows 11 Mauszeiger in verschiedenen Größen und Farben. Entscheiden Sie sich für Ihre Lieblingskombination.

Abbildung 3.9: Größe und Farbe für den Mauszeiger einstellen

4. Wählen Sie unter Sehen die Option Textcursor, um die Farbe und Dicke des Textcursors zu ändern. Der Textcursor ist die vertikale Linie, die auf dem Bildschirm zu sehen ist, um Ihnen zu zeigen, wo der Text erscheinen wird, wenn Sie mit der Eingabe beginnen.

5. In der Kategorie Sehen befindet sich außerdem die Bildschirmlupe. Diese Funktion vergrößert zur besseren Lesbarkeit einen Teil des Bildschirms. Wenn die Bildschirmlupe eingeschaltet ist, können Sie im Feld Vergrößerungsebene den Vergrößerungsfaktor bestimmen (siehe Abbildung 3.10). Klicken oder tippen Sie auf das Pluszeichen, um einen Teil des Bildschirms zu vergrößern, damit er besser sichtbar wird. Klicken oder tippen Sie auf das Minuszeichen, um den Bildschirm wieder in Normalgröße anzuzeigen.

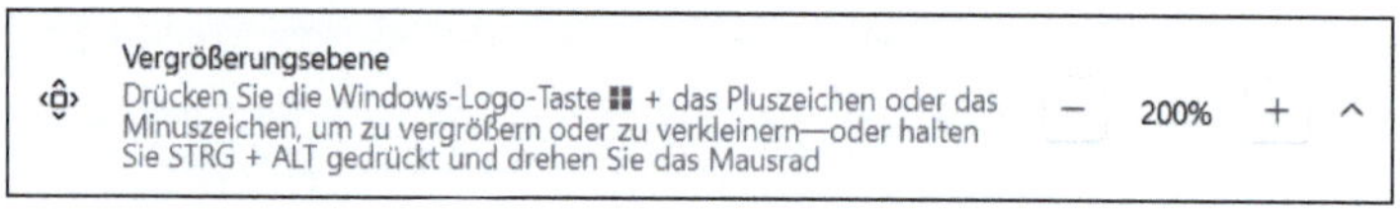

Abbildung 3.10: Schalten Sie die Bildschirmlupe ein und vergrößern Sie die Darstellung auf dem Bildschirm nach Bedarf.

Sie können die Bildschirmlupe auch durch Drücken von Strg + + aktivieren und mit Strg + - deaktivieren.

6. Weiterhin können Sie unter Sehen die Farbfilter-Einstellungen ändern, falls Sie farbenblind sind. Wenn Sie wissen, unter welcher Art von Farbenblindheit Sie leiden (Deuteranopie, Protanopie, Tritanopie), können Sie diese auswählen, um Ihnen das Sehen der Bildschirminhalte zu erleichtern.

7. Wählen Sie in der Kategorie Sehen die Einstellungen Kontrast-Designs, um den Text in der Bildschirmanzeige für Menschen, die schlecht sehen, besser lesbar zu machen. Sie wählen zunächst ein Design und bestimmen dann die Farben für Text, Links, deaktivierten Text, ausgewählten Text, Schaltflächentext und Hintergrund ganz so, wie es Ihnen gefällt. Klicken Sie auf Anwenden, um Ihre Einstellungen zu übernehmen, beziehungsweise auf Keine und Abbrechen, um keine Kontraständerungen durchzuführen und die Standardeinstellungen von Windows 11 zu verwenden.

8. In der Kategorie SEHEN finden Sie auch die Einstellungen für die SPRACHAUSGABE, um sich den Bildschirminhalt laut vorlesen zu lassen. Diese Einstellungen sind für Personen gedacht, denen das Lesen schwerfällt. Nachdem Sie die Sprachausgabe aktiviert haben, können Sie die Stimme, die Sprechgeschwindigkeit und die Höhen einstellen, um festzulegen, wie sich die Sprecherstimme anhören soll.

9. Über die AUDIO-Einstellungen in der Kategorie HÖRVERMÖGEN können Sie die Standardlautstärke erhöhen und steuern, ob Sie Stereo- oder Mono-Audio auf Ihrem Computer hören möchten. Wenn Ihre Lautsprecher eine eher schlechte Qualität haben, kann es den Klang verbessern, wenn Sie Mono-Audio einschalten.

10. In der Kategorie HÖRVERMÖGEN wählen Sie die Einstellung UNTERTITEL, um festzulegen, wie Untertitel in Audio- und Videopräsentationen dargestellt werden. Wählen Sie im Bereich UNTERTITELSTIL, wie der Text in den Untertiteln aussehen soll. Dort können Sie im Detail festlegen, wie das Feld aussehen soll, in dem die Untertitel angezeigt werden. Das Vorschaufeld zeigt, was Ihre Einstellungen bewirken.

11. In der Kategorie INTERAKTION wählen Sie die Einstellung SPRACHERKENNUNG, um Text zu diktieren, anstatt ihn einzutippen, und um Ihren Computer mit Sprachbefehlen zu steuern.

12. Wählen Sie unter INTERAKTION den Punkt TASTATUR und setzen Sie den Regler BILDSCHIRMTASTATUR auf EIN, um eine Tastatur auf dem Bildschirm anzuzeigen, die Sie anstelle der herkömmlichen Tastatur für Eingaben verwenden können. Diese Bildschirmtastatur verwendet das Layout einer üblichen Tastatur. Viele Menschen finden, dass die virtuelle Tastatur von Windows 11 flexibler ist. Weitere Informationen über die virtuelle Tastatur und ihre Layouts finden Sie in Kapitel 1.

13. Wählen Sie in der Kategorie INTERAKTION die Einstellungen MAUS, falls Sie aus einem unerfindlichen Grund Ihren Mauszeiger über den Nummernblock auf Ihrer Tastatur steuern möchten.

14. Wählen Sie schließlich unter INTERAKTION die Option AUGENSTEUERUNG. Mit dieser Funktion können Sie den Bildschirm mithilfe eines »Augensteuerungsgeräts« mit Ihren Augen steuern. Damit dies

funktioniert, brauchen Sie ein sogenanntes »Eye-Tracking-Gerät«. Klicken Sie auf den Link, um weitere Informationen über die Einrichtung und Verwendung eines solchen Augensteuerungsgeräts zu erhalten.

Das Startmenü ändern

1. Wählen Sie auf dem Hauptbildschirm Einstellungen die Kategorie Personalisierung an. Wenn Sie nicht wissen, wie Sie den Bildschirm Einstellungen öffnen können, lesen Sie das im Abschnitt »Auf den Einstellungsbildschirm zugreifen« weiter vorne in diesem Kapitel nach.
2. Wählen Sie im Fenster Personalisierung den Eintrag Start.

   Der Bildschirm für die Personalisierung des Startmenüs wird angezeigt, wie in Abbildung 3.11 gezeigt. Dieser Bildschirm bietet verschiedene Möglichkeiten, das Startmenü und den Startbildschirm anzupassen.

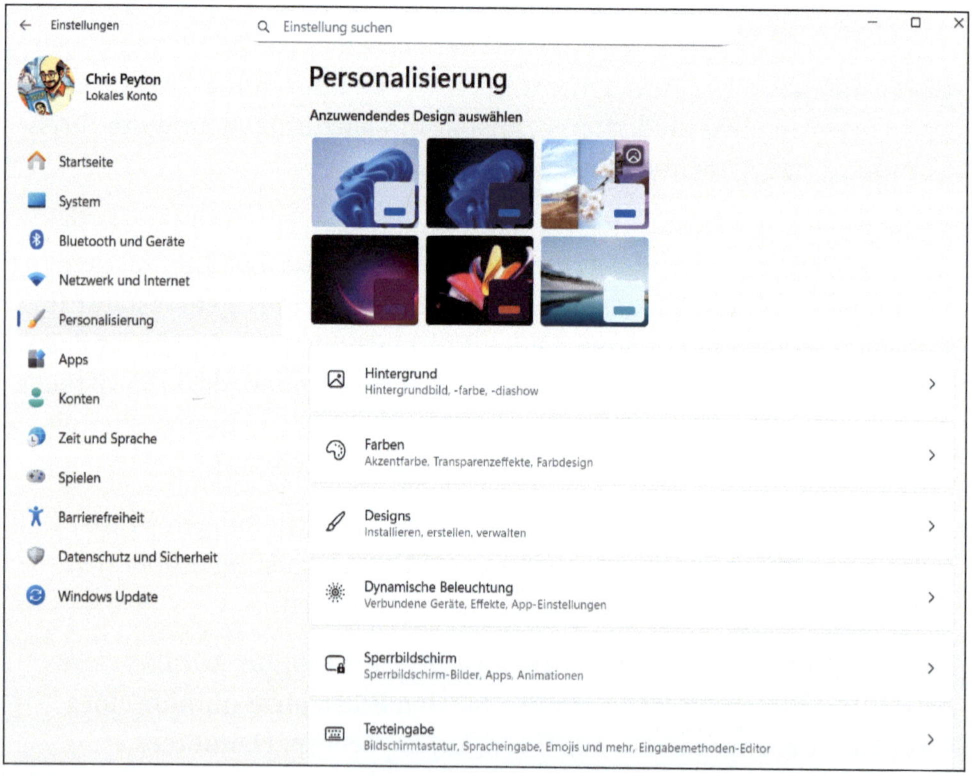

Abbildung 3.11: Passen Sie das Startmenü an Ihre Wünsche an.

Da Sie die Startseite sicherlich häufig sehen werden, sollten Sie sie an Ihre Vorstellungen anpassen. Abbildung 3.12 zeigt die Optionen für die Startseite.

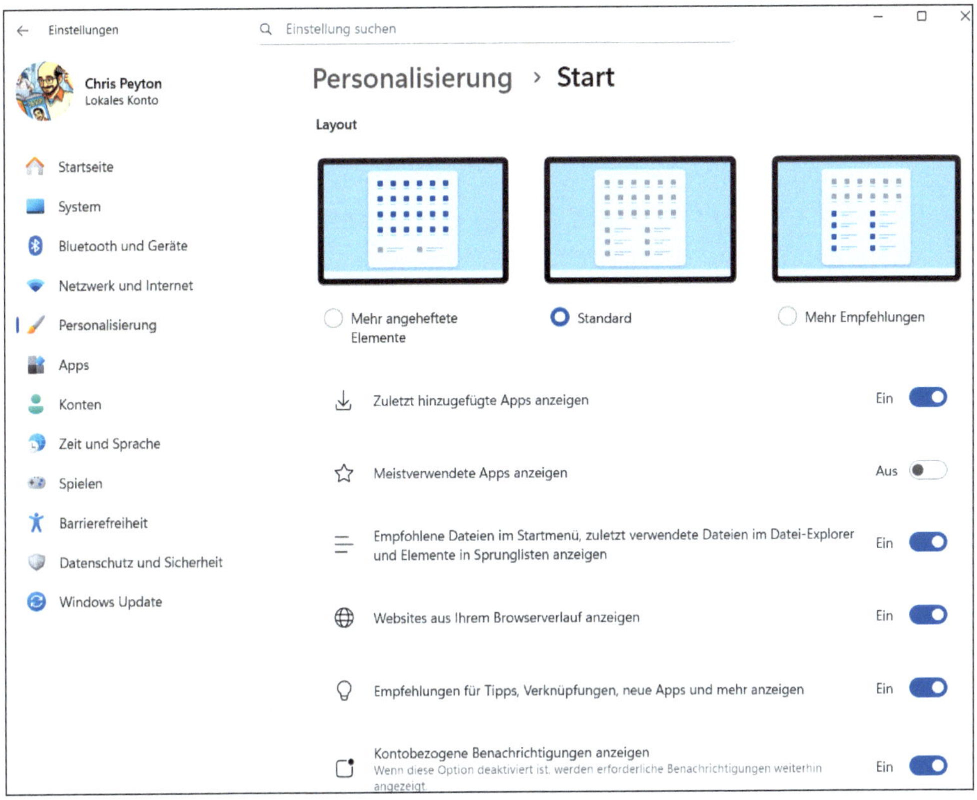

Abbildung 3.12: Die Optionen für die Startseite

3. Sie können die folgenden Einstellungsoptionen ein oder- ausschalten:

   - Zuletzt hinzugefügte Apps anzeigen: Packt die Apps, die Sie kürzlich hinzugefügt haben, in das Startmenü.
   - Meistverwendete Apps anzeigen: Zeigt die Namen der Apps, die Sie am meisten verwenden, im Startmenü an. Die Apps erscheinen im Bereich Empfohlen.
   - Empfohlene Dateien im Startmenü, zuletzt verwendete Datei im Datei-Explorer und Elemente in Sprunglisten anzeigen: Ermöglicht das schnelle Öffnen von Ordnern, Dateien und Fenstern über das Startmenü, die Taskleiste und den Datei-Explorer.

Wenn Sie den Mauszeiger über eine App im Startmenü bewegen, wird ein Pfeil angezeigt; damit können Sie ein Menü mit Elementen öffnen. Wenn Sie den Mauszeiger über ein Symbol in der Taskleiste bewegen, werden Miniaturfenster angezeigt. Sie entscheiden, welches der Fenster Sie öffnen möchten. Im Datei-Explorer werden die Elemente im Abschnitt SCHNELLZUGRIFF der Navigationsleiste angezeigt.

- WEBSITES AUS IHREM BROWSERVERLAUF ANZEIGEN: Liefert Angaben zu den zuletzt besuchten Webseiten.
- EMPFEHLUNGEN FÜR TIPPS, VERKNÜPFUNGEN, NEUE APPS UND MEHR ANZEIGEN.
- KONTEXTBEZOGENE BENACHRICHTIGUNGEN ANZEIGEN: Zeigt die Namen der Apps, die Sie am meisten verwenden, im Startmenü an. Die Apps erscheinen im Bereich EMPFOHLEN.
- ORDNER: Ermöglicht es Ihnen, bestimmte Ordner im Startmenü zu platzieren. Sie können dem Startmenü zum Beispiel die Ordner DOKUMENTE oder BILDER hinzufügen, um schnell und einfach darauf zuzugreifen.

Mit Benachrichtigungen umgehen

Benachrichtigungen sind die gelegentlich erscheinenden kleinen Hinweise, die in der rechten unteren Ecke Ihres Bildschirms eingeblendet werden, wenn Sie sie gerade am wenigsten erwarten. Sie können selbst entscheiden, ob und welche Benachrichtigungen Sie sehen möchten. Gehen Sie dazu folgendermaßen vor:

1. Im Fenster EINSTELLUNGEN wählen Sie die Option SYSTEM. Wenn Sie beim Öffnen dieses Fensters Hilfe benötigen, werfen Sie einen Blick in den Abschnitt »Auf den Einstellungsbildschirm zugreifen« weiter vorne in diesem Kapitel.
2. Wählen Sie den Eintrag BENACHRICHTIGUNGEN. Den Bildschirm sehen Sie in der Abbildung 3.13.

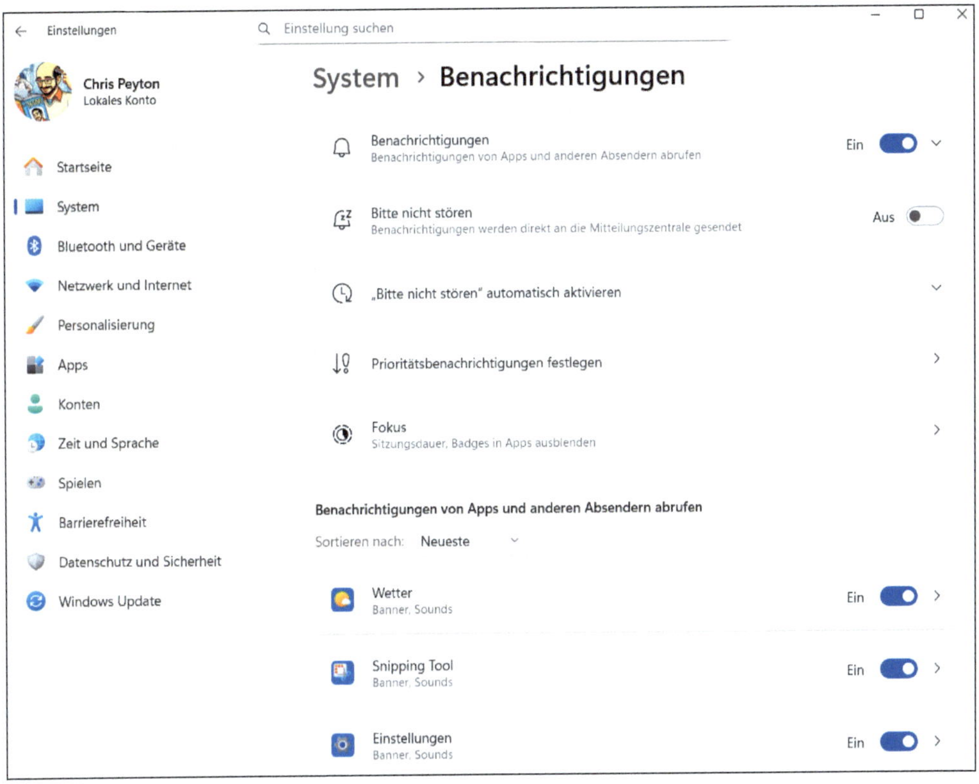

Abbildung 3.13: Schalten Sie Benachrichtigungen ein oder ab.

3. Im Bereich BENACHRICHTIGUNGEN des gleichnamigen Fensters können Sie mit dem Schieberegler die Optionen für die Anzeige von Benachrichtigungen auf Ihrem Bildschirm ein- und ausschalten.

4. Sobald Sie fertig sind und alle Anpassungen vorgenommen haben, schließen Sie das Fenster EINSTELLUNGEN mit einem Klick auf das Schließkreuz »X«.

IN DIESEM KAPITEL

- Verbindung zum Internet herstellen
- Flugzeugmodus aktivieren
- Neues Microsoft-Konto einrichten
- Vom lokalen Konto zu einem Microsoft-Konto wechseln
- Neues lokales Konto hinzufügen
- Kennwort für ein lokales Konto definieren, ändern oder entfernen
- Kennwort für ein Microsoft-Konto ändern
- Lokales Konto löschen

Kapitel 4
Mit Benutzerkonten arbeiten

Sobald Sie Windows 11 starten, sucht es über das installierte Netzwerk automatisch eine Internetverbindung. Sehr häufig ist dies heutzutage eine drahtlose WLAN-Verbindung. Daher werden meist verfügbare Netzwerkverbindungen angezeigt, wenn Sie ein Notebook oder einen Tablet-PC in einem Café oder einer Bibliothek starten – sehr praktisch.

Ein Computer ohne Internetverbindung ist eine einsame Insel. Eine Netzwerkverbindung öffnet allerdings auch eine Tür zu Ihrem Computer, und manch Übeltäter versucht, durch diese Tür einzudringen. Windows 11 hat eine Firewall, die den ein- und ausgehenden Verkehr überwacht und beschränkt. Haben Sie keine Angst, wenn Sie mit dem Internet Verbindung aufnehmen, aber seien Sie sich der Risiken bewusst und passen Sie auf, mit welchem Netzwerk Sie arbeiten.

In Kapitel 1 haben Sie ein lokales Benutzerkonto erstellt. Um alle Funktionen von Windows 11 nutzen zu können, wie beispielsweise den Microsoft Store für Apps (siehe Kapitel 10), OneDrive für die Online-Speicherung (siehe Kapitel 16) und die Synchronisierung von Einstellungen zwischen Computern, bietet es sich an, ein separates Microsoft-Konto anzulegen bzw. zu nutzen. In diesem Kapitel erstellen Sie ein Microsoft-Benutzerkonto und wählen eine sichere Methode, um sich bei Ihrem Konto anzumelden. Sie erfahren außerdem, wie Sie den Flugzeugmodus aktivieren, ein lokales Konto erstellen und von einem lokalen Konto zu einem Microsoft-Konto wechseln. Und Sie lernen, wie Sie mit einem Kennwort den Zugriff auf Ihren Computer steuern können.

Wenn Ihr Computer auch von anderen benutzt wird, sollten Sie mehrere lokale Konten anlegen. Wenn jeder, der Ihren Computer nutzt, ein eigenes Konto hat, können Daten, Apps und Einstellungen schön ordentlich in privaten Bereichen ausgeführt, genutzt und gespeichert werden. Aber meine Empfehlung lautet auch, dass es pro Computer nur ein Administratorkonto geben sollte.

Doch selbst wenn Sie Ihren Computer allein benutzen, sollten Sie mehrere Konten anlegen. Wenn Sie zum Beispiel ein lokales Konto erstellen, können Sie damit experimentieren und das Aussehen und die Funktion von Windows 11 ändern, ohne Ihr Hauptkonto zu beeinträchtigen.

Viele der Schritte in diesem Kapitel verlangen eine Texteingabe, zum Beispiel Ihren Namen. Wenn Sie keine herkömmliche Tastatur haben, verwenden Sie die Bildschirmtastatur, die Thema in Kapitel 1 ist.

Eine Verbindung zum Internet herstellen

1. Suchen Sie auf dem Windows-Desktop das Netzwerksymbol, um zu prüfen, ob Ihr Computer mit dem Internet verbunden ist. Dieses Symbol befindet sich im rechten Bereich der Taskleiste, dort wo auch Datum und Uhrzeit angezeigt werden (siehe Abbildung 4.1).

Abbildung 4.1: Das Symbol für die Internetverbindung befindet sich ganz rechts unten auf dem Desktop.

Sie können Optionen auswählen, indem Sie mit dem Mauszeiger darauf zeigen und die linke Maustaste drücken oder indem Sie bei einem Touchscreen mit Ihrem Finger auf die gewünschte Option bzw. das Symbol auf dem Bildschirm tippen. Alternativ können Sie dort auch den Punkt NETZWERK- UND INTERNETEINSTELLUNGEN auswählen. Sollte aktuell keine Netzwerkverbindung bestehen, wird an der Stelle das Symbol einer Weltkugel angezeigt, das Sie dann anwählen können, um eine Netzwerkverbindung herzustellen.

2. Um den Netzwerkbereich auf der rechten Seite Ihres Bildschirms einzublenden (siehe Abbildung 4.2), müssen Sie das Netzwerksymbol anklicken. Auf diese Art sehen Sie alle verfügbaren Netzwerkverbindungen; manchmal ganz viele, aber manchmal auch gar keine.

Abbildung 4.2: Verfügbare Netzwerkverbindungen

Wenn die Optionen NICHT VERBUNDEN und KEINE VERBINDUNGEN VERFÜGBAR angezeigt werden (erkennbar an dem Weltkugelsymbol), haben Sie vielleicht nur etwas Pech. Schauen Sie in der Bedienungsanleitung Ihres Computers nach, ob er auch WLAN-fähig ist und ob Sie vielleicht auf einen Knopf drücken oder einen Schalter verschieben müssen. Alternativ kann unter Umständen auch die WLAN-Option in den Netzwerkeinstellungen des Computers deaktiviert sein.

Befindet sich Ihr Computer in der Nähe eines Routers (DSL oder Kabel) und ist nicht WLAN-fähig, können Sie ihn mit einem Ethernet-Kabel an diesen Router anschließen. Das Kabel ist dicker als ein Telefonkabel und hat breitere Stecker.

3. Wählen Sie eine Verbindung aus. Nicht alle angezeigten Verbindungen sind zulässig oder wünschenswert.

Wenn Sie nicht sicher sind, ob Sie einer Verbindung vertrauen können, sollten Sie vermeiden, diese zu verwenden. Unsichere WLAN-Verbindungen können dazu verwendet werden, Ihre Aktivitäten auszuspionieren, auch wenn dies nicht häufig vorkommt. Trägt eine Verbindung hingegen den Namen der Einrichtung, in der Sie sich befinden oder die in der Nähe ist, zum Beispiel ein Restaurant oder Café, so sollte diese Verbindung sicher sein. Dasselbe gilt für Netzwerke in Bibliotheken, Flughäfen und vielen anderen öffentlichen Räumen.

4. Nachdem Sie eine Verbindung ausgewählt haben, erscheint das Kontrollkästchen Automatisch verbinden (siehe Abbildung 4.3). Wenn Sie der Verbindung vertrauen und sie später wieder benutzen möchten, setzen Sie das Häkchen, ansonsten wählen Sie das Kontrollkästchen durch Anklicken ab, um es zu entfernen und die Funktion zu deaktivieren. Anschließend klicken Sie auf Verbinden.

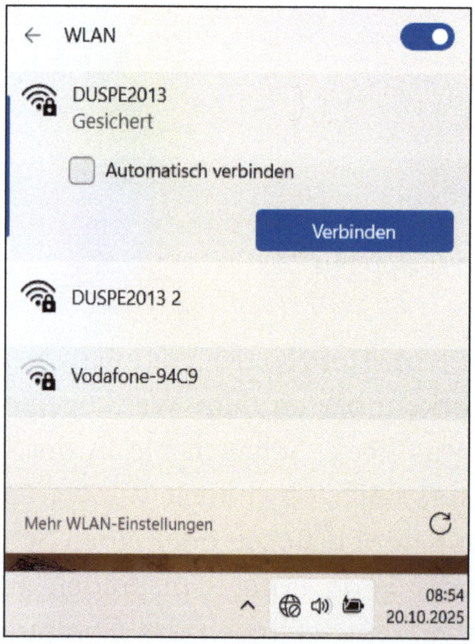

Abbildung 4.3: Option zur automatischen Verbindung

5. Je nach Konfiguration werden Sie vielleicht aufgefordert, einen Netzwerksicherheitsschlüssel (eine Folge von Zeichen) einzugeben, der den Zugriff auf jene Nutzer beschränkt, die im Besitz des Schlüssels sind (siehe Abbildung 4.4). Der Schlüssel schützt das Netzwerk und seine Benutzer. Wenn Sie eine Internetverbindung in einem Hotel verwenden, bekommen Sie die Zahlen- und Buchstabenkombination an der Rezeption. Wenn Sie den Schlüssel nicht kennen, klicken oder tippen Sie auf ABBRECHEN. Andernfalls geben Sie ihn ein (auf dem Bildschirm werden dabei nur Punkte angezeigt) und wählen dann WEITER.

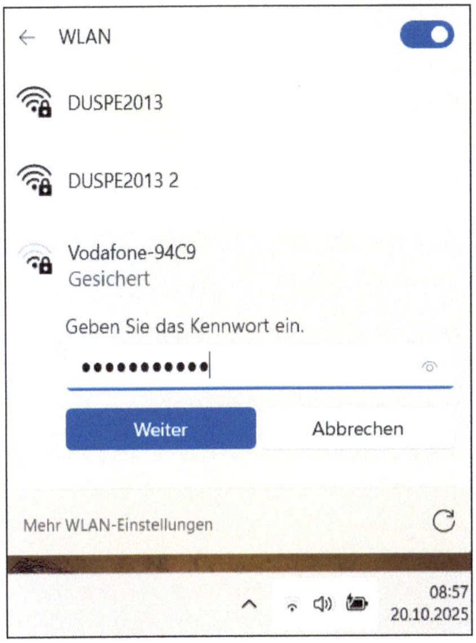

Abbildung 4.4: Für ein sicheres Netzwerk ist in der Regel die Eingabe eines Netzwerksicherheitsschlüssels erforderlich.

Handelt es sich um eine offene, öffentliche Verbindung, werden Sie nicht nach einem Schlüssel gefragt. Offene Verbindungen sind in Bibliotheken, Cafés und an anderen Orten üblich, wo viele Menschen ein- und ausgehen.

6. Wenn Sie den richtigen Schlüssel eingegeben haben oder keiner erforderlich war, wird unter Umständen abgefragt, ob Sie die Freigabe zwischen PCs aktivieren und eine Verbindung mit Geräten in diesem Netzwerk herstellen wollen. Diese *Freigabe*, auch »Teilen« genannt,

bedeutet, dass Sie Computern den Zugriff auf Ihre Dateien oder auf ein Gerät, zum Beispiel einen Drucker, gestatten. Zu Hause können Sie das erlauben, aber nicht an einem öffentlichen Ort. Wählen Sie also eine der folgenden Antworten:

- Nein: Diese Option verhindert, dass Sie sich direkt mit anderen Computern verbinden, und schützt Ihren Computer vor Netzwerken an öffentlichen Orten. Sie haben aber weiterhin Internetzugang.
- Ja: Diese Option versetzt Sie in die Lage, Dokumente und Geräte zwischen Ihren Computern zu Hause oder in einem Unternehmensnetzwerk auszutauschen.

Wenn Sie nicht sicher sind, welche Option die richtige ist, wählen Sie Nein.

7. Wurde eine WLAN-Verbindung (beziehungsweise generell eine Netzwerkverbindung) eingerichtet, erscheint unter dem Netzwerknamen das Wort Verbunden bzw. Verbunden, gesichert (siehe Abbildung 4.5).

Abbildung 4.5: Informationen zur WLAN-Verbindung

Der Verbindungsname und die Signalstärke werden ebenfalls angezeigt. Die Verbindungsstärke (aber nicht der Name) wird ebenfalls rechts unten auf dem Bildschirm im Benachrichtigungsbereich neben dem Datum und der Uhrzeit angezeigt.

Wenn Sie in Schritt 4 das Kontrollkästchen AUTOMATISCH VERBINDEN aktiviert haben, wird die Verbindung immer dann verwendet, wenn sie verfügbar ist. Verlassen Sie mit Ihrem Computer die Reichweite dieses Netzwerks, müssen Sie die obigen Schritte wiederholen, um sich gegebenenfalls mit einem anderen Netzwerk zu verbinden.

Verbindung trennen (oder in den Flugzeugmodus wechseln)

Wenn Sie Ihren Computer abschalten oder vom Netzwerk entfernen, trennt Ihr Computer automatisch die Verbindung mit dem Internet. Aber wie können Sie die Internetverbindung selbst trennen?

1. Um Ihren Computer vom Internet zu trennen, klicken Sie auf das Netzwerksymbol (siehe Abbildung 4.1).
2. Um das WLAN auszuschalten, klicken Sie einfach auf das Netzwerksymbol und wählen Sie die Option FLUGZEUGMODUS. Um die Verbindung wiederherzustellen, wählen Sie das Symbol erneut und deaktivieren den Flugzeugmodus wieder. Wenn Sie den Flugzeugmodus deaktivieren, stellen Sie damit erneut eine Netzwerkverbindung her (siehe oben).
3. Aus Sicherheitsgründen dürfen Flugpassagiere im Flugzeug keine Funksignale empfangen oder senden, während sich das Flugzeug in der Luft befindet, da diese Signale die Kommunikationssysteme des Flugzeugs stören könnten. Darum hören Sie vor dem Start eines Flugzeugs stets die Aufforderung, alle elektronischen Geräte auszuschalten. Anstatt Ihren Computer ganz herunterzufahren, können Sie ihn in den Flugzeugmodus versetzen. Dazu öffnen Sie den Netzwerkbereich und wählen dort die Schaltfläche FLUGZEUGMODUS oben rechts.

4. Sobald sich Ihr Gerät im Flugzeugmodus befindet, erscheint links neben der Zeit- und Datumsanzeige in der unteren rechten Ecke des Bildschirms ein Flugzeug-Symbol, wie in Abbildung 4.6 gezeigt. Ihr Computer sendet im Flugzeugmodus keine Funksignale mehr. Um den Flugzeugmodus wieder zu deaktivieren und sich mit dem Internet zu verbinden, wählen Sie das Flugzeug-Symbol und anschließend die Schaltfläche FLUGZEUGMODUS (siehe Abbildung 4.6).

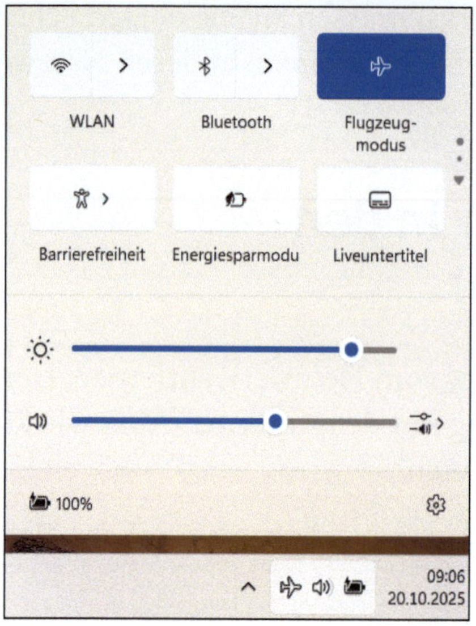

Abbildung 4.6: Der Flugzeugmodus

Es ist praktischer, den Flugzeugmodus einzuschalten, als die Netzwerkverbindung Ihres Computers zu deaktivieren und sie dann wieder zu aktivieren. Der Flugzeugmodus ist innerhalb weniger Sekunden ein- und ausgeschaltet.

Ein neues Microsoft-Konto einrichten

1. Um ein neues Microsoft-Konto anzulegen, müssen Sie im Startmenü auf Ihr Profilbild bzw. Ihren Namen links unten klicken. Es erscheint ein Menü, in dem Sie MEIN KONTO VERWALTEN anwählen müssen (siehe Abbildung 4.7). Damit wird die Einstellungen-App geöffnet und im rechten Fenster werden die Kontoinformationen angezeigt (siehe

Abbildung 4.8). Wenn hier unter Ihrem Namen nicht MEIN MICROSOFT-KONTO angezeigt wird, haben Sie sich bereits mit einem Microsoft-Konto angemeldet und brauchen den nachfolgenden Schritten nicht zu folgen.

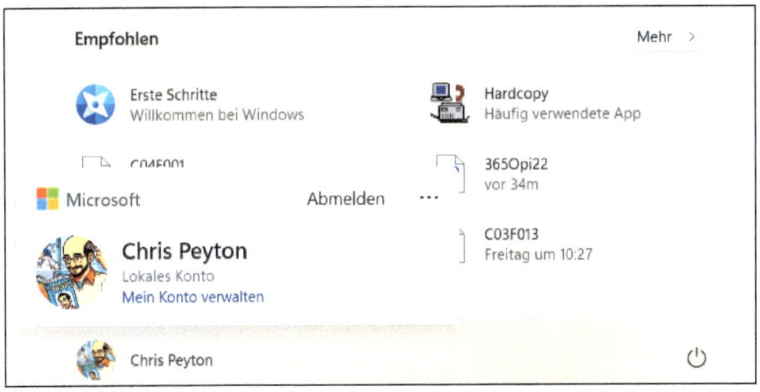

Abbildung 4.7: Kontoeinstellungen ändern

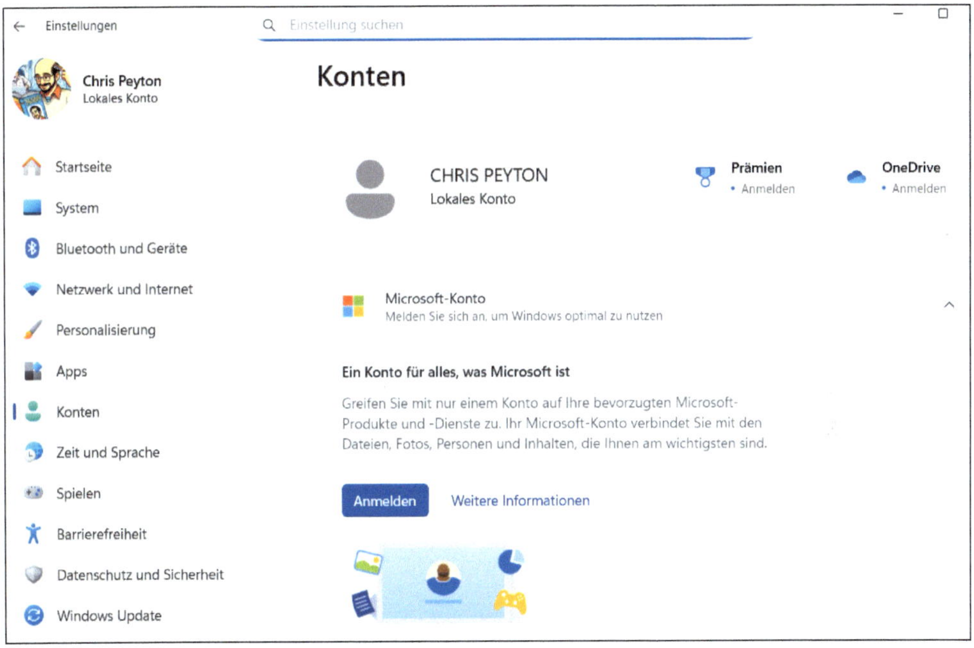

Abbildung 4.8: Ein lokales Benutzerkonto

2. In den Einstellungen zum Anlegen eines Microsoft-Kontos (KONTOEINSTELLUNGEN) müssen Sie die Schaltfläche ANMELDEN anklicken. Um ein neues Konto zu erstellen, wählen Sie im nächsten Fenster den Link DANN ERSTELLEN SIE JETZT EINS.

3. Geben Sie auf dem Bildschirm KONTO ERSTELLEN (siehe Abbildung 4.9) zunächst in das Feld E-MAIL-ADRESSE die E-Mail-Adresse ein, die Sie für dieses Konto verwenden möchten. Microsoft sendet Ihnen an diese Adresse Benachrichtigungen zu Ihrem Microsoft-Konto. Klicken oder tippen Sie auf WEITER und geben Sie in den folgenden Dialogen die jeweils erforderlichen Informationen ein.

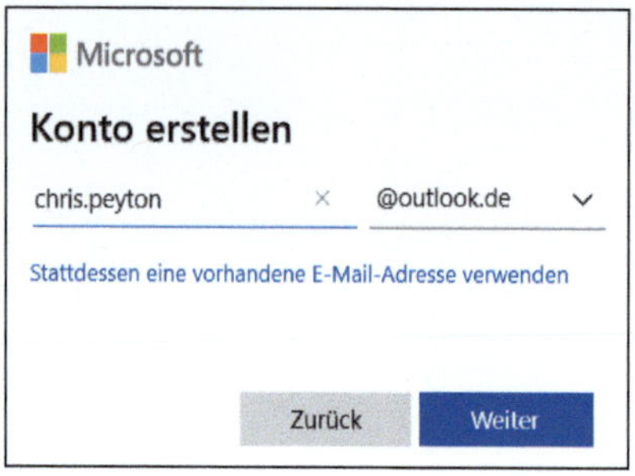

Abbildung 4.9: Geben Sie die für das neue Microsoft-Konto erforderlichen Daten ein.

4. Geben Sie in das Feld KENNWORT ein Kennwort ein. Bei der Eingabe werden zu Ihrem Schutz nur Punkte auf dem Bildschirm angezeigt. Das Kennwort sollte mindestens acht Zeichen lang sein und eine Mischung aus mindestens zwei Groß- und zwei Kleinbuchstaben, zwei Ziffern und zwei Sonderzeichen, zum Beispiel Bindestriche, enthalten (aber kein Leerzeichen).

Bei Kennwörtern ist Groß- und Kleinschreibung entscheidend. Ihr Computer erkennt, welche Buchstaben groß- und welche kleingeschrieben sind, wenn Sie ein Kennwort erstellen und eingeben. Achten Sie also darauf, welche Buchstaben Sie in Ihrem Kennwort groß- und welche kleinschreiben.

Ihr Kennwort sollte für Sie leicht zu merken, aber für andere schwer zu erraten sein. Verwenden Sie nicht den Namen eines Familienmitglieds oder Ihres Haustiers. Da ein gutes Kennwort manchmal gar nicht so leicht zu erstellen ist, versuchen Sie folgenden Trick: Denken Sie an einen einprägsamen Satz oder Vers. Dann nehmen Sie den Anfangsbuchstaben jedes Wortes und schreiben einige davon groß. Ersetzen Sie einige Buchstaben durch Zahlen (zum Beispiel 3 für den Buchstaben E oder 0 für das O). Und kleben Sie Ihr Kennwort vor allen Dingen nicht auf einer Haftnotiz irgendwo in die Nähe Ihres Bildschirms.

5. Wenn Ihr Land nicht bereits voreingestellt ist, wählen Sie es aus.
6. Wählen Sie Monat, Tag und Jahr Ihres Geburtstags aus. (Sie können hier schummeln, aber merken Sie sich Ihre Antwort!)
7. Überprüfen Sie Ihre Einträge und wählen Sie die Schaltfläche WEITER.
8. Anhand eines Rätsels oder der Aufforderung zu einer Handlung wird dann überprüft, ob das Konto von einem menschlichen Wesen und nicht von einer Maschine angelegt wird.
9. Sobald Sie die gestellte Aufgabe gelöst haben, haben Sie im nächsten Schritt weitere Einstellungsmöglichkeiten (z. B. Zuweisung eines »Fingerprint«; Erstellung einer PIN).
10. Nach dem Abschluss erfolgt automatisch eine Anmeldung mit dem neuen Microsoft-Konto. Herzlichen Glückwunsch! Sie haben soeben ein Microsoft-Konto erstellt.

Ein lokales Konto für eine Person in Ihrem Haushalt hinzufügen

1. Es ist ratsam, für jede Person, die Ihren Computer verwendet, ein eigenes lokales Konto zu erstellen. Ein lokales Konto ist mehr als nur eine Möglichkeit, sich anzumelden. Jedes lokale Konto speichert die Einstellungen und den Internetsuchverlauf des jeweiligen Benutzers. Wenn Sie ein lokales Konto einrichten, erstellt Windows 11 für den Kontoinhaber separate Ordner wie DOKUMENTE, BILDER, VIDEOS und MUSIK. Nur der Kontoinhaber kann die Dateien in diesen Ordnern öffnen und bearbeiten. Um ein lokales Konto zu erstellen, betätigen Sie zunächst die Tasten [Windows] und [X].
2. Wählen Sie dann aus dem Menü den Punkt COMPUTERVERWALTUNG an.

Sie müssen Administrator Ihres Computers sein, wenn Sie ein lokales Konto einrichten möchten. Um zu überprüfen, ob Sie der Administrator sind, halten Sie Ausschau nach dem Wort ADMINISTRATOR unter Ihrem Namen auf der Seite IHRE INFOS im Bildschirm EINSTELLUNGEN.

3. In der Computerverwaltung müssen Sie im nächsten Schritt links den Eintrag LOKALE BENUTZER UND GRUPPEN und dort BENUTZER anklicken.
4. Im rechten Bereich werden alle lokalen Benutzerkonten angezeigt, wo Sie dann über das Menü AKTION den Punkt NEUER BENUTZER... den Dialog zum Anlegen eines lokalen Benutzerkontos aufrufen können.
5. Geben Sie anschließend die benötigten Informationen wie Vorname, Nachname usw. ein (siehe Abbildung 4.10).

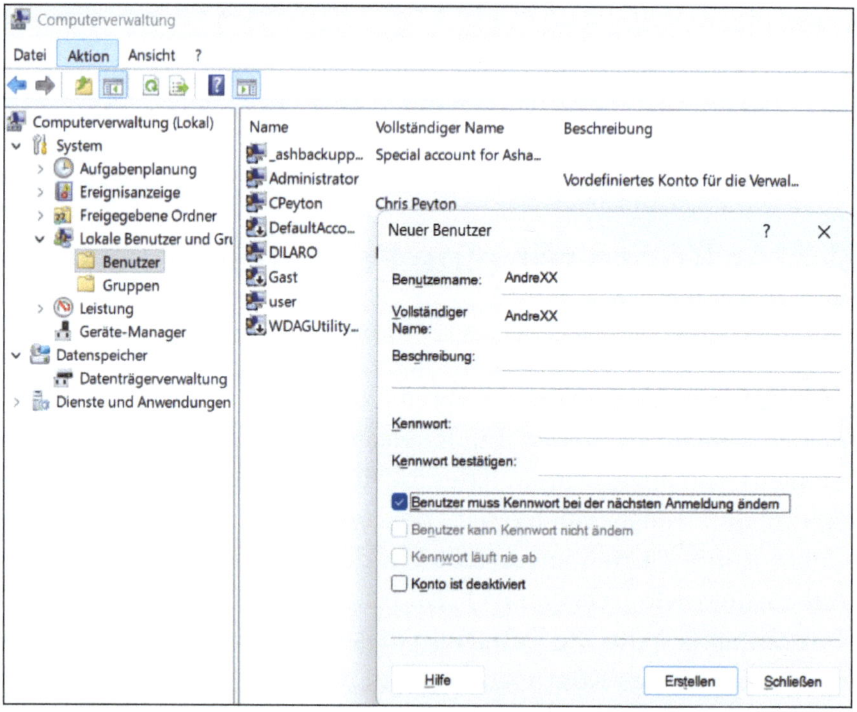

Abbildung 4.10: Geben Sie hier einen Namen für das neue Benutzerkonto ein.

Wenn Sie sich sicher sind, dass Sie statt eines lokalen Kontos ein Microsoft-Konto einrichten möchten, lesen Sie früher in diesem Kapitel den Abschnitt »Ein neues Microsoft-Konto einrichten«.

Wenn Sie sich mit Ihrem lokalen Konto anmelden möchten, ohne ein Kennwort eingeben zu müssen, lassen Sie die Felder KENNWORT und KENNWORT BESTÄTIGEN leer. Weiter hinten in diesem Kapitel erfahren Sie in den Abschnitten »Ein Kennwort für ein lokales Konto festlegen« und »Ein Kennwort für ein lokales Konto ändern oder entfernen« alles über Kennwörter für lokale Konten. Allerdings: Ohne Kennwort kann jeder dieses Konto benutzen und auf Informationen zugreifen, die Sie womöglich schützen möchten.

6. Geben Sie in das Kennwortfeld ein Kennwort ein (oder machen Sie weiter mit dem nachfolgenden Schritt, wenn Sie kein Kennwort für ihr Konto erstellen möchten). Die eingegebenen Zeichen eines Kennwortes werden auf dem Bildschirm als Punkte angezeigt.

Vorschläge zur Erstellung eines guten Kennworts finden Sie im Tipp in Schritt 4 des Abschnitts »Ein neues Microsoft-Konto einrichten« weiter vorn in diesem Kapitel.

7. Geben Sie in das Feld KENNWORT BESTÄTIGEN dasselbe Kennwort ein.

8. Wenn Sie alle Felder ausgefüllt haben, klicken oder tippen Sie auf die Schaltfläche ERSTELLEN. Im KONTEN-Bildschirm der PC-Einstellungen erscheint der neue Benutzername.

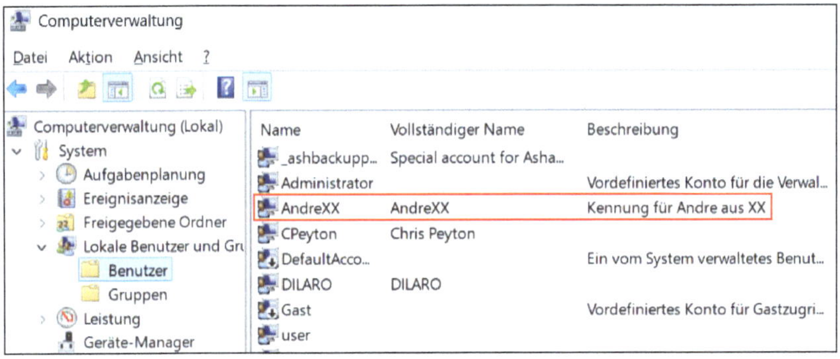

Abbildung 4.11: Das neue lokale Benutzerkonto

Wenn Sie sich für die speziellen Optionen zur Verwaltung der Familienmitglieder interessieren, geben Sie in das Suchfeld des Startmenüs `Familienoptionen` ein und wählen in den Suchergebnissen den entsprechenden Eintrag. Damit stehen Ihnen weitergehende Möglichkeiten zur Verfügung.

9. Kehren Sie zum Startmenü zurück und klicken oder tippen Sie auf Ihren Benutzernamen. Im dann angezeigten Drop-down-Menü (drei Punkte) wird der neue Benutzername ebenfalls aufgelistet. Sie können zwischen den Konten wechseln, indem Sie den Benutzernamen in diesem Menü auswählen. Um sich von einem Konto abzumelden, wählen Sie die Schaltfläche ABMELDEN.

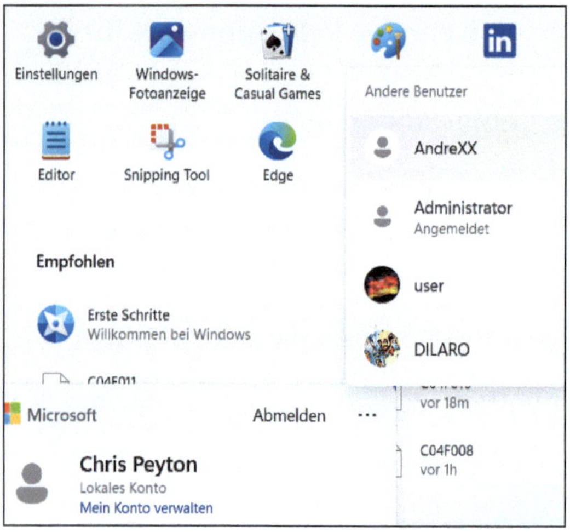

Abbildung 4.12: Anzeige des neuen Benutzernamens in der Anmeldeliste

10. Klicken Sie auf seinen Namen, um zu diesem Konto zu wechseln.

11. Nun erscheint ein Bildschirm mit diesem neuen Benutzernamen. Wenn Sie für das neue Benutzerkonto ein Kennwort festgelegt haben, geben Sie dieses in das Kennwortfeld ein und klicken oder tippen auf den Rechtspfeil oder drücken ↵. Wenn Sie kein Kennwort vergeben haben, klicken oder tippen Sie auf die Schaltfläche ANMELDEN.

Wenn Sie sich zum ersten Mal als neuer Benutzer anmelden, dauert es eine Weile, bis alle Apps für den neuen Benutzer eingerichtet sind. Anschließend wird der generische Startbildschirm angezeigt. (Einstellungen, die Sie für Ihr ursprüngliches Konto geändert haben, werden nicht auf neue Konten übertragen.)

Wenn Sie einen Computer starten, auf dem Sie mehr als ein Benutzerkonto angelegt haben, erscheinen die Namen der Nutzer in der unteren linken Ecke des Windows-11-Bildschirms. Wählen Sie einen der Benutzernamen aus, um Windows mitzuteilen, wer sich auf dem Computer anmelden möchte.

Um zu einem lokalen Konto zu wechseln, speichern Sie Ihre Arbeit und klicken oder tippen Sie im Startmenü auf Ihr Profilbild. Wählen Sie dann im Pop-up-Menü auf das gewünschte Konto.

Von einem lokalen Konto zu einem vorhandenen Microsoft-Konto wechseln

Mit den folgenden Schritten melden Sie sich mit Ihrem Microsoft-Konto an, wenn Sie aktuell noch nur mit einem lokalen Windows-Konto angemeldet sind.

1. Klicken oder tippen Sie im Startmenü unten links auf Ihr Profilbild/Ihren Namen und wählen Sie in dem jetzt angezeigten Pop-up-Menü den Eintrag MEIN KONTO VERWALTEN. Dies öffnet die Einstellungen-App, in der im oberen Bereich in der Kontoinformation unter Ihrem Namen LOKALES KONTO angezeigt wird.

Wird im Bildschirm KONTEN unter dem Benutzernamen nicht LOKALES KONTO angezeigt, sind Sie bereits mit Ihrem Microsoft-Konto angemeldet und müssen die folgenden Schritte nicht ausführen.

Wenn Sie noch gar kein Microsoft-Konto besitzen, kommen Sie in diesem Abschnitt leider nicht weiter. Lesen Sie stattdessen den vorherigen Abschnitt »Ein neues Microsoft-Konto einrichten«.

2. Wählen Sie die Schaltfläche ANMELDEN, woraufhin der Microsoft-Anmeldebildschirm angezeigt wird (siehe Abbildung 4.13). Geben Sie dort die E-Mail-Adresse Ihres Microsoft-Kontos ein und klicken Sie dann auf WEITER.

   Beachten Sie, dass Sie mit dem Internet verbunden sein müssen, um sich mit einem Microsoft-Konto anzumelden.

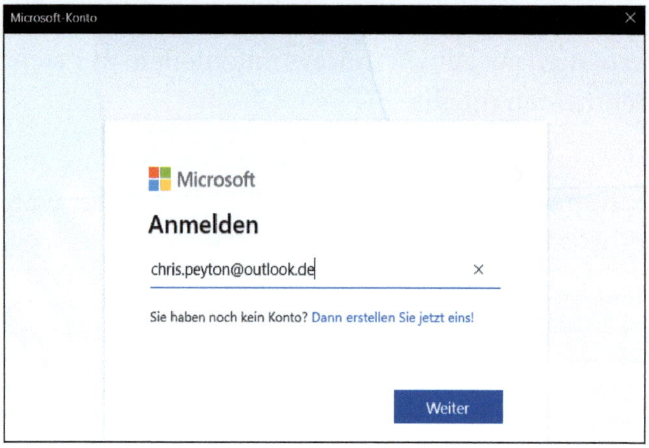

Abbildung 4.13: Geben Sie die E-Mail-Adresse Ihres Microsoft-Kontos ein.

3. beispielsweise das Kennwort Ihres Microsoft-Kontos eingeben möchten (MEIN KENNWORT VERWENDEN).
4. Nach Eingabe des Kennworts brauchen Sie dieses dann nur noch mit der Schaltfläche ANMELDEN bestätigen.

Ein Kennwort für ein lokales Konto festlegen

1. Klicken oder tippen Sie im Startmenü auf Ihren Benutzernamen und im dann angezeigten Menü auf den Eintrag MEIN KONTO VERWALTEN. Die EINSTELLUNGEN-App wird geöffnet; klicken Sie hier auf KONTEN.

   Wenn Sie bereits ein Kennwort für das Benutzerkonto definiert haben, lesen Sie den Abschnitt »Ein Kennwort für ein lokales Konto ändern oder entfernen« später in diesem Kapitel.

2. Wählen Sie auf der rechten Seite den Punkt ANMELDEOPTIONEN.
3. Klicken Sie dann im nachfolgenden Fenster die Option KENNWORT an.

Welche Schaltflächen unter den Anmeldeoptionen angezeigt werden, ist von Ihrer aktuellen Konfiguration abhängig. Sie sehen möglicherweise Schaltflächen, die Ihnen gestatten, eine bestimmte Einstellung zu erstellen, zu ändern oder zu entfernen.

4. Nach Anklicken der Schaltfläche HINZUFÜGEN müssen Sie im nachfolgenden Bildschirm KENNWORT ERSTELLEN in das Feld NEUES KENNWORT das gewünschte Kennwort eingeben.

Kennwörter für lokale Konten dürfen eine beliebige Länge haben. Vorschläge zur Erstellung eines guten Kennworts finden Sie im Tipp in Schritt 4 des Abschnitts »Ein neues Microsoft-Konto einrichten« weiter vorn in diesem Kapitel.

5. Geben Sie das Kennwort in das Feld KENNWORT BESTÄTIGEN noch einmal ein.
6. Erstellen Sie einen Hinweis, der Sie (und sonst niemanden) an Ihr Kennwort erinnert.
7. Klicken oder tippen Sie auf WEITER und bestätigen die Eingabe abschließend mit FERTIG STELLEN. Falls Fehlermeldungen auftreten, korrigieren Sie die Fehler und wählen Sie erneut WEITER.

Ein Kennwort für ein lokales Konto ändern oder entfernen

1. Klicken oder tippen Sie im Startmenü auf Ihr Profilbild/Ihren Namen und im dann angezeigten Menü auf die Option MEIN KONTO VERWALTEN. Wählen Sie in den Einstellungen links KONTEN und klicken Sie rechts auf den Eintrag ANMELDEOPTIONEN.
2. Öffnen Sie per Mausklick den Bereich KENNWORT.
3. Klicken Sie dann auf die Schaltfläche ÄNDERN.

Wenn Sie noch kein Kennwort für dieses Konto definiert haben, wird an der Stelle stattdessen die Schaltfläche HINZUFÜGEN angezeigt. Lesen Sie in diesem Fall den vorherigen Abschnitt »Ein Kennwort für ein lokales Konto festlegen«.

4. Geben Sie auf dem Bildschirm KENNWORT ÄNDERN Ihr aktuelles Kennwort ein.

Um Ihr jetziges Kennwort zu löschen, ohne ein neues Kennwort zu definieren, lassen Sie alle Felder einfach leer. Wenn Sie ein Notebook verwenden, das Sie mit sich führen, sollten Sie jedoch unbedingt ein Kennwort festlegen. Ohne die Sicherung durch ein Kennwort kann jede Person die Daten von Ihrem Computer einsehen, wenn Sie ihn verlieren oder er gestohlen wird.

5. Im nachfolgenden Dialog können Sie dann das neue Kennwort eingeben.
6. Wiederholen Sie das neue Kennwort im Feld KENNWORT BESTÄTIGEN.
7. Geben Sie einen Hinweis ein, um sich selbst (und niemanden anderen!) an Ihr Kennwort zu erinnern. Wenn Sie kein Kennwort mehr haben möchten, klicken oder tippen Sie ohne Eingabe auf WEITER.
8. Der letzte Bildschirm zeigt an, dass Sie beim nächsten Anmelden Ihr neues Kennwort verwenden müssen (siehe Abbildung 4.14). Die Meldung erscheint auch dann, wenn Sie das Kennwortfeld leer gelassen haben; in diesem Fall benötigen Sie kein Kennwort. Wählen Sie abschließend die Schaltfläche FERTIG STELLEN an.

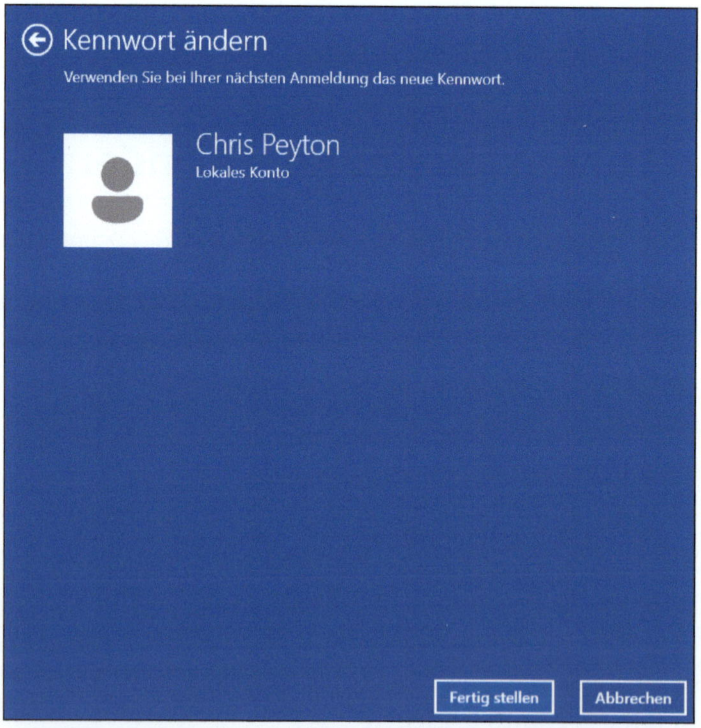

Abbildung 4.14: Sie haben das Kennwort geändert.

Ein Kennwort für ein Microsoft-Konto ändern

1. Zum Ändern des Kennworts eines Microsoft-Kontos müssen in einem Browser (z. B. Edge) folgende Adresse eingeben:

   `account.live.com`

2. Melden Sie sich im nächsten Schritt mit Ihrem Microsoft-Konto an. Sobald dies erfolgt ist, erscheint die entsprechende Konfigurationsseite von Microsoft.
3. Wählen Sie dann im oberen Bildschirmbereich die Option KENNWORT ÄNDERN an.
4. Es erscheint ein Dialogfenster, in dem Sie dann ein neues Kennwort für Ihr Microsoft-Konto hinterlegen können.

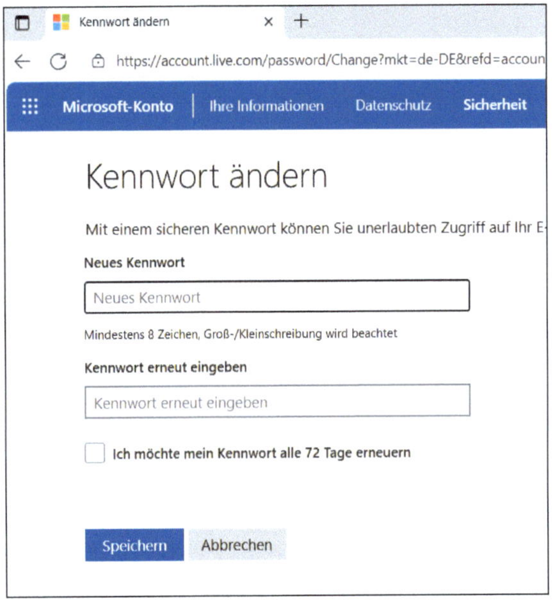

Abbildung 4.15: Kennwortänderung eines Microsoft-Kontos

5. Mit der Schaltfläche SPEICHERN wird die Änderung abschließend gespeichert.

Würden Sie es als überflüssig erachten, wenn ich Ihnen jetzt noch sage, dass Sie ein Kennwort wählen sollten, das für Sie leicht zu merken ist, aber für andere Personen schwer zu erraten ist? Vielleicht. Aber ich sage es Ihnen trotzdem.

Ein lokales Benutzerkonto löschen

1. Bevor Sie ein lokales Konto löschen, sollten Sie sicherstellen, dass der betreffende Benutzer abgemeldet ist. Weiterhin müssen Sie mit einem Konto mit Administratorberechtigungen angemeldet sein, um ein lokales Konto zu löschen.
2. Betätigen Sie die Tastenfolge ⊞+X und wählen aus dem folgenden Menü den Eintrag COMPUTERVERWALTUNG an.
3. Wählen Sie dann bei LOKALE BENUTZER UND GRUPPEN den Eintrag BENUTZER an.
4. Wählen Sie die Kennung, die gelöscht werden soll, mit einem Rechtsklick der Maus an.

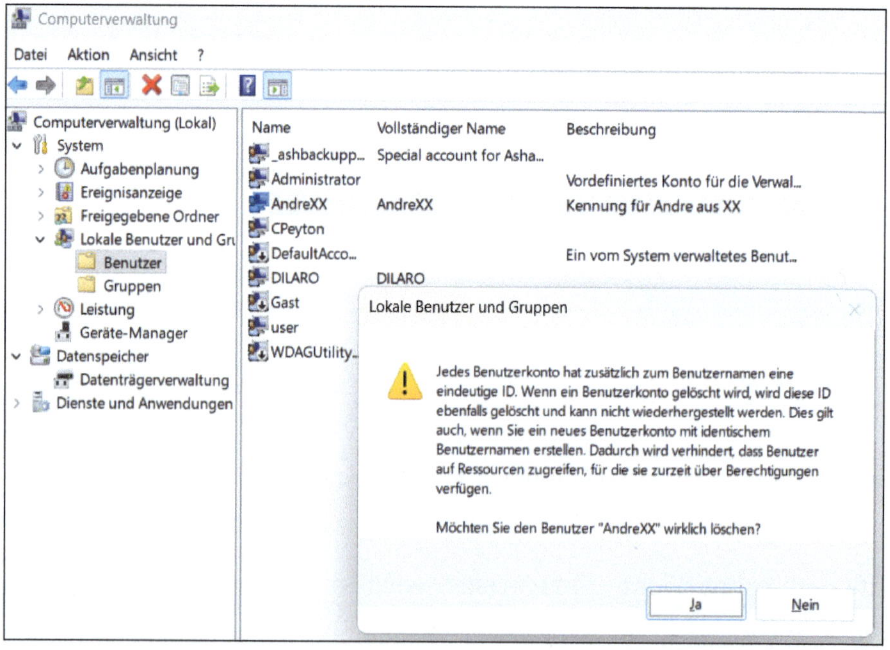

Abbildung 4.16: Sicherheitshinweis beim Löschen eines lokalen Kontos

5. Aus dem dann erscheinenden Kontextmenü müssen Sie den Eintrag LÖSCHEN anwählen, worauf ein entsprechender Sicherheitshinweis erscheint.
6. Nach der abschließenden Bestätigung mit der Schaltfläche JA wird der endgültige Löschvorgang durchgeführt.

Nehmen Sie sich die Warnung auf dem Bildschirm zu Herzen. Wenn Sie ein lokales Konto löschen, werden alle Daten des Benutzers radikal entfernt, einschließlich aller Dokumente, Musik und anderer Dinge. Entscheiden Sie sich im Zweifelsfall gegen das gleichzeitige Löschen der Daten oder brechen Sie den Vorgang ab.

IN DIESEM KAPITEL

Desktop unter die Lupe nehmen

Datum oder Uhrzeit ändern

Fenster auf dem Desktop inspizieren

Fenster vergrößern oder verkleinern

Fenster neu anordnen

Zweiten Desktop öffnen

Desktophintergrund wählen

Symbole an die Taskleiste anheften

Apps mit dem Task-Manager beenden

Kapitel 5
Den Desktop kennenlernen

Der *Desktop* ist die eigentliche Schaltzentrale von Windows 11. Natürlich können Sie Apps vom Startmenü aus öffnen (wie in Kapitel 2 erklärt), aber mit ein paar einfachen Abänderungen können Sie diese auch (schneller) vom Desktop aus öffnen. Wenn Sie mehrere Apps ausführen, können Sie auf den Desktop wechseln und schnell von einer App zur nächsten wechseln. Außerdem können Sie in Windows 11 weitere »virtuelle« Desktops für eine bestimmte Gruppe geöffneter Apps erstellen (beispielsweise Spiele).

Ein Schlüsselelement des Desktops ist die sogenannte Taskleiste. Dabei handelt es sich um die Leiste, die in der Regel am unteren Bildschirmrand angezeigt wird und die Symbole für Desktop-Programme und andere Funktionen aufweist. Über die Symbole in der Taskleiste können Sie Desktop-Programme ausführen oder zwischen ihnen umschalten.

In diesem Kapitel machen Sie sich mit dem Desktop, der Taskleiste und den auf dem Desktop ausgeführten Apps (die häufig nach wie vor »Programme« genannt werden) vertraut. Sie werden erfahren, wie Sie einen weiteren Desktop für eine zweite Gruppe geöffneter Apps anlegen. Sie ändern das Datum, die Uhrzeit und die Zeitzone, skalieren und positionieren Fenster, wählen einen Hintergrund für den Desktop aus und heften einige Apps an die Taskleiste an, um sie schneller erreichen zu können. Abschließend arbeiten Sie mit dem Task-Manager, mit dem Sie Apps, die Probleme bereiten, beenden können.

Der Desktop stammt aus der Zeit, da die Maus das gebräuchlichste Mittel war, um Objekte auszuwählen. Touchscreens existierten damals noch nicht. Daher lassen sich auf dem Desktop einige Aufgaben einfacher mit der Maus bewältigen als mit den für die zierlichen Desktop-Elemente doch recht klobigen Fingern.

Dieses Kapitel ist eine Einführung in den Desktop. Lesen Sie in Teil IV nach, wenn Sie tiefer in die Desktop-Funktionen, zum Beispiel das Verwalten von Dokumenten, einsteigen möchten.

Den Desktop aufrufen

1. Gehen Sie auf den Desktop (falls Sie sich noch nicht dort befinden). Wenden Sie dazu eine der folgenden Methoden an:

   - Betätigen Sie die Tastenfolge ⊞+D.
   - Klicken Sie mit der rechten Maustaste auf die ⊞-Schaltfläche und wählen Sie im Kontextmenü die Option DESKTOP.

2. Ihr Desktop hat ein Hintergrundbild und in der Regel befinden sich darauf kleine Symbole. Das sind Bildchen, die stellvertretend für Programme, Funktionen oder Dokumente, zum Beispiel Briefe und Fotos, stehen. Um ein Programm auszuführen oder ein Dokument aufzurufen, klicken Sie doppelt auf das entsprechende Symbol auf dem Desktop. Der Desktop von Windows 11 enthält standardmäßig ein Symbol für den Papierkorb, in dem gelöschte Dateien abgelegt werden. Vielleicht ist der Papierkorb auch das einzige Symbol, das Sie auf dem Desktop sehen. Informationen zur Verwendung des Papierkorbs finden Sie in Kapitel 15.

3. Am unteren Bildschirmrand erstreckt sich die *Taskleiste*, wie in Abbildung 5.1 gezeigt. Von links nach rechts enthält sie mindestens die folgenden Symbole:

   - **Widget-Symbol:** Durch Auswahl dieser Schaltfläche öffnen sich die zugewiesenen Widgets, wo Sie auch die Konfiguration verändern können (siehe dazu Kapitel 2).
   - **Windows-Schaltfläche bzw. Start-Schaltfläche:** Mit der Windows-Schaltfläche wird das Startmenü aufgerufen. Ein weiterer Klick oder Tippen auf diese Schaltfläche schließt den Startbildschirm wieder.
   - **Suchfeld/Lupen-Symbol:** Klicken oder tippen Sie auf dieses Feld, um Eingaben in dem Suchfeld vorzunehmen. In dieses Feld können Sie Suchbegriffe eingeben, um nach Windows-Einstellungen, Apps, Dateien auf Ihrem Computer oder Informationen im Internet zu suchen.
   - **Virtueller Desktop:** Mit der Schaltfläche AKTIVE ANSICHT zeigen Sie Miniaturbilder der aktuell auf Ihrem Computer ausgeführten Apps an. Sie können zu einer dieser Apps wechseln, indem Sie das zugehörige Miniaturbild auswählen. Sie können auch NEUER DESKTOP auswählen, um einen zweiten Desktop anzulegen. (Im Abschnitt »Einen zweiten Desktop öffnen« weiter hinten in diesem Kapitel finden Sie weitere Informationen dazu.)
   - **Symbole für Apps:** Einige Symbole werden automatisch in der Taskleiste angezeigt. Sehr wahrscheinlich enthält Ihre Taskleiste Symbole für Microsoft Edge und den Datei-Explorer. Wenn Sie diese Symbole auswählen, werden Edge und der Datei-Explorer geöffnet. Sobald Sie eine App öffnen, erscheint ein Symbol dafür in der Taskleiste.
   - **Infobereich:** Im Infobereich (standardmäßig rechts auf der Taskleiste) finden Sie Symbole für Programme/Apps, die beim Starten Ihres Computers automatisch ausgeführt werden. Datum und Zeit werden rechts im Infobereich angezeigt.

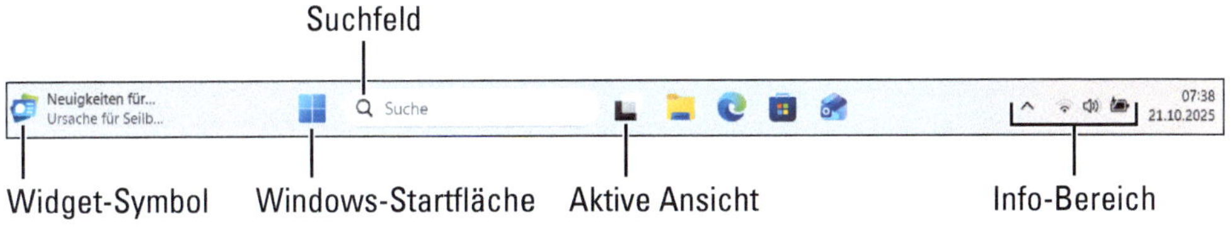

Abbildung 5.1: Die Taskleiste

Über die Taskleiste können Sie zwischen Apps umschalten, indem Sie auf die Schaltfläche für die App, die Sie benutzen möchten, klicken oder tippen.

4. Wählen Sie aus der Taskleiste ein Symbol aus, um die zugehörige App zu öffnen.

Auf dem Desktop oder in der Taskleiste wählen Sie ein Element durch Klicken mit der Maus oder Tippen mit dem Finger aus. Das lässt sich zwar auch mit der Tabulatortaste und den Pfeiltasten bewerkstelligen, ist aber sehr mühsam.

Links neben dem Infobereich wird auf einem Touchscreen das Symbol für die Bildschirmtastatur angezeigt. In Kapitel 1 erfahren Sie mehr über die Arbeit mit der Bildschirmtastatur auf einem Touchscreen.

5. Klicken Sie in der Taskleiste mit der rechten Maustaste auf eine Schaltfläche oder drücken Sie so lange mit dem Finger auf eine Schaltfläche, bis ein kleines Quadrat angezeigt wird; dann können Sie den Finger vom Touchscreen nehmen. Es erscheint ein sogenanntes *Kontextmenü,* das passende Befehle zur gewählten Schaltfläche enthält (siehe Abbildung 5.2). Wenn Sie diese Technik auf ein Symbol oder auf eine beliebige Stelle auf dem Desktop anwenden, wird ebenfalls ein zum Kontext passendes Menü angezeigt. Sobald Sie auf eine andere Stelle klicken oder tippen,

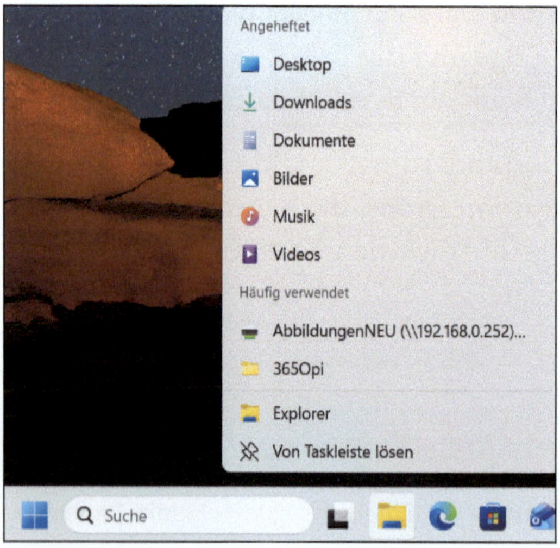

Abbildung 5.2: Das Kontextmenü des Explorer-Symbols

verschwindet das Menü wieder. Dies können Sie auf verschiedenen Bereichen des Bildschirms ausprobieren, um zu sehen, wie sich das jeweilige Kontextmenü ändert.

Datum oder Uhrzeit ändern

1. Klicken Sie ganz rechts in der Taskleiste auf das Datum- und Uhrzeitfeld, worauf sich darüber ein Fenster mit einem Kalender öffnet (siehe Abbildung 5.3).

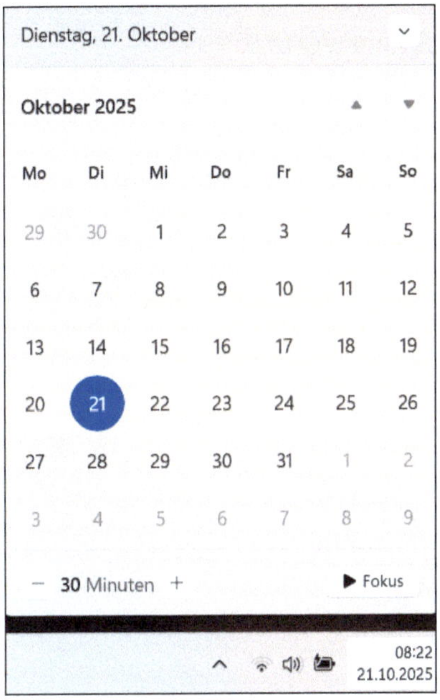

Abbildung 5.3: Kalenderansicht in der Taskleiste

2. Wenn das Datum oder die Uhrzeit für Ihren Standort nicht stimmen, klicken oder tippen Sie in der Taskleiste auf das Lupen-Symbol und geben dann `Datum und Zeit` in das Suchfeld (Lupen-Symbol) ein. Wählen Sie aus den Treffern Ihrer Suche die Option DATUM UND UHRZEIT ÄNDERN. Sie können auch in der Taskleiste mit der rechten Maustaste auf »Datum und Uhrzeit« klicken und im Kontextmenü den Eintrag DATUM UND UHRZEIT ANPASSEN wählen. Egal, welchen Weg Sie nehmen, geöffnet werden die Einstellungen mit der Kategorie DATUM & UHRZEIT.

3. Windows 11 bestimmt die richtige Zeit und das Datum über entsprechende Zeitquellen im Internet. Ihr Computer sollte grundsätzlich die richtige Zeit und das richtige Datum anzeigen, aber wenn das nicht der Fall ist, deaktivieren Sie die Einstellung Uhrzeit automatisch festlegen und wählen neben dem Feld Datum und Uhrzeit manuell festlegen die Ändern-Schaltfläche. Das Fenster Datum und Uhrzeit ändern wird angezeigt (siehe Abbildung 5.4). Wählen Sie auf diesem Bildschirm das richtige Datum aus. Die Uhrzeit ändern Sie, indem Sie auf die kleinen Dreiecke klicken oder tippen: Nach oben bedeutet »später« und nach unten bedeutet »früher«. Oder geben Sie die Stunde und Minute ein. Wählen Sie Ändern, um Ihre Änderung zu übernehmen, oder Abbrechen, um sie zu verwerfen.

Abbildung 5.4: Die Einstellungen für Datum und Uhrzeit

Die Einstellung einer manuellen Datums- und Zeitangabe erfordert zwingend Administrator-Berechtigungen.

4. Zurück im Fenster Datum und Uhrzeit wählen Sie in der Dropdown-Liste gegebenenfalls Ihre Zeitzone aus. Schalten Sie die Option automatisch an Sommerzeit anpassen nach Bedarf ein oder aus; in der Regel werden Sie sie eingeschaltet lassen, sodass Ihr Computer automatisch auf die Sommerzeit umgestellt wird.

Fenster auf dem Desktop unter die Lupe nehmen

1. Wählen Sie in der Taskleiste den Datei-Explorer durch Anklicken des Symbols aus, das wie eine Registermappe aussieht. Daraufhin öffnet sich der *Datei-Explorer* (siehe Abbildung 5.5).

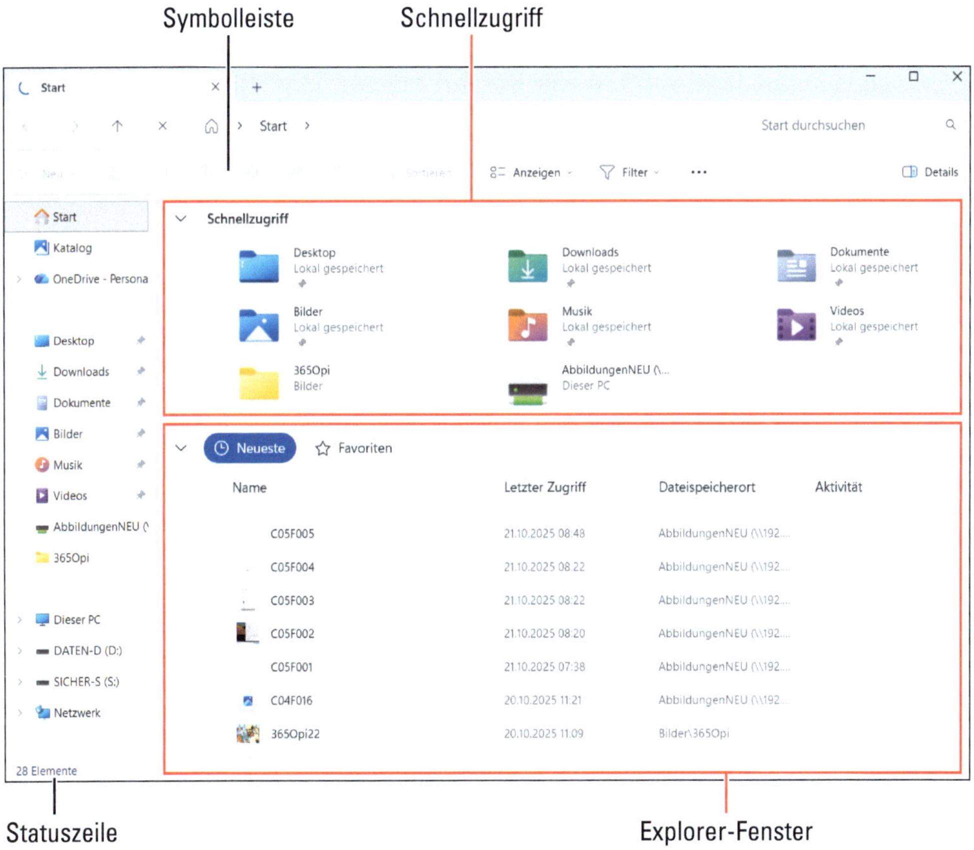

Abbildung 5.5: Der Datei-Explorer zum Verwalten Ihrer Datenschätze

Im Datei-Explorer können Sie Ihren Computerspeicher betrachten, das heißt, die Festplatten und Ordner, in denen Ihre Dateien und Dokumente abgelegt sind. Weitere Informationen zur Benutzung des Datei-Explorers erhalten Sie in Kapitel 15.

2. Sehen Sie sich das Beispielfenster in Abbildung 5.5 genauer an. Wir beginnen oben links:

   - **Titelleiste:** Das ist die oberste Fensterleiste. Sie enthält den Namen des Ordners, den Sie gerade benutzen.

   - **Symbolleiste:** Hierüber erreichen Sie gängige Funktionen wie Ausschneiden, Kopieren, Einfügen, Umbenennen, Löschen und Sortieren.

Der Titel des Fensters in der Abbildung 5.5 ist Start (mit Auflistung der aktuellsten Dokumente). Dieser Speicherort ist im Fokus des Datei-Explorers, wenn Sie ihn öffnen. Hier finden Sie alle Ihre persönlichen Dateien.

   - **Minimieren:** Diese Schaltfläche befindet sich in der oberen rechten Ecke und verkleinert das Fenster zu einem Symbol in der Taskleiste. Das Programm, zu dem das Fenster gehört, ist dann immer noch geöffnet, aber das Fenster ist nicht mehr im Blickfeld. Sie können jedoch das Programmsymbol in der Taskleiste sehen. Klicken Sie auf Minimieren, wenn ein Fenster grad im Weg steht. Mit einem Klick auf das Programmsymbol in der Taskleiste öffnen Sie das Fenster erneut.

   - **Maximieren/Verkleinern:** Die Maximieren-Schaltfläche (die mit dem einzelnen Rechteck) befindet sich ebenfalls rechts oben in der Ecke und bewirkt, dass der Fensterinhalt bildschirmfüllend angezeigt wird. Klicken Sie auf diese Schaltfläche, wenn Sie den Desktop und andere offene Fenster verbergen möchten, um sich ganz auf das aktuelle Fenster zu konzentrieren und möglichst viel davon zu sehen. Die Verkleinern-Schaltfläche oben rechts (das Rechteck mit einem zweiten dahinter) ersetzt die Maximieren-Schaltfläche, sobald ein Fenster in voller Bildschirmgröße angezeigt wird. Wenn Sie auf diese Schaltfläche klicken, wird das Fenster zu seiner vorherigen Größe verkleinert. Zum Maximieren drücken Sie alternativ [Windows]+[↑] und zum Wiederherstellen oder Minimieren [Windows]+[↓].

- **Schließen:** Zum Schließen von Apps (Programmen) dient die Schaltfläche mit dem »X« in der oberen rechten Fensterecke. Wählen Sie Schließen, wenn Sie mit der Bearbeitung eines Fensters fertig sind. Das Schließen wird manchmal auch als Beenden oder Verlassen bezeichnet. (Mit Alt+F4 können Sie das aktuelle Fenster oder den eigentlichen Desktop schließen. Diese Tastenkombination funktioniert übrigens auch bei Windows 11-Apps.)
- **Fensterinhalt:** Das Programm oder Dokument, das Sie benutzen, belegt den Großteil des Fensters. Der Datei-Explorer zeigt links die Speicherorte und rechts die darin gespeicherten Objekte an.
- **Statusleiste:** Am unteren Fensterrand zeigen einige Programme Informationen über das Fenster oder seinen Inhalt in der sogenannten Statusleiste an. Der Datei-Explorer listet zudem in der Statusleiste auf, wie viele Dateien sich im aktuell geöffneten Ordner befinden und wie viele Dateien (gegebenenfalls) ausgewählt sind.

3. Klicken Sie auf die Schließen-Schaltfläche (das »X«), um den Datei-Explorer zu schließen.

Bei einem Touchscreen können Sie auf die Schaltflächen der Symbolleiste für den Schnellzugriff und die Schließen-Schaltfläche zwar auch mit dem Finger antippen. Aber selbst wenn Sie ganz zarte Finger haben, werden Sie häufig danebentippen; unter Umständen geht dies mit einem Stift etwas besser.

In Kapitel 2 erfahren Sie, wie Sie andere Programme/Apps, zum Beispiel die Rechner-App, ausfindig machen und starten.

Fenstergröße ändern

1. Um die Größe eines Fensters zu ändern, klicken Sie zunächst in der Taskleiste auf das Symbol für den Datei-Explorer, um ihn in seinem Programmfenster zu öffnen (siehe Abbildung 5.5).
2. Wenn das Fenster maximiert ist (den Bildschirm ausfüllt), wählen Sie die Verkleinern-Schaltfläche, um es zu verkleinern.

3. Die individuelle Änderung der Fenstergröße erfolgt folgendermaßen:
   - **Maus:** Bewegen Sie den Mauszeiger an eine Fensterkante, bis sich der Pfeil in einen Doppelpfeil verwandelt. Klicken Sie dann auf die Fensterkante und ziehen Sie sie bei gedrückter Maustaste nach innen oder nach außen, bis die gewünschte Größe erreicht ist. Dann lassen Sie die Maustaste los.
   - **Touchscreen:** Ziehen Sie mit dem Finger eine Fensterkante nach innen oder nach außen.

Ziehen Sie nach innen, um das Fenster zu verkleinern, und nach außen, um es zu vergrößern.

4. Wenn Sie statt einer Fensterkante eine Fensterecke ziehen, verändern Sie die Breite und Höhe des Fensters gleichzeitig. Wenn Sie Herausforderungen lieben, versuchen Sie, die obere rechte Ecke zu ziehen, ohne versehentlich die SCHLIEßEN-Schaltfläche zu erwischen.

Sie können an jeder Fensterseite und an jeder Fensterecke nach innen oder nach außen ziehen, um die Fenstergröße zu ändern.

5. Lassen Sie das Fenster geöffnet und fahren Sie mit dem nächsten Abschnitt fort.

Mehrere Fenster anordnen

1. Doppelklicken Sie auf dem Desktop auf das Symbol für den Papierkorb, um seinen Inhalt in einem Fenster anzuzeigen. Der Papierkorb enthält gelöschte Dateien und Ordner. Sein Inhalt wird in einem zweiten Explorer-Fenster angezeigt (siehe Abbildung 5.6).

Doppelklicken bedeutet, dass Sie zweimal schnell hintereinander auf die linke Maustaste (bzw. das Symbol) drücken; doppeltippen bedeutet, dass Sie zweimal schnell hintereinander mit dem Finger auf den Touchscreen tippen.

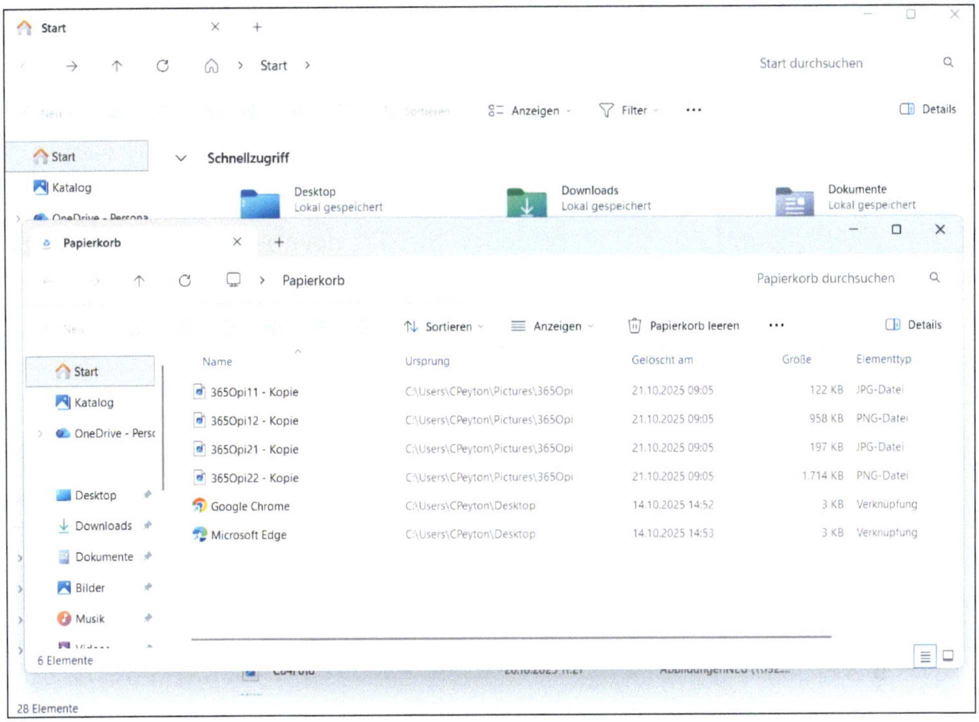

Abbildung 5.6: Fenster »Datei-Explorer« und »Papierkorb«

2. Falls Sie den Explorer geschlossen haben, klicken Sie in der Taskleiste auf sein Symbol, um ihn zu öffnen. Nun sehen Sie zwei Fenster auf dem Desktop, die einander überlappen (siehe Abbildung 5.6). Das eine heißt START, das andere PAPIERKORB.

Das im Vordergrund stehende Fenster ist das aktive Fenster. Alle weiteren Fenster sind *inaktiv*. Klicken oder tippen Sie auf eine beliebige Stelle in einem inaktiven Fenster, um es zum aktiven zu machen und in den Vordergrund zu holen.

3. Klicken Sie auf die Titelleiste des Papierkorbs (am besten in der Mitte) und ziehen Sie das PAPIERKORB-Fenster mit gedrückter Maustaste an eine andere Position.
4. Ziehen Sie dann das Explorer-Fenster (ebenfalls indem Sie die Schaltflächen links und rechts möglichst nicht berühren) an eine andere Stelle. Nun legt sich das Explorer-Fenster in den Vordergrund und überlagert das PAPIERKORB-Fenster.

5. Üben Sie das Verschieben von Fenstern. Wenn Sie die Fenster richtig anordnen, können Sie mehrere Dinge zugleich erledigen. Wenden Sie die Techniken aus dem vorigen Abschnitt »Fenstergröße ändern« an, um von beiden Fenstern zugleich möglichst viel anzuzeigen.

Wenn Sie die Titelleiste des Fensters, das Sie verschieben möchten, nicht sehen können, verschieben Sie das darüber liegende Fenster, um die dahinter liegende Titelleiste sichtbar zu machen.

6. Lassen Sie beide Fenster für die folgende Aufgabe offen.

Fenster andocken

1. Öffnen Sie bei geöffnetem Datei-Explorer-Fenster und Papierkorb auch den Edge-Browser und den Windows Store (beide sind als Symbole in der Taskleiste verfügbar).

2. Jetzt haben Sie vier verschiedene Fenster auf Ihrem Desktop geöffnet. Das sind eine Menge Fenster, die verwaltet werden müssen. Was ist, wenn Sie versuchen, mit allen gleichzeitig zu arbeiten? Dann müssten Sie zwischen diesen Fenstern hin und her wechseln, was zeitaufwendig und verwirrend wäre. Windows 11 bietet eine einfache Möglichkeit, mit mehreren Fenstern gleichzeitig auf dem Desktop zu arbeiten, die sogenannten »Snap Layouts«. Zeigen Sie mit der Maus auf die Schaltfläche MAXIMIEREN in einem der Fenster (es spielt keine Rolle, welches), und es erscheint ein Popup-Menü, wie in Abbildung 5.7 gezeigt.

Abbildung 5.7: Fenster anordnen über »Snap-Layouts«

3. Jede Layout-Gruppe stellt einen Bereich des Desktops dar, an dem Sie das ausgewählte Fenster einrasten lassen können. Wählen Sie zum Beispiel den linken Block des ersten Layouts und dann den rechten Block für ein zweites Fenster. Dadurch werden beide Fenster an der richtigen Stelle eingerastet, sodass Sie problemlos gleichzeitig mit ihnen arbeiten können (Abbildung 5.8).

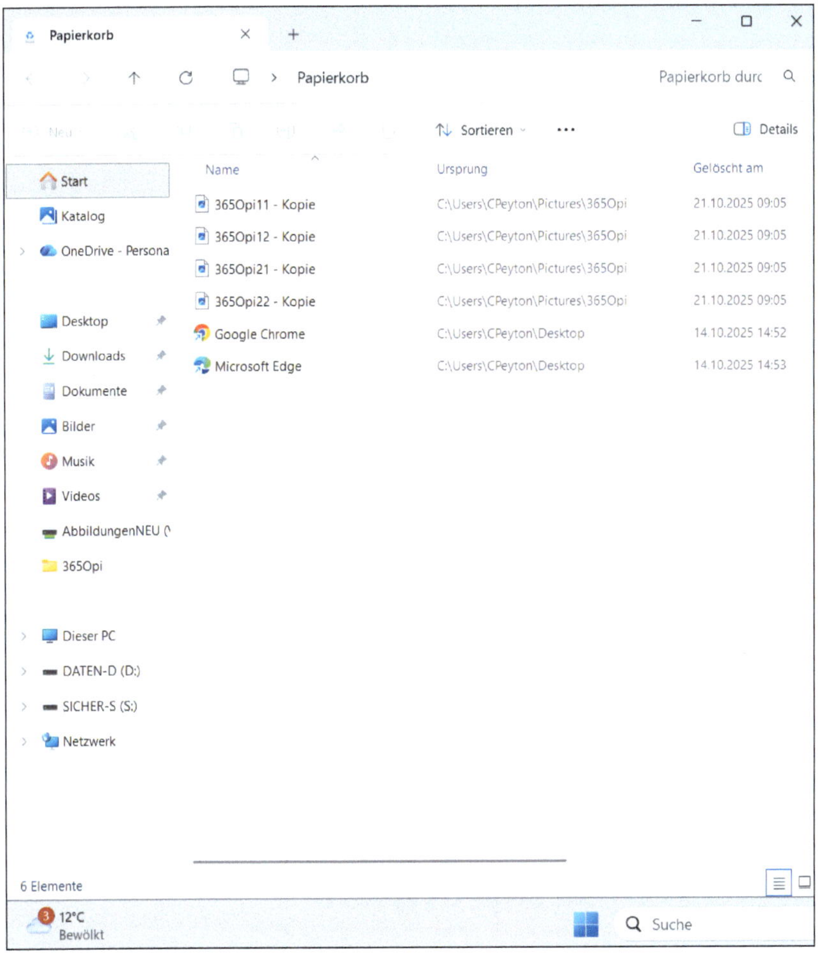

Abbildung 5.8: Das Fenster »Papierkorb« wurde erfolgreich am linken Bildschirmrand angedockt.

4. Was ist, wenn Sie vier Fenster geöffnet haben? In diesem Fall wählen Sie einfach das Layout für vier Fenster und rasten jedes geöffnete Fenster an der gewünschten Stelle ein. In Abbildung 5.9 werden beispielsweise der Datei-Explorer, der Papierkorb, Microsoft Edge und der Windows Store in einem Vier-Fenster-Layout fixiert.

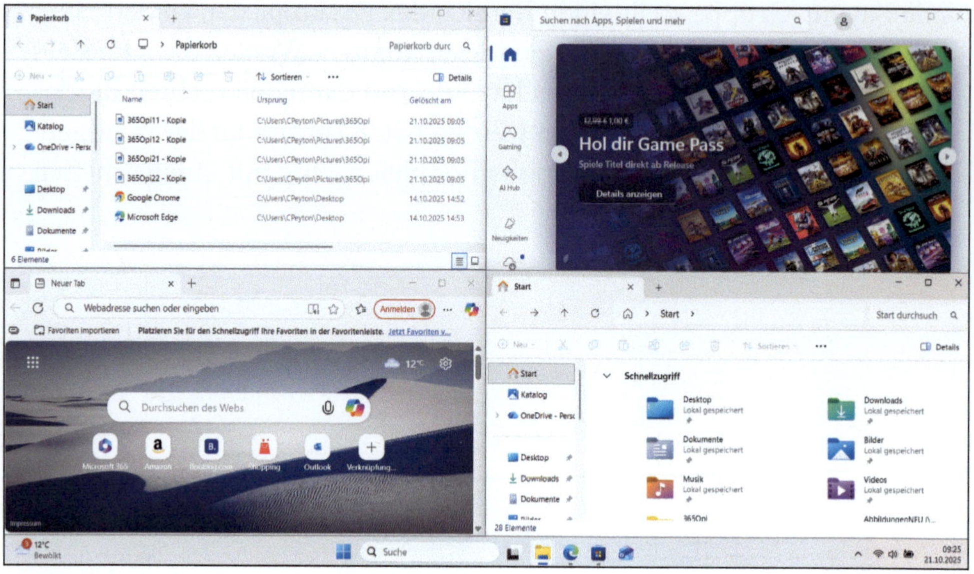

Abbildung 5.9: Anordnung von vier Fenstern im Snap-Layout

5. In der Snap-Ansicht können Sie mit jedem Fenster arbeiten, ohne die anderen zu minimieren. Um ein Fenster aus einer Snap-Ansicht herauszuziehen, ziehen Sie einfach seine Titelleiste oder wählen die Schaltfläche MAXIMIEREN. Anschließend können Sie das Fenster wie gewohnt verschieben, seine Größe ändern oder es schließen.

Sie können ein Fenster maximieren, indem Sie es an die obere Bildschirmkante ziehen. Das Verschieben an die obere Bildschirmkante entspricht der Auswahl der MAXIMIEREN-Schaltfläche (siehe Abschnitt »Fenster auf dem Desktop unter die Lupe nehmen« weiter vorn in diesem Kapitel).

Einen zweiten Desktop öffnen

1. Sofern der Datei-Explorer und der Papierkorb auf Ihrem Desktop noch nicht geöffnet sind (weil Sie die vorige Übung in diesem Kapitel nicht mitgemacht haben), öffnen Sie sie jetzt.
2. Wählen Sie in der Taskleiste das Symbol AKTIVE ANSICHT. Nun sehen Sie Miniaturbildversionen Ihrer geöffneten Fenster auf dem Desktop und können ein Miniaturbild auswählen, um zu der entsprechenden App zu wechseln. Aber warten Sie damit bitte noch einen Moment!

3. Klicken oder tippen Sie auf das kleine Fenster Neuer Desktop mit dem Pluszeichen. Nun werden auf dem Bildschirm zwei Desktop-Kacheln angezeigt. Sie heißen »Desktop 1« und »Desktop 2« (siehe Abbildung 5.10).

Abbildung 5.10: Sie können so viele Desktops anlegen, wie Sie wollen.

4. Wählen Sie Desktop 2 aus. Sie sehen einen völlig neuen, makellosen (leeren) Desktop. Herzlichen Glückwunsch, Sie befinden sich jetzt auf Desktop 2. Legen Sie einen zweiten (oder dritten oder vierten) Desktop an, wenn Sie nicht wollen, dass Ihr erster Desktop mit zu vielen Apps völlig unübersichtlich wird, oder wenn Sie Ihre Arbeit einfach besser organisieren wollen. Wenn Sie beispielsweise Apps für Ihre Arbeit und Apps für Ihre Freizeit verwenden, könnten Sie die Apps für die Arbeit auf einem Desktop unterbringen und die Apps für Ihre Freizeit auf einem anderen. Auf diese Weise finden Sie die Apps, mit denen Sie gerade arbeiten wollen, sehr viel schneller und einfacher.
5. Öffnen Sie auf Desktop 2 die Fotos-App. Wenn Sie nur eine App auf dem Desktop haben, wird die Arbeit damit etwas einfacher.
6. Zum Schließen eines (virtuellen) Desktops müssen Sie erneut das Symbol Aktive Ansicht anklicken und die Maus oder Ihren Finger auf die Kachel für Desktop 2 führen. Sobald das Schließen-Symbol angezeigt wird, klicken oder tippen Sie darauf, um Desktop 2 zu schließen. Die auf Desktop 2 geöffnete Fotos-App wird nach Desktop 1 verlagert und dort angezeigt, dem einzigen geöffneten Desktop.

Sobald Sie einen Desktop schließen, werden alle darauf geöffneten Apps auf den noch geöffneten Desktop verschoben.

Einen Desktophintergrund wählen

1. Klicken oder tippen Sie auf der Taskleiste auf das Suchfeld (Lupen-Symbol). Geben Sie in das Suchfeld `Einstellungen` ein. Wählen Sie aus den Treffern die EINSTELLUNGEN-App. Alternativ klicken oder tippen Sie einfach auf das Symbol EINSTELLUNGEN im Startmenü.

2. Wählen Sie PERSONALISIERUNG, um das Fenster PERSONALISIERUNG zu öffnen; dort wählen Sie HINTERGRUND. Alternativ können Sie im Suchfeld auch direkt `Hintergrund` eingeben und dann die entsprechende Option auswählen.

Im Fenster PERSONALISIERUNG können Sie verschiedene Aspekte des Desktops anpassen. Wenn Sie viel Zeit auf dem Desktop verbringen, lohnt es sich, die Desktopeinstellungen an Ihre Anforderungen anzupassen.

3. Wählen Sie im Fenster PERSONALISIERUNG im Menü HINTERGRUND die Option BILD (siehe Abbildung 5.11).

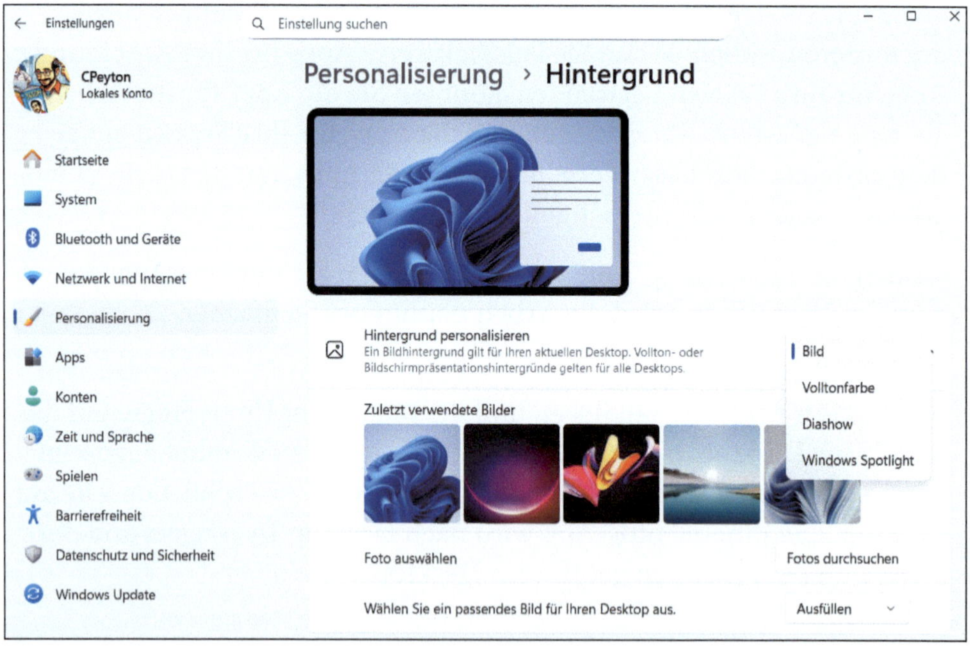

Abbildung 5.11: Wählen Sie einen Hintergrund für den Desktop.

4. Wählen Sie ein beliebiges Foto aus, um es zum Desktophintergrund zu machen. Sofort wechselt der Hintergrund. Um den gesamten Desktop zu sehen, minimieren Sie alle offenen Fenster. Sie können die Fenster anschließend in der vorherigen Größe wiederherstellen, indem Sie jeweils auf das betreffende Symbol in der Taskleiste klicken.

Um ein eigenes Foto als Desktophintergrund zu wählen, klicken Sie auf die Schaltfläche FOTOS DURCHSUCHEN und wählen im Dialog ÖFFNEN eines Ihrer Bilder aus.

Im Fenster PERSONALISIERUNG können Sie die Option DESIGNS wählen und damit ein komplett anderes Design für Ihren Windows-11-PC anwenden. Dies wirkt sich auf das Desktop-Foto, die Farben und möglicherweise sogar auf die Sounds aus. Sie können auch kostenlose Designs aus dem Microsoft Store herunterladen, um Windows 11 noch individueller zu gestalten. In Kapitel 10 erfahren Sie mehr über den Microsoft Store.

Symbole an die Taskleiste anheften

1. Klicken Sie im Startmenü auf die Schaltfläche ALLE und scrollen Sie nach unten bis zum Symbol/Eintrag RECHNER.
2. Wenden Sie eine der folgenden Methoden an, um das Kontextmenü der RECHNER-App anzuzeigen:
   - **Maus:** Klicken Sie mit der rechten Maustaste auf das Symbol RECHNER.
   - **Touchscreen:** Wischen Sie das RECHNER-Symbol ein wenig auf oder ab.
3. Wählen Sie im Kontextmenü den Eintrag MEHR. Ein Untermenü mit weiteren Optionen wird angezeigt (siehe Abbildung 5.12).
4. Wählen Sie im Untermenü die Option AN TASKLEISTE ANHEFTEN. Damit wird das Rechner-Symbol in die Taskleiste eingefügt, damit Sie bequem auf den Rechner zugreifen können (siehe Abbildung 5.13).

Mit der Tastenkombination ⊞+D gelangen Sie jederzeit ohne Umweg zum Desktop.

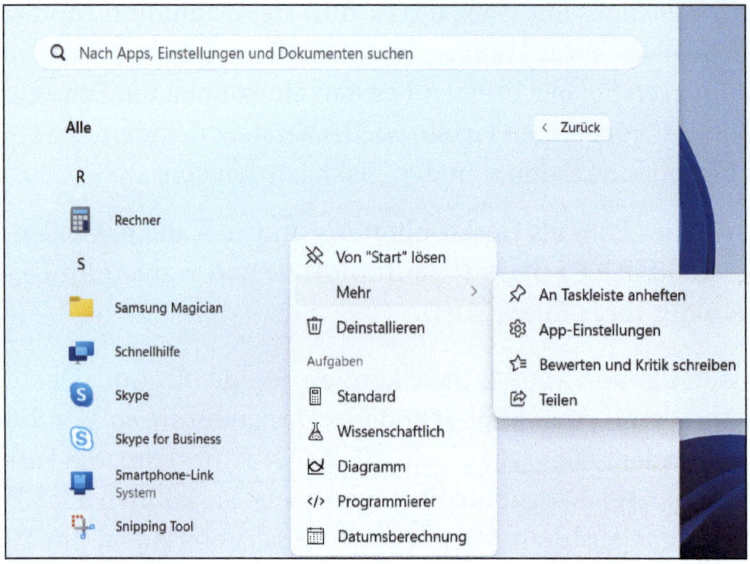

Abbildung 5.12: Symbole an die Taskleiste anheften

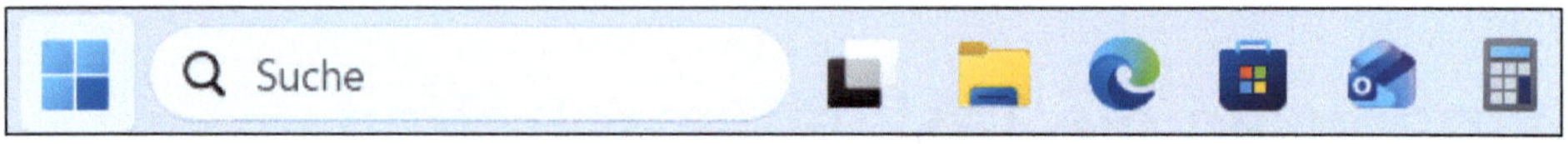

Abbildung 5.13: Taskleiste mit zusätzlichem Symbol für die Rechner-App

5. Wiederholen Sie die Schritte 1 und 3 und wählen Sie jetzt VON TASKLEISTE LÖSEN, um das Symbol für die Rechner-App wieder von der Taskleiste zu entfernen.

Sie können ein App-Symbol schnell aus der Taskleiste entfernen, indem Sie mit der rechten Maustaste daraufklicken und im Kontextmenü die Option VON TASKLEISTE LÖSEN auswählen.

6. Wechseln Sie anschließend zum Desktop. Das Rechner-Symbol ist verschwunden.

Angeheftete Apps oder Programme haben praktischerweise eine sogenannte *Sprungliste*: Das sind kurze Menüs mit Aufgaben und Dokumenten, die für die angehefteten Elemente spezifisch sind. Sie rufen die Sprungliste einer angehefteten App auf, indem Sie mit der rechten Maustaste auf ihr Symbol in der Taskleiste klicken oder so lange mit dem Finger darauf drücken, bis ein kleines Quadrat angezeigt wird. Allerdings weisen nicht alle Desktop-Apps eine Sprungliste auf. Probieren Sie es mit dem Symbol für den DATEI-EXPLORER in der Taskleiste aus.

Apps mit dem Task-Manager beenden

1. Sie können den Task-Manager auf verschiedene Weise aufrufen. Klicken oder tippen Sie auf das Suchfeld (Lupen-Symbol) in der Taskleiste und geben Sie `Task-Manager` in das Suchfeld ein. Oder drücken Sie die Tastenkombination Strg+⇧+Esc. Auch dies öffnet den Task-Manager.
2. Im Task-Manager sind alle laufenden Apps aufgelistet, darunter Programme und Windows-11-Funktionen oder -Dienste. Wählen Sie eine App aus (Apps werden auch als »Tasks« bezeichnet). Nun steht oben und im Kontextmenü die Schaltfläche TASK BEENDEN zur Verfügung, wie in Abbildung 5.14 gezeigt. Damit können Sie die ausgewählte App bei Bedarf beenden, wenn beispielsweise die betreffende Anwendung oder Funktion nicht mehr korrekt arbeitet.

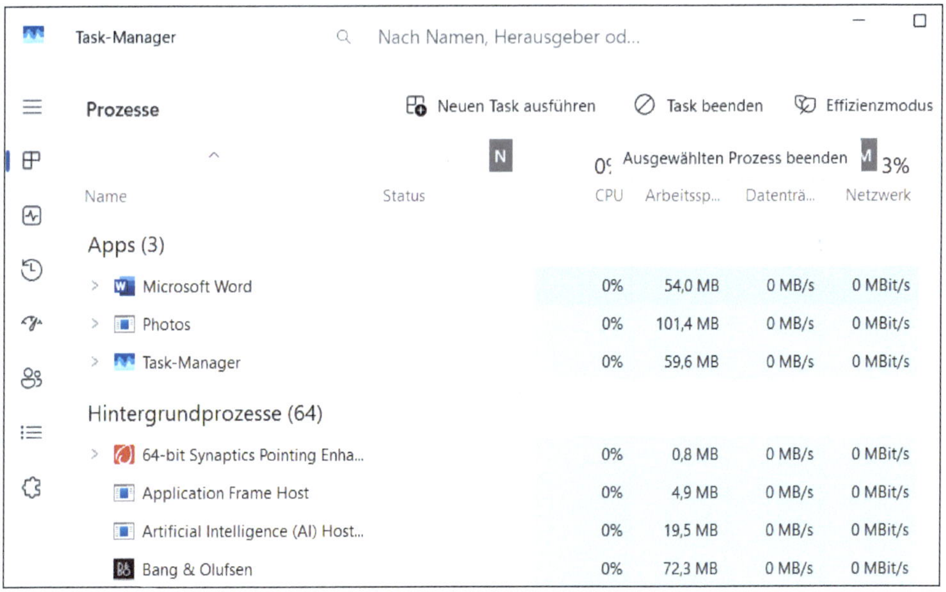

Abbildung 5.14: Wählen Sie einen Task aus, der nicht mehr korrekt zu funktionieren scheint, und klicken Sie auf »Task beenden«.

Seien Sie vorsichtig, wenn Sie eine App beenden, in der Sie gerade etwas erstellen (zum Beispiel ein Textverarbeitungsprogramm, in dem Sie gerade einen Brief schreiben). Denn dann gehen die Daten verloren, die Sie vor dem Beenden der App nicht gespeichert haben.

3. Wenn Sie die Option DETAILS im linken Menübereich wählen, zeigt der Task-Manager detaillierte Informationen zu jedem auf dem Computer ausgeführten Prozess an, zu sehen in Abbildung 5.15. Es gäbe noch sehr viel mehr über den Task-Manager zu sagen, aber Sie werden wohl nicht alle seine Funktionen benötigen. Wählen Sie PROZESSE (links), um wieder die einfachere Version anzuzeigen.

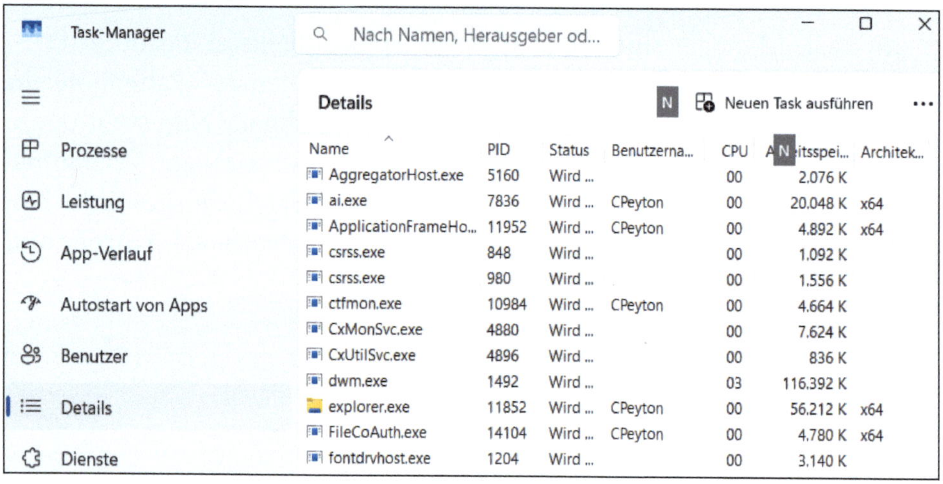

Abbildung 5.15: Hier sehen Sie mehr Informationen zu laufenden Apps.

4. Schließen Sie den Task-Manager an dieser Stelle wieder (X).

Teil II
Windows 11 und das World Wide Web

IN DIESEM TEIL ...

- Das Internet erkunden
- E-Mails versenden und empfangen
- Praktische Apps ausprobieren

IN DIESEM KAPITEL

Mit Microsoft Edge im Internet surfen

Mehrere Webseiten in Registerkarten öffnen

Suchen und finden

Lesezeichen für Ihre Lieblings-Webseiten setzen – damit Sie sie wiederfinden

Verschiedene Funktionen von Edge kennenlernen

Kapitel 6
Unterwegs im Internet

Das Internet (auch »das Web« oder »World Wide Web« genannt) bietet einen schnellen Zugriff auf Informationen und Unterhaltung rund um den Globus. Als Bibliothek, Marktplatz und Plattform hebt das Internet jede Entfernung auf. Von Ihrem Nachbarn bis ans Ende der Welt – und sogar in den Weltraum hinaus – ist alles nur noch wenige Mausklicks oder Gesten entfernt. Nachrichten aus aller Welt, schier unbegrenzte Shoppingmöglichkeiten und das elektronische Pendant eines Marktplatzes warten auf Sie.

Sie erkunden das Internet über einen Browser oder Web-Browser; das ist ein Programm, welches das Suchen, Surfen und Unterhalten im Web ganz einfach, unterhaltsam und sicher macht. In diesem Kapitel erfahren Sie, wie Sie per Microsoft Edge, dem Standard-Browser von Windows 11, mit Ihrem Computer in die große weite Welt hinausgelangen.

Sie sehen sich dabei Webseiten an, die von Behörden, Unternehmen und Einzelpersonen erstellt werden. Jeder kann lernen, eigene Webseiten zu erstellen. Eine *Webseite* kann aus ein paar Wörtern oder aber aus Tausenden von Wörtern und Bildern bestehen. Sie ist Teil einer Gruppe zusammengehöriger

Webseiten – auch als *Website* bezeichnet –, die von einem Unternehmen, einer Institution oder einer Person veröffentlicht werden.

Die Begriffe Webseiten und Websites werden heute synonym verwendet und haben einige Komponenten:

- ✔ **Internetadressen**, formal auch URLs genannt (URL steht für *Uniform Resource Locator*).
- ✔ **Links**, mit denen die Webseiten einer Website verknüpft sind und die es Ihnen ermöglichen, zwischen den Seiten zu wechseln. Aber es gibt auch Links, die mit anderen Websites verknüpft sind. Diese Links werden in der Regel in blauer Schrift oder blau unterstrichen angezeigt. Doch auch Bilder und andere Grafiken können Links zu anderen Seiten darstellen. Ob ein Bild oder eine Grafik auch ein Link ist, erkennen Sie, wenn Sie den Mauszeiger darüber bewegen. Der Pfeil des Zeigers verwandelt sich in eine Hand, wenn sich hinter dem Bild oder der Grafik ein Link verbirgt. Das Surfen im Internet mittels Links ist einfacher als das Eingeben von Internetadressen.

In diesem Kapitel wird das Arbeiten mit dem Web-Browser Microsoft Edge gezeigt. Am besten lässt es sich im Web surfen, wenn Sie mit mehreren Websites gleichzeitig jonglieren und Lesezeichen für Ihre bevorzugten Webseiten setzen. Außerdem lernen Sie, wie Sie buchstäblich alles und jeden im Internet finden, und lernen dabei einige praktische Funktionen von Edge kennen. Zu guter Letzt erfahren Sie in diesem Kapitel, wie Sie Webseiten ohne diese nervigen Werbeanzeigen aufrufen können.

Edge ist keineswegs der einzige Browser, den es gibt, aber es ist der Browser von Microsoft, der in Windows 11 integriert ist. Wenn Sie Lust haben, können Sie jederzeit auch andere Browser herunterladen und ausprobieren, wie beispielsweise Mozilla Firefox (`www.mozilla.org`) oder Chrome (`www.google.de/chrome`). Allerdings erledigt auch Microsoft Edge jede Aufgabe problemlos, sodass es nicht unbedingt einen Grund gibt, einen anderen Browser zu installieren.

Mit Edge im Internet surfen

1. Öffnen Sie Microsoft Edge, indem Sie auf das entsprechende Symbol in der Taskleiste klicken. Edge wird mit seiner Startseite geöffnet, wie in Abbildung 6.1 beispielhaft gezeigt. Auf dieser Seite werden Websites und Nachrichten angezeigt, die Microsoft für Sie von Interesse hält. Falls Sie Edge noch nicht verwendet haben oder noch nicht sehr oft, gibt es keinen entsprechenden Browserverlauf und die Seite sieht wahrscheinlich noch recht trist aus. Später in diesem Kapitel im Abschnitt »Verschiedene Funktionen von Edge« erfahren Sie, wie Sie auswählen können, welche Webseiten angezeigt werden, wenn Sie Edge starten.

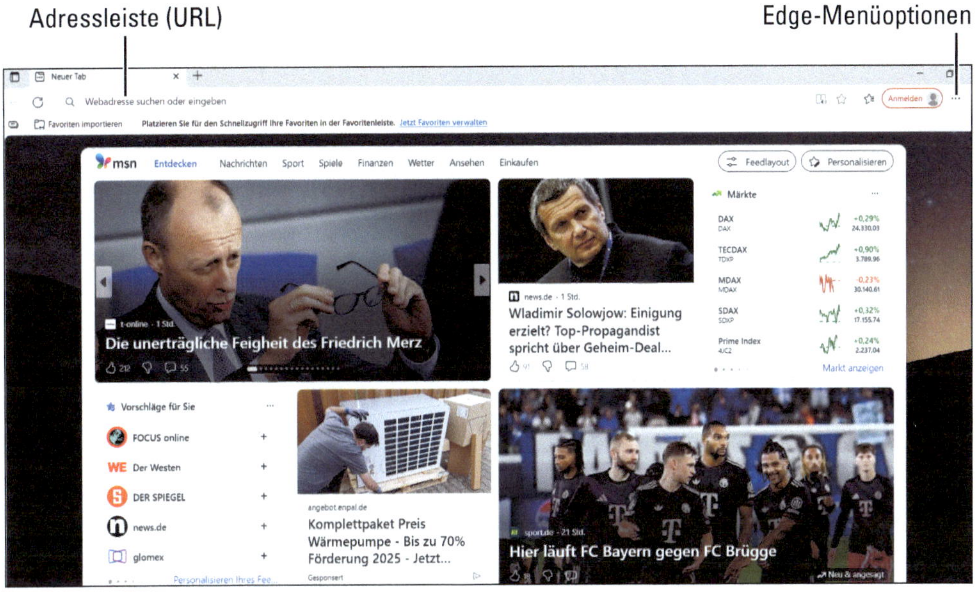

Abbildung 6.1: Startseite von Microsoft Edge

Wenn beim Öffnen von Edge keine Internetverbindung besteht, teilt Ihnen dies Windows 11 in einer Fehlermeldung mit. Sollte dies der Fall sein, finden Sie in Kapitel 4 Informationen zum Herstellen einer Verbindung. Weitere Informationen für die Auswahl einer Startseite finden Sie im Abschnitt »Lesezeichen für Ihre Lieblings-Webseiten setzen – damit Sie sie wiederfinden«.

2. Geben Sie im Browser in die Adressleiste Folgendes ein: `www.wiley-vch.de/dummies/`. Während Sie tippen, erscheinen unterhalb der Adressleiste Vorschläge in einem Drop-down-Menü. Wählen Sie entweder daraus die gewünschte Adresse in den Suchergebnissen aus oder betätigen Sie Ihre Adresseingabe mit [↵]. Edge wechselt zur Website von Wiley-VCH und zeigt die Webseite der *... für Dummies*-Bücher an (siehe Abbildung 6.2).

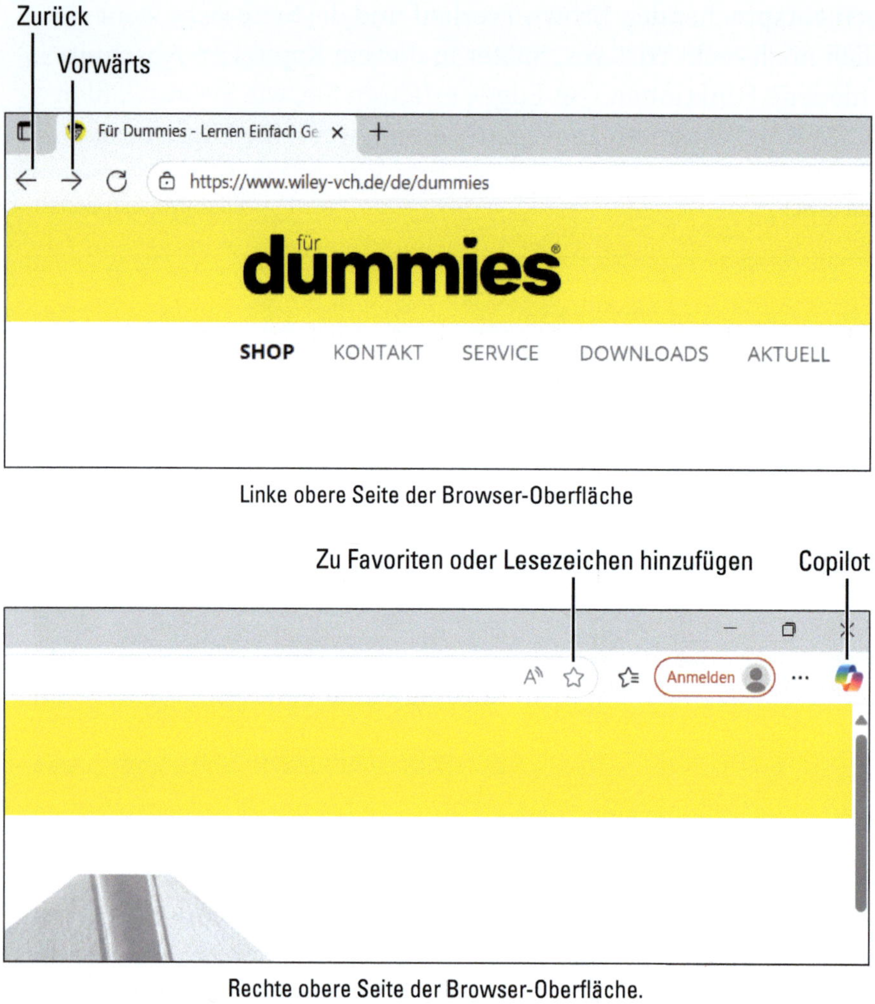

Abbildung 6.2: Webseite »... für Dummies«

Angaben zum Einsatz der Copilot-Funktion im Edge-Browser finden Sie weiter unten in dem Abschnitt »Copilot als persönlicher Assistent«.

Haben Sie Schwierigkeiten, die Adressleiste zu finden, klicken Sie mit der Maus oder tippen Sie mit Ihrem Finger in den oberen Bereich des Fensters neben den drei Schaltflächen (ZURÜCK, VORWÄRTS und AKTUALISIEREN), worauf die Adressleiste erscheint.

3. Klicken Sie auf einen der zahlreichen Links auf der Seite, zum Beispiel oben auf SERVICE und dann auf PODCAST, um sich einen Podcast anzuhören, oder auf SERVICE und dann auf GESCHICHTE, um mehr über die Geschichte dieser erfolgreichen Buchreihe zu erfahren.

4. Wenn Sie über einen Link zu einer anderen Webseite gewechselt sind, verwenden Sie oben links in der Ecke des Fensters die Schaltfläche ZURÜCK (das ist der nach links zeigende Pfeil), um zur *... für Dummies*-Startseite zurückzukehren. Alternativ drücken Sie Alt+←.

5. Zurück auf der *... für Dummies*-Startseite überlegen Sie es sich kurzfristig anders und klicken auf die Schaltfläche VORWÄRTS, die sich direkt neben der Schaltfläche ZURÜCK befindet (oder drücken Alt+→), um zurückzukehren. Der Browser (Edge) merkt sich, welche Seiten Sie bereits besucht haben, und lässt Sie ganz nach Ihren Wünschen vor- und zurückspringen.

Um den Inhalt einer Website größer darzustellen, drücken Sie Strg+\+. Um ihn zu verkleinern, drücken Sie Strg+-.

6. Wählen Sie oben rechts im Fenster das Sternsymbol (DIESE SEITE ZU FAVORITEN HINZUFÜGEN) oder drücken Sie Strg+D. Damit wird die aktuell angewählte Seite zu Ihren Favoriten hinzugefügt. Im Menü, das anschließend angezeigt wird, können Sie der Seite einen anderen Namen geben (siehe Abbildung 6.3). Klicken oder tippen Sie abschließend auf die Schaltfläche FERTIG. Weiter hinten in diesem Kapitel wird im Abschnitt »Lesezeichen für Ihre Lieblings-Webseiten setzen – damit Sie sie wiederfinden« erklärt, wie Sie zu Ihren bevorzugten Webseiten gelangen.

Im Internet zu surfen, bedeutet nichts anderes, als Adressen einzugeben, Links zu verfolgen, vor und zurück zu navigieren und auf die Symbole für häufig verwendete Sites zu klicken oder zu tippen – einfache Aktivitäten, die jedoch Stunden verschlingen können.

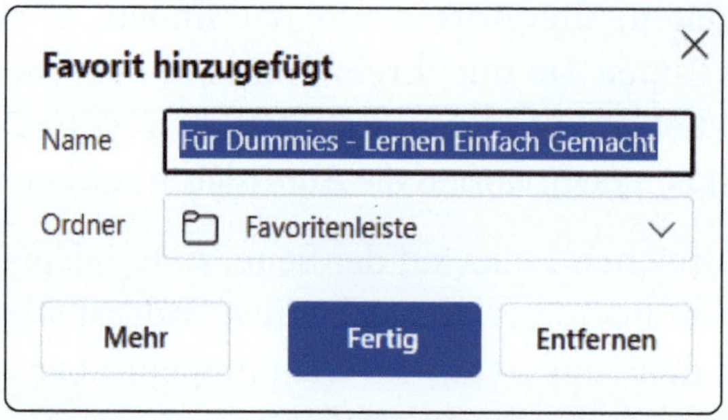

Abbildung 6.3: Zu Favoriten hinzufügen

7. Lassen Sie Microsoft Edge geöffnet, wenn Sie das nächste Thema in diesem Kapitel nachvollziehen möchten.

Mehrere Websites auf separaten Registerkarten öffnen

1. Öffnen Sie Microsoft Edge, falls der Browser noch nicht geöffnet ist.

2. Wechseln Sie zur Website von Google. Dorthin gelangen Sie, indem Sie in die Adressleiste `www.google.de` eingeben und anschließend ↵ drücken.

3. Wählen Sie im oberen Bildschirmbereich das Pluszeichen (+) bzw. die Schaltfläche NEUER TAB; dieses Symbol befindet sich rechts neben der am weitesten rechts stehenden Registerkarte (Tab), wie in Abbildung 6.4 gezeigt. Eine neue Registerkarte erscheint. Sie heißt nun auch NEUER TAB. Alternativ können Sie auch mit folgender Tastenfolge eine neue Registerkarte (Tab) öffnen: Strg + T.

Abbildung 6.4: Neue Registerkarte (Tab) öffnen

4. Geben Sie auf der neuen Registerkarte `www.wiley-vch.de/dummies/` in die Adressleiste ein und drücken Sie die [↵]-Taste. Jetzt sind zwei Webseiten in Edge geöffnet. *Google* auf der ersten Registerkarte, *Wiley-VCH Dummies* auf der zweiten (siehe Abbildung 6.4). Achten Sie auf die Namen der Webseiten auf den Registerkarten.

Um eine Registerkarte zu schließen, wählen Sie die SCHLIEßEN-Schaltfläche (das »X«) oder drücken Sie [Strg]+[W], wenn Sie sich gerade auf der Seite befinden, diese also im Browser aktuell angezeigt wird.

5. Wählen Sie die erste Registerkarte, diejenige mit dem Namen *Google*, um so zur Google-Webseite zurückzukehren.

Wenn Sie unter Verwendung mehrerer Registerkarten surfen, können Sie eine Seite geöffnet lassen, während Sie eine andere besuchen, beispielsweise um Informationen zu vergleichen oder einem anderen Gedanken zu folgen.

Das Tastenkürzel für das Umschalten zwischen Registerkarten ist [Strg]+[⇆].

6. Wählen Sie das »X« auf der Registerkarte *Wiley-VCH Dummies*, um diese Registerkarte zu schließen. Schließen Sie Registerkarten, wenn Sie mehr Übersicht schaffen und den Wechsel zwischen den Registerkarten vereinfachen wollen.

Suchen und finden

1. Öffnen Sie Microsoft Edge, klicken oder tippen Sie in die Adressleiste und geben Sie den Suchbegriff **reisen** ein. Edge macht eifrig Vorschläge zu Ihrer Eingabe für Sites, die in diesem Kontext vielleicht von Interesse wären. (Für diese Übung ignorieren Sie diese Vorschläge. Aber später werden Sie sie gut gebrauchen können.).

Sie können das Internet vom Startbildschirm aus durchsuchen, ohne Edge zu öffnen. Klicken Sie auf das Lupen-Symbol in der Taskleiste und geben Sie in das Suchfeld einen Suchbegriff ein. Das Suchfeld listet Einträge auf, die sich auf den eingegebenen Suchbegriff beziehen, unter anderem auch Ideen für die Suche im Web, also im Internet. Wählen Sie ein webbezogenes Element, um mit Edge zu suchen.

2. Nachdem Sie die Eingabe des Suchbegriffs mit [↵] bestätigt haben, wird im Browser ein neuer Tab angelegt, und es erscheint eine Seite mit Suchergebnissen, ähnlich wie in Abbildung 6.5. Die Ergebnisse stammen von der Edge-Standardsuchmaschine Bing von Microsoft (`www.bing.com`).

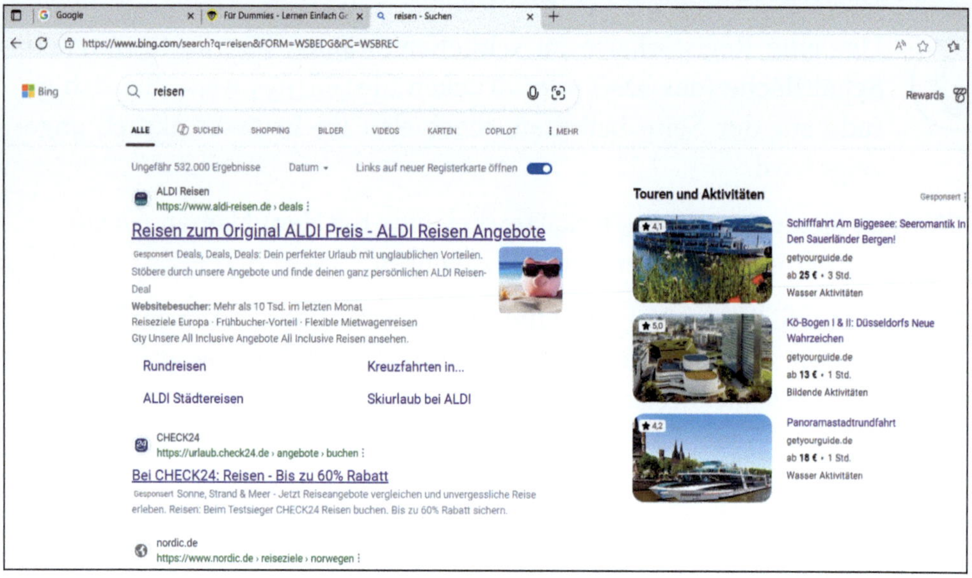

Abbildung 6.5: Suchergebnisse (vor allem aber viel Werbung) zum Thema »Reisen«

Eine *Suchmaschine* ist eine Website, die Links auf Webseiten anzeigt, zu denen Ihr Suchbegriff passt. (Diese Definition geht nicht auf den komplizierten Prozess ein, der hinter den Kulissen stattfindet.)

Einige der »Suchergebnisse« sind Werbung. Bei Suchen in Bing sind die ersten Ergebnisse auf der Seite sowie rechts von der Seite bezahlt. Achten Sie auf diese Werbung. Sie ist darauf ausgelegt, Ihnen etwas zu verkaufen, nicht, Ihnen Informationen bereitzustellen. Wenn Sie keine Werbung mehr auf Webseiten angezeigt bekommen möchten, lesen Sie den Abschnitt »Werbung auf Webseiten blockieren« später in diesem Kapitel.

3. Blättern Sie auf der Seite mit den Suchergebnissen nach unten. Wählen Sie diejenigen Links aus, denen Sie folgen möchten. Wenn Sie zum unteren Seitenrand gelangen, wählen Sie die Schaltfläche NÄCHSTE SEITE (ein nach rechts gerichteter Pfeil), um noch mehr Suchergebnisse aufzurufen.

4. Kehren Sie zum Suchbildschirm zurück, indem Sie die VORHERIGE SEITE-Schaltfläche (ein nach links gerichteter Pfeil) auswählen oder Alt+← drücken.

5. Klicken oder tippen Sie in das Adressfeld und geben Sie `reisen malediven` ein (Großbuchstaben sind nicht nötig). Während der Eingabe klappt unter dem Suchfeld eine Liste mit möglichen Entsprechungen für Ihre Suche auf. Wenn Sie einen passenden Begriff in der Liste sehen, klicken oder tippen Sie darauf. Andernfalls drücken Sie die ↵-Taste.

Unterschiedliche Suchmaschinen liefern unterschiedliche Ergebnisse. Zu den anderen Suchmaschinen gehören Google (`www.google.com`), Ask (`www.ask.com`) und Yahoo! (`www.yahoo.com`). Wenn Sie diese für Ihre Internetrecherchen verwenden möchten, geben Sie einfach die entsprechende Adresse in die Adressleiste ein.

6. Beachten Sie die Links bzw. Register direkt unterhalb des Suchfelds (Bing-Suche). Das erste Register ist ALLE und enthält standardmäßig Ihre Suchergebnisse. Die weiteren Register variieren von Fall zu Fall. Wählen Sie die Register einzeln aus, die Folgendes enthalten:

   - BILDER zeigt Bilder an, die zu Ihren Suchbegriffen passen.
   - VIDEOS zeigt Videoclips und Ausschnitte an, die zu Ihren Suchbegriffen passen.
   - KARTEN zeigt Stadtpläne und Landkarten und hilft Ihnen, ans Ziel zu kommen.
   - COPILOT öffnet einen separaten Dialog, um Suchergebnisse zu spezifizieren.

7. Lassen Sie Microsoft Edge geöffnet, wenn Sie das nächste Thema nachvollziehen möchten.

Lesezeichen für Ihre Lieblings-Webseiten setzen – damit Sie sie wiederfinden

1. Öffnen Sie Microsoft Edge, falls es noch nicht geöffnet ist, und besuchen Sie Ihre Lieblingsseite im Internet (falls Sie keine haben, besuchen Sie einfach meine: `www.google.com`). Wenn Sie eine gewisse Zeit mit

dem Internet gearbeitet haben, werden Sie bald Webseiten finden, die Sie immer wieder besuchen. Statt sich die Adressen dieser Webseiten zu merken, können Sie sie auf Ihre Favoritenliste setzen, sodass Sie sie ganz einfach wiederfinden können.

2. Wählen Sie die Schaltfläche DIESE SEITE ZU FAVORITEN HINZUFÜGEN (das Sternsymbol, siehe Abbildung 6.6).

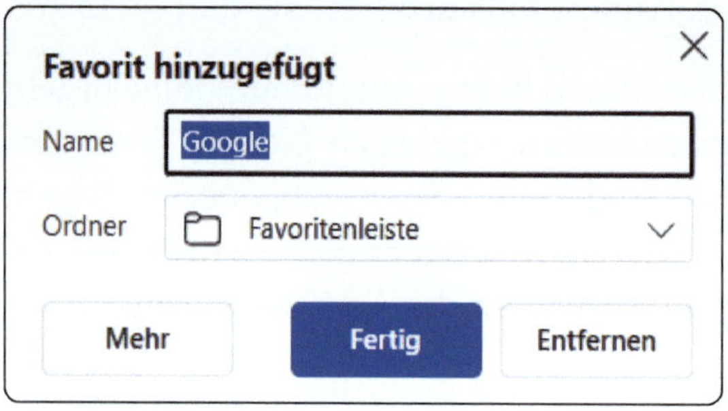

Abbildung 6.6: Eine Webseite als Favorit speichern

3. Bevor Sie die Schaltfläche FERTIG wählen, um Ihrer Favoritenliste Ihre bevorzugte Webseite hinzuzufügen, sollten Sie Folgendes in Betracht ziehen:
   - Nutzen Sie die Möglichkeit und geben Sie einen kürzeren, präziseren oder aussagekräftigeren Namen in das Textfeld NAME ein.
   - Öffnen Sie ggf. das Menü ORDNER und wählen Sie einen Ordnernamen aus, um die Website in einem Ordner zu speichern. (In Schritt 7 erkläre ich, wie Sie selbst Ordner anlegen.)
4. Um zu überprüfen, ob die Website, die Sie gerade besuchen, der Liste der mit Lesezeichen versehenen Webseiten hinzugefügt wurde, wählen Sie das Symbol FAVORITEN (das Sternsymbol mit drei Strichen) und suchen Sie im Favoriten-Menü nach Ihrer Webseite.
5. Wählen Sie die ZURÜCK-Schaltfläche, um zu der zuvor besuchten Website zu wechseln. Diese Schaltfläche befindet sich links oben auf dem Bildschirm. Als Nächstes wählen Sie die Schaltfläche FAVORITEN und wählen in der Liste der Favoriten-Websites die Website aus, die Sie als Favorit hinzugefügt haben (siehe Abbildung 6.7). Ihre Lieblings-Website wird auf dem Bildschirm geöffnet.

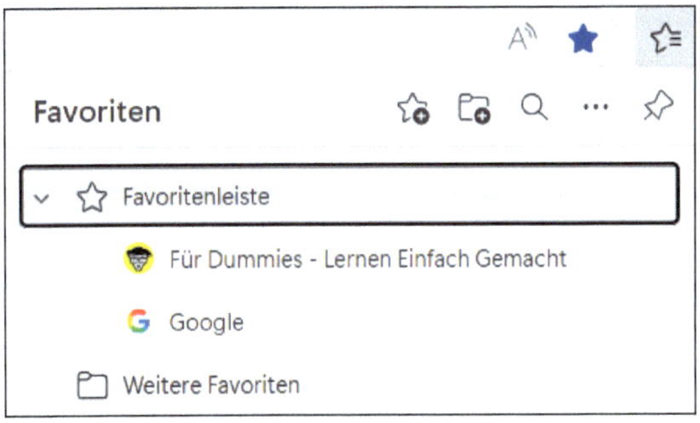

Abbildung 6.7: Öffnen Sie eine Favoriten-Seite.

Zögern Sie nicht, eine Website, die Sie wahrscheinlich später wieder besuchen wollen, als Favorit abzuspeichern. Wenn Sie die Seite nicht als Favoriten markieren, kann es sein, dass Sie sie nie wiederfinden.

Um eine Website aus Ihrer Favoritenliste zu entfernen, zeigen Sie die Favoritenliste an, schieben den Mauszeiger oder Ihren Finger über den Namen der betreffenden Website, öffnen (per Rechtsklick) das Kontextmenü an und wählen LÖSCHEN.

6. Mit der Favoritenleiste gelangen Sie durch einfaches Antippen oder Anklicken des Namens einer Website direkt zu dieser Website. Um die Favoritenleiste einzublenden, öffnen Sie das Kontextmenü des Symbols FAVORITEN (drei Punkte) und klicken oder tippen hier auf WEITERE OPTIONEN. Im Menü zeigen Sie auf FAVORITENLEISTE ANZEIGEN; im Untermenü wählen Sie z. B. IMMER (siehe Abbildung 6.8). Jede Website, der Sie wirklich gern einen Besuch abstatten, ist ein Kandidat für die Favoritenleiste.

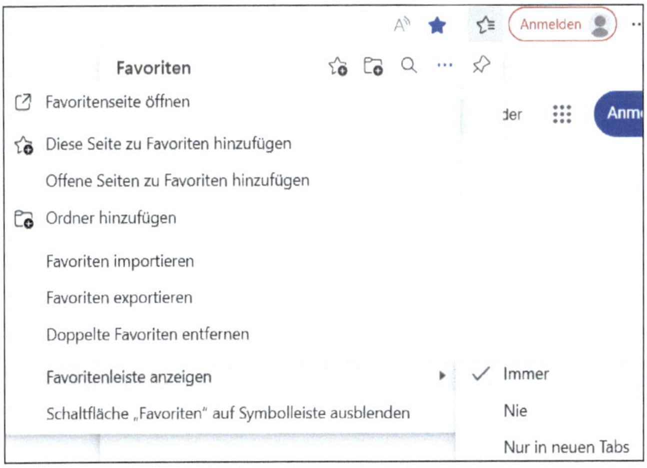

Abbildung 6.8: Die Favoritenleiste anzeigen

Sie können Ihre bevorzugten Websites auch aus einem anderen Browser importieren. Klicken Sie im Menü der Schaltfläche FAVORITEN auf WEITERE OPTIONEN (die drei Punkte). Im Fenster FAVORITEN IMPORTIEREN wählen Sie den Browser und klicken oder tippen dann auf die Schaltfläche IMPORTIEREN.

7. Wählen Sie das Symbol FAVORITEN. Klicken oder tippen Sie im Menü auf WEITERE OPTIONEN (die drei Punkte) und im Menü auf FAVORITENSEITE ÖFFNEN. Von hier aus können Sie die zu Favoriten erkorenen Websites verwalten:

   - **Webseiten und Ordner umsortieren:** Ziehen Sie eine Webseite oder einen Ordner im Favoritenfenster nach oben oder nach unten, bis sie bzw. er sich an der richtigen Position befindet.
   - **Webseite (oder einen Ordner) löschen:** Zeigen Sie (durch Rechtsklick oder Berührung mit dem Finger) das Kontextmenü für die Website (oder den Ordner) an und wählen Sie LÖSCHEN; alternativ verwenden Sie das Schließen-Kreuz.
   - **Ordner erstellen:** Klicken oder tippen Sie auf die Schaltfläche ORDNER HINZUFÜGEN und geben Sie im nächsten Dialog einen Namen für den Ordner ein. Klicken Sie dann auf SPEICHERN.
   - **Webseite (oder einen Ordner) umbenennen:** Zeigen Sie per Rechtsklick das Kontextmenü eines Ordners oder Favoriten an; wählen Sie BEARBEITEN und geben Sie im Feld NAME einen neuen Namen ein. Klicken oder tippen Sie auf SPEICHERN.

Ordner können bei der Organisation und der Suche innerhalb der Favoriten im Favoritenfenster eine große Hilfe sein. Wenn Sie der Typ sind, der gerne Websites als Favoriten abspeichert, sollten Sie überlegen, ob Sie nicht Ordner anlegen, in denen Ihre Favoriten gespeichert werden.

8. Lassen Sie Edge geöffnet, wenn Sie im nächsten Abschnitt weiterlesen möchten.

Verschiedene Funktionen von Edge

1. Gehen Sie auf Ihre Lieblings-Website, die Sie dem Startbildschirm anheften möchten. Wählen Sie die Schaltfläche EINSTELLUNGEN UND MEHR (die drei Punkte oben rechts auf dem Bildschirm) und zeigen Sie dann im Drop-down-Menü auf den Eintrag WEITERE TOOLS. Im Untermenü wählen Sie den Befehl AN STARTMENÜ ANHEFTEN. Es erscheint ein Dialogfeld, in dem gefragt wird, ob diese Webseite wirklich an das Startmenü angeheftet werden soll; bestätigen Sie das mit JA.

2. Schließen Sie Edge und rufen Sie das Startmenü auf. Wählen Sie das Symbol für Ihre Lieblings-Website. Durch Auswahl dieses Symbols erledigen Sie zwei Dinge gleichzeitig: Sie starten Edge und öffnen ihn mit Ihrer Lieblings-Website. Praktisch!

3. Wählen Sie EINSTELLUNGEN UND MEHR und im jetzt angezeigten Menü die Schaltfläche VERLAUF. Das Verlaufsfenster wird geöffnet, wie in Abbildung 6.9 gezeigt. Hier können Sie nachsehen, welche Website Sie in der letzten Stunde, den ganzen Tag über oder in der letzten Woche besucht haben.

4. Blättern Sie im Verlaufsfenster nach unten, um sich anzusehen, welche Websites Sie in letzter Zeit besucht haben. Wählen Sie eine dieser Websites aus, um sie in Edge zu öffnen.

   Um Ihren Browserverlauf zu löschen und alle Website-Namen aus dem Verlaufsfenster zu löschen, klicken Sie im Menü VERLAUF auf das Symbol PAPIERKORB (links neben den drei Punkten). Nach Bestätigung mit der Schaltfläche JETZT LÖSCHEN werden alle ausgewählten Verlaufseinträge gelöscht.

5. In den Schritten 3 und 4 haben Sie erfahren, wie Edge sich merkt, welche Webseiten Sie besucht haben. Was aber machen Sie, wenn Sie eine derartige Überwachung nicht wünschen? Sie können auch surfen, ohne dass Edge aufzeichnet, welche Websites Sie dabei besucht haben. Um ohne Verlaufsaufzeichnung zu surfen, wählen Sie die Schaltfläche EINSTELLUNGEN UND MEHR (drei Punkte oder Alt+F) und dann im Drop-down-Menü die Option NEUES INPRIVATE-FENSTER. Edge öffnet ein zweites, »privates« Fenster, wie in Abbildung 6.10 gezeigt. Websites, die Sie privat öffnen, werden nicht im Verlaufsfenster aufgezeichnet.

Schließen Sie das INPRIVATE-Fenster jetzt (oder surfen Sie noch ein wenig dort und schließen Sie es dann).

Sie erkennen, wenn Sie im Privat-Modus surfen, weil das Wort *Neuer InPrivate-Tab* links oben im Edge-Fenster angezeigt wird (Abbildung 6.10).

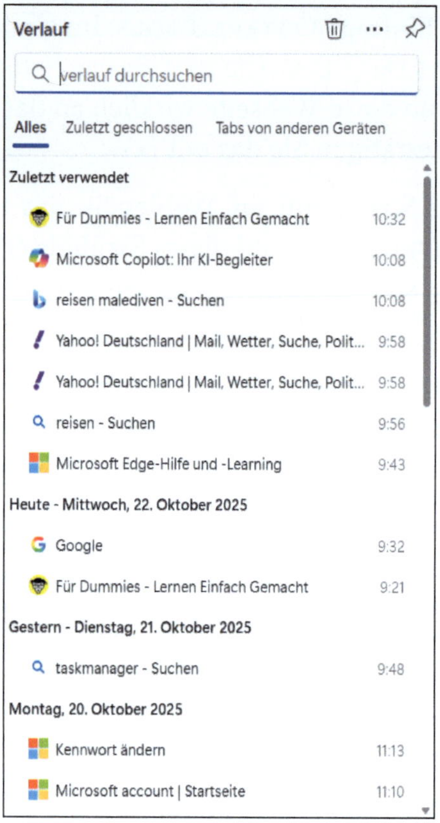

Abbildung 6.9: Hier sehen Sie Ihren Browserverlauf und können ihn bei Bedarf löschen.

6. Sie entdecken im Web viele interessante Dinge, z. B. ein Foto, ein Rezept oder eine ganze Webseite, die Sie für später speichern möchten. Das können Sie sehr bequem mit der Edge-Funktion *Sammlungen* tun. Klicken Sie zunächst auf die Schaltfläche SAMMLUNGEN auf der Edge-Symbolleiste (Pluszeichen) und dann auf WEITER (siehe Abbildung 6.11). Sollte das Symbol für Sammlungen nicht angezeigt werden, müssen Sie entweder die Tastenfolge Strg+⇧+Y betätigen oder im Einstellungen-Menü des Browsers (drei Punkte) im Untermenü WEITERE TOOLS den Punkt SAMMLUNGEN anwählen.

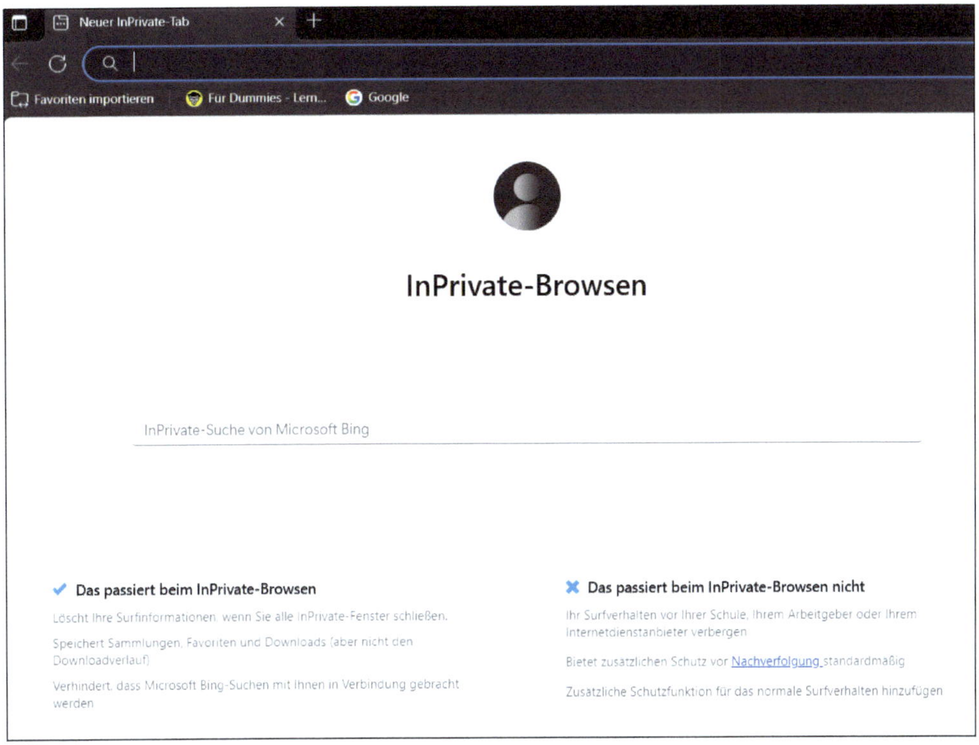

Abbildung 6.10: In diesem Fenster surfen Sie ohne Verlaufsaufzeichnung.

7. Es wird anschließend im Browser ein separates Fenster mit einigen Standardeinträgen (Kategorien) angezeigt.

8. In diesem Fenster können Sie die aktuelle Webseite einer Kategorie hinzufügen, eine neue Kategorie (Sammlung) erstellen oder auch ein Bild in den Bereich ziehen, um eine Sammlung zu beginnen. Abbildung 6.12 zeigt zu einer Sammlung hinzugefügte Bilder und Text.

Sie können ein Bild nicht in das Fenster NEUE SAMMLUNG ziehen? Klicken Sie einfach mit der rechten Maustaste auf das Bild und wählen Sie WEITERE TOOLS und dann ZU SAMMLUNGEN HINZUFÜGEN. Dies gilt auch für Textpassagen. Markieren Sie den Text und wählen Sie im Kontextmenü ebenfalls ZU SAMMLUNG HINZUFÜGEN.

Wenn Sie etwas aus einer Sammlung entfernen möchten, wählen Sie das Kontextmenü des Eintrags (drei Punkte) und klicken dort auf den Punkt ENTFERNEN.

9. Bei jedem Sammlungseintrag steht im Kontextmenü des Eintrags die Option NOTIZ ZUM ELEMENT HINZUFÜGEN zur Verfügung; eine sehr

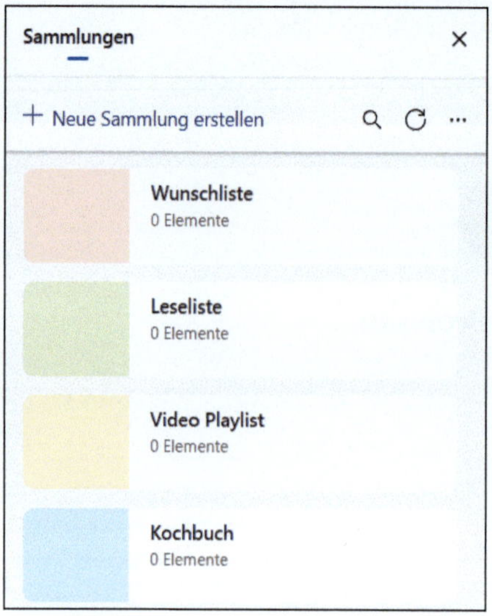

Abbildung 6.11: Standardkategorien beziehungsweise -sammlungen

Abbildung 6.12: Verschiedene Webseiten in einer Sammlung

praktische Funktion. Wenn Sie z. B. ein neues Auto kaufen und mehrere Websites und Bilder speichern, können Sie Ihre persönlichen Notizen zur Sammlung hinzufügen, damit Sie sie später noch einmal ansehen können.

10. Sie können so viele Sammlungen erstellen, wie Sie möchten. Klicken Sie einfach auf das Symbol SAMMLUNGEN und dann auf NEUE SAMMLUNG ERSTELLEN. Sie könnten zum Beispiel eine Sammlung von Bildern und Websites mit dem Titel »Geburtstagsideen« erstellen oder vielleicht eine mit dem Titel »Rezepte« (wenn Sie gerne kochen) oder Urlaubsideen. Wie Sie Ihre Sammlungen organisieren, bleibt ganz Ihnen überlassen!
11. Schließen Sie Edge oder lesen Sie weiter, wenn Sie erfahren möchten, wie Sie in Edge nerviger Werbung entgehen.

Werbung auf Webseiten blockieren

Sobald Sie etwas mehr Zeit im Internet verbringen, werden Sie schnell bemerken, dass viele Webseiten vollgestopft sind mit störenden Werbeanzeigen, die zudem oft den Blick auf den eigentlichen Inhalt stören. Wie finden Sie die Vorstellung, allen Werbeanzeigen auf den Webseiten, die Sie besuchen, den Garaus zu machen? Installieren Sie zu diesem Zweck eine Werbeblocker-App aus dem Microsoft Store namens Adblock Plus.

1. Schließen Sie den Edge-Browser, falls er noch geöffnet ist, gehen Sie zum Microsoft Store und installieren Sie Adblock Plus. (Falls Sie Hilfe benötigen, werfen Sie einen Blick in Kapitel 9.) Die Installation dauert nur knapp eine Minute. Ich warte hier auf Sie.
2. Sofern der Microsoft Store kein Ergebnis liefert, rufen Sie am besten eine Webseite auf, die Apps zum Download anbietet, zum Beispiel `www.Chip.de`. Geben Sie in das Suchfeld den Begriff `Adblock Plus` ein. Klicken oder tippen Sie dann in den Erbnissen auf eine der aufgelisteten Seiten (Abbildung 6.14), anschließend auf die Schaltfläche DOWNLOAD und folgen Sie den weiteren Schritten.
3. Wenn Sie Edge erstmals öffnen, nachdem Sie Adblock Plus als Browser-Erweiterung installiert haben, sehen Sie eine Meldung. Schließen Sie diese Meldung einfach. Öffnen Sie dann eine Webseite Ihrer Wahl.

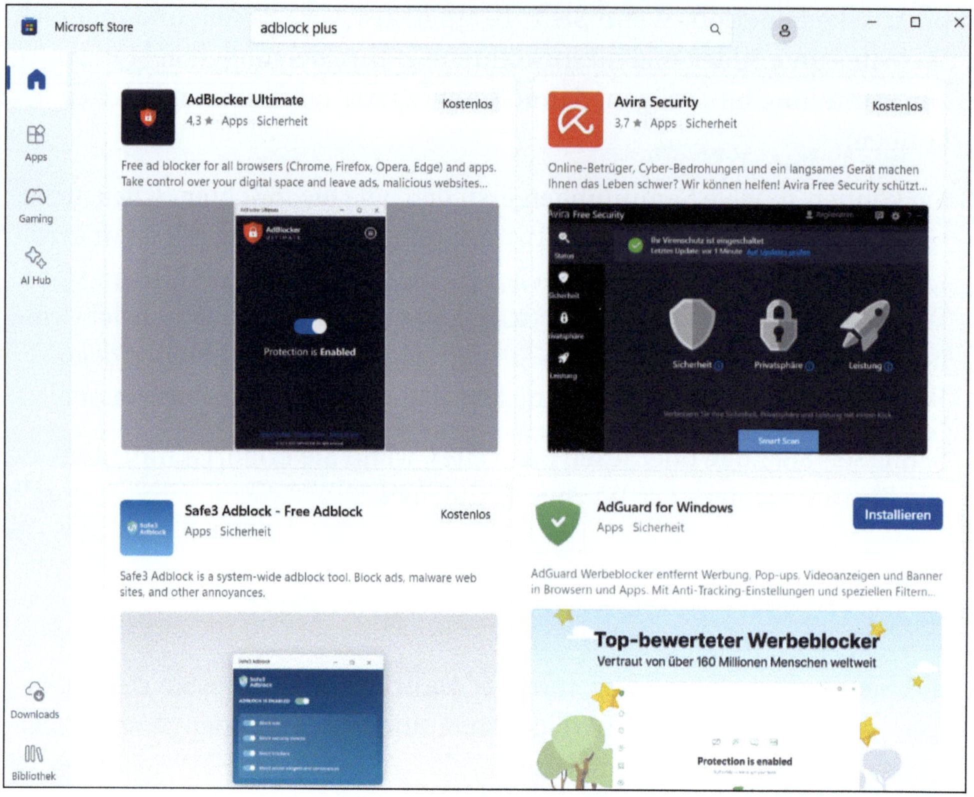

Abbildung 6.13: Adblocker im Microsoft Store

4. Nach der Installation von Adblock Plus sehen Sie die Adblock-Plus-Schaltfläche (mit den Buchstaben ABP) in der Symbolleiste (siehe Abbildung 6.15). Die Zahl neben der Schaltfläche verrät Ihnen, wie viele Werbeanzeigen auf der Seite blockiert wurden, die Sie besuchen.

5. Klicken Sie in der Symbolleiste auf die Schaltfläche ABP. Ein Drop-down-Menü öffnet sich, wie in Abbildung 6.15 gezeigt. Es teilt Ihnen ebenfalls mit, wie viele Anzeigen blockiert wurden. Falls Sie aus irgendeinem Grund doch Werbung auf einer Webseite sehen möchten (manche Webseiten zeigen Ihnen beispielsweise keine Inhalte an, wenn Sie einen Werbeblocker verwenden), öffnen Sie das Drop-down-Menü und deaktivieren die Schaltfläche neben WERBUNG BLOCKIEREN AUF DIESER WEBSEITE. Damit wird der Werbeblocker für diese Seite deaktiviert. Sie müssen jetzt in Edge links oben die Schaltfläche AKTUALISIEREN anklicken, um die Seite neu zu laden und sie wieder mit Werbung angezeigt zu bekommen.

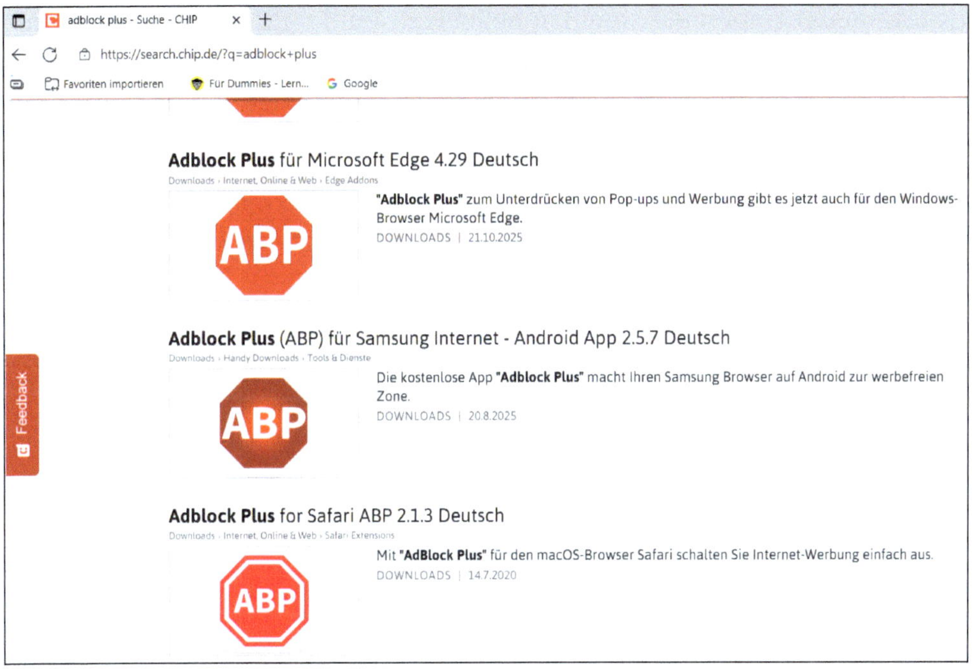

Abbildung 6.14: Adblock Plus herunterladen

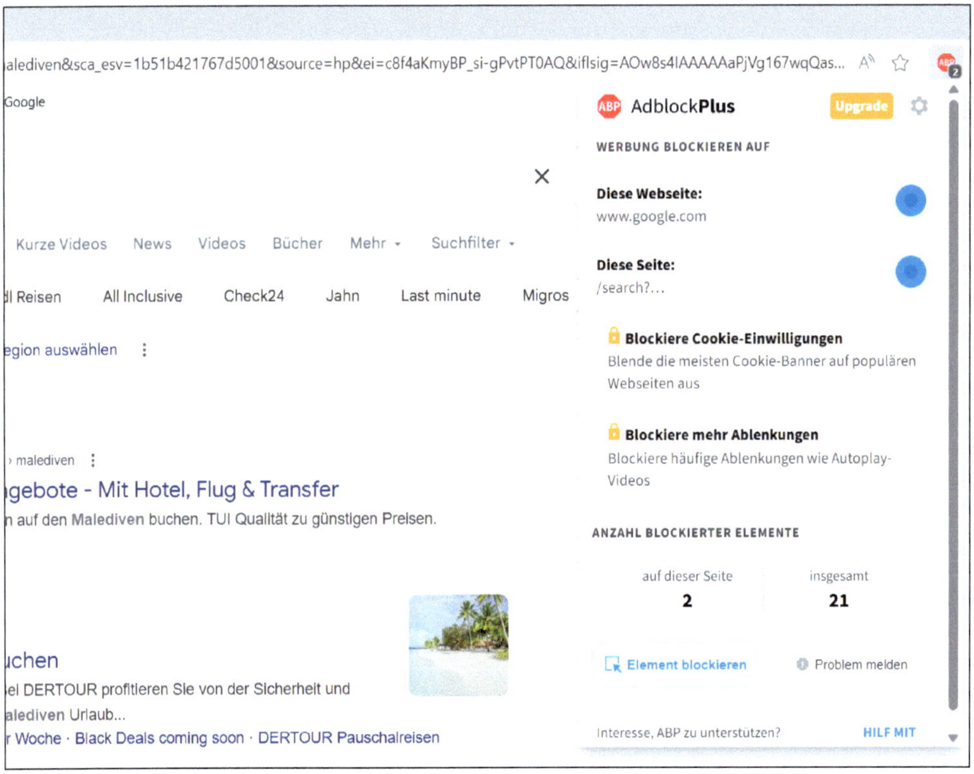

Abbildung 6.15: Einsatz von Adblock Plus in Microsoft Edge

6. Klicken oder tippen Sie an einen beliebigen Punkt auf der Webseite, um das Drop-down-Menü von Adblock Plus wieder zu schließen.

Obwohl Werbeblocker und InPrivate-Browsing helfen können, sollten Sie wissen, dass einige Websites möglicherweise nicht richtig funktionieren, wenn Sie diese Tools verwenden. Das passiert zwar nicht allzu oft, aber oft genug, um es zu erwähnen!

Copilot als persönlicher Assistent

Etwas weiter oben in diesem Kapitel haben Sie in einer Abbildung den Hinweis auf die Funktion bzw. die Schaltfläche Copilot in Microsoft Edge gesehen. Was es damit auf sich hat und wie diese Funktion in Microsoft Edge genutzt werden kann, erläutere ich nachfolgend.

Generell handelt es sich bei Copilot um ein KI-gestütztes Tool von Microsoft, das entwickelt wurde, um Menschen beim Programmieren und anderen kreativen Aufgaben zu unterstützen. KI steht als Abkürzung für *Künstliche Intelligenz* und ist ja zurzeit in aller Munde.

Der Copilot kann Codevorschläge machen, basierend auf dem Kontext, und so das Schreiben von Code effizienter machen. Copilot ist besonders nützlich für Entwickler, die ihre Produktivität steigern möchten, indem sie sich von routinemäßigen Aufgaben entlasten lassen. So wird Copilot (und andere KI-Tools) als eigenständige Anwendung hauptsächlich von Entwicklern genutzt, um ihren Programmierprozess zu verbessern. Er bietet intelligente Codevorschläge, die auf maschinellem Lernen basieren, sodass Entwickler effizienter und kreativer arbeiten können. Copilot wird in verschiedenen Entwicklungsumgebungen eingesetzt und unterstützt Programmierer bei verschiedenen Aufgaben, von einfachen Codezeilen bis hin zu komplexen Algorithmen.

Speziell der Copilot als KI-Tool wurde von Microsoft jedoch für den Einsatz innerhalb des Microsoft-Ökosystems entwickelt; dazu gehören Betriebssysteme wie Windows 11, aber auch Anwendungen in Microsoft 365 oder eben auch Microsoft Edge.

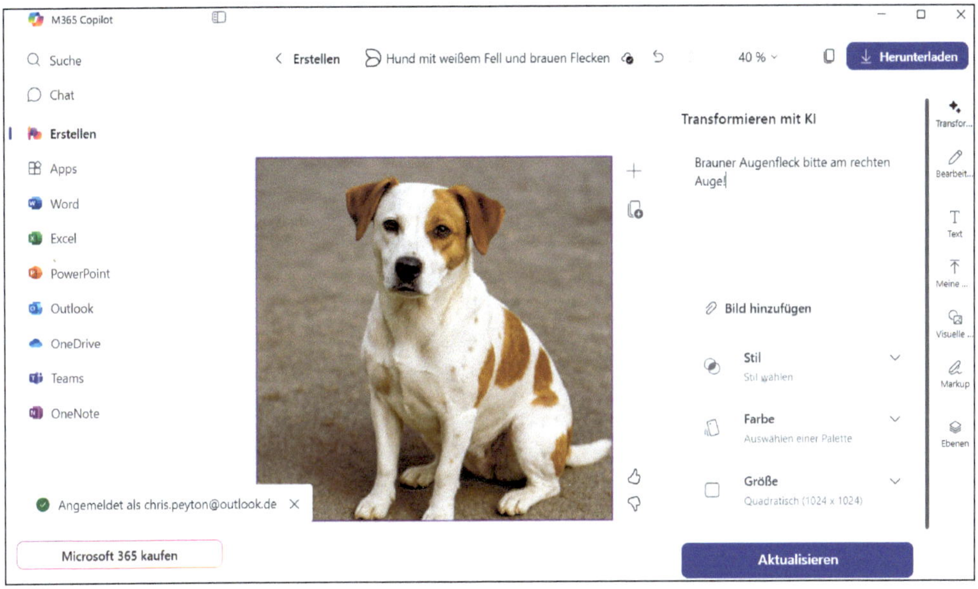

Abbildung 6.16: Bildgenerierung mit dem M365-Copilot

Copilot in Microsoft Edge ist ein cleverer Assistent, der Ihnen beim Surfen hilft. Er kann Informationen aus dem Web liefern, Ihre Fragen beantworten und sogar kreative Vorschläge machen. Besonders nützlich ist er beim Recherchieren, Planen oder einfach, um neue Dinge zu entdecken. Dabei ist Copilot in Microsoft Edge ein Feature, das auf den gleichen KI-Fähigkeiten basiert, um beim Browsen im Web zu unterstützen. Er ist also nicht nur für Entwickler gedacht, sondern hilft Ihnen bei Ihrer täglichen Arbeit.

In Microsoft Edge kann der Copilot beispielsweise als Recherche-Möglichkeit genutzt werden, um bestimmte Zusammenhänge darstellen zu lassen. Dazu klicken Sie das Copilot-Symbol (siehe Abbildung 6.2) an, woraufhin sich ein Eingabefenster öffnet. Dann können Sie in diesem Dialog Ihre Anforderung – den Prompt – in natürlicher Sprache eingeben.

In folgendem Beispiel (Abbildung 6.17) erfolgt mit dem dargestellten Prompt eine Abfrage der Aktienentwicklung im Verlagswesen.

Die Eingabe bzw. Arbeitsanweisung für einen KI-Assistenten wie Copilot wird als Prompt bezeichnet. Je genauer diese Anweisung, desto besser die Ergebnisse.

Eine sehr oft genutzte Möglichkeit ist auch, dass Copilot dafür genutzt wird, eine Zusammenfassung der aktuellen angezeigten Webseite zu erstellen. Auf diese Art können Sie sich das Durchlesen aller Einzelheiten ersparen und lassen den Copilot für Sie arbeiten; das Ergebnis kann sich sehen lassen (siehe Abbildung 6.18).

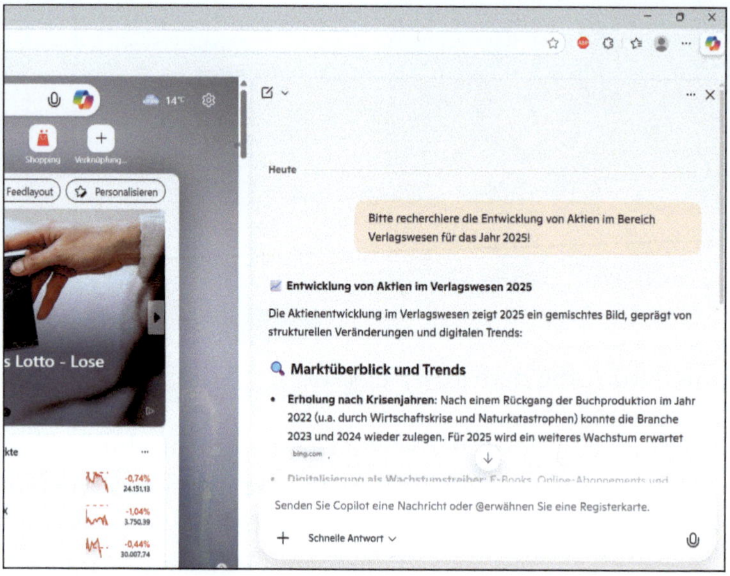

Abbildung 6.17: Recherche im Edge-Copilot zu einem bestimmten Thema

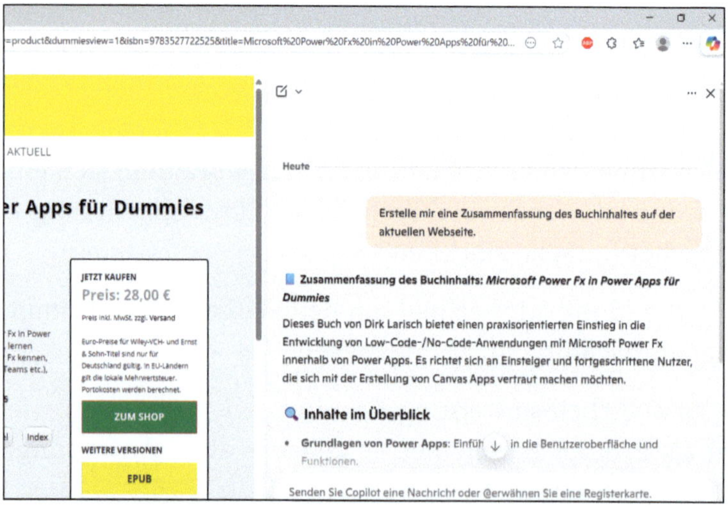

Abbildung 6.18: Zusammenfassungen von Webseiten mit dem Edge-Copilot

Probieren Sie ein wenig mit dem Copilot und lassen Sie sich überraschen. Keine Angst, Sie können nichts kaputtmachen!

IN DIESEM KAPITEL

- Outlook-App verwenden
- E-Mails schreiben
- E-Mails formatieren
- Dateien und Bilder senden
- Eingehende E-Mails lesen und beantworten
- E-Mail-Einstellungen ändern
- E-Mail-Konto hinzufügen

Kapitel 7
E-Mails senden und empfangen

Tagtäglich zirkulieren Milliarden von E-Mails rund um den Globus und übermitteln Grüße, Neuigkeiten, Witze, Einladungen etc.

E-Mails sind auch ein Mittel zum Versenden von Anlagen wie zum Beispiel Dokumenten oder Fotos. Wer braucht heute noch Faxe oder Postkarten?

In Windows 11 können Sie mit der Outlook-App bestimmte E-Mail-Funktionen direkt mit Ihrem Microsoft-Konto nutzen. So kann Ihr Microsoft-Konto mit einer E-Mail-Adresse unterschiedlicher E-Mail-Dienstanbieter (auch Provider genannt) verknüpft werden, zum Beispiel mit den Microsoft-Diensten Hotmail (`www.hotmail.de`), Live (`www.live.com`), Outlook (`www.outlook.de`) oder Xbox (`www.xbox.com`). Sie können aber mit dem E-Mail-Client auch E-Mail-Dienste wie Yahoo (`www.yahoo.com`) oder Google Mail (`www.gmail.com`) verwenden, ohne ein Microsoft-Konto zu besitzen.

In diesem Kapitel arbeiten Sie mit der Outlook-App von Windows 11. Sie schreiben, formatieren und versenden E-Mails, Dateien und Bilder und antworten auf erhaltene E-Mails.

Es gab in Windows in den Vorversionen eine App namens Mail; diese App wird aber bereits seit einiger Zeit nicht mehr unterstützt und weiterentwickelt. Aus dem Grund beziehen sich die Angaben in diesem Kapitel auf den Einsatz der integrierten Outlook-Version als E-Mail-Client von Windows 11. Sollte Outlook auf Ihrem System noch nicht installiert sein, können Sie es aus dem Microsoft-Store herunterladen und installieren (siehe dazu auch Kapitel 10).

Darüber hinaus können Sie die Outlook-App auch in einem Browser aufrufen (`www.outlook.de`); nach Anmeldung mit einem Microsoft-Konto erhalten Sie dort ebenfalls Zugriff auf alle Funktionen.

Wenn Ihr Computer keine herkömmliche Tastatur hat, lesen Sie in Kapitel 1 nach, wie Sie mit der Bildschirmtastatur arbeiten können.

Outlook-App verwenden

1. Klicken oder tippen Sie auf das OUTLOOK-Symbol (das mit dem Briefumschlag) in der Taskleiste, um die App zu öffnen. Falls Sie das Symbol dort nicht entdecken, klicken oder tippen Sie auf die Schaltfläche START (das Windows-Symbol), um das Startmenü aufzurufen. Dort sollten Sie das Outlook-Symbol finden. Und falls es auch hier nicht in Sicht ist, öffnen Sie die alphabetisch sortierte Liste ALLE und klicken/tippen auf OUTLOOK. Die App wird geöffnet, und wenn Sie aktuell mit Ihrem Microsoft-Konto angemeldet sind, kennt die App Ihre E-Mail-Adresse bereits und erscheint auf dem Bildschirm (Sie haben Microsoft die Adresse verraten, als Sie Ihr Konto angelegt haben.).
2. Nach einer Bestätigung (oder Eingabe) der E-Mail-Adresse sind Sie auch sofort startklar. Wenn Sie mit einem lokalen Konto und nicht mit einem Microsoft-Konto angemeldet sind, geben Sie Ihre E-Mail-Adresse und Ihr Kennwort auf dem Anmeldebildschirm ein und klicken anschließend auf ANMELDEN. (In Kapitel 4 erfahren Sie, wie Sie ein Microsoft-Konto anlegen.)

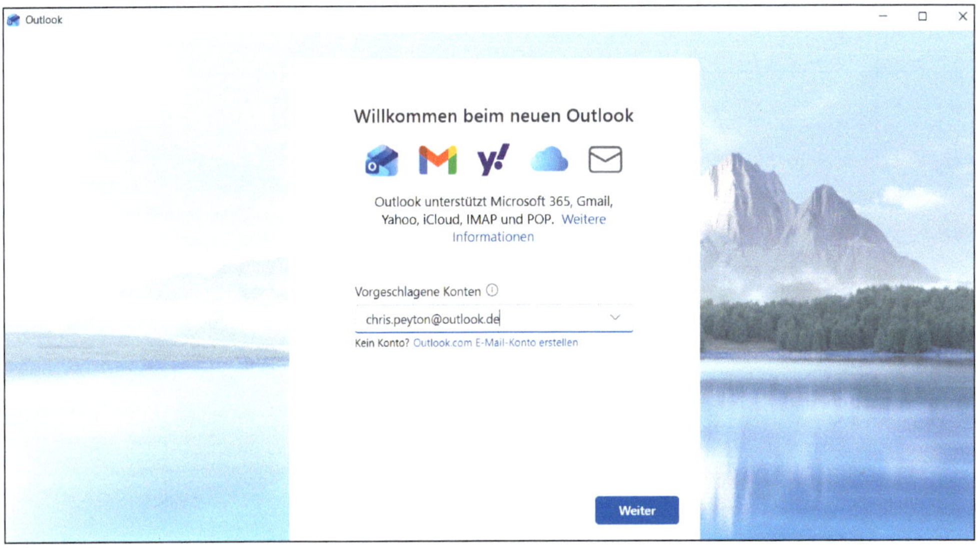

Abbildung 7.1: E-Mail-Adresse für den Outlook-Client

Wenn Sie die Outlook-App zum ersten Mal nutzen, werden Sie aufgefordert, »Ihr Konto hinzuzufügen«. Mit anderen Worten, Windows 11 bietet Ihnen seine Hilfe an, der App ein bestehendes E-Mail-Konto hinzuzufügen. Wählen Sie die Schaltfläche KONTO HINZUFÜGEN und folgen Sie den Anweisungen auf dem Bildschirm, um der Outlook-App ein E-Mail-Konto bereitzustellen. Weitere Informationen finden Sie im Abschnitt »Ein E-Mail-Konto hinzufügen« später in diesem Kapitel.

3. Nach dem Start der Outlook-App gelangen Sie automatisch in den Ordner POSTEINGANG. Hier sehen Sie noch nicht viel, es sei denn, Sie haben Ihr Microsoft-Konto schon auf einem anderen Computer verwendet.

4. Klicken oder tippen Sie links im Bildschirm mit dem POSTEINGANG auf die Schaltfläche ERWEITERN/REDUZIEREN (Hamburger-Menü mit den drei Strichen), um den Ordnerbereich einzublenden (siehe Abbildung 7.2).

   Das Ordnerfeld wird eingeblendet und Sie sehen Ihre Ordner. In der Outlook-App werden E-Mails in Ordnern aufbewahrt bzw. können in speziellen Ordnern organisiert werden.

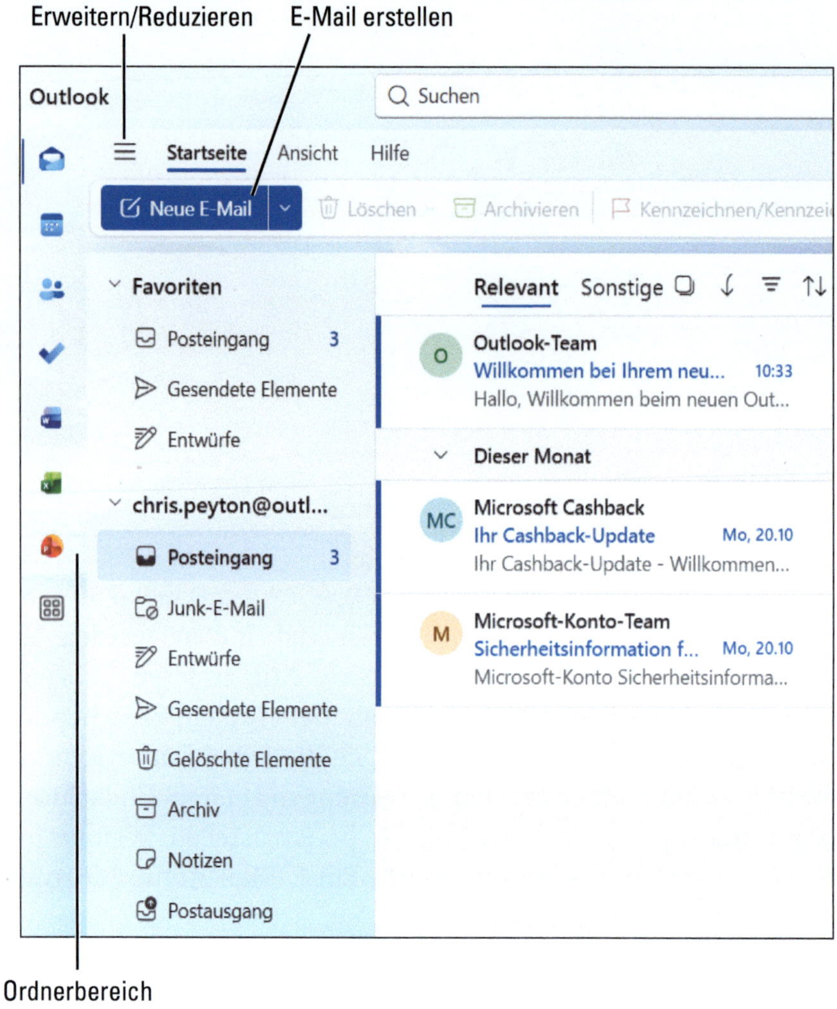

Abbildung 7.2: Outlook-Starbildschirm mit dem Ordnerbereich

Die Zahlen neben den Ordnernamen geben an, wie viele ungelesene Mails sich in jedem Ordner befinden (hier: 3 ungelesene E-Mails im POSTEINGANG).

5. Wählen Sie einen der folgenden Ordner im Ordnerbereich aus und schalten Sie jeweils durch Klicken oder Tippen auf die Schaltfläche ERWEITERN/REDUZIEREN (Hamburger-Menü) wieder zurück:

   - POSTEINGANG: Hier sind gelesene und ungelesene E-Mails abgelegt, die Sie empfangen, aber noch nicht an einen anderen Ort verschoben haben.

- Junk-E-Mail: Nachrichten, die unter dem Verdacht stehen, Müll zu sein, werden automatisch oder von Ihnen selbst in diesen Ordner verschoben. Oft werden unerwünschte E-Mails auch als »Spam« bezeichnet (eine lange Geschichte). Gelegentlich sollten Sie in diesem Ordner nachschauen, ob eine Nachricht fälschlicherweise hier abgelegt wurde.
- Entwürfe: Während Sie eine E-Mail schreiben, wird sie in diesem Ordner zwischengespeichert, bis Sie sie absenden.
- Gesendete Elemente: Hier werden Kopien Ihrer versendeten E-Mails gespeichert.
- Gelöschte Elemente: Wie der Name schon sagt. Hier werden die Mails abgelegt, die Sie gelöscht haben. Eine reine Vorsichtsmaßnahme für den Fall, dass Sie die eine oder andere Nachricht doch noch benötigen. Dann können Sie sie aus diesem Ordner wieder herausholen.
- Archiv: Diesen Ordner stellt die Outlook-App für E-Mails zur Verfügung, die Sie für Archivierungszwecke bereithalten wollen.
- Notizen: In diesem Ordner haben Sie die Möglichkeit, spezielle Notizinformationen zu hinterlegen.
- Postausgang: Hier landen die Mails, die Sie gerade abgeschickt haben, bevor sie an den Server des Empfängers geleitet werden.
- Verlauf der Unterhaltung: Konversationen, die Sie mit anderen Personen per E-Mail geführt haben. Wenn Sie und eine Freundin oder ein Freund sich zum Beispiel gegenseitig E-Mails schicken, wird in diesem Ordner die gesamte Konversation festgehalten, was viel einfacher ist, als die einzelnen E-Mails zu verfolgen.

Möglicherweise gibt es in Ihrem Ordnerbereich noch weitere Ordner. Wenn Sie Outlook mit einem E-Mail-Konto mit anderen Ordnern verbunden haben, werden auch diese im Ordnerbereich aufgelistet. Manche der Ordner verstecken sich vielleicht hinter der Schaltfläche Mehr. In den Einstellungen können Sie selbst bestimmen, welche Ordner Sie sehen möchten bzw. jederzeit auch neue Unterordner anlegen.

Wenn Ihr Posteingang sich nach einer Weile etwas gefüllt hat und Sie eine bestimmte Nachricht anzeigen wollen, gehen Sie oberhalb der Liste mit den erhaltenen Mails in das Feld Suchen und geben dort einen Suchbegriff ein, zum Beispiel den Betreff, den Absender oder etwas aus dem Inhalt der E-Mail, um sich so mit der Suchfunktion vertraut zu machen.

E-Mails schreiben

1. Um in Outlook eine neue E-Mail zu schreiben, wählen Sie in der oberen linken Bildschirmecke die Schaltfläche Neue E-Mail, wie in Abbildung 7.2 gezeigt. Am rechten Rand öffnet sich der Bereich, in dem Sie die E-Mail schreiben können.

2. Geben Sie in das Feld An eine E-Mail-Adresse ein. Wenn die Outlook-App die Adresse erkennt, weil Sie bereits E-Mails an diese Person gesendet oder von ihr erhalten haben, erscheint ein Pop-up-Menü, sodass Sie die Adresse dieser Person auswählen können, ohne sie eingeben zu müssen. Drücken Sie die ⇆-Taste oder klicken beziehungsweise tippen Sie darauf, um zur nächsten Option zu gelangen.

Um eine E-Mail an mehrere Personen zu senden, tragen Sie einfach weitere Adressen in die Zeile ein; jeweils durch Semikolon getrennt. Oder Sie wählen das Symbol Cc oder Bcc ganz rechts in der Adresszeile. (»CC« steht für »Carbon Copy«, das heißt für den Durchschlag, den man mittels einer Kohlepapiereinlage auf der Schreibmaschine anfertigte.) Geben Sie die gewünschte(n) Adresse(n) in das dann eingeblendete Feld Cc ein. Technisch macht es keinen Unterschied, ob Sie zusätzliche Adressen in das An-Feld oder in das Cc-Feld eingeben, aber empfindliche Adressaten könnten beleidigt sein, »nur« auf Cc gesetzt zu werden. Um heimlich eine Kopie an jemand anderes zu senden, nutzen Sie das Bcc-Feld (»BCC« steht für »Blind Carbon Copy« oder »Blindkopie«).

3. Geben Sie als Nächstes in das Feld Betreff mit wenigen Worten den Inhalt oder Zweck Ihrer E-Mail ein.

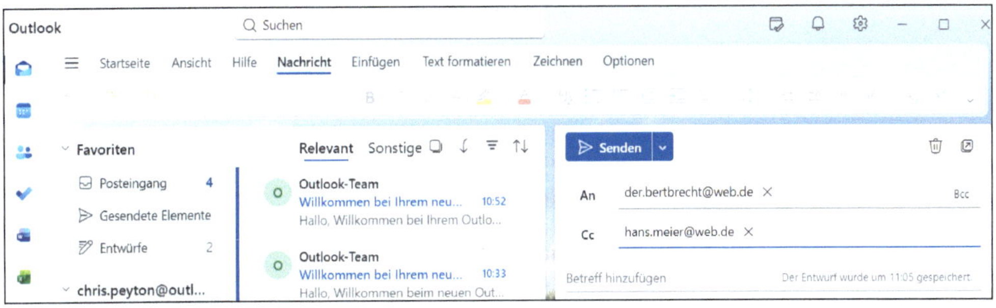

Abbildung 7.3: Geben Sie im Feld »An« die E-Mail-Adresse(n) eines oder mehrerer Empfänger ein.

4. Klicken oder tippen Sie dann unterhalb der Betreffzeile und geben Sie dort Ihre eigentliche Nachricht ein. Vermeiden Sie Wörter, die komplett in Großbuchstaben geschrieben sind, da sie vom Empfänger missverstanden werden könnten. Sie brauchen am Zeilenende nicht die ↵-Taste zu drücken, da der Zeilenumbruch automatisch erfolgt.

Manche Leute beginnen ihre Nachricht mit einem Gruß wie etwa: »Hallo Markus« oder »Sehr geehrter Herr Brecht«, andere verzichten darauf. Manche unterschreiben ihre E-Mails nur mit ihren Initialen, andere mit vollem Namen, Adresse und Telefonnummer. E-Mails können beliebig formell oder salopp formuliert werden. Am besten beachten Sie dieselben Höflichkeitsregeln wie im traditionellen Briefverkehr.

Wörter, die rot unterschlängelt sind, werden von der Rechtschreibprüfung von Windows 11 nicht erkannt und sind womöglich falsch geschrieben. Klicken Sie mit der Maus auf ein so gekennzeichnetes Wort oder drücken Sie mit dem Finger darauf, um eine Liste mit Korrekturvorschlägen zu sehen.

5. Wenn Sie bereit sind, die Nachricht zu versenden, wählen Sie die Schaltfläche Senden oben links in dem Fenster, in dem Sie Ihre E-Mail geschrieben haben (siehe Abbildung 7.3). Möchten Sie die Nachricht doch nicht senden, klicken oder tippen Sie auf das Papierkorb-Symbol (Verwerfen).

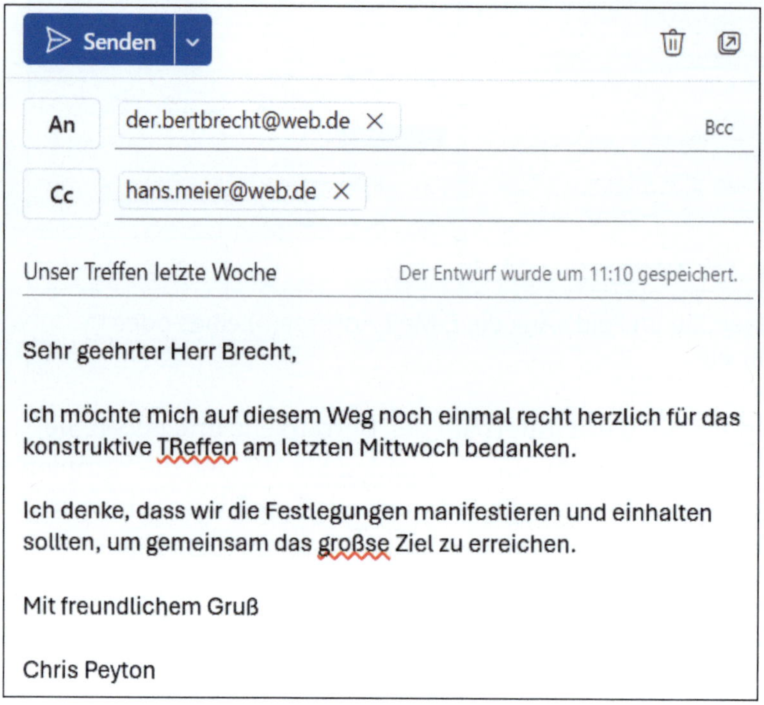

Abbildung 7.4: E-Mail mit Fehlerhinweisen im Text

Alle Nachrichten, die Sie geschrieben, aber noch nicht gesendet haben, werden im Ordner ENTWÜRFE abgelegt. Sie können jede als Entwurf gespeicherte Nachricht zu einem späteren Zeitpunkt öffnen. Klicken oder tippen Sie dazu auf die Schaltfläche ERWEITERN/REDUZIEREN (falls erforderlich) und dann im Ordnerbereich auf ENTWÜRFE.

6. Wenn Sie auf SENDEN klicken oder tippen, wird Ihre E-Mail abgeschickt und Sie gelangen wieder zu dem Bildschirm, bei dem Sie in Schritt 1 angefangen haben.

7. Wiederholen Sie die Schritte ab Schritt 1 nach Bedarf, sofern Sie weitere E-Mails versenden möchten.

Auf Wunsch fügt Outlook an gesendete Nachrichten automatisch eine Signatur an. Um diese Signatur anzupassen, müssen Sie die Schaltfläche EINSTELLUNGEN (Zahnradsymbol) anwählen und dort bei den Kontoeinstellungen den Eintrag SIGNATUREN anwählen und dies entsprechend anpassen.

E-Mails formatieren

1. Wenn Sie den Text einer E-Mail in Fettdruck, Kursivschrift oder einem anderen Format gestalten möchten, markieren Sie zuerst in der Nachricht den Text, den Sie verschönern möchten – »formatieren« ist der Terminus technicus (siehe Abbildung 7.5).

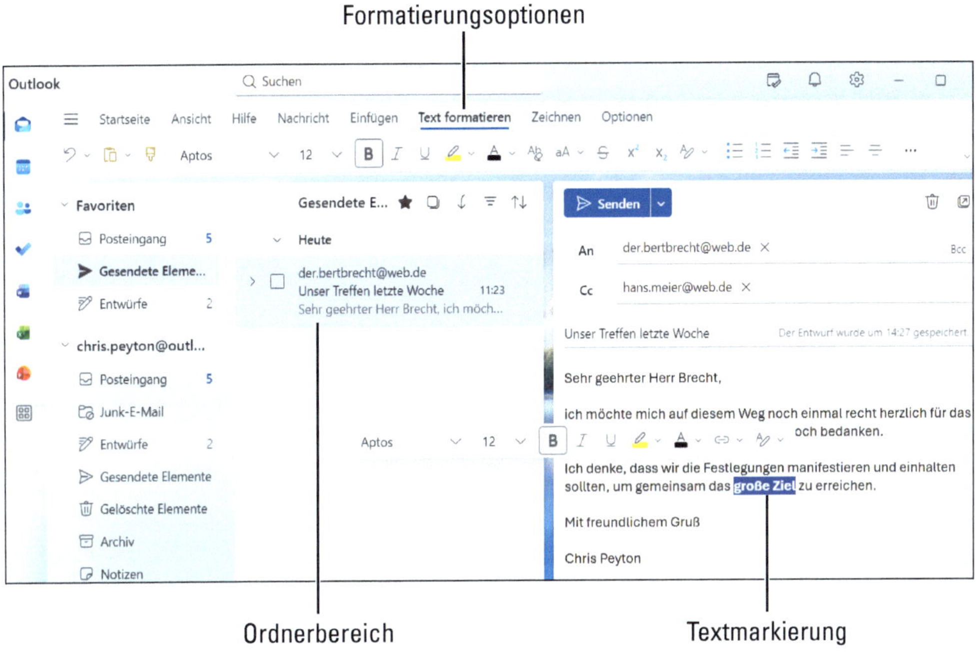

Abbildung 7.5: E-Mail mit formatierten Textpassagen

2. Ist kein Text markiert, werden die gewählten Formatierungen auf das Wort angewendet, in dem die *Einfügemarke* (der blinkende senkrechte Balken) aktuell positioniert ist.

   - **Maus:** Klicken Sie an den Anfang oder das Ende des zu formatierenden Textes und ziehen Sie den Mauszeiger mit gedrückter Maustaste über den gewünschten Bereich.
   - **Touchscreen:** Drücken Sie mit dem Finger auf den Anfang oder das Ende des zu formatierenden Textes und ziehen Sie mit dem Finger über den gewünschten Bereich.
   - **Tastatur:** Setzen Sie die Einfügemarke an den Anfang des zu formatierenden Textes und markieren Sie den gewünschten Bereich mit ⇧ und den Pfeiltasten. Erst wenn Sie fertig sind, lassen Sie die ⇧-Taste los.

Um ein einzelnes Wort zu formatieren, doppelklicken oder doppeltippen Sie darauf. Damit wird das Wort markiert und die App-Leiste eingeblendet.

Die Tastenkombination für das Markieren des gesamten Textes lautet Strg+A. Keine Maus- oder Touchscreen-Methode ist so umfassend, schnell und praktisch.

3. Auf der Registerkarte TEXT FORMATIEREN und in dem separaten Formatierungsbalken, der nach der Markierung angezeigt wird, stehen Ihnen insbesondere folgende Optionen zur Verfügung:

   - FETT: Fettdruck hebt Text hervor, der betont werden soll.
   - KURSIV: Zwar kann auch Kursivschrift der Hervorhebung dienen, aber sie ist schwieriger zu lesen als normaler oder fetter Text.
   - UNTERSTRICHEN: Da Links normalerweise automatisch unterstrichen werden, sollten Sie es vermeiden, Text zu unterstreichen, der nicht als Link fungiert.
   - HERVORHEBEN: Wählen Sie eine der angebotenen Farben aus, um den Texthintergrund entsprechend hervorzuheben.
   - TEXTFARBE: Wählen Sie eine der angebotenen Farben aus, um den Text in der gewählten Farbe zu gestalten.
   - SCHRIFTART: Wählen Sie den Namen einer Schriftart aus und geben Sie dann die Schriftgröße an. Je älter ich werde, umso größere Schriften verwende ich. In diesem Menü können Sie auch unterstreichen oder Text hoch- oder tiefstellen.
   - AUFZÄHLUNGSZEICHEN: Wenn Sie Aufzählungszeichen wählen, wird eine Liste erstellt und vor jedes Element ein Listenpunkt gesetzt.
   - NUMMERIERUNG: Wählen Sie diese Schaltfläche und tippen Sie Ihre Liste. Während Sie schreiben, setzt Outlook vor jede Zeile eine fortlaufende Zahl.
   - FORMATVORLAGEN: Wählen Sie eine Formatvorlage aus dem Dropdown-Menü aus. Eine Formatvorlage kann viele Formate gleichzeitig anwenden. Beispielsweise vergrößert »Überschrift 1« den Text und macht ihn blau.

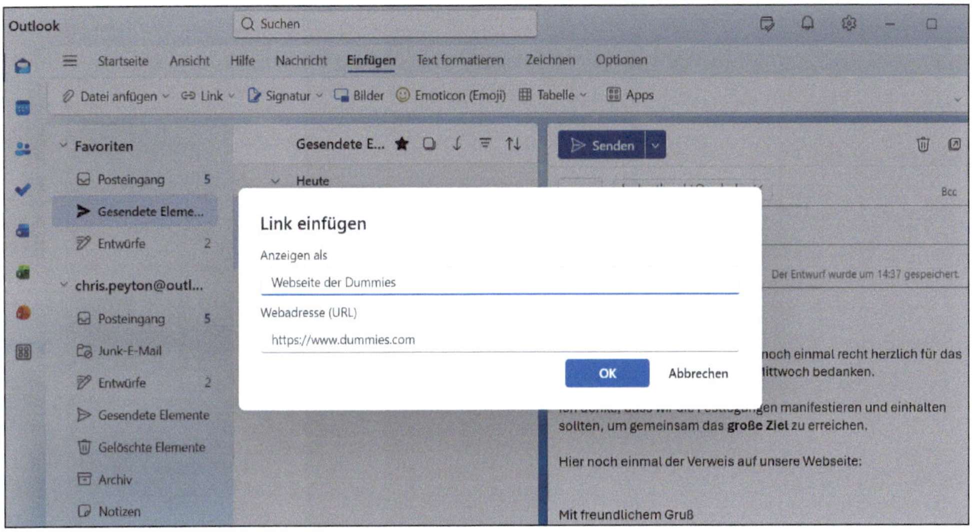

Abbildung 7.6: Formatierung und Einfügen eines Hyperlinks

In Kapitel 1 ist beschrieben, wie die Smileys der Bildschirmtastatur verwendet werden.

Um einen Hyperlink zu erstellen, wählen Sie den Menüeintrag (Registerkarte) EINFÜGEN und dort die Schaltfläche LINK. Anschließend geben Sie die Zieladresse des Hyperlinks in das angezeigte Adressfeld ein. Weitere Informationen über Hyperlinks finden Sie in Kapitel 6.

4. Haben Sie den Text fertig formatiert, wählen Sie abschließend die SENDEN-Schaltfläche zum Versenden der E-Mail.

Dateien und Bilder senden

1. Um Ihrer E-Mail-Nachricht eine Datei oder ein Bild hinzuzufügen, wählen sie das Menü (Registerkarte) EINFÜGEN. Wie in Abbildung 7.7 dargestellt, enthält die Registerkarte EINFÜGEN verschiedene Optionen, um Dateien oder auch Bilder zu versenden.

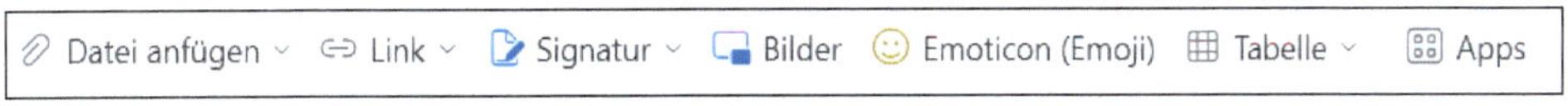

Abbildung 7.7: Anhänge versenden

2. Nach Anwahl der Schaltfläche DATEI ANFÜGEN können Sie im nächsten Schritt den Speicherort auswählen, in dem die zu sendende Datei abgelegt ist. Das Dialogfeld ÖFFNEN wird angezeigt. Suchen Sie die Datei, die Sie senden wollen, und wählen Sie dann im Dialogfeld die Schaltfläche ÖFFNEN. Sie können mehrere Dateien mit einer E-Mail versenden. Die Dateien, die Sie zum Senden hinzufügen, werden als Miniaturabbildungen unter der Betreffzeile angezeigt. Wenn Sie es sich anders überlegt haben und eine Datei nicht senden wollen, müssen Sie das Miniaturbild anklicken und im nachfolgenden Kontextmenü den Punkt ANLAGE ENTFERNEN auswählen.

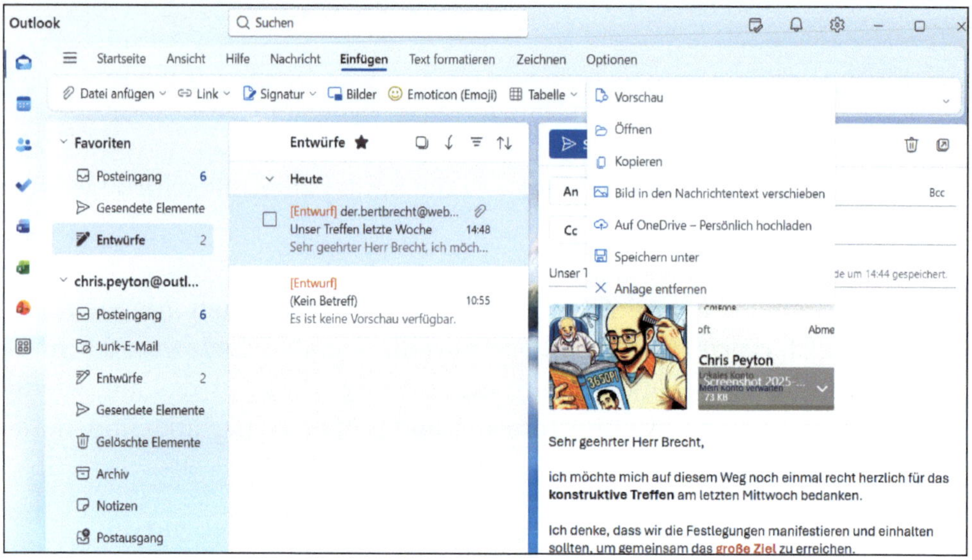

Abbildung 7.8: Datei als E-Mail-Anlage entfernen

3. Um ein Bild nicht als Anlage, sondern direkt als Teil der Nachricht zu setzen, müssen Sie im Kontextmenü des Bildes die Option BILD IN DEN NACHRICHTENTEXT VERSCHIEBEN anwählen. Das Bild wird in die Nachricht verschoben, wo Sie es dann beliebig bearbeiten, ausschneiden und verschieben können.

Sie können Bilder vor dem Senden formatieren. Klicken oder tippen Sie in der Nachricht auf ein Bild, um es auszuwählen. Die Registerkarte (Menü) BILDFORMAT wird angezeigt. Mithilfe der Werkzeuge auf dieser Registerkarte können Sie Bilder drehen, zuschneiden und ihre Größe ändern.

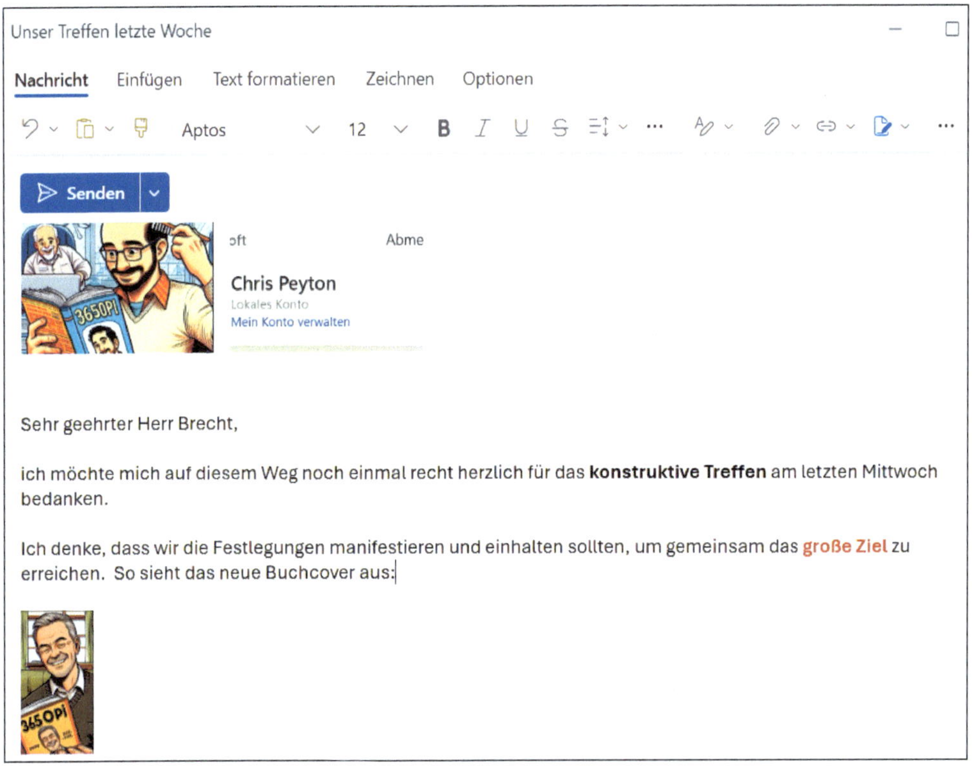

Abbildung 7.9: Nachrichtentext mit integriertem Bild

4. Nachdem Sie alle gewünschten Dateien und Bilder hinzugefügt haben, wählen Sie die Schaltfläche SENDEN und senden sie auf die übliche Weise an den Empfänger.

In Kapitel 11 erfahren Sie, wie Sie mit der Fotos-App Bilder an andere Personen verschicken.

Erhaltene E-Mails lesen und beantworten

1. Sobald Sie die Outlook-App gestartet haben, wird der Ordner POSTEINGANG geöffnet.
2. Wählen Sie in dem Ordner POSTEINGANG eine Nachricht aus, um ihren Inhalt rechts daneben anzuzeigen (siehe Abbildung 7.10).

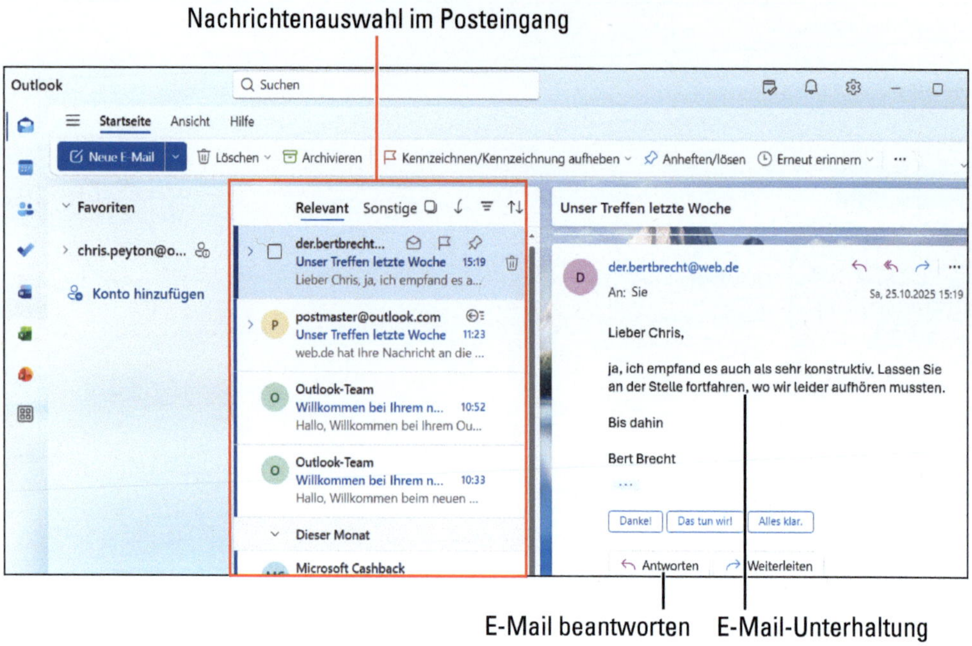

Abbildung 7.10: Wechseln Sie zum Posteingang und wählen Sie eine empfangene Nachricht aus, um ihren Inhalt anzuzeigen.

In der E-Mail-Sprache wird es als *Konversation* bezeichnet, wenn Sie mit einer Person zum gleichen Betreff E-Mails hin- und herschicken, also eine E-Mail-Unterhaltung führen. Wenn Sie eine E-Mail auswählen, die Teil einer solchen Konversation ist, werden auch die anderen Nachrichten der Konversation angezeigt. Sie können sie auswählen und erneut lesen. Diese Konversationen finden Sie auch im Ordner VERLAUF DER UNTERHALTUNG.

Um sicherzustellen, dass die Outlook-App alle bei Ihrem E-Mail-Anbieter für Sie eingegangenen Nachrichten anzeigt, wählen Sie die Schaltfläche SYNCHRONISIEREN. Diese Schaltfläche befindet sich in der Registerleiste nach Anwahl des Menüs (Registerkarte) ANSICHT.

3. Nachdem Sie die Nachricht gelesen haben, können Sie diese beantworten oder gegebenenfalls weiterleiten. Wählen Sie zum Antworten die Schaltfläche ANTWORTEN oder ALLEN ANTWORTEN. Klicken Sie auf die Schaltfläche WEITERLEITEN (Pfeil nach rechts), um die Nachricht weiterzuleiten. Mit jeder dieser Schaltflächen wird eine neue Nachricht erstellt, die den Text der Originalnachricht enthält. Die Betreffzeile

lautet automatisch *AW: [Originalbetreff]* (bei Antworten) oder *WG: [Originalbetreff]* (bei weitergeleiteten Nachrichten). Schreiben Sie Ihre Nachricht und wählen Sie die Schaltfläche SENDEN.

Mit der Schaltfläche ALLEN ANTWORTEN (Doppelpfeil nach links) senden Sie Ihre Antwort nicht nur an den Mailschreiber, sondern auch an alle anderen Personen, an die die erste Nachricht gerichtet war (also auch an die CC-Empfänger, allerdings nicht an die BCC-Empfänger). Mit ANTWORTEN senden Sie Ihre Antwort lediglich an den Absender. Wählen Sie WEITERLEITEN, um die ausgewählte Nachricht an jemand anderes zu senden. Sie können dabei eigenen Text hinzufügen oder Teile der weitergeleiteten Nachricht entfernen.

4. Klicken Sie auf eine beliebige Nachricht im POSTEINGANG. Sie haben eine Vielzahl von Optionen (von denen Sie einige erst sehen, wenn Sie oben rechts auf dem Bildschirm auf die Schaltfläche AKTIONEN mit den drei Punkten klicken):

   - LÖSCHEN: Damit wird die Nachricht gelöscht.
   - KENNZEICHNEN: Damit kennzeichnen Sie die Nachricht im Posteingang und können auf einen Blick erkennen, dass Sie diese Nachricht noch bearbeiten müssen. Sie können nach rechts wischen, um eine Nachricht zu kennzeichnen.
   - ALS UNGELESEN MARKIEREN: Diese Option markiert die E-Mail als ungelesen (sie erscheint im Posteingang fett). Manch einer tut dies auch mit E-Mails, um die er sich später noch kümmern möchte.
   - VERSCHIEBEN: Hiermit können Sie die ausgewählte E-Mail aus dem aktuellen Ordner (Posteingang) in einen anderen Ordner verschieben. Wählen Sie im Bereich VERSCHIEBEN IN einen Ordner aus, in den Sie Ihre ausgewählte E-Mail verschieben möchten.

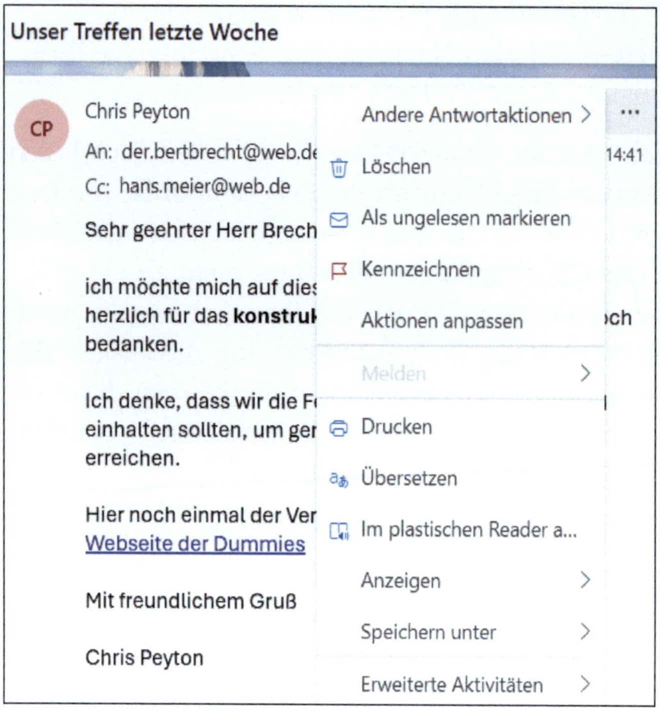

Abbildung 7.11: Optionen zur Behandlung einer E-Mail

Wenn Sie E-Mail-Konten von Providern wie Gmail in der Outlook-App verwenden, werden möglicherweise zusätzliche Kategorien oder Optionen angezeigt. Im Abschnitt »Ein E-Mail-Konto hinzufügen« am Ende dieses Kapitels erfahren Sie mehr darüber.

E-Mail-Einstellungen ändern

1. Rufen Sie in der Outlook-App zunächst das Menü EINSTELLUNGEN auf. Dazu klicken Sie auf das Zahnradsymbol am oberen Bildschirmrand.
2. Der Einstellungsbereich für die Verwaltung der Konten wird standardmäßig geöffnet (siehe Abbildung 7.12). Wählen Sie das E-Mail-Konto aus, für das Sie Einstellungen vornehmen wollen; sofern Sie nur ein E-Mail-Konto haben, wird dieses automatisch angezeigt.
3. Das Dialogfeld IHRE KONTEN wird angezeigt, wo Sie dann bei dem entsprechenden Konto die Schaltfläche VERWALTEN anklicken müssen.

Abbildung 7.12: Das Einstellungen-Fenster der Mail-App öffnen

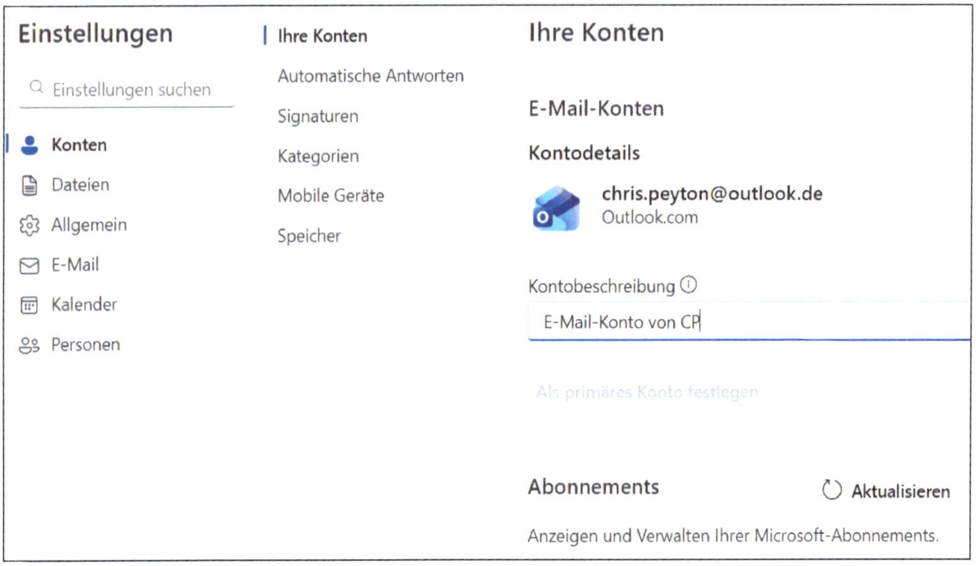

Abbildung 7.13: Einstellungen für das gewählte E-Mail-Konto

4. Nehmen Sie die entsprechenden Einstellungen bzw. Änderungen in dem Dialogfeld vor. So können Sie beispielsweise im Feld KONTENBESCHREIBUNG einen (sprechenden) Namen für das Konto vergeben. Sie können ein neues Konto importieren und auch das bestehende Konto löschen.

5. Mit der Schaltfläche SPEICHERN werden die Änderungen abschließend gespeichert.
6. Innerhalb des Einstellungen-Fensters können Sie über die Optionen weitere Vorgaben festlegen. Möchten Sie beispielsweise eine automatische Signatur am Ende einer E-Mail einfügen, müssen Sie im Einstellungen-Fenster zunächst die Option SIGNATUREN anklicken.
7. In dem nachfolgenden Dialogfenster geben Sie dann zunächst einen Namen für die Signatur an und dann in dem darunterliegenden Feld die eigentliche Signatur.
8. Mit der Schaltfläche SPEICHERN wird die Signatur anschließend gespeichert und ist ab sofort bei der E-Mail-Erstellung verfügbar.

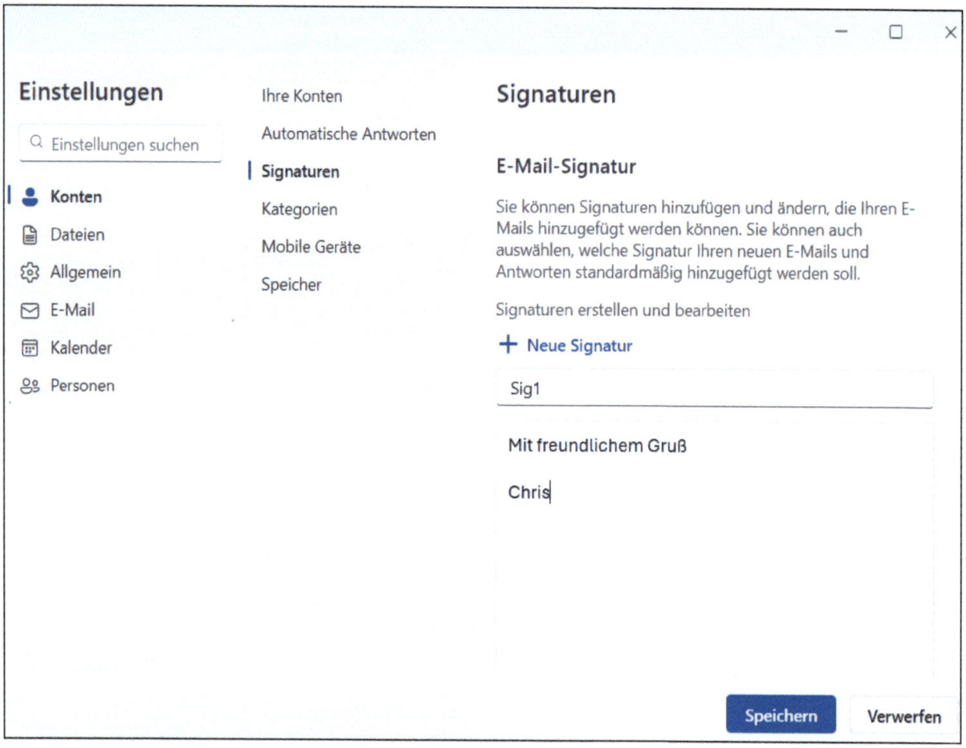

Abbildung 7.14: Dialogfenster für Signaturen

Sie können in der Outlook-App mehrere Signaturen anlegen, um diese bei Bedarf einzusetzen. Das Hinzufügen zu einer E-Mail erfolgt über den Punkt SIGNATUR im Menü (Registerkarte) EINFÜGEN.

Ein E-Mail-Konto hinzufügen

1. Wenn Sie eine weitere E-Mail-Adresse besitzen, können Sie diese in der Outlook-App hinzufügen. Es hat viele Vorteile, E-Mail-Konten hinzuzufügen. Statt über Umwege E-Mails verschiedener Konten abzurufen, können Sie alle E-Mails an einem Ort in der Outlook-App sammeln und verwalten. Mit den folgenden Schritten integrieren Sie zum Beispiel ein Gmail-Konto in Outlook. Wählen Sie zunächst den Einstellungsbereich an, indem Sie das Zahnradsymbol in der Titelleiste von Outlook anklicken.
2. Wählen Sie im Kontenbereich den Eintrag KONTO HINZUFÜGEN.
3. Im nachfolgenden Dialogfenster geben Sie dann die E-Mail-Adresse ein, die Sie als zusätzliches Konto hinzufügen möchten, und bestätigen das mit der Schaltfläche WEITER.

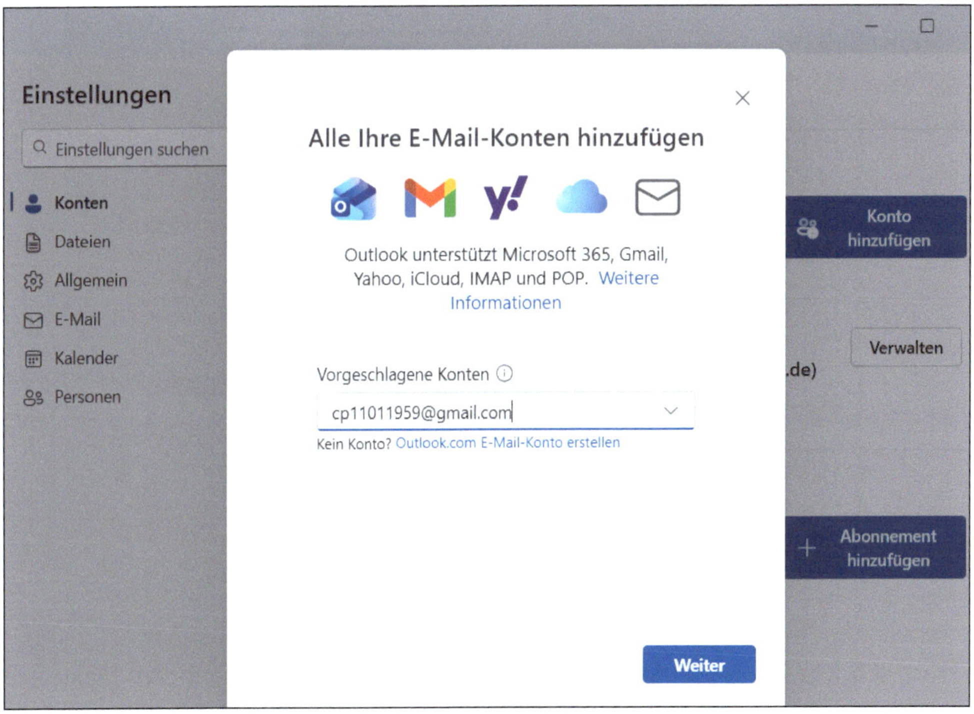

Abbildung 7.15: Hinzufügen eines weiteren E-Mail-Kontos

4. Als Nächstes erhalten Sie eine Information darüber, dass die Daten des neuen E-Mail-Kontos auch in der Microsoft-Cloud gespeichert werden. Auch dies müssen Sie mit WEITER bestätigen. Wenn Sie das nicht möchten, müssen Sie den Einrichtungsvorgang an der Stelle abbrechen.
5. Der nächste Einrichtungsschritt besteht dann in der Anmeldung an dem entsprechenden Konto, wozu der zugehörige Dialog aufgerufen wird. Mit Eingabe bzw. Übernahme der E-Mail-Adresse und der Eingabe des Kennwortes wird dieser Dialog abgeschlossen.
6. Im nächsten Schritt können Sie festlegen, auf welche Komponenten des bestehenden Kontos über Outlook zugegriffen werden kann, die somit mit Outlook synchronisiert werden. Wählen Sie dazu im nachfolgenden Dialog die Optionen aus, die Sie nutzen möchten (siehe Abbildung 7.16).

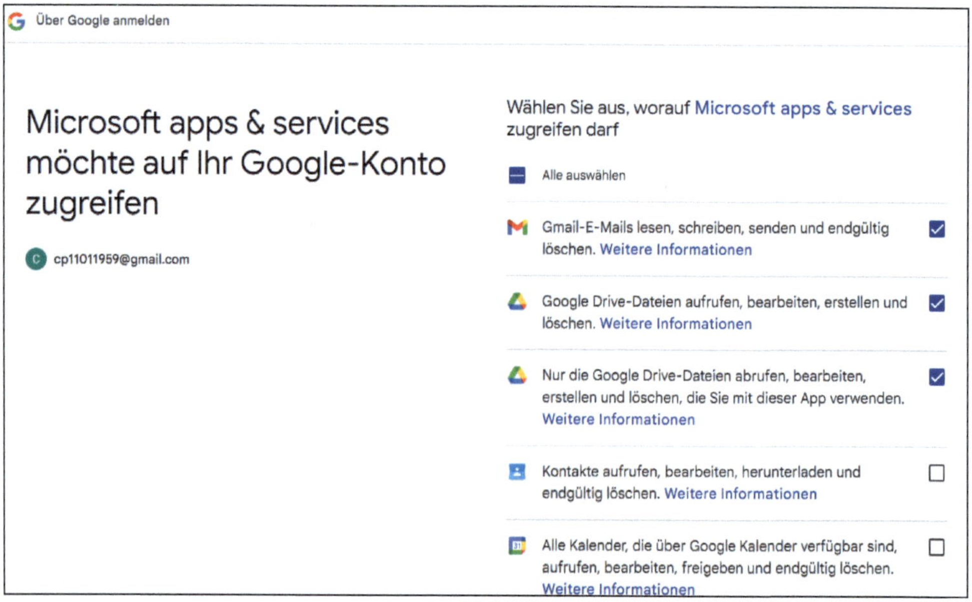

Abbildung 7.16: Optionen zur Synchronisation mit Outlook

7. Nach Abschluss der Konfiguration müssen Sie die Outlook-App neu starten, wodurch Sie direkt im Anschluss unmittelbar Zugriff auf das neu eingebundene E-Mail-Konto haben.

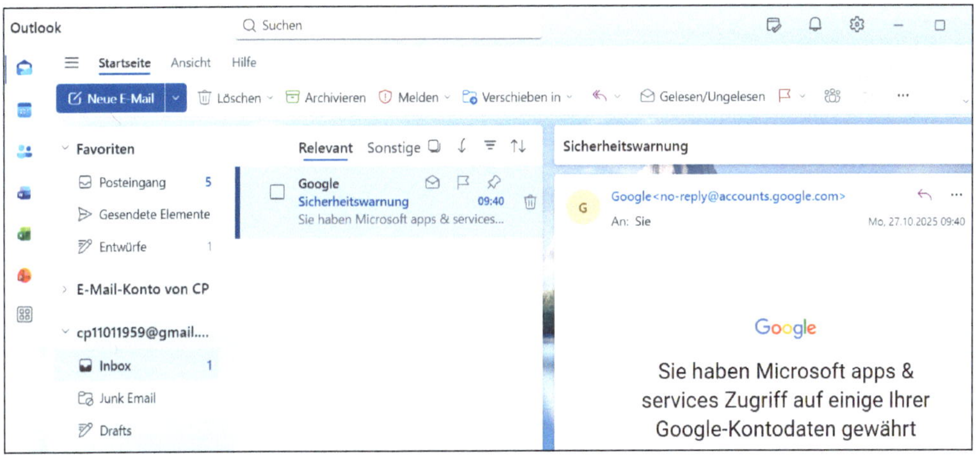

Abbildung 7.17: In Outlook eingebundenes Konto

Genau wie beim Standard-E-Mail-Konto erfolgt die Verwaltung zusätzlich eingebundener Konten ebenfalls über den Einstellungen-Bereich (Zahnradsymbol). Im vorigen Abschnitt »E-Mail-Einstellungen ändern« habe ich beschrieben, wie Sie die Einstellungen für Ihr neues Konto überprüfen oder ändern können.

E-Mail-Ordner anlegen

Vielleicht gibt es eine bestimmte Person, mit der Sie häufig E-Mails austauschen, z. B. eine Freundin oder ein Freund, ein erwachsenes Kind oder sogar ein Enkelkind. Wenn Sie diese Nachrichten aufbewahren möchten, können Sie einen eigenen Ordner nur für diesen Zweck erstellen. Auf diese Weise können Sie jederzeit problemlos auf diese E-Mails zugreifen.

1. Wählen Sie in der Outlook-App das Konto (E-Mail-Adresse) an, für das Sie neue Ordner anlegen möchten.
2. Rufen Sie das Kontextmenü auf, indem Sie die E-Mail-Adresse mit der rechten Maus anklicken (Touchscreen entsprechend).
3. Im Kontextmenü müssen Sie dann die Option NEUEN ORDNER ERSTELLEN anklicken.
4. Es erscheint ein Eingabefeld, in dem Sie dann einen Namen für den neuen Ordner eingeben können (siehe Abbildung 7.18).

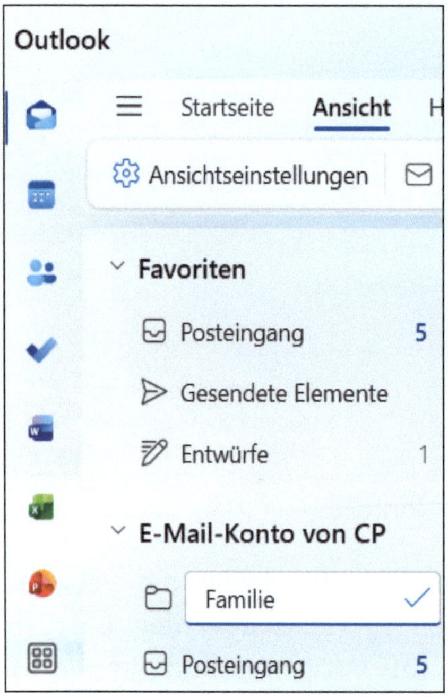

Abbildung 7.18: Neuen Ordner auf der obersten Ebene anlegen

5. Geben Sie den Namen des neuen Ordners in das angezeigte Feld ein und bestätigen Sie dies mit ↵. Damit wird der neue Ordner in der Liste der Ordner auf oberster Ebene angezeigt.

Es können nicht nur Ordner auf der obersten Ebene angelegt werden, sondern jeder Ordner wiederum kann Unterordner enthalten. Dazu klicken Sie den Namen des übergeordneten Ordners an und wählen aus dem Kontextmenü den Punkt NEUEN UNTERORDNER ERSTELLEN.

E-Mails in Ordnern organisieren

1. Alle E-Mails, die Sie erhalten, erscheinen zunächst im Posteingang von Outlook. Sie können E-Mails, die Sie behalten möchten, in einen entsprechenden Ordner verschieben. (Sie können nahezu beliebig viele Ordner und Unterordner erstellen, wie im vorherigen Abschnitt beschrieben). Um eine E-Mail zu verschieben, wählen Sie zunächst die E-Mail im Posteingang durch Anklicken aus.

2. Wählen Sie dann das Kontextmenü der E-Mail an (rechte Maustaste) und wählen daraus die Option VERSCHIEBEN an.
3. Wählen Sie in der angezeigten Liste den Ordner aus, in den Sie die E-Mail verschieben möchten. Die E-Mail-Nachricht wird in diesen Ordner verschoben, und Sie können jederzeit darauf zugreifen, indem Sie diesen Ordner auswählen.

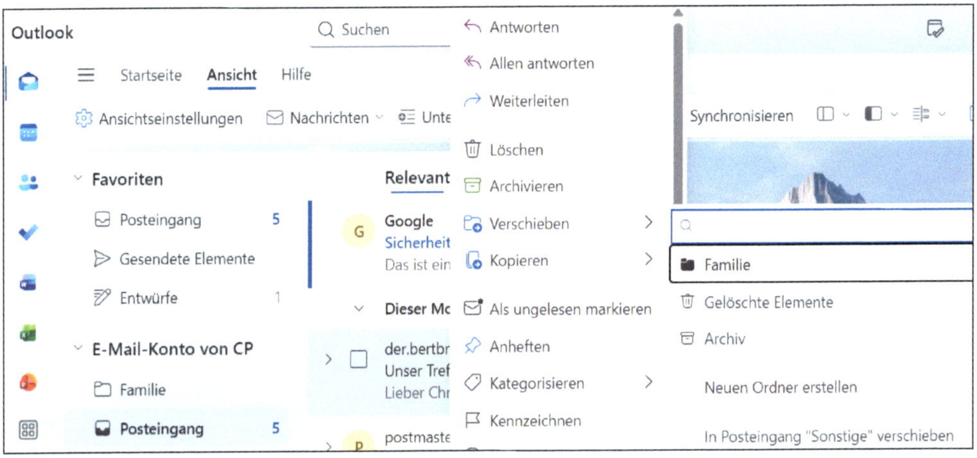

Abbildung 7.19: E-Mails in Ordner verschieben

Wenn Sie eine E-Mail-Nachricht in einen Ordner verschieben, sie aber später in einen anderen Ordner verschieben möchten, können Sie dies problemlos tun. Wählen Sie einfach in dem Ordner, in dem die Nachricht derzeit gespeichert ist, die E-Mail an und wiederholen Sie die vorherigen Schritte, um die Mail in einen anderen Ordner zu verschieben.

IN DIESEM KAPITEL

Aufgaben in der To-Do-App verwalten

Termine im Kalender eintragen

Wege finden mit dem Bing-Dienst

Kurznotizen erstellen

Uhr und Alarme für Aufgaben

Anwendungen für Bürotätigkeiten

Kapitel 8
Kontakte pflegen und Anwendungen für den Alltag

Dieses Kapitel beschreibt ein paar Apps, die für jeden Anwender von Interesse sein können. Sie erfahren, wie Sie mit der To-Do-App Termine und Aufgaben des täglichen Lebens im Griff haben. Zudem können Sie die Kalenderfunktion von Outlook verwenden, um sich Geburtstage, Jahrestage, Termine und andere Ereignisse zu merken.

Die Funktionen der separaten App KALENDER wurde seitens Microsoft mittlerweile in die Outlook-App verlagert, sodass sich die Erläuterungen in diesem Kapitel auf die Kalender-Funktion von Outlook beziehen.

Sie lernen in diesem Kapitel auch eine Möglichkeit kennen, mit deren Hilfe Sie sich auf der ganzen Welt orientieren können und die Ihnen unterwegs mitteilt, wo Sie Hotels und Restaurants finden. Sie erfahren außerdem, wie Ihnen die zwei Windows-11-Apps Kurznotizen (Sticky Notes) sowie Uhr dabei helfen können, Aufgaben pünktlich zu erledigen. Ergänzt wird das dann mit Erläuterungen zum Einsatz von Word, um Texte zu erstellen bzw. zu bearbeiten.

Die Nutzung zusätzlicher Apps von Microsoft setzt in der Regel die Anmeldung mit einem Microsoft-Konto voraus.

Eine Aufgabe mit Microsoft To Do zuweisen

1. Öffnen Sie das Startmenü, indem Sie auf die Schaltfläche START klicken, und geben Sie ToDo in das Suchfeld ein. Wählen Sie die Microsoft-To-Do-App aus, die in den Suchergebnissen angezeigt wird. Die App wird geöffnet, vermutlich mit der Kategorie ERSTE SCHRITTE; sollte dies nicht der Fall sein, wählen Sie am linken Rand den Eintrag ERSTE SCHRITTE aus.

2. Wählen Sie im rechten Fensterbereich (unten) die Option AUFGABE HINZUFÜGEN. Geben Sie der Aufgabe einen Namen. Sie könnten zum Beispiel »Telefonrechnung bezahlen« schreiben, wie in Abbildung 8.1 dargestellt.

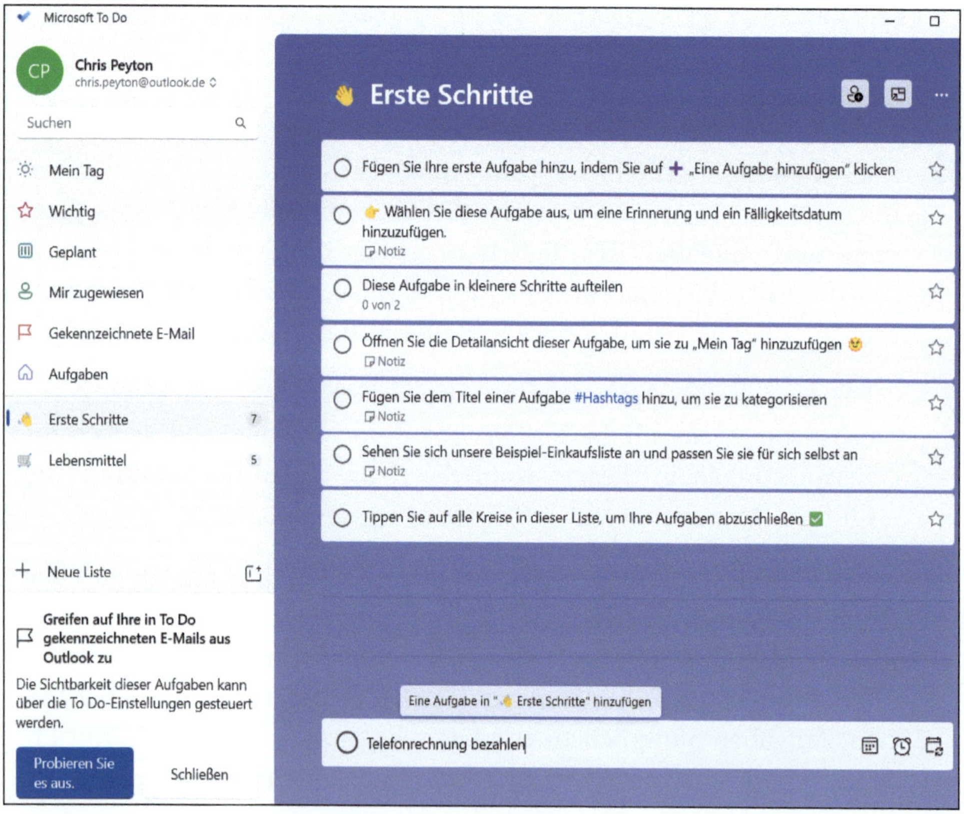

Abbildung 8.1: Erstellen einer neuen Aufgabe

3. Nachdem Sie einen Namen eingegeben haben, werden am rechten Rand des Eingabefeldes drei Optionen angezeigt: FÄLLIGKEITSDATUM HINZUFÜGEN, ERINNERUNG und WIEDERHOLEN (siehe Abbildung 8.2).

Abbildung 8.2: Detailfestlegung mit drei Symbolen

4. Wählen Sie FÄLLIGKEITSDATUM HINZUFÜGEN (siehe Abbildung 8.3) und dann eine der vorgeschlagenen Optionen. Oder Sie legen ein bestimmtes Datum im Kalender fest, an dem der Eintrag erscheinen soll; dazu wählen Sie die Option DATUM AUSWÄHLEN an.

Abbildung 8.3: Eine Fälligkeit festlegen

5. Um zusätzlich einen Erinnerungszeitpunkt einzustellen, wählen Sie das Symbol ERINNERUNG und entscheiden sich für eine der im Menü angebotenen Erinnerungszeiten, oder Sie wählen ein Datum und eine Uhrzeit. Wenn Sie eine Erinnerung festlegen, zeigt Windows am angegebenen Datum und zur angegebenen Uhrzeit eine Erinnerung auf Ihrem Computer an.

6. Wenn die Aufgabe regelmäßig ansteht, klicken oder tippen Sie auf das Symbol WIEDERHOLEN. Diese Funktion ist praktisch für Aufgaben, die Sie jede Woche oder jeden Monat erledigen müssen. Wenn Sie eine Erinnerung einrichten, erhalten Sie auch eine automatische Benachrichtigung. Legen Sie im Menü fest, in welchem Rhythmus sich die Aufgabe wiederholt (TÄGLICH, WÖCHENTLICH usw.). Sie können auch einen eigenen Wiederholungsplan erstellen, indem Sie auf die Option BENUTZERDEFINIERT klicken.

7. Wenn Sie fertig sind, tippen Sie vorne in der Zeile auf den Kreis, um die Aufgabe zu speichern. Sie wird so in die Aufstellung der Aufgaben übernommen.

8. Aufgaben mit Fälligkeitsdatum werden innerhalb der To-Do-App im Abschnitt GEPLANT angezeigt; wählen Sie diese Option im linken Fensterbereich an. Rechts sehen Sie dann eine Liste der von Ihnen erstellten Aufgaben und deren Fälligkeitsdatum, wie in Abbildung 8.4 dargestellt.

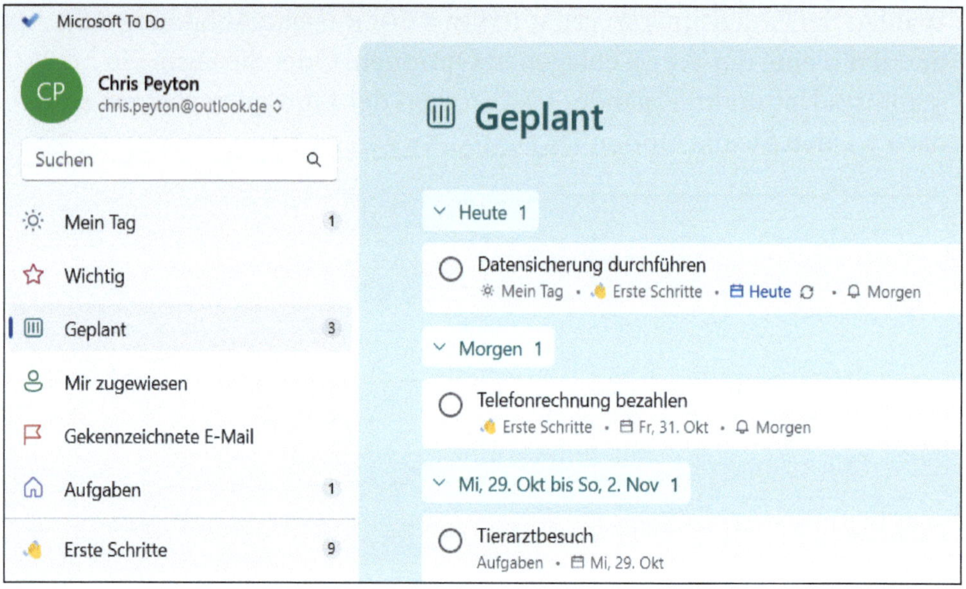

Abbildung 8.4: Aufgaben mit Fälligkeitsdatum

Wenn Sie eine Aufgabe abschließen oder sich entscheiden, dass Sie diese nicht mehr benötigen, wählen Sie einfach den Kreis neben dem Namen der Aufgabe aus. Dadurch wird die Aufgabe als erledigt gekennzeichnet.

Eine Aufgabe bearbeiten

Manchmal ändern sich die Umstände und Sie müssen die Daten einer Aufgabe bearbeiten.

1. Nehmen wir zum Beispiel an, es gibt einen Termin, der auf einen anderen Tag oder eine andere Uhrzeit verschoben wird. Sie brauchen keine

neue Aufgabe zu erstellen, sondern können die vorhandene Aufgabe schnell und einfach bearbeiten. Öffnen Sie die To-do-App und wählen Sie im linken Bereich GEPLANT aus.

2. Wählen Sie die Aufgabe, die Sie bearbeiten möchten, durch Anklicken aus. Es erscheint ein Popup-Menü mit Optionen zur Bearbeitung der Aufgabe. In Abbildung 8.5 ist dargestellt, wie ein Termin (hier: Tierarztbesuch) angewählt wurde. Im dann erscheinenden Popup-Menü kann nun ganz einfach das Datum geändert und die Aufgabe aktualisiert werden.

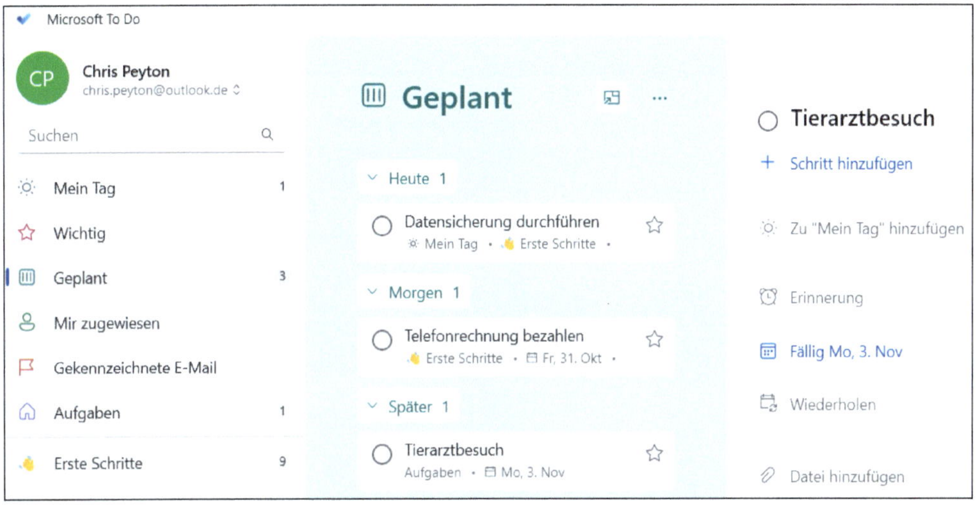

Abbildung 8.5: Neues Datum für einen Termin festlegen

3. Sie können hier auch andere Einstellungen ändern. Wählen Sie einfach die entsprechenden Optionen aus, um sie zu bearbeiten.

4. Sie haben Ihre Meinung geändert und möchten eine Aufgabe komplett löschen? Kein Problem – klicken Sie mit der rechten Maustaste auf die Aufgabe und wählen dann die Option AUFGABE LÖSCHEN.

Eine Aufgabenliste kreieren

Einzelne Aufgaben sind hilfreich, aber manchmal braucht man eher eine Gruppe von Aufgaben, die sich um dieselbe Sache drehen. In einem solchen Fall bietet sich eine Aufgabenliste an. Nehmen wir zum Beispiel an, Sie planen eine Geburtstagsfeier für ein Familienmitglied und haben verschiedene Ideen, die Sie nicht vergessen wollen. Eine Liste kann dabei helfen!

1. Öffnen Sie die To-Do-App und wählen Sie im linken Fensterbereich NEUE LISTE. Geben Sie einen Namen für die Liste ein und drücken Sie ⏎. Die neue Liste wird eingefügt (hier: GEBURTSTAGSFEIER) und der (noch leere) Inhalt am Bildschirm angezeigt.
2. Als Nächstes können Sie der Liste Aufgaben hinzuzufügen, indem Sie das untere Textfeld auswählen und Aufgaben eintragen. Sie können so viele Aufgaben erstellen, wie Sie für Ihre Liste benötigen. Die Aufgaben werden unter dem Namen der Liste angezeigt.

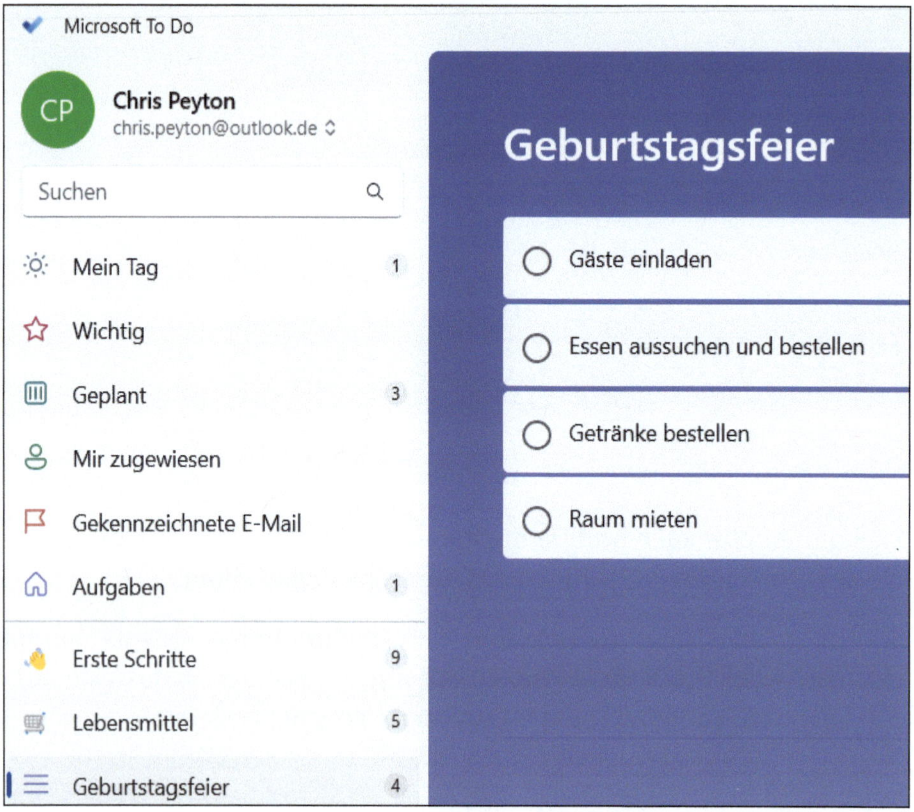

Abbildung 8.6: Neue Liste mit Aufgaben

Sie können bei Bedarf Änderungen an jeder Aufgabe in einer Liste vornehmen, sie vervollständigen, bearbeiten oder löschen, ganz nach Wunsch. Blättern Sie dazu gegebenenfalls zurück zum vorherigen Abschnitt »Eine Aufgabe bearbeiten«.

Sie können mit der To-Do-App auch andere Dinge erledigen, z. B. Ihren Tag planen, wichtige Aufgaben kennzeichnen, Einkaufslisten erstellen usw. Erkunden Sie die App also ruhig ein wenig genauer. Sie könnten die App auch auf Ihr Smartphone herunterladen, wo sie dann automatisch mit der To-Do-Liste Ihres Computers synchronisiert wird (dazu ist es erforderlich, dass Sie mit Ihrem Microsoft-Konto angemeldet sind). Suchen Sie einfach in Ihrem App Store nach »Microsoft To Do«, um die App zu finden und herunterzuladen. Die mobile App ist ein praktisches Hilfsmittel, das den Alltag deutlich erleichtern kann.

Termine im Kalender eintragen

1. Um den in Windows 11 integrierten Kalender anzuzeigen und Termine einzutragen, öffnen Sie das Startmenü und tippen Sie `Kalender` in das Suchfeld. Wählen Sie den Eintrag KALENDER, um die zugehörige Anwendung zu öffnen. Durch die Integration bzw. Überführung der Funktionen der Kalender-App in die Outlook-App sehen Sie dort eventuell automatisch Termine aus Diensten, die mit der Kontakte- oder Outlook-App verbunden sind; andernfalls ist die Kalenderanzeige noch leer.

   Microsoft integriert nach und nach wichtige Apps bzw. Funktionen in der Outlook-App; neben den Funktionen der Mail-App wurden mittlerweile auch die Funktionen und Möglichkeiten der Kalender-App nach Outlook überführt, sodass beim Aufruf der Kalender-App automatisch Outlook (für Windows) gestartet wird.

2. Wählen Sie in der Leiste der Kalenderansichten nacheinander die folgenden gebräuchlichen Anzeigeformate aus:

   - TAG: Zeigt eine bestimmte Anzahl von Tagen (ab heute) an, mit einem Feld für jede Stunde. Mit den Pfeilen oben (links, rechts) können Sie jeweils die Anzahl der gewählten Tage vor- und zurückblättern. Scrollen Sie in der Darstellung nach oben und unten, um mehr Stunden des Tages anzuzeigen.

   - ARBEITSWOCHE: Zeigt die aktuelle Woche von Montag bis Freitag ohne Samstag und Sonntag an. Wie gehabt können Sie auch hier nach oben und unten blättern, um verschiedene Stunden zu sehen, und vor und zurück, um andere Wochen anzuzeigen.

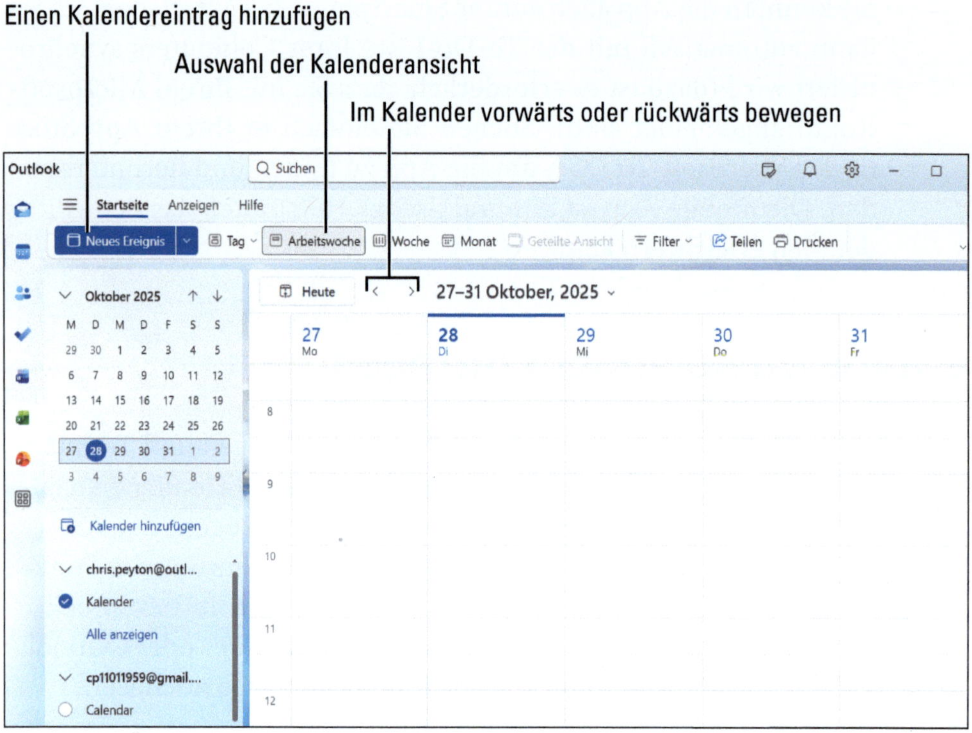

Abbildung 8.7: Kalender-Wochenansicht in der Outlook-App

- WOCHE: Zeigt die aktuelle Woche inklusive der Samstage und Sonntage an. Auch hier können Sie nach oben und unten blättern, um verschiedene Stunden zu sehen, und vor und zurück, um andere Wochen anzuzeigen.
- MONAT: Mit dieser Option erscheint der aktuelle Monat im klassischen Monatslayout. (Abhängig von Ihrer Bildschirmgröße müssen Sie blättern, um dieses Format zu sehen.) Der heutige Tag ist farbig markiert. Mit den Pfeilen oben im Bildschirm können Sie immer einen Monat vor- und zurückblättern.

Wählen Sie in der Leiste des Kalenders die Schaltfläche HEUTE, um im Kalender sofort zum heutigen Datum zu gelangen.

Wenn Sie in der Menüleiste (Ribbon) bestimmte Optionen nicht entdecken, klicken oder tippen Sie auf das Symbol LAYOUTS WECHSELN (Pfeil nach unten) rechts oben im Fenster.

3. Der Kalender bietet zwei Möglichkeiten, ein Ereignis einzutragen, die kurze, oberflächliche und die langsame, sorgfältige Methode:

   - **Kurz und oberflächlich:** Klicken oder tippen Sie auf den Tag, an dem das Ereignis stattfindet, bzw. auf die Stunde und das Datum, wann es stattfinden soll. Es erscheint ein Pop-up-Fenster, in dem Sie dann nur den Grund für das Ereignis einzutragen brauchen. Geben Sie einen Namen für das Ereignis ein. Verwenden Sie Beginn- und Endzeit, um zu beschreiben, wann das Ereignis anfängt und wann es endet. Wenn es sich um ein ganztägiges Ereignis handelt, setzen Sie die Markierung im Kontrollkästchen GANZTÄGIG. Sie können auch den ORT des Ereignisses angeben. Wählen Sie die Schaltfläche SPEICHERN, wenn Sie alle Informationen über das Ereignis eingetragen haben (oder wählen Sie den Link WEITERE OPTIONEN, um den Detailbildschirm zu öffnen, und gehen Sie weiter zu Schritt 4).

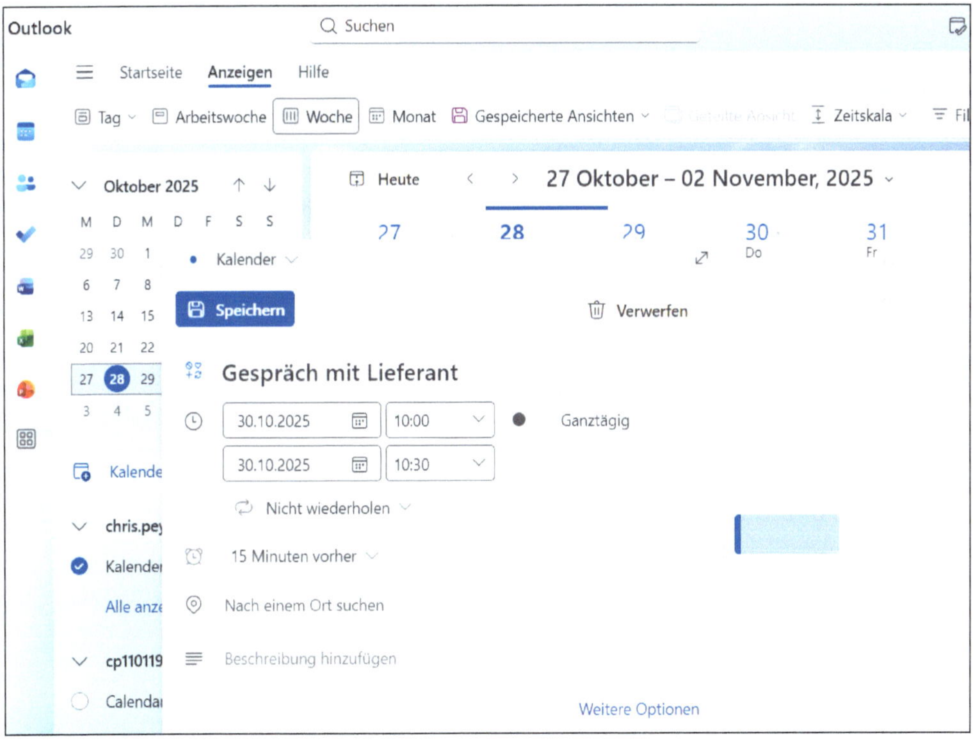

Abbildung 8.8: Eingabe der Daten für einen neuen Termin

- **Langsam und sorgfältig:** Wählen Sie die Schaltfläche NEUES EREIGNIS (siehe Abbildung 8.7). Daraufhin wird automatisch der Detailbildschirm angezeigt, so wie in Abbildung 8.9 gezeigt. Gehen Sie weiter zu Schritt 4.

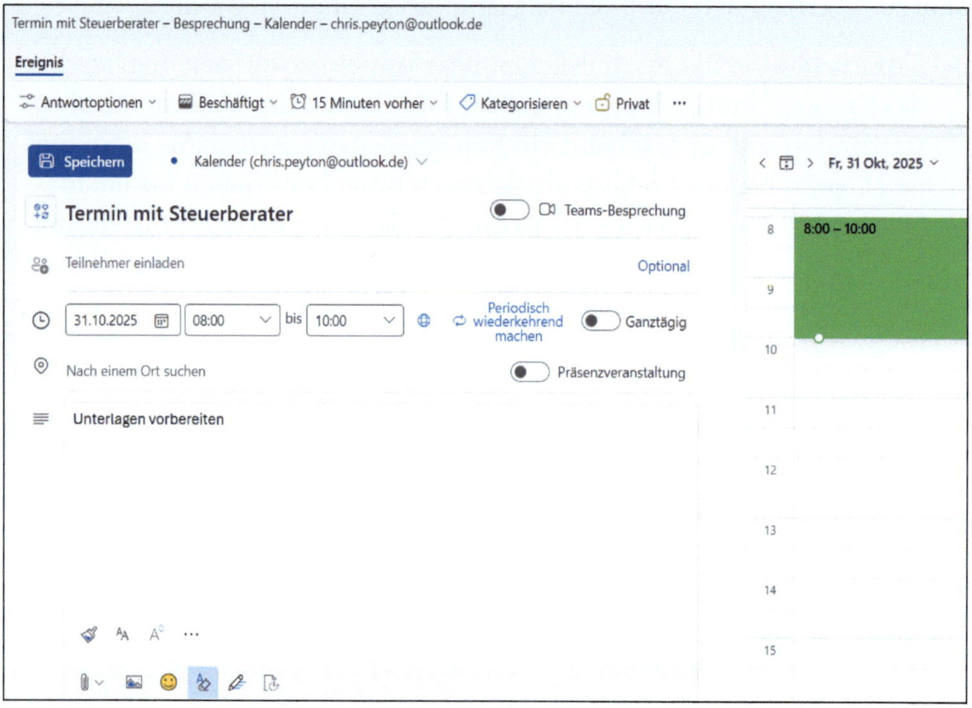

Abbildung 8.9: Detailangaben eines Termins

4. Im Detailfenster (WEITERE OPTIONEN) können Sie folgende Daten für das Ereignis eingeben bzw. ändern:

   - NAME DES TERMINS: Beschreiben Sie in ein bis drei Wörtern das Ereignis bzw. den Grund des Termins. Die hier eingegebene Beschreibung wird in Ihrem Kalender angezeigt.

   - ORT: Wenn Sie den Ort angeben, können Sie planen, wie Sie den Termin rechtzeitig wahrnehmen können, tragen Sie ihn also auf alle Fälle ein. Der Ort wird wie der Name des Ereignisses auf dem Kalender angezeigt.

- Start und Ende: Wählen Sie das Kalendersymbol aus und wählen Sie in dem jetzt angezeigten Pop-up-Menü den Tag aus, an dem das Ereignis beginnt, und dann den Tag, an dem es endet.
- Ganztägig: Wenn es sich um ein ganztägiges Ereignis handelt, setzen Sie die Markierung im Kontrollkästchen Ganztägig. Legen Sie dann mithilfe des links erscheinenden Drop-down-Menüs fest, an wie vielen Tagen das Ereignis stattfindet.

Wenn das Ereignis wiederkehrend ist, können Sie es auf wöchentlicher, monatlicher oder jährlicher Basis im Kalender einplanen. Wöchentliche Teambesprechungen, Geburtstage und Jahrestage sind Beispiele für wiederkehrende Ereignisse. Wählen Sie in der App-Leiste oben auf dem Bildschirm die Schaltfläche Periodisch wiederkehrend machen, um ein wiederkehrendes Ereignis einzuplanen. Mit den Optionen für die Wiederholung beschreiben Sie im Detailfenster, wie oft das Ereignis stattfindet, wann es stattfindet, und ein mögliches Ablaufdatum.

- Ereignisbeschreibung: Im unteren Teil des Dialogfensters können Sie das Ereignis detailliert beschreiben, sofern dies erforderlich ist. Gehen Sie in Freizeitkleidung oder förmlich? Das Abendkleid oder der Anzug? Außerdem können Sie hier festhalten, was Sie über das Ereignis denken.

5. Sie haben die Möglichkeit, oben in der Leiste weitere Optionen aufzurufen, mit denen Sie das Ereignis genauer beschreiben können:
   - Antwortoptionen: Legen Sie in diesem Popup-Menü fest, ob Sie bei eingeladenen Teilnehmern zwingend eine Antwort einfordern. Zudem können Sie einstellen, ob dieser Termin von einem Empfänger weitergeleitet werden darf.
   - Beschäftigt: Mit der Neuanlage eines Termins wird der Bereich in Ihrem Kalender mit dem Merkmal Beschäftigt markiert. Innerhalb der Terminfestlegung können Sie an der Stelle aber auch weitere Optionen auswählen, um den Termin im Kalender zu kennzeichnen: Verfügbar, An anderem Ort tätig, Mit Vorbehalt, Beschäftigt oder Abwesend.

- ERINNERUNG: Wie lange im Voraus wollen Sie an den Termin erinnert werden? Sie haben die Wahl zwischen NICHT MEHR ERINNERN, ZU BEGINN DES EREIGNISSES, 5 MINUTEN VORHER, 15 MINUTEN VORHER, 30 MINUTEN VORHER, 1 STUNDE VORHER, 2 STUNDEN VORHER, 12 STUNDEN VORHER, 1 TAG VORHER oder 1 WOCHE VORHER. Mit der Option E-MAIL-ERINNERUNG HINZUFÜGEN können Sie an der Stelle eine E-Mail-Adresse eintragen, die die Erinnerung per E-Mail erhalten soll.
- PRIVAT: Wählen Sie diese Option (das Vorhängeschloss-Symbol), um zu verhindern, dass der Termin in einem freigegebenen oder öffentlichen Kalender erscheint. So erscheint der Termin nur auf Ihrem eigenen Bildschirm.

6. Wenn Sie fertig sind, klicken oder tippen Sie auf die Schaltfläche SPEICHERN. (Schließen Sie das Fenster, wenn Sie kein Ereignis erstellen möchten.)
7. Ihr Termin wird jetzt in Ihrem Kalender mit dem angegebenen Datum und der angegebenen Zeit angezeigt.
8. Um einen Termin zu bearbeiten, wählen Sie ihn im Kalender durch Anklicken aus. Wenn sich dann der Detailbildschirm öffnet, können Sie Details ändern oder hinzufügen.

Um einen Termin zu löschen, wählen Sie den Termin durch Anklicken aus und wählen dann die Schaltfläche LÖSCHEN.

Wenn Ihr Microsoft-Konto mit Diensten (zum Beispiel Gmail) verbunden ist, werden Termine aus diesen Diensten auf Wunsch in Ihren Kalender übernommen. Dazu muss vorab das E-Mail-Postfach mit dem Kalender in Outlook eingebunden werden (siehe dazu Kapitel 7). Um Informationen von anderen E-Mail-Diensten im Kalender anzuzeigen, wählen Sie in Outlook (links) das Kalendersymbol des E-Mail-Kontos an. Damit wird zusätzlich der Kalender des weiteren E-Mail-Kontos angezeigt und als sogenannter geteilter Kalender dargestellt (siehe Abbildung 8.10).

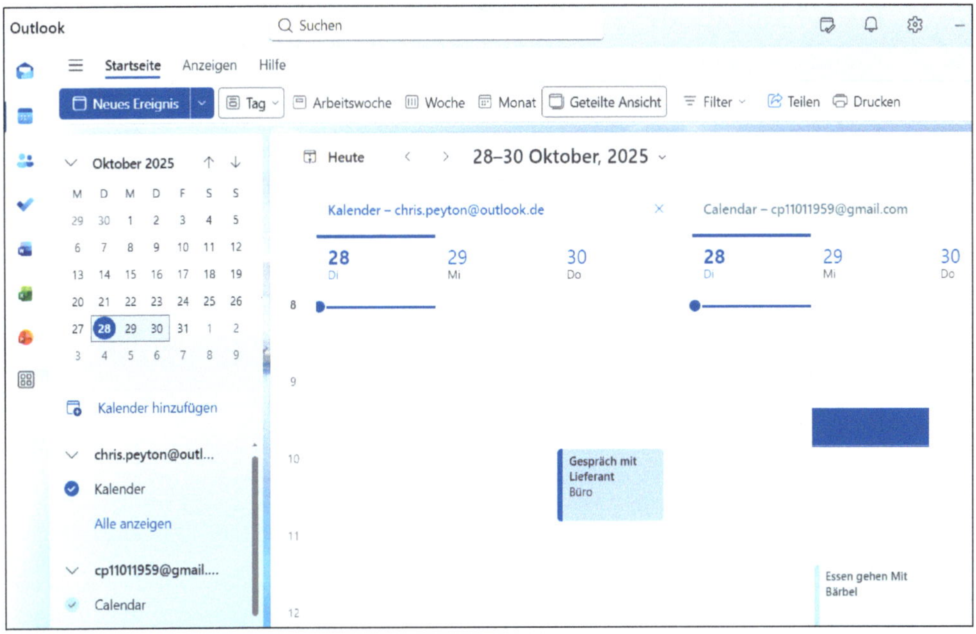

Abbildung 8.10: Geteilte Kalender in der Outlook-Kalenderansicht

Orientierung mit dem Bing-Dienst

1. Um sich anhand von Karten zu orientieren, können Sie in Windows 11 den entsprechenden Bing-Dienst verwenden. Rufen Sie dazu den Browser (Microsoft Edge) auf und geben Sie in der Adressleiste folgende URL ein:

   `www.bing.com/maps`

   Es öffnet sich ein Kartenfenster, mit dessen Hilfe Sie Orte finden und Hinweise zur Navigation abrufen können.

In der Vergangenheit gab es in Windows eine separate App mit dem Namen Karten. Diese App wurde seitens Microsoft deaktiviert und durch den Bing-Dienst ersetzt.

2. Da sich der Cursor direkt im Suchfeld befindet, können Sie dort einmal Folgendes eingeben:

   `unter den linden 1 berlin`

Bei der Eingabe der Suchbegriffe ist es nicht wichtig, auf Groß- und Kleinschreibung zu achten.

3. Während Sie tippen, werden im Suchfeld Optionen angezeigt. Wählen Sie die Adresse aus, die Sie eingegeben haben, nicht die Namen der Geschäfte, die sich an dieser Adresse befinden. Nach Bestätigung der Eingabe mit ENTER zeigt der Bing-Kartendienst, wo sich die Adresse befindet. Dabei können Sie nicht nur Adressen in das Suchfeld eingeben, sondern auch Namen von bestimmten Plätzen und Sehenswürdigkeiten.

Abbildung 8.11: Bing-Kartendienst zur Orientierung

4. Wählen Sie die Schaltfläche WEGBESCHREIBUNG, die sich in der oberen Ecke in der Nähe des Suchfelds befindet. Es erscheinen Werkzeuge, die Ihnen helfen, von A nach B zu gelangen. Als Ziel ist bereits `Unter den Linden 1, 10117 Berlin` eingetragen. Klicken oder tippen Sie in das Feld STARTPUNKT EINGEBEN. Tippen Sie den gewünschten Ausgangspunkt ein, in unserem Beispiel `Torstraße`. Wählen Sie diesen Eintrag aus der Drop-down-Liste aus.

5. Anschließend stellt der Dienst in der Regel verschiedene Wegbeschreibungen zur Verfügung und sagt Ihnen auch, wie lange die Fahrt dauern wird. Dabei können Sie zwischen den verschiedenen Fortbewegungsmitteln (zum Beispiel Auto, Nahverkehr, zu Fuß) wählen. Wählen Sie die gewünschte Route aus der Liste aus, um detaillierte Anweisungen für

die Fahrt von Ihrem Ausgangspunkt zum Ziel zu erhalten. Wenn Sie eine Route ausgewählt haben, können Sie diese auf Wunsch auch über die Druckoptionen des Web-Browsers ausdrucken.

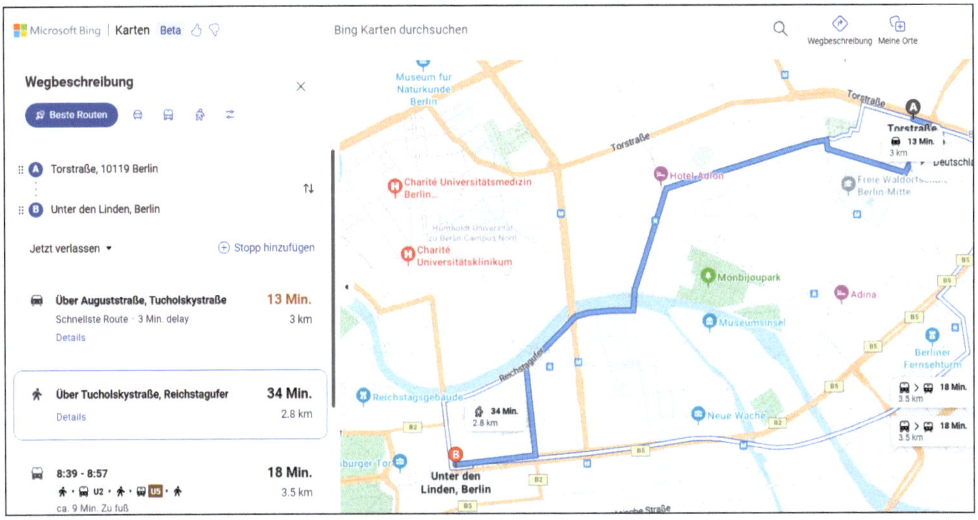

Abbildung 8.12: Mehrere Wege führen zum Ziel.

6. Sie sind Fußgänger und kein Autofahrer? In diesem Fall wählen Sie im oberen Teil des Dialogs das FUßGÄNGER-Symbol aus, um Wegbeschreibungen zwischen den beiden Orten zu erhalten. Sie können auch das Symbol für den öffentlichen Nahverkehr auswählen, wenn Sie lieber mit Bus und Bahn fahren.

7. Klicken oder tippen Sie auf die Schaltfläche SUCHEN (die Lupe in der linken oberen Ecke des Bildschirms) und wählen Sie dann UNTER DEN LINDEN 1, 10117 BERLIN im Drop-down-Menü aus. Sie können sich einen Eindruck der umgebenden Straßen machen. Wählen Sie das Symbol RESTAURANTS unter dem Eintrag IN DER NÄHE?. Wählen Sie den Namen eines Restaurants aus, um mehr darüber zu erfahren. Alternativ geben Sie den Begriff (zum Beispiel `Restaurant`) direkt hinter dem Suchbegriff ein (siehe Abbildung 8.13). Unter IN DER NÄHE? finden Sie auch Sehenswürdigkeiten, Hotels, Parkplätze und andere Orte.

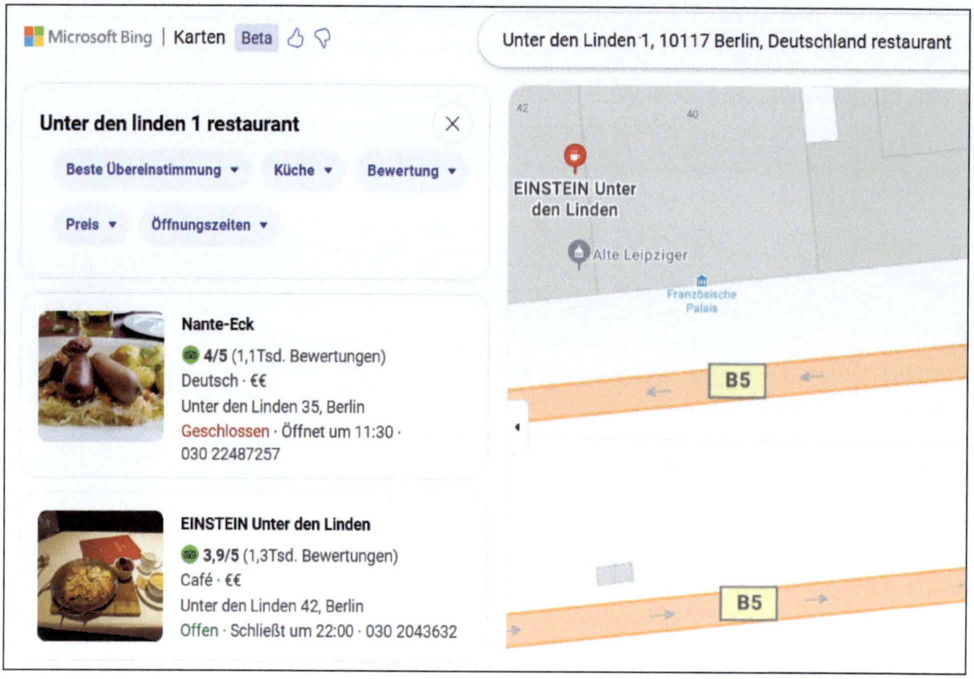

Abbildung 8.13: Nähere Angaben zur Umgebung

Mit der Uhr-App an Aufgaben erinnern

Im Großen und Ganzen ist die Uhr-App ein einfaches Werkzeug, das Ihnen verschiedene Einstellungsoptionen bietet. Öffnen Sie die Uhr-App, indem Sie in das Suchfeld des Startmenüs `Uhr` eintippen und in den Resultaten die Uhr-App wählen. Auf der linken Seite der App (siehe Abbildung 8.14) wird ein Navigationsbereich angezeigt, in dem Sie zwischen diversen Optionen bzw. Ansichten wählen können (achten Sie darauf, dass Sie die App im Vollbild und nicht als kleines Fenster geöffnet haben). Diese sind:

- ✔ Fokussitzungen: Sie beginnen mit der Anwahl der Schaltfläche Erste Schritte; dann können Sie eine Fokussitzung starten, um eine Zeitplanung für ein bestimmtes Vorhaben zu erstellen. Klicken oder tippen Sie auf die entsprechende Schaltfläche. Wenn Sie z. B. auf einem Laufband trainieren und eine bestimmte Zeit laufen möchten, können Sie eine tägliche Fokussitzung anlegen und Ihren Fortschritt verfolgen (siehe Abbildung 8.14).

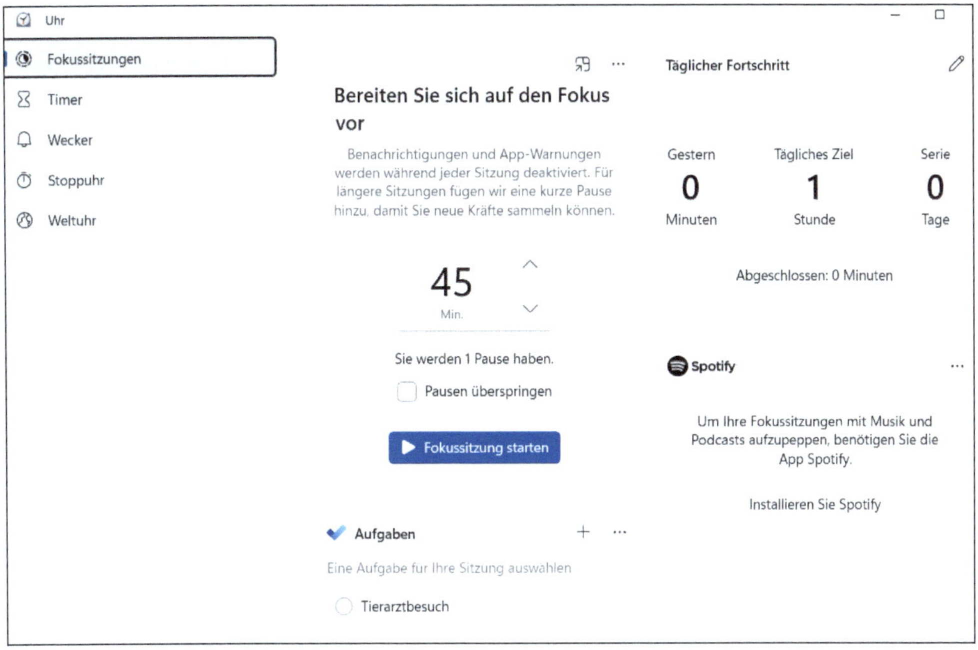

Abbildung 8.14: Erstellen einer Fokussitzung

- ✔ Timer: In diesem Register können Sie einen aktuellen Timer (Zeitgeber) aktivieren (z. B. 1 Minute, 3 Minuten, 5 Minuten und 10 Minuten). Nachdem der Zeitgeber abgelaufen ist, ertönt in der Standardeinstellung ein Hinweis (Sound und visuelle Anzeige). Sie können auch das Plussymbol (unten rechts) verwenden, um einen neuen Zeitgeber hinzuzufügen.
- ✔ Wecker: Hier können Sie einen täglichen Weckruf einstellen (oder auswählen, an welchen Tagen der Alarm ertönen soll). Sie können zum Beispiel einen täglichen Weckalarm, einen täglichen Trainingsalarm oder Ähnliches einstellen.
- ✔ Stoppuhr: Während Sie die Stoppuhr verwenden, können Sie das Symbol Runden-/Zwischenzeiten wählen, um abgelaufene Zeitpunkte festzuhalten. Diese Funktion ist hilfreich, wenn Sie trainieren und die Zeit, die Sie für eine Runde gebraucht haben, notieren möchten.
- ✔ Weltuhr: Hier wird die lokale Uhrzeit angezeigt. Mit dem Pluszeichen unten rechts können Sie aber auch die Zeit und das Datum in jeder beliebigen Stadt der Welt (in anderen Zeitzonen) anzeigen lassen.

Mit dem Symbol für EINSTELLUNGEN (Zahnradsymbol) unten links im Navigationsbereich können Sie einige Einstellungen an der Uhr-App vornehmen. Sie können zum Beispiel den Sound am Ende einer Sitzung oder am Ende einer Pause ein- oder ausschalten.

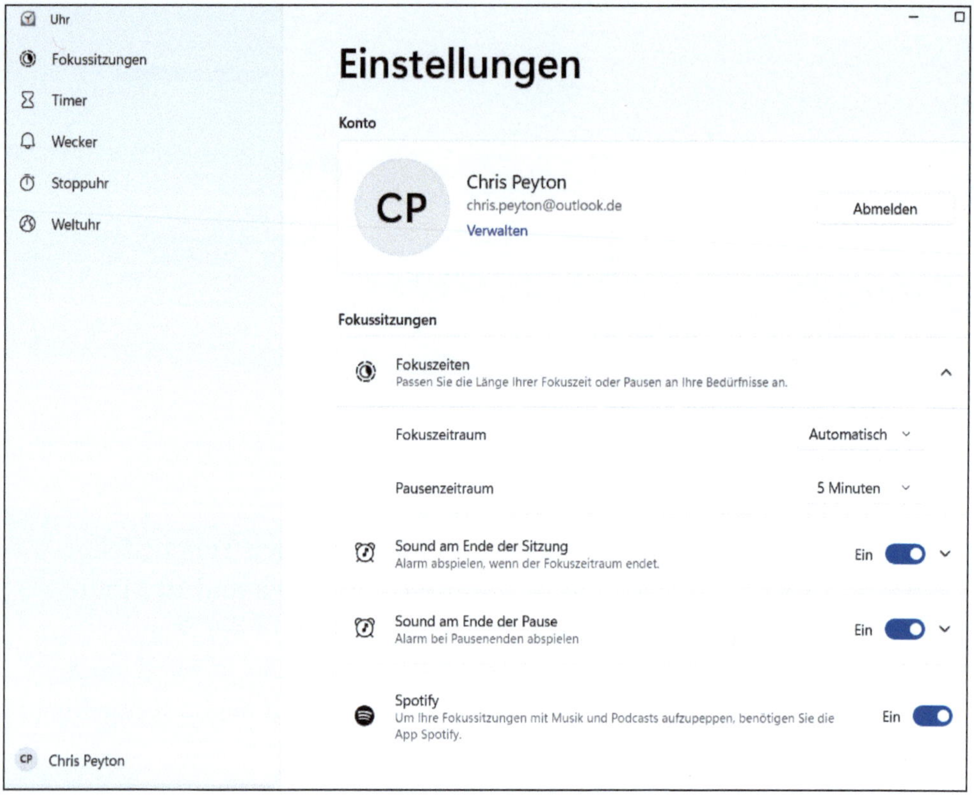

Abbildung 8.15: Einstellungsmöglichkeiten der Uhr-App

Dokumente erstellen

In früheren Windows-Versionen war ein Textverarbeitungsprogramm namens WordPad integriert. Diese App gibt es in den aktuellen Versionen von Windows 11 nicht mehr, da sie bei einem bestehenden Microsoft-Konto durch die Word-App als Textverarbeitungsprogramm abgelöst worden ist.

Textverarbeitungsprogramme sind Programme, mit denen Sie Briefe, Berichte und andere Dokumente verfassen können. Microsoft Word ist das weltweit bekannteste Textverarbeitungsprogramm.

1. Der Start von Word erfolgt in Windows 11 am schnellsten über die Outlook-App; diese beinhaltet verschiedene zusätzliche Programmaufrufe für Word, Excel usw. (siehe Abbildung 8.16).

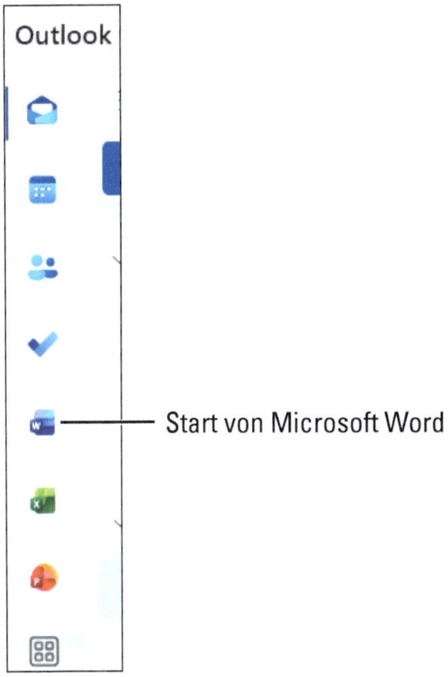

Abbildung 8.16: Programmleiste in der Outlook-App

Bei der hier vorgestellten Word-App handelt es sich um die Online-Version, die Sie im Browser verwenden können; es handelt sich also nicht um eine lokal verfügbare Anwendung.

2. Nach Auswahl des Word-Symbols öffnet sich der Browser, in dem dann Word aufgerufen wird. Wählen Sie die Option LEERES DOKUMENT und tippen Sie anschließend ein paar Wörter ein und markieren Sie diese, indem Sie mit der Maus oder dem Finger darüber ziehen. Sobald Sie die Wörter markiert haben, können Sie sie neu formatieren. Gehen Sie im Menüband in die Gruppe SCHRIFTART und wählen Sie dort Ihre bevorzugte Schriftart aus. Klicken oder tippen Sie dann auf den Pfeil des Feldes SCHRIFTGRAD und wählen Sie eine Schriftgröße. Durch das Ändern von Schriftart und Schriftgröße verändern Sie das Erscheinungsbild des Textes.
3. Klicken oder tippen Sie auf die Schaltfläche FETT (das F) in der Registerkarte START oder drücken Sie Strg+B. (B steht für *bold*, was im Englischen »Fettdruck« bedeutet.) Die Wörter erscheinen jetzt fett. Mit

Fettdruck, Kursivschrift (wählen Sie die Schaltfläche Kursiv) und Unterstreichen (Schaltfläche Unterstreichen) können Sie das Aussehen des Textes weiter anpassen.

4. Wählen Sie die Schaltfläche Zeilenabstand (in der Gruppe Absatz) und entscheiden Sie sich für eine Option – 1.0, 1.15, 1.5 oder 2 – in der Drop-down-Liste, die erscheint. Auf diese Weise können Sie den Abstand zwischen den einzelnen Zeilen bestimmen. Probieren Sie für den ausgewählten Text doch einfach mal einen doppelten Zeilenabstand, also die Option 2, aus.

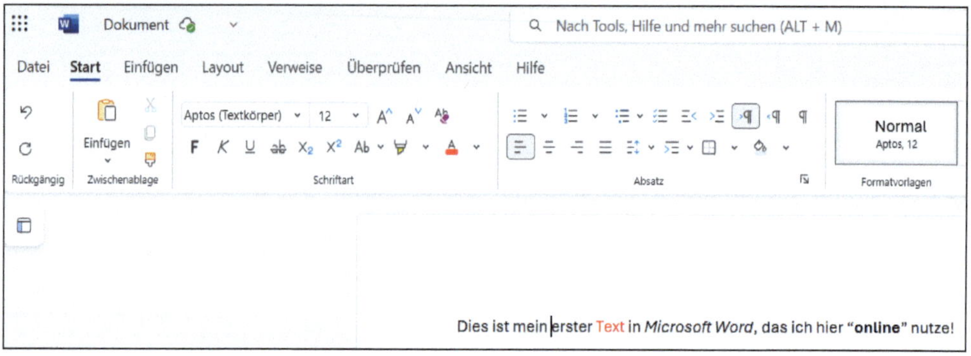

Abbildung 8.17: Erstes Word-Dokument mit Formatierungen

Sie können Formatierungsbefehle auch wählen, *bevor* Sie mit dem Tippen beginnen. Die ausgewählten Befehle werden auf die Wörter angewendet, die Sie im Anschluss schreiben. Es ist nicht notwendig, erst den Text zu formulieren und ihn dann auszuwählen, um die Formatierung zu ändern.

5. Im Menübereich Ansicht können Sie in Word die Schrift des Textes auf dem Bildschirm größer und damit besser lesbar machen. Wählen Sie dazu einen entsprechenden Zoom-Faktor aus.

6. Bei der Online-Version von Word wird ein Dokument immer automatisch zwischengespeichert (in der Microsoft-Cloud). Möchten Sie ein Dokument aber lokal speichern, müssen Sie dazu im Datei-Menü von Word den Punkt Eine Kopie erstellen anwählen und können dann einen lokalen Dateipfad auswählen, wo die Kopie des Dokuments abgelegt werden soll.

In Kapitel 15 erfahren Sie, wie Sie Dateien öffnen, speichern und verwalten.

Darüber hinaus können Sie direkt aus Outlook auch andere Büroanwendungen wie Microsoft Excel oder Microsoft PowerPoint aufrufen und verwenden.

Virtuelle Klebezettel schreiben

Kurznotizen (Sticky Notes) von Windows 11 sind die virtuelle Entsprechung zu den gelben Klebezetteln, die Menschen an ihren Computer und auf ihren Schreibtisch kleben. Damit können Sie sich kleine Erinnerungen an Termine oder Aufgaben schreiben. Und so legen Sie sich Notizzettel auf Ihren Computer-Desktop:

1. Öffnen Sie im Startmenü die Liste ALLE und wählen Sie in dieser Liste KURZNOTIZEN (oder geben Sie diesen Begriff in das Suchfeld ein und wählen Sie dann die App KURZNOTIZEN in den Treffern aus).

Sie können die Größe eines Notizzettels ändern. Bewegen Sie den Zeiger zur unteren rechten Ecke der Notiz. Sobald aus dem Zeiger ein doppelter Pfeil wird, beginnen Sie zu ziehen.

2. Klicken oder tippen Sie auf die Schaltfläche NEUE NOTIZ, also auf das Plussymbol. Nun erscheint ein Notizzettel. Schreiben Sie eine Notiz; zeigen Sie auf den oberen Rand der Notiz und ziehen Sie diese in die Ecke des Bildschirms. Für neue Notizen klicken oder tippen Sie jeweils wieder auf das Plussymbol.

3. Um eine Notiz zu löschen, klicken oder tippen Sie auf die drei Punkte neben dem Schließkreuz und wählen dort das Papierkorbsymbol an. Eine Meldung fragt, ob Sie die Notiz wirklich löschen möchten; wählen Sie LÖSCHEN.

4. Im Menü der drei Punkte können Sie die Notizzettel auch einfärben; klicken Sie dazu einfach auf eine der Farben. Symbole für die Formatierung finden Sie am oberen Rand des kleinen Zettels.

5. Über den Eintrag NOTIZENLISTE gelangen Sie in die Gesamtaufstellung aller Kurznotizen und behalten so jederzeit den Überblick.

Abbildung 8.18: Mehrere Kurznotizen auf dem Desktop

Abbildung 8.19: Übersicht in der Notizenliste

Aktive Kurznotizen werden beim nächsten Neustart des Computers automatisch wieder angezeigt. Erst nach dem expliziten Löschen verschwinden sie aus der Notizenliste; so wie Sie auch einen gelben Klebezettel explizit wegwerfen müssen.

IN DIESEM KAPITEL

Chat in Microsoft Teams verwenden

Mit Familie und Freunden in Kontakt bleiben

Videoanrufe tätigen

Besprechungen planen und einrichten

Kapitel 9
Kontakte pflegen mit Microsoft Teams

Mit Familie und Freunden in Kontakt zu bleiben, ist eines der wichtigsten Anliegen, die wir haben sollten. Windows 11 möchte Ihnen dies mit der Software namens Microsoft Teams, die sich in das Betriebssystem integriert, erleichtern. Teams ist, kurz gesagt, eine Kommunikationssoftware. Mit Teams können Sie ganz einfach mit Ihren Mitmenschen chatten, Videoanrufe tätigen und sogar zukünftige Besprechungen organisieren.

Obwohl die Teams-Software auch für große Unternehmen geeignet ist, bei denen Tausende von Personen an verschiedenen Standorten miteinander in Verbindung treten und zusammenarbeiten, werden wir uns in diesem Kapitel auf die Teams-Funktionen konzentrieren, die für Sie am nützlichsten sind.

Sie können die Teams-App herunterladen oder auch die mobile App auf Ihrem Telefon verwenden. Auf diese Weise können Sie immer mit anderen in Kontakt bleiben, egal ob Sie Ihren Computer oder Ihr Smartphone benutzen. Während Teams früher in der Umgebung von Microsoft 365 integriert war, ist Microsoft Teams mittlerweile ein eigenständiges Produkt, das auch separat lizenziert werden muss.

Chat verwenden

1. Zum Start der integrierten Chat-Funktion müssen Sie in der Taskleiste auf die Schaltfläche Chat klicken, worauf das Chat-Flyout-Panel angezeigt wird. Als Komponente von Microsoft Teams hat Microsoft dies in älteren Windows-Versionen als integrierte und einfache Möglichkeit zur Verfügung gestellt, um mit jemandem zu chatten oder sich zu verabreden.

In früheren Versionen von Windows 11 gab es eine in das Betriebssystem integrierte Chat-Funktion. Diese wird hier nur kurz der Vollständigkeit halber erläutert, da Microsoft derartige Funktionalitäten mehr und mehr in das separate Produkt Microsoft Teams (siehe nächstes Kapitel) verlagert hat.

2. Um einen Chat zu starten, klicken Sie auf die Schaltfläche Chat (siehe Abbildung 9.1), wodurch das Fenster Neuer Chat angezeigt wird (siehe Abbildung 9.2). Teams ermittelt die Kontakte, die Sie bereits auf Ihrem Computer haben (z. B. alte Skype-Kontakte, Kontakte aus Mail oder Outlook usw.). Sie können aber auch direkt einen Kontakt mit einer E-Mail-Adresse und einer Telefonnummer aufrufen. Geben Sie im Fenster Neuer Chat den Namen eines vorhandenen Kontakts ein, oder verwenden Sie eine E-Mail-Adresse oder Telefonnummer.

3. Geben Sie die gewünschte Nachricht ein und wählen Sie die Schaltfläche Senden rechts unter dem Nachrichtenfeld. Die Nachricht wird an die ausgewählten Kontakte versendet.

Wenn Sie mit mehreren Personen gleichzeitig chatten möchten, wiederholen Sie Schritt 2 und klicken Sie dann auf Gruppennamen hinzufügen. Sie können zum Beispiel mit Ihren Kindern oder Enkeln gleichzeitig chatten und die Gruppe benennen. Auf diese Weise können Sie in Zukunft ganz einfach mit allen Gruppenmitgliedern chatten.

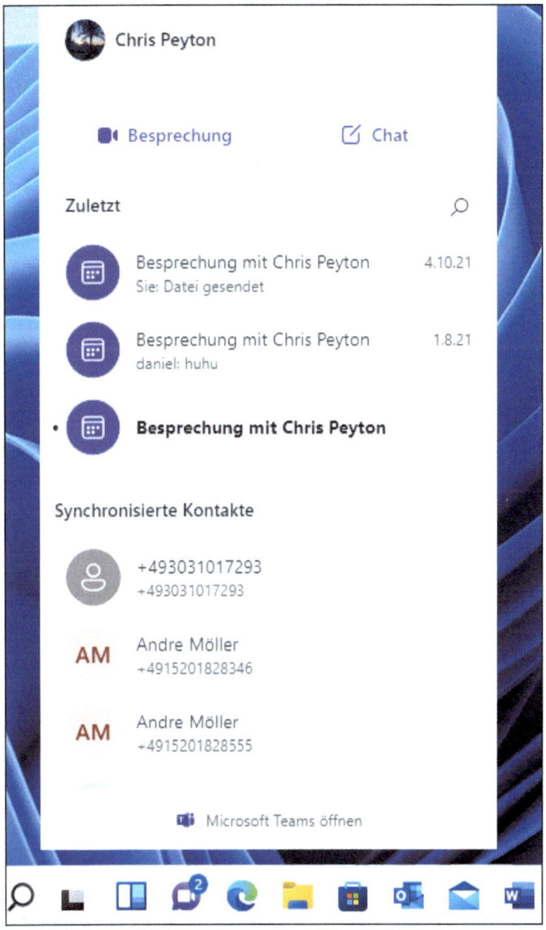

Abbildung 9.1: Flyout-Panel der integrierten Chat-Funktion

4. Während Sie chatten, können Sie sehen, was Sie geschrieben haben, und Sie sehen auch die Antworten der anderen. Jetzt können Sie einfach hin und her chatten, wie in Abbildung 9.3 dargestellt.

5. Beachten Sie, dass Sie Dateien anhängen sowie Emojis und GIF-Bilder senden können, wenn Sie möchten. Klicken Sie einfach auf die entsprechenden Symbole unter dem Chat-Nachrichtenfeld, um sie zu verwenden.

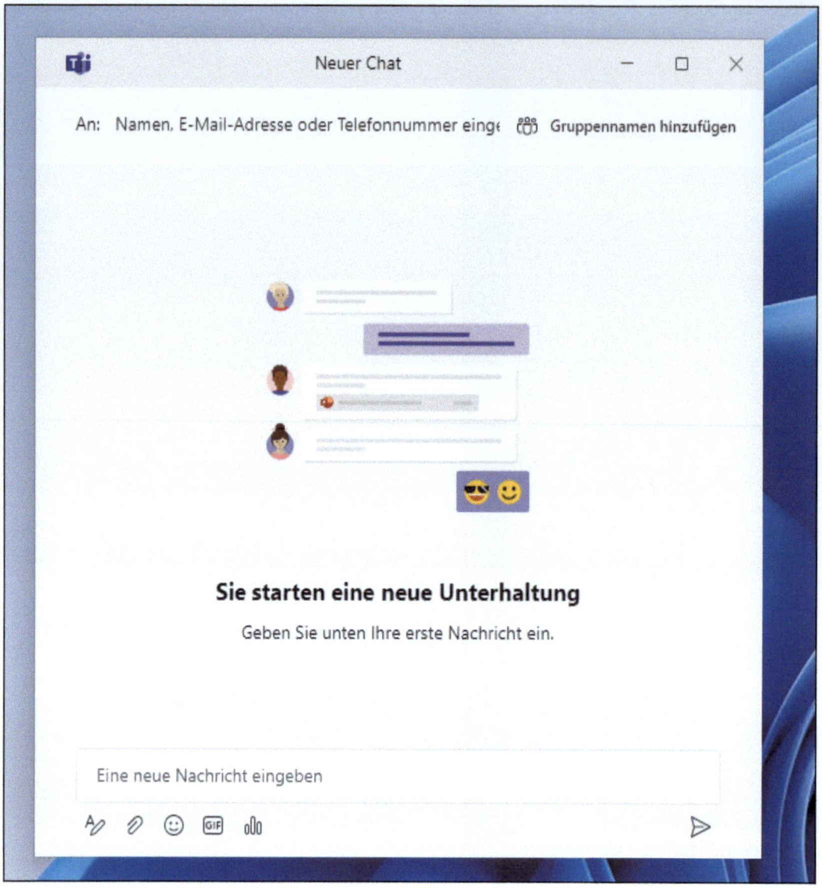

Abbildung 9.2: Start eines neuen Chats

Wenn Sie mit mehreren Personen chatten möchten, können Sie dafür einen Kontaktnamen, eine E-Mail-Adresse oder eine Telefonnummer festlegen, d. h., Sie können diese verschiedenen Kontaktmethoden auch miteinander kombinieren.

Sobald Sie Emojis, GIFs oder Bilder anhängen, werden diese als Teil Ihres Chats und nicht als Anhänge angezeigt. So macht das Teilen Spaß, vor allem von Fotos!

Im Chat-Flyout-Panel gibt es auch die Option BESPRECHUNG, mit der ein Videoanruf gestartet wird. Wenn Sie diese Schaltfläche auswählen, wird die Vollversion von Teams geöffnet.

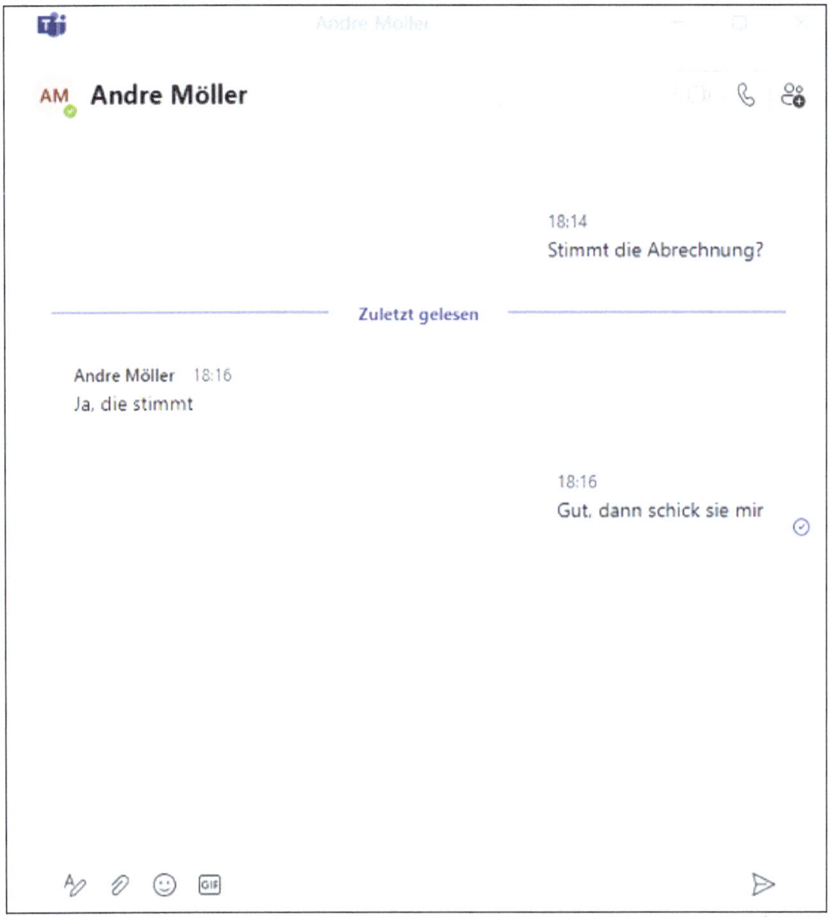

Abbildung 9.3: Chatten Sie hin und her.

Chatten in Teams

1. Da die integrierte Chat-Funktion mittlerweile aus Windows 11 verschwunden ist, bietet sich dafür der Einsatz von Microsoft Teams an. Der Aufruf von Microsoft Teams (nach durchgeführter Installation) erfolgt durch Eingabe von `Teams` im Suchfeld der Schaltfläche START.

Microsoft Teams kann auch direkt mit der entsprechenden Option aus dem Chat-Flyout-Panel starten.

2. Nach dem Aufruf öffnet sich ein Dialog, in dem Sie festlegen müssen, mit welchem Account Sie sich anmelden möchten. Anschließend wird Microsoft Teams gestartet und es erscheint die Oberfläche des Programms.

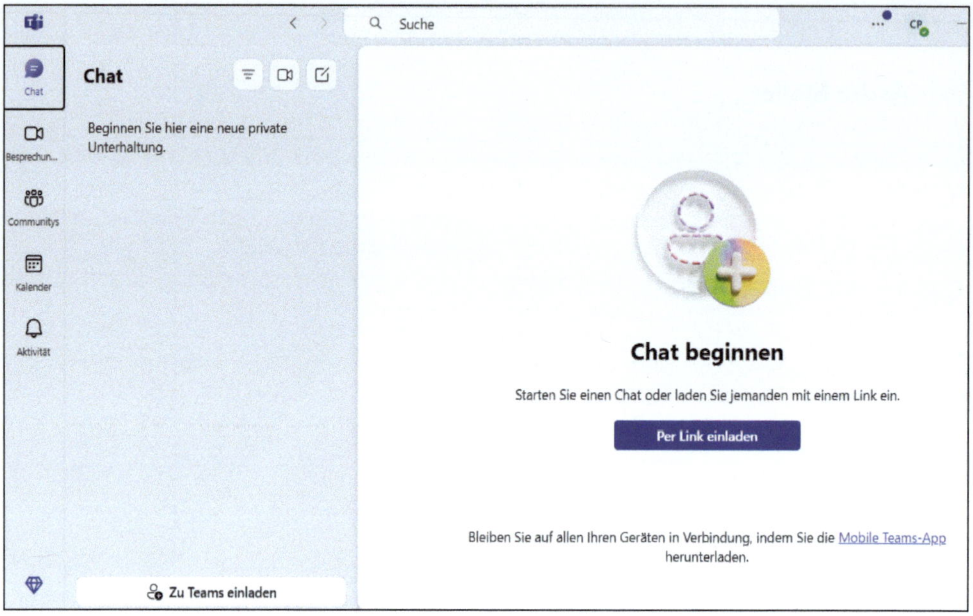

Abbildung 9.4: Benutzeroberfläche von Microsoft Teams

3. Die Teams-Benutzeroberfläche bietet Ihnen eine App-Leiste, einen Navigationsbereich und einen Inhaltsbereich, der anderen Fenstern in Windows 11 ähnelt (z. B. Datei-Explorer). In Abbildung 9.5 ist in der

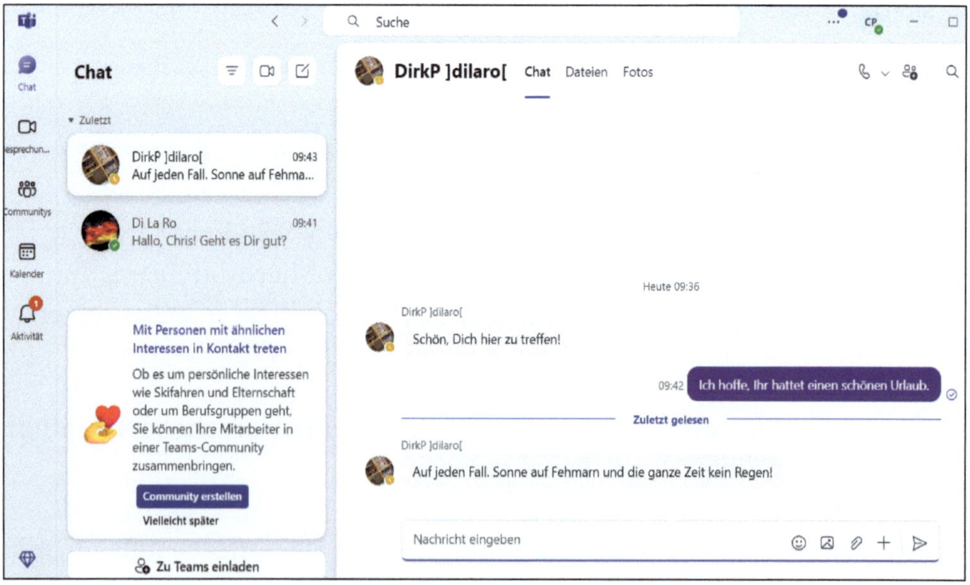

Abbildung 9.5: Oberfläche mit Chatverläufen

App-Leiste Chat ausgewählt. Frühere Chat-Unterhaltungen werden im Navigationsbereich angezeigt und die ausgewählte Chat-Unterhaltung sehen Sie im Inhaltsbereich.

4. Wählen Sie das Chat-Symbol in der App-Leiste. Sie können auf frühere Chat-Unterhaltungen antworten.
5. Geben Sie Ihre Nachricht einfach Ihre Nachricht in das Nachrichtenfeld ein und wählen Sie die Schaltfläche Senden (Pfeil nach rechts).
6. Sie können auch einen neuen Chat starten, indem Sie die Schaltfläche Neuer Chat auswählen (siehe Abbildung 9.6).

Abbildung 9.6: Start eines neuen Chats

7. Wenn Sie Neuer Chat wählen, wird der neue Chat im Inhaltsbereich angezeigt. Geben Sie den Namen, die E-Mail-Adresse oder die Telefonnummer der Person ein, die Sie kontaktieren möchten, und geben Sie dann Ihre Nachricht ein.

Das Chatten in Microsoft Teams funktioniert genauso wie das Chatten über das Chat-Symbol, das in der Taskleiste verfügbar ist. Der Vorteil der Verwendung von Teams ist, dass es einfacher ist, von einer Unterhaltung zur nächsten zu wechseln, da Teams Ihnen einen Navigationsbereich und einen Inhaltsbereich in derselben Oberfläche bietet.

8. Handelt es sich bei dem neuen Chat um Kontakt zu einer Person, mit der Sie sich bisher nicht über Microsoft Teams ausgetauscht haben, so können Sie über die Schaltfläche Zu Teams einladen oder Klick auf Einladen einen Einladungslink in die Zwischenablage des Computers kopieren.

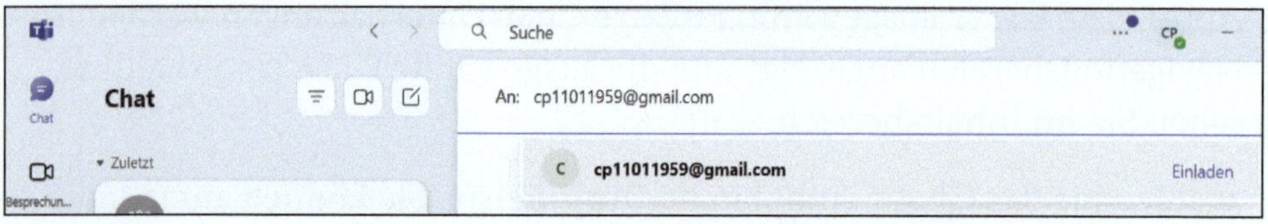

Abbildung 9.7: Generierung eines Einladungs-Links

9. Den so generierten Einladungs-Link müssen Sie dann der Person zunächst zusenden (zum Beispiel per Outlook-E-Mail).

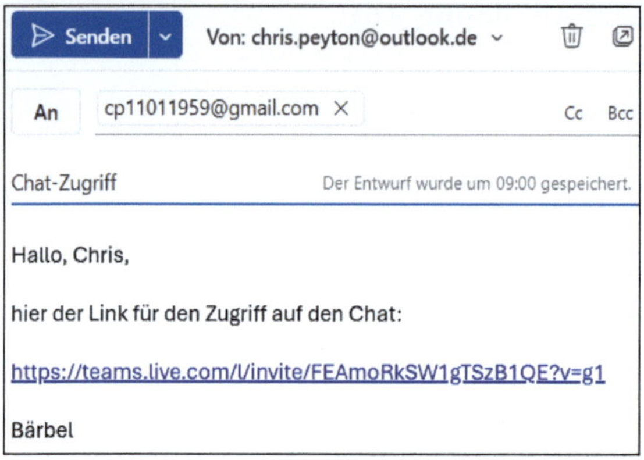

Abbildung 9.8: Einladungs-Link per E-Mail senden

Wenn Sie mit jemandem chatten, können Sie sehr einfach und schnell einen Video- oder Audioanruf durchführen, indem Sie auf das Telefonsymbol (oben rechts über dem Chatbereich) klicken und aus dem erscheinenden Menü die Option VIDEOANRUF oder AUDIOANRUF auswählen. Mehr darüber erfahren Sie im Abschnitt »Eine Besprechung beginnen« weiter hinten in diesem Kapitel.

Auf Aktivitäten reagieren

1. Wählen Sie in der App-Leiste von Teams die Kategorie AKTIVITÄT. Der Abschnitt AKTIVITÄT zeigt Ihnen sogenannte »Erwähnungen« (Teams nennt sie @Erwähnungen). Sie chatten zum Beispiel mit fünf Personen in einer Gruppe. Wenn jemand Sie ausdrücklich erwähnt, wird diese Erwähnung hier angezeigt, wie in Abbildung 9.9 dargestellt. Mit dieser Funktion wird sichergestellt, dass Sie nichts verpassen, was für Sie bestimmt ist.

Wenn Sie jemanden erwähnen möchten, geben Sie @Benutzername ein, für einen Kontakt namens Suse Becker also @Suse Becker. Ihre Erwähnung wird dann unter AKTIVITÄT angezeigt. Beachten Sie, dass eine Erwähnung das @-Symbol mit sich führt.

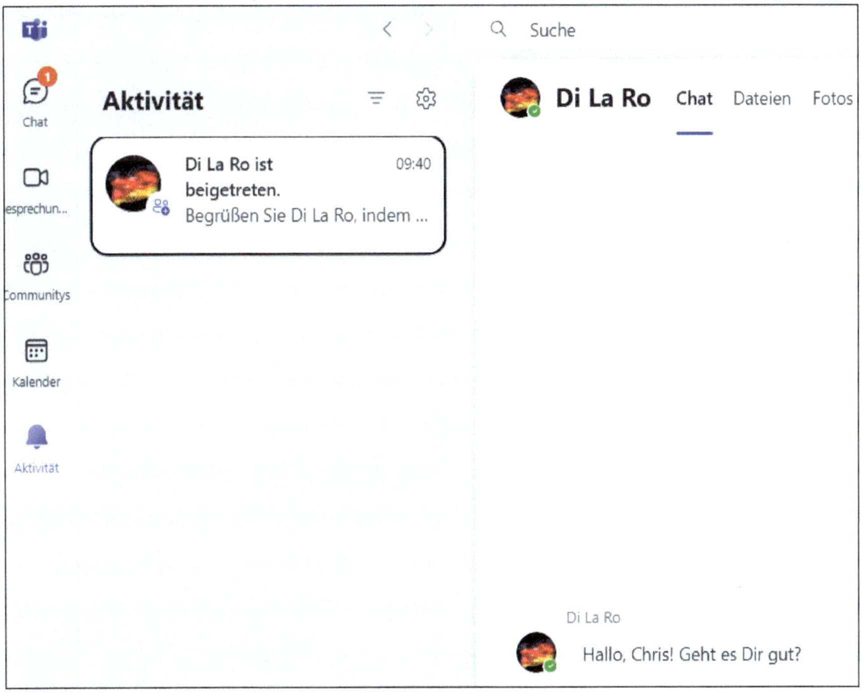

Abbildung 9.9: Chat-Hinweis unter »Aktivität«

2. Klicken Sie in der Kategorie AKTIVITÄT im Navigationsbereich bzw. Feed auf die @Erwähnung, die Sie sehen möchten. Anschließend können Sie auf diese Erwähnung antworten.

3. Neue @Erwähnungen erscheinen im Feed in fetter Schrift; dies bedeutet, dass Sie diese noch nicht gelesen haben. Sie können eine @Erwähnung (und jede »normale» Chatnachricht) als ungelesen markieren, nachdem Sie sie gelesen haben. Zeigen Sie einfach auf die @Erwähnung und wählen Sie WEITERE OPTIONEN (drei Punkte rechts neben der Nachricht). Im Menü können Sie dann die Option ALS UNGELESEN MARKIEREN anwählen (siehe Abbildung 9.10).

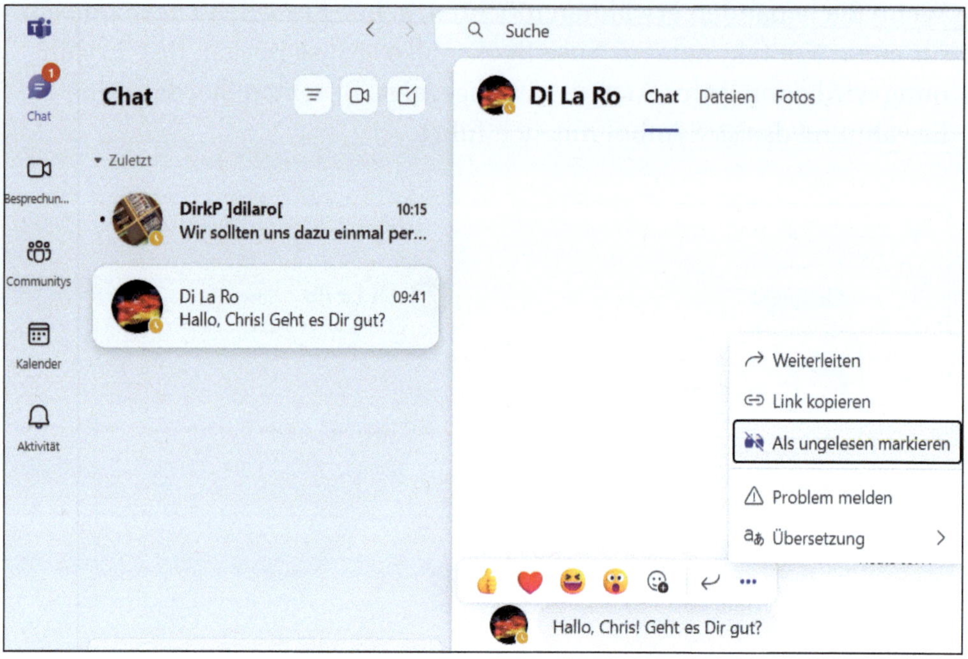

Abbildung 9.10: Chat-Nachricht als ungelesen markieren

Chats verwalten

1. Bei der Verwaltung der Chats stehen in Microsoft Teams einige Möglichkeiten zur Verfügung. Wählen Sie in Teams in der App-Leiste (links) die Kategorie CHAT.
2. Als Nächstes wählen Sie dann im Navigationsbereich eine beliebige Chat-Konversation aus und rufen über die drei Punkte WEITERE OPTIONEN auf.
3. Das Menü WEITERE OPTIONEN bietet Ihnen verschiedene Möglichkeiten zur Verwaltung von Chats, wie in Abbildung 9.11 dargestellt.
   - IN NEUEM FENSTER ÖFFNEN: Mit dieser Option wird der Chat in einem neuen, ausklappbaren Fenster geöffnet (Popup-Fenster).
   - ALS GELESEN/UNGELESEN MARKIEREN: Sie können einen Chat entweder als gelesen oder als ungelesen markieren. Wenn Sie den Chat gelesen haben, wird er standardmäßig als »gelesen« markiert, aber Sie können ihn auf Wunsch wieder als »ungelesen« markieren (was eine gute Möglichkeit ist, sich daran zu erinnern, später auf den Chat zu antworten).

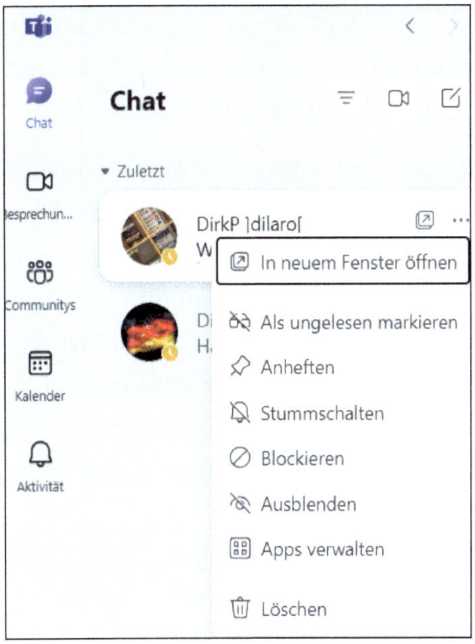

Abbildung 9.11: Verwaltungsmöglichkeiten eines Chats

- ANHEFTEN: Mit dieser Option wird die Chat-Konversation ganz oben in der Chat-Liste im Navigationsbereich angeheftet. Auf diese Weise können Sie leicht zu Unterhaltungen zurückkehren, an denen Sie gerade beteiligt sind.
- STUMMSCHALTEN: Nehmen wir an, Sie chatten mit einer Gruppe von Freunden, aber die Unterhaltung dreht sich um Details, die Sie nicht betreffen. Sie können die Unterhaltung stumm schalten, damit Sie keine Updates erhalten, während die Leute weiterchatten.
- BLOCKIEREN: Damit wird der Chat dieser Person blockiert und aus Ihrem Darstellungsbereich gelöscht.
- AUSBLENDEN: Mit dieser Option wird der Chat aus dem Navigationsbereich ausgeblendet. Sendet Ihnen der Kontakt des gelöschten Chats wieder eine Nachricht, erscheint der Eintrag auch wieder in der Liste der Chats.
- APPS VERWALTEN: Diese Option ermöglicht die Verwaltung der in Microsoft Teams zusätzlich installierten Apps.

- LÖSCHEN: Sind Sie mit einem Chat fertig? Sie können ihn aus dem Navigationsbereich löschen. Seien Sie vorsichtig: Wenn Sie einen Chat einmal gelöscht haben, ist er für immer verloren!

4. Sie können Ihre Chat-Unterhaltungen auch filtern. Wenn Sie zum Beispiel viele Unterhaltungen im Chat-Navigationsbereich haben, kann es schwierig sein, die gewünschte zu finden. Dann bietet sich die Option FILTER (die drei Striche ganz oben in der Navigationsleiste) an, sodass Sie nur die Chats einer bestimmten Person sehen. Geben Sie in das Textfeld (NACH NAMEN FILTERN) den Namen des Kontaktes ein. Mit dem Schieberegler rechts neben dem Eingabefeld stehen Ihnen zudem weitere Einstellungsmöglichkeiten zur Verfügung (Abbildung 9.12).

Abbildung 9.12: Filterung der Chat-Einträge

Sie können Freunde und Familienangehörige ganz einfach zu einer Teams-Konversation einladen und so sehr leicht mit ihnen in Kontakt treten. Wählen Sie unten im Navigationsbereich die Schaltfläche ZU TEAMS EINLADEN. Es erscheint ein Fenster mit einem Link. Klicken Sie auf die Schaltfläche KOPIEREN. Sie können diesen Link dann in E-Mail-Nachrichten, Textnachrichten usw. einfügen. Über den Link können Ihre Freunde und Verwandten schnell die Teams-Software herunterladen und sich mit Ihnen verbinden. Für die Nutzung von Teams ist ein Microsoft-Konto erforderlich.

Eine Besprechung beginnen oder erhalten

1. Eine »Besprechung« in Microsoft Teams ist ein Videoanruf. Um eine Besprechung zu starten, wählen Sie in der App-Leiste die Kategorie CHAT und anschließend das Symbol JETZT BESPRECHEN (Kamerasymbol in der Mitte), so wie in Abbildung 9.13 dargestellt.

Abbildung 9.13: Eine Besprechung beginnen

2. Geben Sie in dem daraufhin angezeigten Dialogfeld einen Namen für die Besprechung ein, wobei Sie natürlich auch den Vorschlag übernehmen können. Klicken Sie auf EINEN LINK ZUR FREIGABE ABRUFEN. Sie erhalten dann einen Link für die Besprechung, den Sie an andere Personen, die an der Besprechung teilnehmen möchten/sollen, senden können (PER E-MAIL TEILEN). Klicken Sie dann auf BESPRECHUNG BEGINNEN.

Abbildung 9.14: Teilen Sie den Link für die Besprechungseinladung.

3. Die Teams-Oberfläche ändert sich in ein Videobesprechungsfenster. Bevor Sie als Eingeladener der Besprechung beitreten (Sie erhalten eine

E-Mail, in der Sie auf den Einladungslink klicken), können Sie einige wichtige Einstellungen vornehmen:

- Mikrofon einschalten: Diese Einstellung ist standardmäßig aktiviert, da sonst Ihr Mikrofon während des Meetings nicht funktioniert.
- Kamera einschalten: Diese Einstellung ist standardmäßig aktiviert, andernfalls funktioniert Ihre Webcam während des Meetings nicht.
- Videoeffekte und -einstellungen: Mit dieser Option, die in Abbildung 9.15 dargestellt ist, können Sie u. a. den Hintergrund Ihres Videos unscharf machen (mit den Optionen Standardunschärfe bzw. Portraitunschärfe) oder auch andere Hintergründe auswählen. Diese Einstellungen sind sinnvoll, wenn Sie nicht möchten, dass im Videoanruf Ihre reale Umgebung zu bewundern ist.

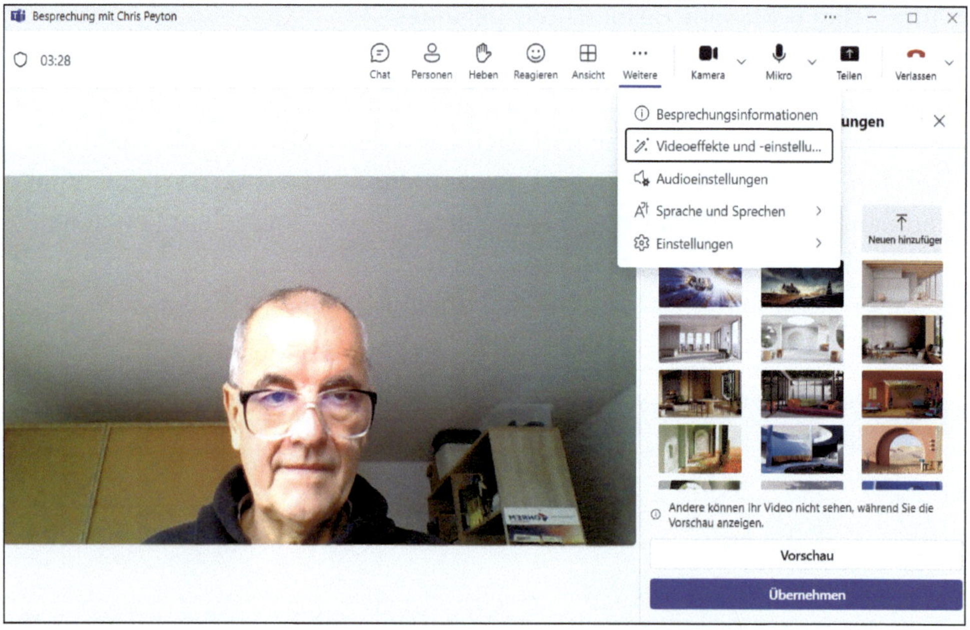

Abbildung 9.15: Einstellungsmöglichkeiten der Videoeffekte wie zum Beispiel Hintergründe

- Audioeinstellungen: Diese Funktion öffnet ein Fenster, in dem Sie die Lautsprecher, das Mikrofon und die Kamera auswählen können, die Sie für den Videoanruf verwenden möchten. Diese Funktion ist wirklich nur dann hilfreich, wenn Sie mehrere Mikrofone oder Webcams an Ihren Computer angeschlossen haben. Auf diese Weise können Sie diejenigen auswählen, die Sie verwenden möchten.

4. Wählen Sie JETZT TEILNEHMEN. Das Videofenster wird geöffnet. Dort sehen Sie sich selbst, aber auch alle anderen Teilnehmer, die der Besprechung beitreten. Jetzt können Sie sich virtuell mit Ihren Freunden, Ihrer Familie und jeder anderen Person oder Gruppe treffen.

Wenn die Besprechung zu Ende ist, klicken Sie einfach auf die rote Schaltfläche VERLASSEN in der oberen rechten Ecke des Bildschirms.

Eine Besprechung planen

1. Um eine Besprechung zu einer bestimmten Zeit durchzuführen, sollten Sie diese im Kalender von Microsoft Teams planen.
2. Wählen Sie in der App-Leiste von Microsoft Teams (links) die Kategorie BESPRECHUNG und dann die Schaltfläche BESPRECHUNG PLANEN. Im nachfolgenden Dialogfenster legen Sie dann den Grund für die Besprechung und ein Datum und eine Uhrzeit fest und senden dann einen Besprechungslink an die Personen, die Sie einladen möchten, sodass Sie sich alle zur gleichen Zeit treffen können. Dies ist eine großartige Möglichkeit, Zeit mit Freunden, Familie und anderen zu organisieren.
3. Vergewissern Sie sich im Fenster NEUE BESPRECHUNG, dass Ihre Zeitzone korrekt ist, und geben Sie dann die Details der Besprechung ein, so wie beispielhaft in Abbildung 9.16 dargestellt. Wenn Sie fertig sind, wählen Sie SPEICHERN.

Alternativ können Sie auch direkt im Kalender von Microsoft Teams (oder in der Outlook-App) einen neuen Termin anlegen, worauf Sie in das gleiche Dialogfenster (siehe Abbildung 9.16) gelangen. Im Übrigen erfolgt beim Einsatz von Outlook für Windows automatisch eine Synchronisation zwischen dem Outlook-Kalender und dem Kalender in Microsoft Teams.

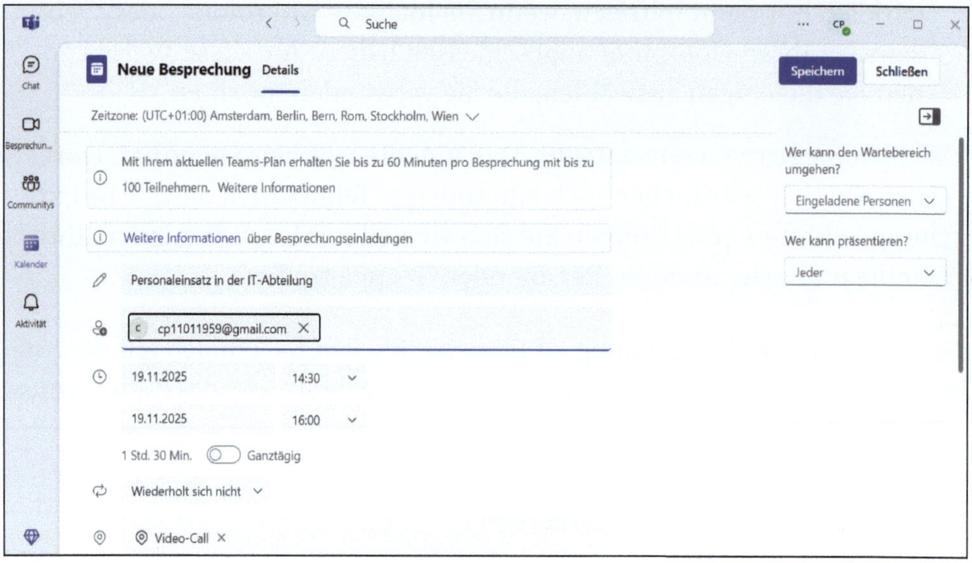

Abbildung 9.16: Planen einer Besprechung

4. Teams erstellt die Besprechung und zeigt Ihnen ein Dialogfeld an, in dem Sie den Link zur Besprechung kopieren können. In jedem Fall sollten Sie die Besprechung mit dem Link oder dem Kalender für die Personen freigeben, die daran teilnehmen sollen.

Wenn Sie einen Besprechungslink senden (z. B. per E-Mail), muss der Teilnehmer nur auf den Link klicken, um die Besprechung in Microsoft Teams zu öffnen.

5. Sie müssen eine Besprechung absagen? Kein Problem: Wählen Sie in der App-Leiste KALENDER aus und suchen Sie Ihre Besprechung im Kalender. Klicken Sie mit der rechten Maustaste auf die Besprechung und wählen Sie LÖSCHEN. Sie können auch mit der rechten Maustaste auf die Besprechung klicken und BEARBEITEN wählen, um das Datum, die Uhrzeit und andere Details zu ändern.

Microsoft Teams verwalten

1. Beim Einsatz von Microsoft Teams gibt es eine Reihe von Verwaltungseinstellungen und Konfigurationsvorgaben. Dazu müssen Sie in der Titelleiste die Option EINSTELLUNGEN UND MEHR (drei Punkte rechts oben) anklicken und im nachfolgenden Menü den Punkt EINSTELLUNGEN anklicken (siehe Abbildung 9.17).

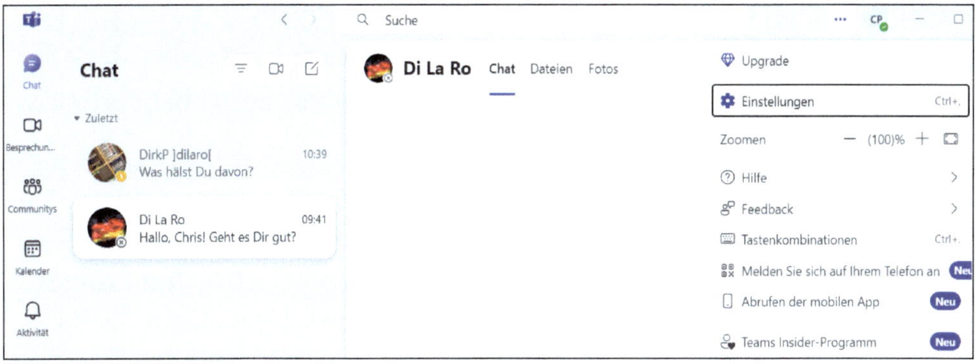

Abbildung 9.17: Einstellungen von Microsoft Teams

2. Wählen Sie beispielsweise im Bereich EINSTELLUNGEN (Abbildung 9.18) am linken Rand die Option BENACHRICHTIGUNGEN UND AKTIVITÄTEN an. Microsoft Teams informiert Sie durch Benachrichtigungen und Töne, wenn etwa jemand versucht, eine Verbindung zu Ihnen herzustellen. Sie können die Benachrichtigungen und Töne verwalten, indem Sie festlegen, welche Benachrichtigungen Sie erhalten möchten. Darüber hinaus können Sie in diesem Dialog (etwas weiter unten) auch Festlegungen zur Darstellung der Nachrichten vornehmen und vieles mehr.

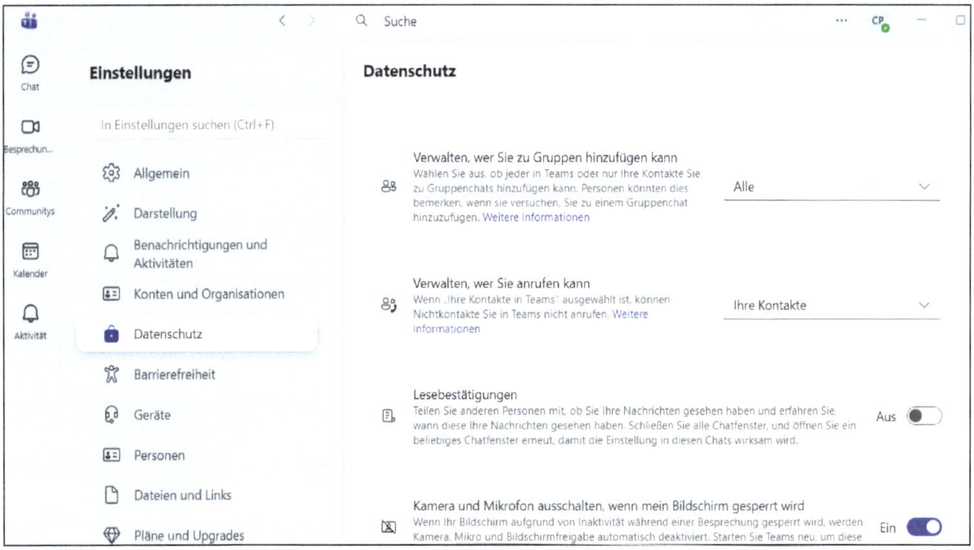

Abbildung 9.18: Datenschutz-Einstellungen in Microsoft Teams

3. Wählen Sie im Bereich EINSTELLUNGEN die Option DARSTELLUNG, so können Sie ein Design für Microsoft Teams auswählen. Standardmäßig ist HELL ausgewählt, aber Sie können auch DUNKEL auswählen oder das Design an das des Betriebssystems anpassen.
4. Mit der Option DATENSCHUTZ im Bereich EINSTELLUNGEN können Sie in der Regel die Standardeinstellungen so belassen. Hier finden Sie alles, was Sie brauchen, aber es gibt eine Einstellung, die Sie beachten sollten. Wenn Sie einen Chat oder etwas anderes in Teams lesen, kann der Absender standardmäßig sehen, dass Sie es gelesen haben (die sogenannte Lesebestätigung ist standardmäßig aktiviert). Sie können diese Funktion deaktivieren, indem Sie den Schieberegler bei LESEBESTÄTIGUNGEN auf AUS setzen.

Teil III
Unterhaltsames mit Windows 11

IN DIESEM TEIL ...

- ✔ Apps im Microsoft Store finden und kaufen
- ✔ Fotos und Videos aufnehmen und bearbeiten
- ✔ Musik abspielen und Videos anschauen

IN DIESEM KAPITEL

- Apps und Spiele anhand von Kategorien durchforsten
- Apps und Spiele anhand von Namen suchen
- Apps und Spiele installieren
- Apps und Spiele unter die Lupe nehmen
- Apps und Spiele bewerten und rezensieren
- Rechnungsdaten im Microsoft Store hinterlegen

Kapitel 10

Apps aus dem Store installieren

Mit Windows 11 können Sie vieles tun, zum Beispiel E-Mails versenden, im Internet surfen, Spiele spielen sowie Fotos und Videos anschauen. Sie können Nachrichten lesen und mit Freunden und Angehörigen chatten. All dies und noch viel mehr wird durch spezielle Software möglich gemacht. Früher nannte man diese Software »Programme« oder »Anwendungen«; heute spricht man von »Apps«.

In Windows 11 sind einige Apps bereits vorinstalliert, zum Beispiel die Apps Wetter und Kalender. Den Umgang mit diesen beiden und mit Apps ganz allgemein erlernen Sie in Kapitel 2. Doch im elektronischen Kaufhaus von Windows 11, dem Microsoft Store, erhalten Sie noch viel mehr Apps, viele davon sogar gratis.

In der Regel benötigen Sie ein Microsoft-Konto, um Apps aus dem Store installieren zu können. In Kapitel 4 ist beschrieben, wie Sie ein solches Microsoft-Konto einrichten.

Alle Apps im Store wurden von Microsoft getestet und für gut befunden. Aus Qualitäts- und Sicherheitsgründen können Sie nur Windows-11-Apps aus dem Store installieren.

In diesem Kapitel erfahren Sie, welche Apps und Spiele der Microsoft Store zu bieten hat, einschließlich jener, die auf einem neuen Computer bereits vorinstalliert sind. Sie installieren ein neues Spiel, lernen, wie Sie Ihre Apps und Spiele verwalten und wie Sie eine App oder ein Spiel bewerten. Und Sie erfahren, wie Sie nachprüfen können, dass der Microsoft Store Ihre Zahlung erhält, wenn Sie eine App oder ein Spiel kaufen.

Apps und Spiele anhand von Kategorien durchforsten

1. Zunächst einmal möchten wir uns im Microsoft Store einmal etwas umsehen. Wählen Sie das Microsoft-Store-Symbol in der Taskleiste oder geben Sie im Suchfeld der Schaltfläche Start den Namen `Store` ein und bestätigen dies mit Enter.

2. Schauen Sie sich zunächst den Startbildschirm des Stores an, so wie beispielhaft in Abbildung 10.1 dargestellt. Die Benutzeroberfläche zeigt verschiedene Apps und Spiele an; dabei kann dies ggf. davon abhängen, ob Microsoft aufgrund Ihrer letzten Einkäufe annimmt, dass sie für Sie interessant sein könnten.

3. Achten Sie auf die Navigationsleiste links am Bildschirm. Hier haben Sie mehrere Auswahlmöglichkeiten: Startseite, Apps, Gaming und Air Hub. Unten in der Navigationsleiste finden Sie außerdem die Kategorien Neuigkeiten, Downloads und Bibliothek. Egal, wo Sie sich im Store gerade befinden, die Navigationsleiste wird immer angezeigt, sodass Sie auf die Startseite zurückkehren oder Ihre Suchrichtung wechseln können.

Der Microsoft Store ist, nun ja … ein Laden! Gelegentlich werden Geschäfte umgestaltet, und das gilt auch für Online-Shops. Die gute Nachricht ist, dass Sie in der Regel herausfinden können, wie Sie navigieren und auf die verschiedenen Kategorien zugreifen können, auch wenn Microsoft das Aussehen des Shops von Zeit zu Zeit ändert.

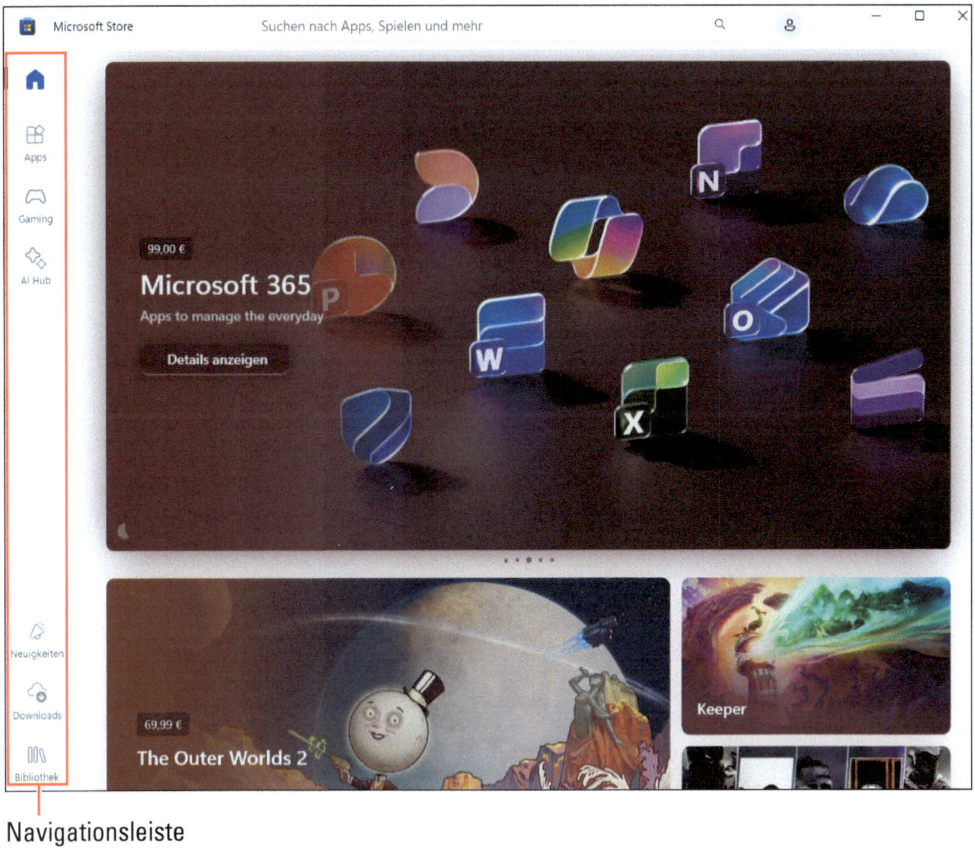

Abbildung 10.1: Die Startseite des Microsoft Store

4. Wählen Sie in der Navigationsleiste den Eintrag APPS, um auf den Apps-Bildschirm zu gelangen, und blättern Sie dann auf dem Bildschirm nach unten.

5. Im unteren Bereich des Fensters sehen Sie verschiedene App-Kategorien, wie z. B. BELIEBTE APPS, WICHTIGE BASIS-APPS, APPS FÜR FOTOS UND VIDEOS, APP FÜR KREATIVE usw. Klicken oder tippen Sie jeweils auf den Namen einer Kategorie, um das gesamte Angebot zu diesem Thema sehen. Wählen Sie dann gegebenenfalls die Möglichkeiten, die sich hinter der Schaltfläche FILTER verbergen, um Ihre Suchergebnisse einzuschränken (siehe Abbildung 10.2).

Klicken Sie auf den Pfeil am Feld ALLE KATEGORIEN, woraufhin eine Vielzahl von Auswahlmöglichkeiten erscheinen:

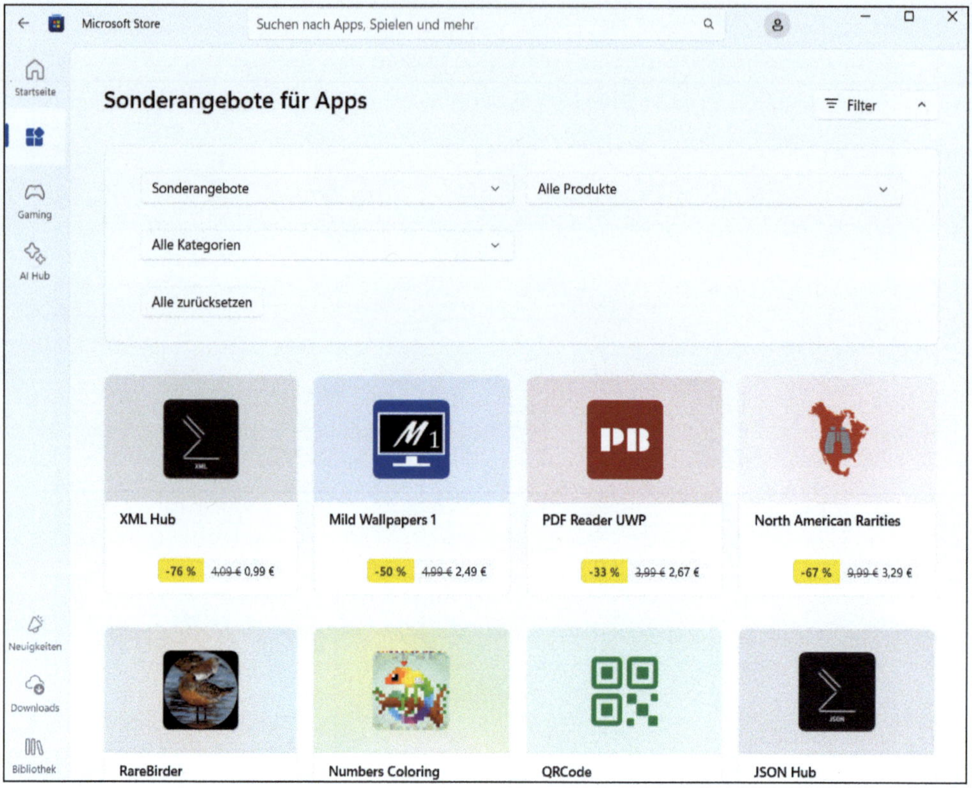

Abbildung 10.2: Vielfältige Filterungsmöglichkeiten erleichtern die Suche.

- ✔ Behörden & Politik: Informieren Sie sich über Behörden, Wahlverfahren, das Grundgesetz etc.
- ✔ Bildung: Studieren Sie die Sterne, lernen Sie Sprachen oder Klavier.
- ✔ Bücher & Lexika: zum Lesen und Recherchieren
- ✔ Dienstprogramme & Tools: Verwalten Sie mit diesen Apps Ihren Computer.
- ✔ Entwicklungstools: Hier finden sich Apps für Computerentwickler.
- ✔ Essen & Trinken: Mit diesen Apps können Sie Restaurants finden, beurteilen und kritisieren.
- ✔ Fotos & Videos: Mit diesen Apps können Sie Fotos und Videos ansehen, bearbeiten oder teilen.
- ✔ Gesundheit & Fitness: Möchten Sie wieder in Form kommen? Sogar dafür gibt es Apps.

- ✔ KINDER & FAMILIE: Erkunden Sie Apps für Familienaktivitäten und Kinder.
- ✔ LIFESTYLE: Wenn Ihnen die Kategorie UNTERHALTUNG nicht ausreicht, schauen Sie doch einmal in LIFESTYLE rein.
- ✔ MEDIEN: Anwendungen mit medialen Inhalten
- ✔ MEDIZIN: Suchen Sie nach medizinischen Informationen.
- ✔ MEINE FINANZEN: Verwalten Sie das Geld, das Sie nicht für andere Apps ausgeben.
- ✔ MULTIMEDIADESIGN: Zeigen Sie Ihre kreative Ader mit Fotos und Videos.
- ✔ MUSIK: Hören Sie, machen Sie und mischen Sie Musik.
- ✔ NACHRICHTEN & WETTER: Halten Sie sich auf dem Laufenden und seien Sie vorbereitet auf den nächsten Regenschauer.
- ✔ NAVIGATION & KARTEN: Damit gelangen Sie schneller ans Ziel.
- ✔ PERSONALISIERUNG: eine Kategorie für dies und das
- ✔ PRODUKTIVITÄT: Hier finden Sie Apps zum Senden von E-Mails und für Zeitmanagementaufgaben.
- ✔ PRODUKTIVITÄT & GESCHÄFT: Ergebnisse für Apps im geschäftlichen Umfeld
- ✔ REISE: Diese Apps bringt Sie überall hin.
- ✔ SHOPPING: Alle Kataloge der Welt sind nur einen Klick weit entfernt.
- ✔ SICHERHEIT: Machen Sie Ihren Computer und Ihre Daten sicher.
- ✔ SOZIALE NETZWERKE: Treten Sie mit Freunden und Familienmitgliedern in Verbindung.
- ✔ SPORT: Behalten Sie Ihren Sport oder Ihre Lieblingsmannschaft im Blick.
- ✔ UNTERHALTUNG: Apps, die nicht in andere Kategorien passen, zum Beispiel Apps zum Zeichnen
- ✔ UNTERNEHMEN: Hier sind Apps zum Verwalten von Geschäftsdaten zu finden.

Unter Umständen begegnen Ihnen hier noch weitere Kategorien. Der Store wird recht häufig überarbeitet.

Ist die App, die Sie suchen, unter Spiele oder Unterhaltung verzeichnet? Dient sie der Produktivität oder ist sie ein Tool? Der Entwickler der App entscheidet, in welche Kategorie sie eingeordnet wird. In manchen Fällen kommen mehrere Kategorien infrage. Das lässt sich nun einmal nicht ändern.

6. Wählen Sie eine Kategorie aus, zum Beispiel Bildung. Mit dem in Abbildung 10.3 gezeigten Auswahlpfeil am Feld daneben (Alle Kategorien) können Sie die Suchergebnisse weiter einschränken.
7. Wählen Sie in der Navigationsleiste Gaming und blättern Sie auf dem Gaming-Bildschirm nach unten. Sie sehen wieder die bekannten Kategorien, unter anderem Spiele-Bestseller, Das Beste von Game-Pass, Unbedingt spielenswerte kostenlose Spiele usw. Klicken oder tippen Sie auf den bei den Kategorienamen hinterlegten Link, um das gesamte Angebot eines Themas angezeigt zu bekommen.
8. Um von einer beliebigen Seite zur Startseite des Microsoft Stores zurückzukehren, verwenden Sie in der Navigationsleiste das Symbol Startseite (Haussymbol).

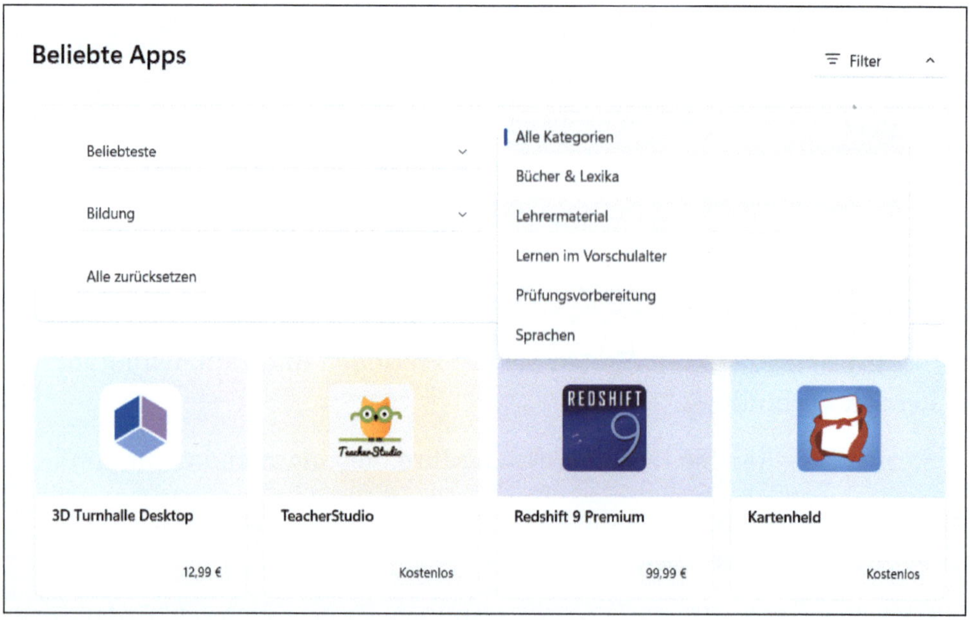

Abbildung 10.3: Filtern Sie die Suchergebnisse.

Haben Sie eine App gefunden, die Sie interessiert? Wenn ja, lesen Sie im Abschnitt »Neue Apps und Spiele installieren« später in diesem Kapitel nach, wie Sie die App herunterladen und installieren können.

Apps und Spiele anhand von Namen suchen

1. Klicken Sie auf einem beliebigen Bildschirm des Stores in das Suchfeld oben auf dem Bildschirm, so wie in Abbildung 10.4 gezeigt.
2. Geben Sie `mahjong` in das Suchfeld ein und drücken Sie die Eingabetaste. Wie in Abbildung 10.4 gezeigt, werden Apps und Spiele angezeigt, die das Wort *mahjong* in ihrem Namen haben. Nutzen Sie die Filter-Funktion, um die Treffer einzuschränken, wenn Sie möchten.

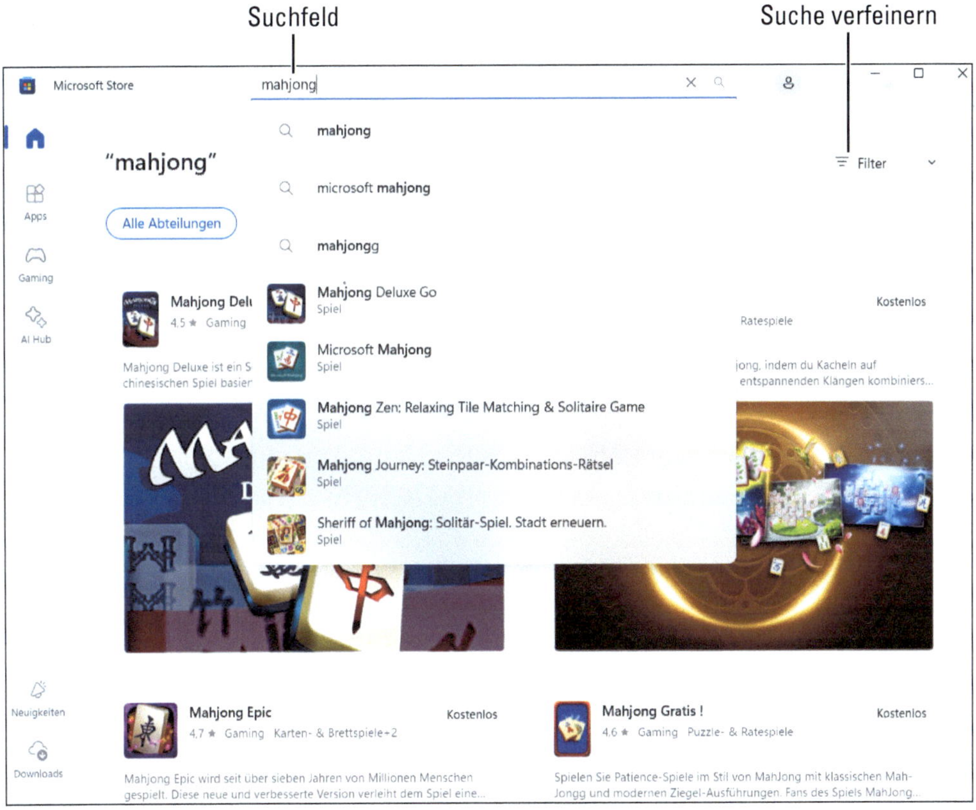

Abbildung 10.4: Suche einer App durch Eingabe im Suchfeld

3. Wählen Sie im oberen Bereich die Schaltfläche SPIELE aus, um alle Spiele mit der Bezeichnung *mahjong* im Titel anzuzeigen (siehe Abbildung 10.5). Beachten Sie, dass sich die Filteroptionen geändert haben. Jetzt können Sie Ihre Suche noch weiter nach Kategorien oder nach den abgegebenen Bewertungen eingrenzen.

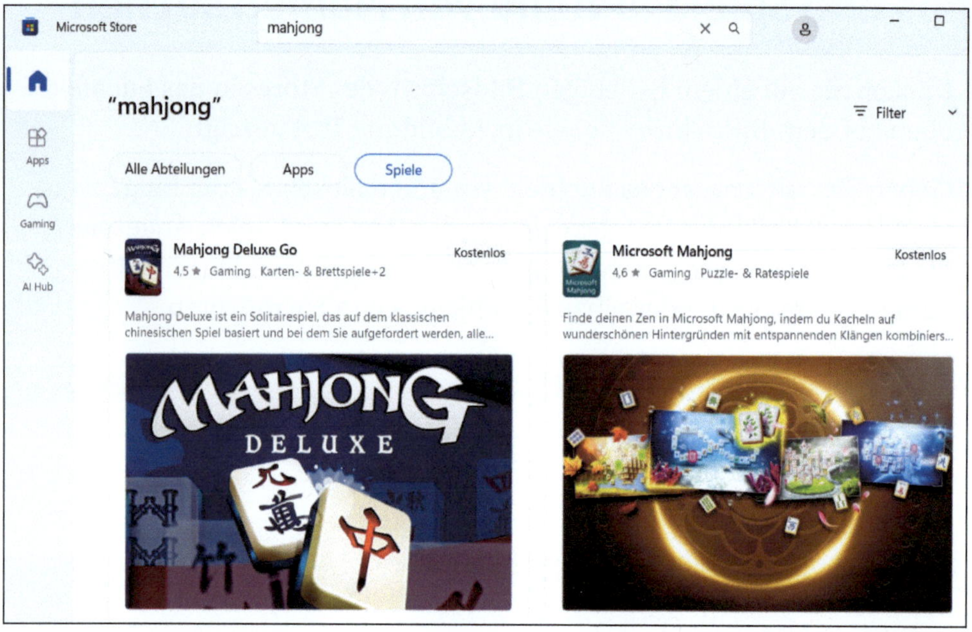

Abbildung 10.5: Anzeige der Ergebnisse für Spiele mit »mahjong« im Titel

4. Blättern Sie in der Ergebnisliste zu SIMPLE MAHJONG. Wählen Sie es auf dem Ergebnisbildschirm aus.

5. Lesen Sie im nachfolgenden Abschnitt »Neue Apps und Spiele installieren« weiter oder kehren Sie zum Startbildschirm zurück.

Neue Apps und Spiele installieren

1. Suchen Sie im Store das Spiel SIMPLE MAHJONG. (Falls Sie die App nicht finden, informieren Sie sich im vorherigen Abschnitt »Apps und Spiele anhand von Namen suchen«.) Wählen Sie das Spiel in der Ergebnisliste aus.

2. In unserem Beispiel wird der in Abbildung 10.6 gezeigte Bildschirm angezeigt. Dieser (und jeder andere) Bildschirm für Spiele oder Apps enthält zahlreiche Informationen.

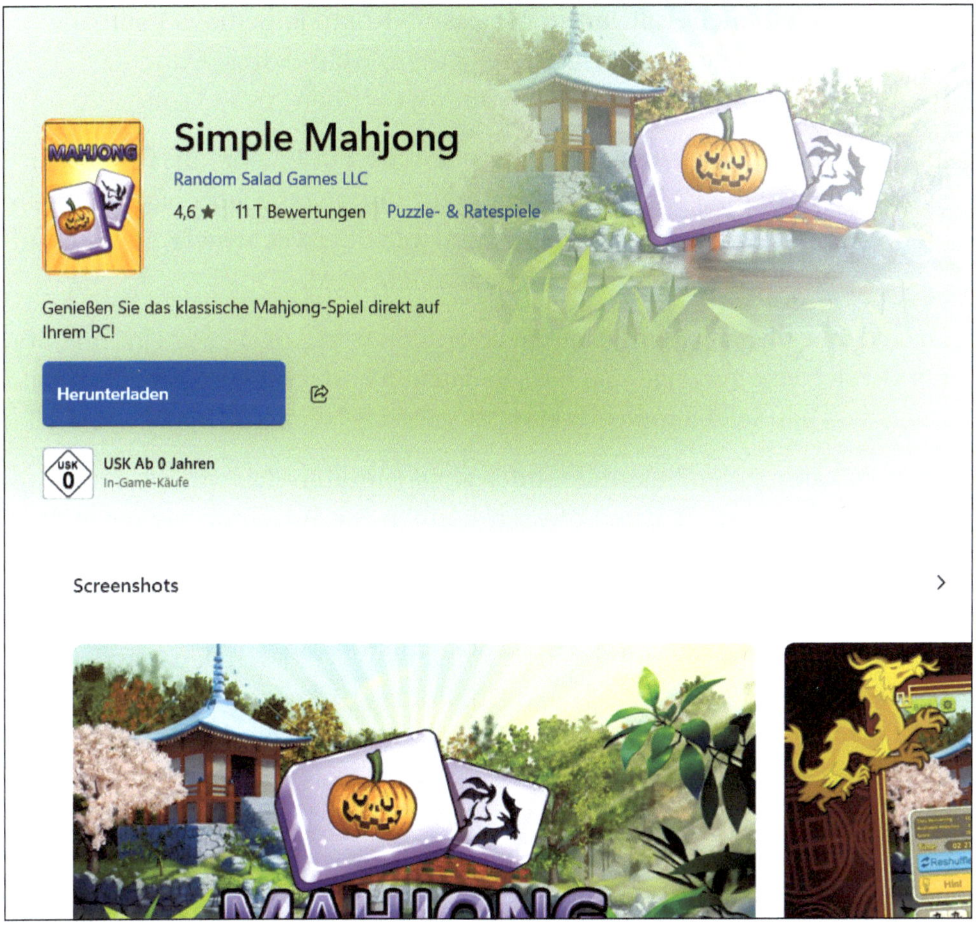

Abbildung 10.6: Die Detailseite mit zahlreichen Informationen zum Spiel

3. Sie sehen eine Beschreibung des Spiels sowie Informationen über die Bewertungsanzahl und den Bewertungsdurchschnitt. Wenn Sie auf der Seite nach unten blättern, erhalten Sie weitere Informationen über das Spiel.

4. Beachten Sie im unteren Bereich den Abschnitt mit dem Titel SYSTEMANFORDERUNGEN. Der Microsoft Store prüft automatisch Ihr System, um sicherzustellen, dass alles, was Sie herunterladen, auf Ihrem Computer funktionieren wird (bei den meisten Programmen wird dies der Fall sein).

5. Klicken oder tippen Sie auf die Schaltfläche HERUNTERLADEN (oben), um das Spiel auf Ihrem Computer zu installieren.

6. Wenn Sie noch nicht mit Ihrem Microsoft-Konto angemeldet sind, geben Sie auf der dann angezeigten Seite die E-Mail-Adresse und das Kennwort für Ihr Microsoft-Konto ein und wählen ANMELDEN.

Mit dem Kauf einer App erwerben Sie die Lizenz, diese App unter demselben Microsoft-Konto auf bis zu zehn unterschiedlichen Computern zu installieren. Microsoft überwacht, wie oft und auf welchen Computern die App installiert wird.

7. Nach dem Anklicken der Schaltfläche HERUNTERLADEN erscheint im oberen Bereich eine Anzeige und Sie sehen einen Fortschrittsbalken, der anzeigt, dass das Spiel Simple Mahjong heruntergeladen und installiert wird.

Es kann einige Sekunden oder auch Minuten dauern, bis eine App installiert ist. Währenddessen können Sie Ihr Gerät weiter benutzen, nur die betreffende App funktioniert noch nicht.

8. Um das kostenlose Mahjong-Spiel zu spielen (oder irgendein anderes Spiel), geben Sie in das Suchfeld des Startmenüs einfach den Namen des Spiels ein, um es zu finden, wie in Abbildung 10.7 gezeigt. Es ist auch möglich, dass das Symbol der neu installierten App direkt im Startmenü angezeigt wird.

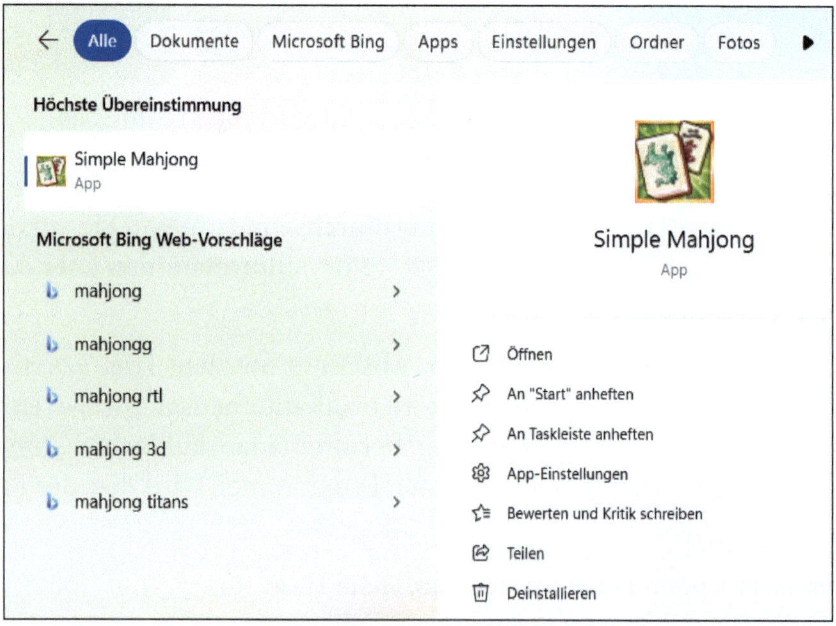

Abbildung 10.7: Start des Spiels über die integrierte Suche

Sie können das Symbol für Simple Mahjong an das Startmenü anheften; dazu klicken Sie an der Stelle einfach den entsprechenden Menüpunkt an (Näheres dazu siehe Kapitel 3).

Ihre Apps und Spiele durchsehen

1. Im Microsoft Store wird gespeichert, welche Apps auf Ihrem Windows-11-Computer installiert sind. Um zu sehen, welche Apps und Spiele Sie haben, öffnen Sie den Microsoft Store und wählen dann das Symbol Bibliothek unten in der Navigationsleiste, so wie in Abbildung 10.8 gezeigt.

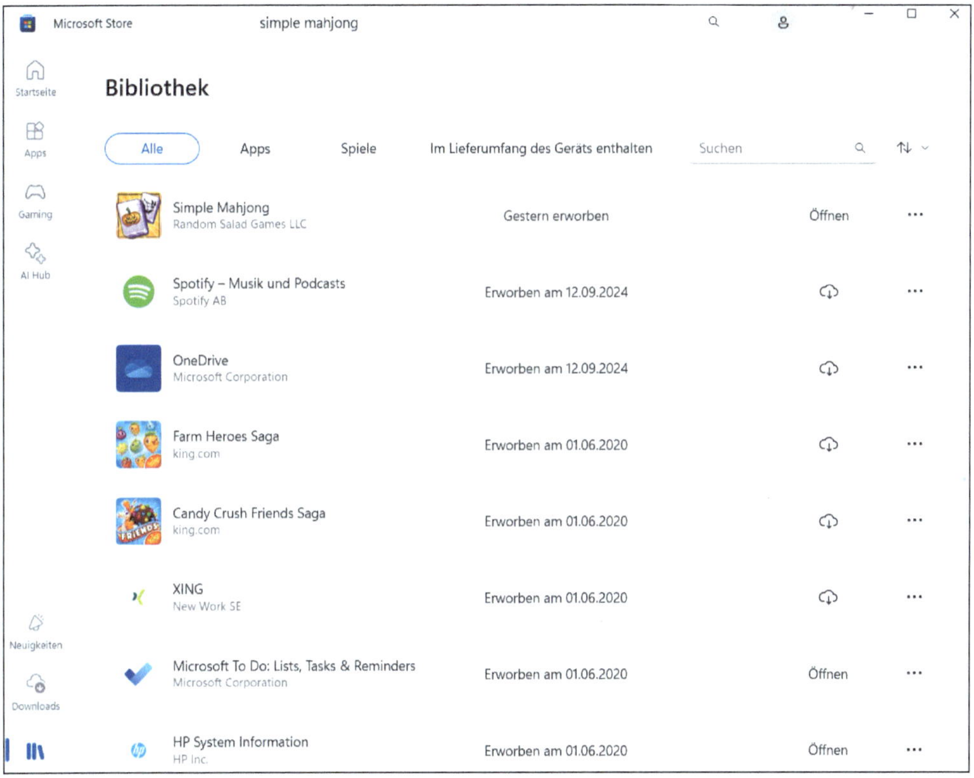

Abbildung 10.8: Anzeige der Apps, die installiert wurden

2. Auf diesem Bildschirm sehen Sie alle Apps, die Sie heruntergeladen haben, und neben jeder Schaltfläche werden im Menü Weitere Optionen (drei Punkte) drei Optionen angezeigt (Teilen, Weitere

Informationen, Versionshinweise anzeigen). Der Eintrag Teilen weist dabei noch weitere Optionen auf (Link kopieren und Weitere Optionen).

3. Im oberen Bereich des Fensters werden die einzelnen Kategorien über entsprechende Schaltflächen abgebildet. Standardmäßig ist hier Alle ausgewählt, aber Sie können auch nur Apps, Spiele und Im Lieferumfang des Geräts enthalten anzeigen lassen. Wählen Sie einfach die gewünschte Kategorie aus.

Apps bewerten und rezensieren

1. Wählen Sie auf dem Bibliotheksbildschirm die App Simple-Mahjong aus. Wenn Sie diese App nicht haben, lesen Sie den Abschnitt »Neue Apps und Spiele installieren« weiter vorne in diesem Kapitel und installieren Sie diese, oder öffnen Sie eine beliebige andere App aus dem Store, die installiert worden ist.
2. Blättern Sie im Store-Fenster der Simple-Mahjong-App zum Abschnitt Bewertungen und Rezensionen, so wie in Abbildung 10.9 dargestellt.

   Sie können nur Apps bewerten oder rezensieren, die auf dem System installiert wurden; zudem müssen Sie dazu mit Ihrem Microsoft-Konto angemeldet sein. Um eine vorinstallierte App zu bewerten oder zu rezensieren, zum Beispiel Outlook oder Kontakte, müssen Sie sich in der App mit Ihrem Microsoft-Konto angemeldet haben.

3. Klicken oder tippen Sie auf die Schaltfläche Bewertung schreiben; sollten Sie zu dem Zeitpunkt noch nicht mit dem Microsoft-Konto angemeldet sein, müssen Sie die Schaltfläche Zur Überprüfung anmelden anwählen und sich dann anmelden.
4. Im nächsten Dialogfenster können Sie wählen, wie viele Sterne Sie für dieses Spiel vergeben möchten. (Wählen Sie einen Stern als niedrigste Bewertung und fünf für die beste Bewertung.) Geben Sie im Titelfeld eine Zusammenfassung oder Übersicht Ihres Kommentars ein, zum Beispiel »Super« oder »Nicht ausgereift«.

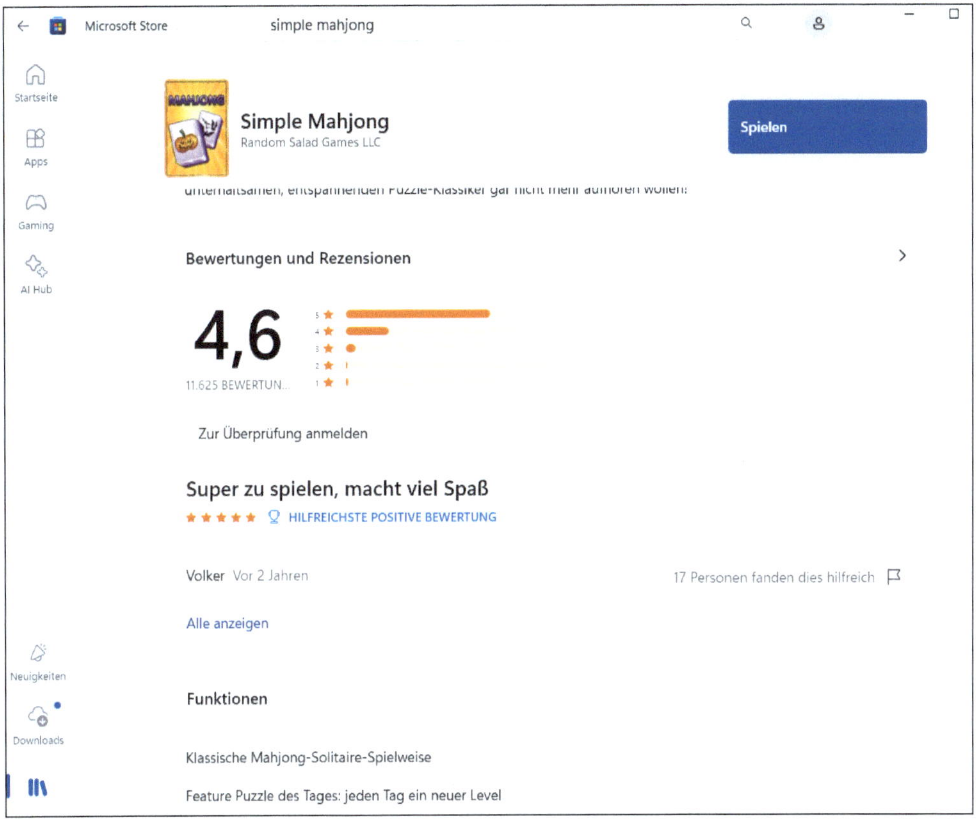

Abbildung 10.9: Bewertungen einer App

5. Im Kommentarfeld (BESCHREIBUNG) können Sie dann mit maximal 1000 Zeichen (einschließlich Leer- und Interpunktionszeichen) eine ausführliche Kommentierung der App vornehmen.

6. Wenn Sie fertig sind, klicken oder tippen Sie auf ÜBERMITTELN (oder auf ABBRECHEN, um Ihre Rezension zu verwerfen). Der Store bedankt sich und kurz darauf erscheint dann auch Ihre Rezension auf der Detailseite der App.

Ihre Kommentare können anderen helfen zu entscheiden, ob sie eine App installieren sollten oder nicht. Zudem kann der Entwickler der App aufgrund des Feedbacks Probleme beheben oder Funktionen hinzufügen.

Ihre Rezension erscheint mit dem Benutzernamen und Bild Ihres Microsoft-Kontos, aber nicht mit Ihrer E-Mail-Adresse.

Rechnungsdaten im Store hinterlegen

1. Um die für den Kauf von Apps und Spielen erforderlichen Zahlungsinformationen hinzuzufügen, klicken Sie im Microsoft Store auf Ihre Profildarstellung (Name) in der Titelleiste. Es erscheint ein Popup-Menü mit der Option ZAHLUNGSMETHODEN, so wie in Abbildung 10.10 dargestellt.

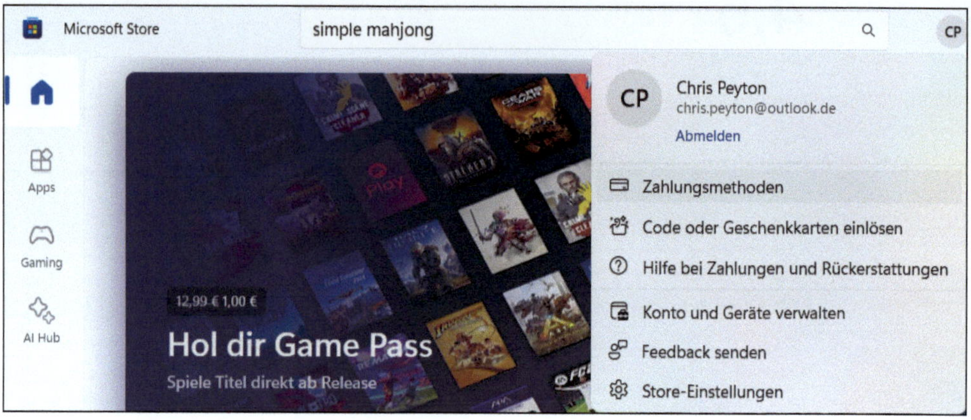

Abbildung 10.10: Eine Zahlungsmethode hinterlegen

2. Sobald Sie diese Option ausgewählt haben, wird im Browser eine spezielle Webseite aufgerufen, wo Sie sich dann zunächst einmal mit Ihrem Microsoft-Konto autorisieren müssen.

Weitere Informationen, wie Sie ein Microsoft-Konto einrichten, finden Sie in Kapitel 4.

3. Blättern Sie auf dem Bildschirm nach unten und prüfen Sie, ob die angegebenen Daten korrekt sind. Wenn nicht die richtige Kreditkarte belastet wird oder wenn noch keine Zahlungsmethode hinterlegt ist, wählen Sie ZAHLUNGSMETHODE HINZUFÜGEN.

4. Wählen Sie aus der dann erscheinenden Liste die gewünschte Option bzw. den Kreditkartentyp aus und ergänzen dann die benötigten Angaben.

5. Aus Sicherheitsgründen fordert Microsoft Sie in diesem Prozess auf, Ihr Kennwort des Microsoft-Kontos einzugeben.

6. Wenn Ihre Informationen akzeptiert wurden, kehren Sie zurück zu Ihrem Konto-Bildschirm (Haussymbol in der Navigationsleiste), wo alle Angaben und Informationen an zentraler Stelle angezeigt werden.

Möglicherweise werden Sie aufgefordert, sich zu legitimieren, indem Sie einen Sicherheitscode eingeben. Geben Sie Daten ein, wie Microsoft Sie erreichen kann, und wählen Sie die Schaltfläche CODE SENDEN. Nachdem der Code per E-Mail oder in einer Textnachricht bei Ihnen eingetroffen ist, tragen Sie ihn auf dem Bildschirm ein, der den Sicherheitscode abfragt.

7. Im Bereich IHRE INFORMATIONEN (Symbol links in der Navigationsleiste) können Sie Angaben zur Rechnungs- und Lieferadresse vornehmen:

8. Wenn Sie damit fertig sind, klicken oder tippen Sie auf SPEICHERN. Wenn Ihre Daten unvollständig oder ungültig sind, bleibt das Formular auf dem Bildschirm, und Sie erhalten Informationen zum aufgetretenen Problem.

9. Nach Hinterlegung aller benötigten Informationen können Sie sich auf der Webseite wieder abmelden und das Browser-Fenster schließen.

Eine App deinstallieren

1. Vielleicht laden Sie eine App, z. B. ein Spiel, herunter und stellen später fest, dass Sie sie nicht mehr mögen oder benötigen. Sie können alles, was Sie aus dem Microsoft Store herunterladen, ganz einfach deinstallieren. Suchen Sie zunächst im Suchfeld des Startmenüs nach der App, die Sie deinstallieren möchten.

2. Wählen Sie die App in den Suchergebnissen aus.

3. Im rechten Fensterbereich der Suchergebnisse tauchen verschiedene Optionen auf; wählen Sie hier die Option DEINSTALLIEREN (Abbildung 10.11).

4. Ein Dialogfeld wird angezeigt, in dem Sie zur Bestätigung aufgefordert werden. Wählen Sie erneut die Option DEINSTALLIEREN, und die App wird von Ihrem Computer deinstalliert.

Abbildung 10.11: Installierte App wieder deinstallieren

Die verfügbaren Apps im Microsoft Store ändern sich häufig. Wenn Sie eine App deinstallieren, gibt es keine Garantie dafür, dass sie später wieder zum Download zur Verfügung steht. Sie sollten sich also sicher sein, dass Sie die App in Zukunft nicht mehr verwenden möchten, bevor Sie sie deinstallieren.

IN DIESEM KAPITEL

Fotos oder Videos aufnehmen

Fotos von Kamera oder Smartphone auf den Computer übertragen

Fotos in der Fotos-App anschauen

Fotos in der Fotos-App bearbeiten

Fotos aus der Fotos-App heraus drucken

Fotos und Dokumente scannen

Kapitel 11
Fotografieren und mehr

Windows 11 macht es Ihnen leicht, die Freuden der digitalen Fotografie zu genießen. Sie können Fotos zur Ansicht auswählen, eine Gruppe von Fotos zu einer Diashow zusammenfassen und ein Lieblingsfoto als Hintergrund für den Sperrbildschirm einstellen, um es bei jedem Start von Windows 11 zu bewundern.

Wenn Sie einen Drucker haben, können Sie Fotos für sich selbst ausdrucken oder um sie an andere zu verschicken. Selbst schwarz-weiß ausgedruckte Farbfotos können etwas hermachen. Wenn Sie einen Scanner besitzen, können Sie sogar Fotos einscannen, die bisher nur auf Papier existierten, und so eine digitale Kopie davon erstellen.

Wenn Sie selbst fotografieren möchten, ist natürlich eine Digitalkamera oder ein Smartphone unschlagbar. Sie können die Fotos dann von Ihrer Kamera in Ihren Bilderordner kopieren und von dort aus am Computer anzeigen oder an andere weitergeben. Oder Sie nutzen einfach die Kamera-App. Hierzu benötigen Sie allerdings ein Notebook oder einen Tablet-PC mit integrierter Webcam oder eine Webcam, die Sie an Ihren Computer anschließen.

In diesem Kapitel dreht sich (fast) alles um das Arbeiten, Einscannen und Bearbeiten von Fotos mit den Bordmitteln von Windows 11.

Fotos oder Videos aufnehmen

1. Rufen Sie mit dem Lupen-Symbol in der Taskleiste die Suchfunktion auf und geben Sie in das Suchfeld `Kamera` ein. Wählen Sie aus den Ergebnissen die Kamera-App. Wenn Sie keine Webcam haben, fordert Sie die App auf, eine Kamera anzuschließen. Wenn keine Webcam oder nur eine Webcam mit zu geringer Auflösung vorhanden ist, schließen Sie eine externe Webcam per USB-Kabel an Ihren Computer an. Das ist recht einfach.

   Es gibt zahlreiche gute Webcams. Im Allgemeinen sollten Sie sich die höchste Auflösung kaufen, die Sie sich leisten können, weil Sie die Kamera sehr wahrscheinlich für Video-Chats verwenden. Achten Sie auf die Größe der Kamera, ihren Anschluss an Ihren Computer und ob sie ein Mikrofon hat (das Sie unbedingt brauchen).

2. Wenn Sie die Kamera-App zum ersten Mal verwenden, werden Sie vielleicht gefragt, ob die App die Webcam und das Mikrofon verwenden darf. (Noch so ein höfliches Programm!) Wählen Sie JA, um fortzufahren.
3. Nach der Zustimmung zur Verwendung der Geräte wird die Kamera-App geöffnet und es besteht eine gewisse Wahrscheinlichkeit, dass Sie das Gesicht, das Sie jetzt anschaut, schon einmal gesehen haben. Wählen Sie mit dem Pfeil nach unten auf der rechten Seite oder durch Anklicken des Kamera-Symbols in den Foto-Modus der App.
4. Um ein Foto zu machen, brauchen Sie dann nur in die Kamera des Computers zu lächeln, auf die Schaltfläche zum Fotografieren (die mit dem Fotoapparat rechts im Bildschirm) zu klicken oder tippen. Vielleicht bemerken Sie einen blauen Kasten, der um Ihr Gesicht herumtanzt, während Sie sich auf die Aufnahme vorbereiten (siehe Abbildung 11.1). Dabei handelt es sich um einen Fokussierrahmen, den die Kamera verwendet, der aber nicht auf dem Foto zu sehen sein wird. Möglicherweise ertönt ein Klickgeräusch wie bei einer herkömmlichen Kamera. Ihr Foto wird automatisch in einen Ordner namens EIGENE AUFNAHMEN im Ordner BILDER abgelegt.

Abbildung 11.1: Fotografieren leicht gemacht

5. Verfügt Ihr System über mehrere Kameras, können Sie über die die Option KAMERA ÄNDERN (oben rechts) zwischen den Kameras wechseln. Manche Tablet-PCs und Notebooks haben zwei Kameras; eine, die direkt auf Sie gerichtet ist, und eine, die auf der Geräterückseite die Umgebung fotografiert. Wechseln Sie die Kamera, wenn Sie etwas anderes als sich selbst aufnehmen möchten. Nehmen Sie ruhig noch ein Bild auf; es kostet ja nichts. Um sich wieder selbst zu sehen, wählen Sie erneut KAMERA ÄNDERN.

6. Wählen Sie die Schaltfläche mit dem Video-Symbol (siehe Abbildung 11.1). Nichts passiert, bis Sie ein zweites Mal auf die Schaltfläche VIDEO AUFZEICHNEN klicken oder tippen. Jetzt geht es um bewegte Bilder. Ein Zähler zeigt die Länge des Videos an. Aber bedenken Sie: In der Kürze liegt die Würze! Sie können natürlich auch sprechen, während Sie aufzeichnen. Klicken oder tippen Sie auf die Schaltfläche VIDEOAUFNAHME BEENDEN, um das Video anzuhalten. Wie die Fotos, die Sie mit der Kamera-App aufzeichnen, werden Videos anfänglich im Unterordner EIGENE AUFNAHMEN des Ordners BILDER aufgezeichnet. Wählen Sie das Kamera-Symbol (FOTO

AUFNEHMEN) aus, um die Videofunktion auszuschalten und wieder Standbilder aufnehmen zu können (mit dem nächsten Klick oder Tipp). Lassen Sie die Kamera-App geöffnet, um die Kamera-Einstellungen genauer zu betrachten, um die es im nächsten Abschnitt geht.

Kamera-Einstellungen auswählen

1. Wenn die Kamera-App nicht geöffnet ist, öffnen Sie sie jetzt. Wählen Sie die Schaltfläche EINSTELLUNGEN oben links im Kamera-Fenster, indem Sie auf das Zahnradsymbol klicken. Das Einstellungsfeld wird geöffnet, so wie in Abbildung 11.2 gezeigt. Hier können Sie beispielsweise festlegen, wie Fotos und Videos aufgenommen werden sollen, indem Sie spezifische Einstellungen vornehmen. Je nach verwendeter Webcam ist es möglich, dass Sie nicht alle Optionen sehen.

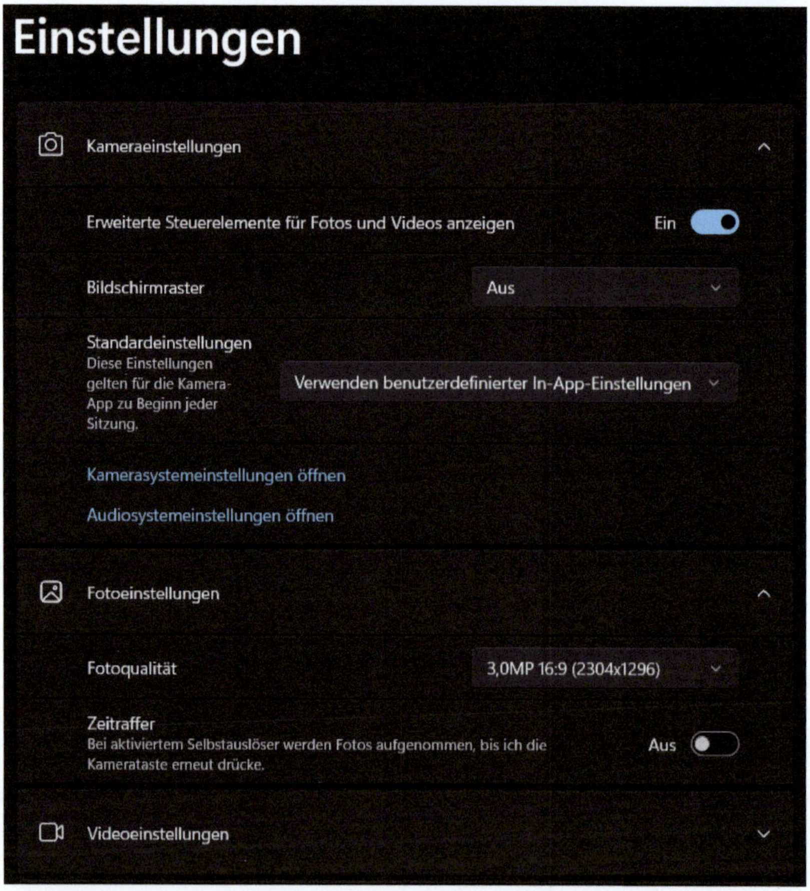

Abbildung 11.2: Einstellungsmöglichkeiten der Kamera-App

Je nach Größe Ihres Bildschirms müssen Sie möglicherweise nach unten scrollen, um das gesamte Einstellungsfeld zu sehen.

2. Mit der obersten Einstellungsoption können Sie die erweiterten Einstellungsmöglichkeiten aktivieren. Diese benötigen Sie beispielsweise dann, wenn Sie eine Helligkeitseinstellung für Ihre Fotos wählen möchten. Nachdem Sie den erweiterten Modus aktiviert haben, wird auf der linken Seite des Kamera-App-Bildschirms ein Helligkeitssymbol angezeigt. Wenn Sie dieses Symbol auswählen, können Sie mit einem Schieberegler die Helligkeit der Fotos von 100 Prozent (sehr hell) bis 0 Prozent (sehr dunkel) einstellen.
3. Legen Sie in dem Einstellungsfenster mit folgenden Optionen fest, wie Sie Fotos aufnehmen möchten:
   - **Bildschirmraster:** Diese Option hilft Ihnen, die Kamera auszurichten. Beispielsweise platziert die Auswahl FADENKREUZ sich kreuzende Linien in der Bildschirmmitte, sodass Sie erkennen, wo die Mitte Ihrer Fotos sein wird.
   - **Fotoqualität:** Diese Option legt fest, ob Sie schmale (4:3) oder Widescreen-Fotos (16:9) erstellen und welche Auflösung die Fotos haben sollen.
   - **Zeitraffer**: Wählen Sie diese Option, wenn Sie eine Reihe von Fotos aufnehmen möchten, die sich als Zeitraffer aneinanderreihen lassen. Wenn diese Option ausgewählt und der Foto-Timer auf 2 Sekunden eingestellt ist, nimmt die Kamera-App beispielsweise alle 2 Sekunden ein Zeitrafferfoto auf, bis Sie ein zweites Mal auf die Kamerataste klicken oder tippen, wodurch die Fotoaufnahme beendet wird.
4. Bei den VIDEOEINSTELLUNGEN können Sie ebenfalls diverse Einstellungen vornehmen:
   - **Videoqualität:** Diese Option ermöglicht die Festlegung der Ausrichtung und der Anzahl der Pixel in Ihren Videos, die horizontal und vertikal über den Bildschirm angezeigt werden. Ein Pixel ist ein Farbpunkt; je mehr Pixel die Einstellung angibt, desto größer ist der Videobildschirm.

5. Kehren Sie zum Hauptbildschirm der Kamera-App zurück, indem Sie im Einstellungsfenster oben links auf den Pfeil klicken oder tippen.

Weitere Informationen über die Anzeige und gegebenenfalls die Bearbeitung Ihrer eben aufgenommenen Bilder finden Sie im Abschnitt »Fotos in der Fotos-App anzeigen«.

Fotos von Kamera oder Smartphone auf den Computer übertragen

1. Wenn zu Ihrer digitalen Kamera oder Ihrem Smartphone ein Kabel mitgeliefert wurde, schließen Sie es an die Kamera an und stecken das andere Ende in einen USB-Anschluss Ihres Computers. Schalten Sie jetzt Ihre Kamera ein. Besitzt Ihr Notebook oder Tablet-Computer einen eingebauten Steckplatz für Speicherkarten, können Sie auch die Speicherkarte aus der Kamera herausnehmen und in diesen Kartenleser schieben.

Wenn Ihr Computer keinen eingebauten Kartenleser hat, sollten Sie in Erwägung ziehen, einen kleinen Kartenleser zu kaufen, um ihn an Ihren Computer anzuschließen und Ihre Speicherkarte auszulesen. Sie brauchen kein Lesegerät für mehrere Kartenformate, wichtig ist nur, dass das Gerät den Kartentyp Ihrer Kamera lesen kann. Ich finde Speicherkartenleser praktischer als ein Kabel.

Die hier beschriebenen Techniken für das Importieren von Fotos von einer Kamera gelten auch für das Importieren von Videos. Gehen Sie wie in diesen Schritten beschrieben vor, um auch Videos von Ihrer digitalen Kamera auf Ihren Computer zu kopieren.

2. Windows 11 erkennt Ihre Kamera, das Smartphone oder deren Speicherkarte und es erscheint kurz eine Meldung, welche Aktion ausgeführt werden soll. Wenn Sie schnell genug reagieren, können Sie auf diese Meldung klicken oder tippen und die Optionen einblenden (siehe Abbildung 11.3). Wählen Sie Ordner öffnen, um Dateien anzuzeigen und fahren Sie mit Schritt 4 fort. Wenn Sie zu langsam sind und die Meldung schon wieder verschwunden ist, bevor Sie diese anklicken oder antippen konnten, machen Sie mit Schritt 3 weiter.

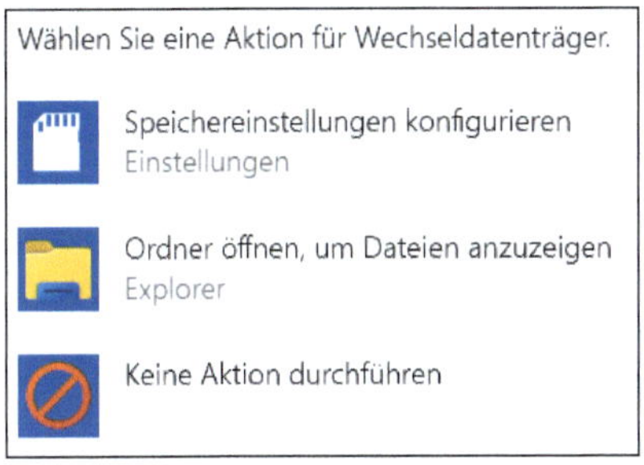

Abbildung 11.3: Automatische Anzeige möglicher Aktionen

Weitere Informationen, wie Sie die Zeit für die Anzeige einer Benachrichtigung auf dem Bildschirm verlängern, finden Sie in Kapitel 3.

3. Wählen Sie das Symbol für den Datei-Explorer auf der Taskleiste, um den Explorer zu starten. Suchen Sie im Navigationsbereich links nach Ihrer Kamera und wählen Sie sie aus (siehe Abbildung 11.4 oben). Ihre Kamera befindet sich unter DIESER PC.

Weitere Informationen über die Verwendung des Explorers finden Sie in Kapitel 14.

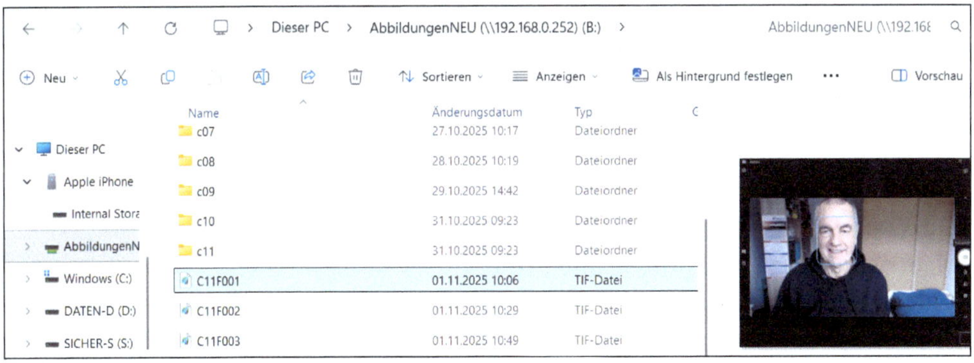

Abbildung 11.4: Dateien einer angeschlossenen Kamera/Smartphone

4. Wählen Sie im Explorer die Fotos aus, die Sie von Ihrer Kamera auf Ihren Computer kopieren wollen. Abhängig von Ihrer Kamera-Einstellung befinden sich die Fotos möglicherweise in einem Unterordner (siehe

Abbildung 11.4 oben). Greifen Sie mithilfe der folgenden Techniken auf die Fotos zu:

- Halten Sie die Strg-Taste gedrückt und klicken oder tippen Sie auf Fotos, um sie einzeln auszuwählen.
- Drücken Sie Strg+A, um alle Fotos in einem Ordner auszuwählen.

5. Kopieren Sie die ausgewählten Fotos, sodass Sie sie in einen Ordner auf Ihrem Computer einfügen können. Gehen Sie dazu wie folgt vor:
   - Drücken Sie Strg+C.
   - Alternativ wählen Sie auf der Symbolleiste das Symbol Kopieren.
6. Wählen Sie im Explorer den Ordner aus, in den Sie Ihre Fotos kopieren möchten.

Wenn Sie Ihre Fotos mit der Fotos-App anzeigen und bearbeiten wollen, wählen Sie den Ordner Bilder oder einen seiner Unterordner aus und kopieren die Fotos dorthin.

7. Fügen Sie die Fotos in den in Schritt 6 ausgewählten Ordner ein. Gehen Sie dazu wie folgt vor:
   - Drücken Sie Strg+V.
   - Alternativ wählen Sie in der Symbolleiste des Explorers das Symbol Einfügen.
8. Wenn Sie häufiger Fotos von einer digitalen Kamera, einem Smartphone oder einer Speicherkarte einlesen, können Sie diesen Prozess beschleunigen, indem Sie Windows anweisen, den Explorer sofort zu öffnen, wenn Sie Ihre Kamera oder Ihre Speicherkarte an Ihren Computer anschließen. Rufen Sie mit dem Lupen-Symbol in der Taskleiste das Suchfeld auf und geben Sie in das Suchfeld `automatische Wiedergabe` ein.
9. Wählen Sie dann in den Suchergebnissen Einstellungen für automatische Wiedergabe. Das Fenster für die automatische Wiedergabe wird geöffnet, so wie in Abbildung 11.5 dargestellt.
10. Wählen Sie in den Abschnitten für die Speicherkarte, die Kamera oder ein Smartphone die Option Ordner öffnen, um Dateien anzuzeigen (Explorer).

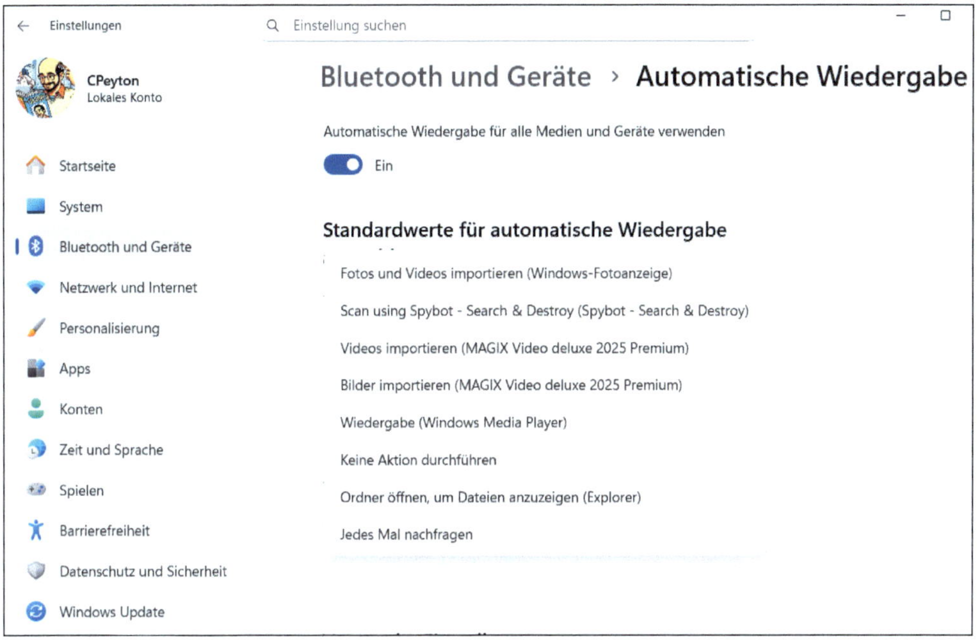

Abbildung 11.5: Einstellungen für die automatische Wiedergabe

Es kann eine wahre Herausforderung sein, Fotos geordnet abzulegen. Wenn Sie mehr als hundert Bilder im Ordner BILDER ablegen, ohne Unterordner anzulegen, werden Sie sich später schwertun, einzelne Fotos wiederzufinden. Die Verwendung von Ordnern, die keine sprechenden Namen tragen, ist ebenfalls wenig hilfreich. Die meisten meiner Ordnernamen basieren auf dem Jahr und dem Monat (zum Beispiel *2025-11*) oder dem Thema oder Ort der Aufnahmen.

Fotos in der Fotos-App anzeigen

1. Wählen Sie im Startmenü die Fotos-App (Windows Fotoanzeige) oder geben Sie gegebenenfalls `Fotos` in das Suchfeld ein und wählen Sie die Fotos-App aus den Suchergebnissen. Die Fotos-App wird im Fenster geöffnet und die zuletzt bearbeiteten Fotos aus dem Ordner BILDER (und seiner Unterordner). Die Darstellung bei Ihnen sieht sehr wahrscheinlich anders aus.

Abbildung 11.6: Anzeige nach dem Start der Fotos-App

2. Wenn Sie keine Bilder sehen, lesen Sie in einem der folgenden Abschnitte dieses Kapitels weiter:
   - Besitzen Sie eine Digitalkamera, lesen Sie den Abschnitt »Fotos von Kamera oder Smartphone auf den Computer übertragen« weiter vorn in diesem Kapitel.
   - Hat Ihr Computer eine eingebaute Kamera oder Webcam, lesen Sie den Abschnitt »Fotos oder Videos aufnehmen« ebenfalls weiter vorn in diesem Kapitel.
3. Werden Bilder angezeigt, blättern Sie bei Bedarf nach unten, um noch weitere anzuzeigen. Fotos werden nach dem Aufnahmedatum sortiert angezeigt.

Um einen sogenannten Screenshot – ein Foto des aktuellen Bildschirms – zu erstellen, drücken Sie ⊞+Druck. (Beim Touchscreen oder mit der Maus geht das nicht.) Der Bildschirm blendet kurz ab. Daran können Sie erkennen, dass ein Bild aufgenommen wurde, das dann automatisch in den Unterordner BILDSCHIRMFOTOS (Screenshots) des Ordners BILDER abgelegt wird. Mit dieser Technik dokumentieren Sie beispielsweise Tricks, Probleme oder Dinge auf Ihrem Bildschirm, die Sie später noch einmal nachschauen möchten.

4. Wählen Sie im oberen Bereich die Schaltfläche KATALOGTYPEN UND -GRÖSSEN an, um unterschiedliche Darstellungen der Fotos zu erzielen.
5. Blättern Sie durch die Bilder, indem Sie auf den Pfeil am rechten Bildschirmrand klicken oder tippen Bild ⇩ (vorwärts) beziehungsweise Bild ⇧ (rückwärts). Klicken oder tippen Sie auf ein Foto, um es im Fenster der Fotos-App in voller Größe anzuzeigen (Abbildung 11.7).

Abbildung 11.7: Darstellung eines Fotos in voller Größe

Mit der Schaltfläche LÖSCHEN in der Symbolleiste (Papierkorb) können Sie ein ausgewähltes Foto löschen. Weitere Informationen, wie Sie das Löschen von Dateien rückgängig machen, finden Sie in Kapitel 14.

6. Klicken Sie im oberen Bereich auf die Schaltfläche Diashow starten oder betätigen Sie die Taste F5. Anschließend werden die Bilder aus dem gewählten Ordner bildschirmfüllend nacheinander angezeigt. Halten Sie die Diashow an, indem Sie in der im oberen Bereich angezeigten Leiste die Option Anhalten wählen (siehe Abbildung 11.8).

Abbildung 11.8: Anhalten der Diashow

7. Vergrößern oder verkleinern Sie bei laufender Diashow den angezeigten Bildausschnitt (man nennt das auch Zoomen) durch Änderung der Fenstergröße. Alternativ können Sie durch Auswahl der Option Vollbildmodus aktivieren bzw. Vollbildmodus beenden (jeweils dargestellt durch den Doppelpfeil) die Gesamtdarstellung verändern.

8. Wählen Sie in der Diashow oben links den Pfeil (Diashow beenden), um wieder zur Kachelansicht der Fotos zurückzukehren. In dieser Ansicht sehen Sie mehrere Fotos.

Die Fotos-App enthält eine ganze Reihe von Möglichkeiten zur Bildbearbeitung. Mehr Infos hierzu finden Sie im Abschnitt »Fotos in der Fotos-App bearbeiten« im nachfolgenden Kapitel.

Fotos in der Fotos-App bearbeiten

1. Die Windows-Fotoanzeige (Fotos-App) stellt einige Optionen zum Bearbeiten von Fotos zur Verfügung, zum Beispiel um sie zu verkleinern. Klicken oder tippen Sie auf das Foto, das Sie bearbeiten möchten; damit wird dieses anschließend im Vollbildmodus angezeigt.

2. Wählen Sie oben in der Symbolleiste die Schaltfläche BEARBEITEN (oder drücken Sie Strg+E). Das Bearbeitungsfenster öffnet sich, wie in Abbildung 11.9 zu sehen. Das Fenster enthält viele Werkzeuge zum Optimieren von Fotos. Um ein Foto zu bearbeiten, wählen Sie eine der Optionen, die im oberen Bildschirm zu sehen sind (ZUSCHNEIDEN, ANPASSUNG, FILTER usw.).

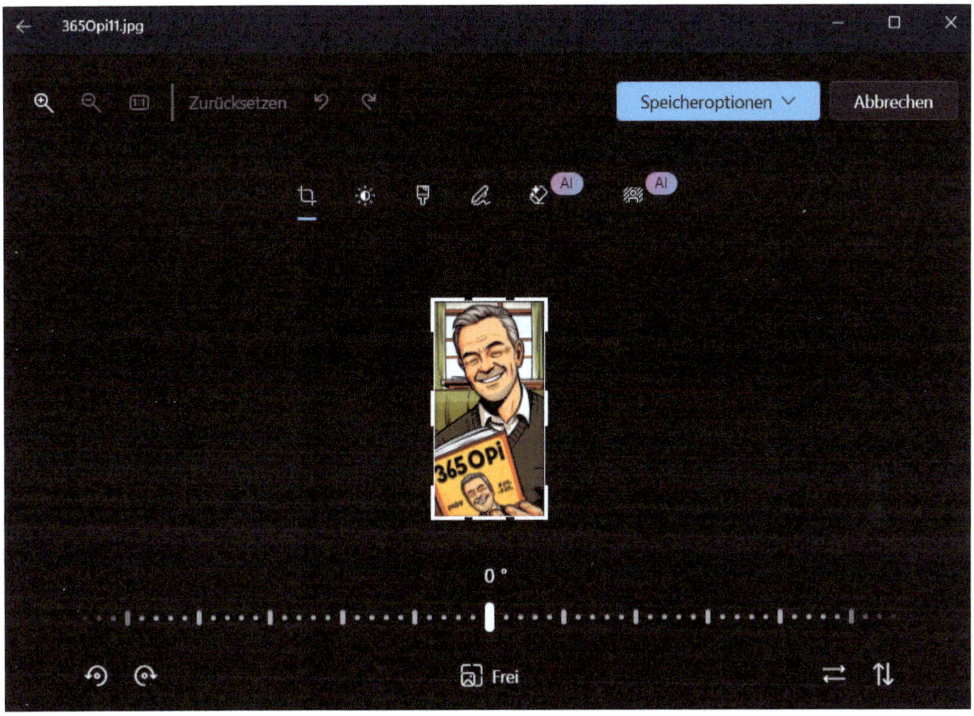

Abbildung 11.9: Fotos mit der App bearbeiten

3. Viele Bilder sehen gleich viel besser aus, wenn man sie zuschneidet. Das heißt, Sie schneiden an den Rändern einfach Bereiche ab, die gar nicht zum eigentlichen Bildmotiv gehören, oder Sie beschneiden das Foto so,

dass nur sein eigentlicher Motivkern erhalten bleibt. Wählen Sie das Symbol ZUSCHNEIDEN. Bestimmen Sie mit dem Symbol SEITENVERHÄLTNISOPTIONEN ZUM ZUSCHNEIDEN DES BILDES unterhalb der Skala ein Seitenverhältnis. Ziehen Sie anschließend so lange an den Seiten oder Ecken des Bildes, bis es Ihnen gefällt. Das Feld zeigt Ihnen an, welche Teile nach dem Zuschneiden noch übrig sein werden, so wie in Abbildung 11.10 dargestellt. Sie können auch das Foto selbst verschieben, um seine Platzierung zu ändern.

Abbildung 11.10: Größe eines Fotos zuschneiden

4. Klicken oder tippen Sie auf die Schaltfläche FERTIG, sobald Sie das Zuschneiden Ihres Fotos abgeschlossen haben.

5. Mit der Option FILTER profitieren Sie von voreingestellten Bearbeitungsmöglichkeiten für Ihre Bilder. Wenn Sie FILTER wählen, erscheinen rechts im Bildschirm Filter-Voreinstellungen. Hier haben Sie die Möglichkeit, Licht und Farbe eines Fotos auf einen Streich zu verändern. Ziehen Sie an dem jeweiligen Regler, um das Erscheinungsbild des Fotos weiter zu verändern.

Wenn Sie Chaos in Ihrem Bild angerichtet haben und das ursprüngliche Bild zurückhaben möchten, wählen Sie die Schaltfläche ZURÜCKSETZEN. Damit versetzen Sie das gewählte Foto in seinen Originalzustand zurück.

6. Wählen Sie die Option ANPASSUNG, um Licht und Farbe Ihres Fotos zu verändern (siehe Abbildung 11.11). Verwenden Sie dabei die Schieberegler, um die Helligkeit, Belichtung usw. anzupassen.

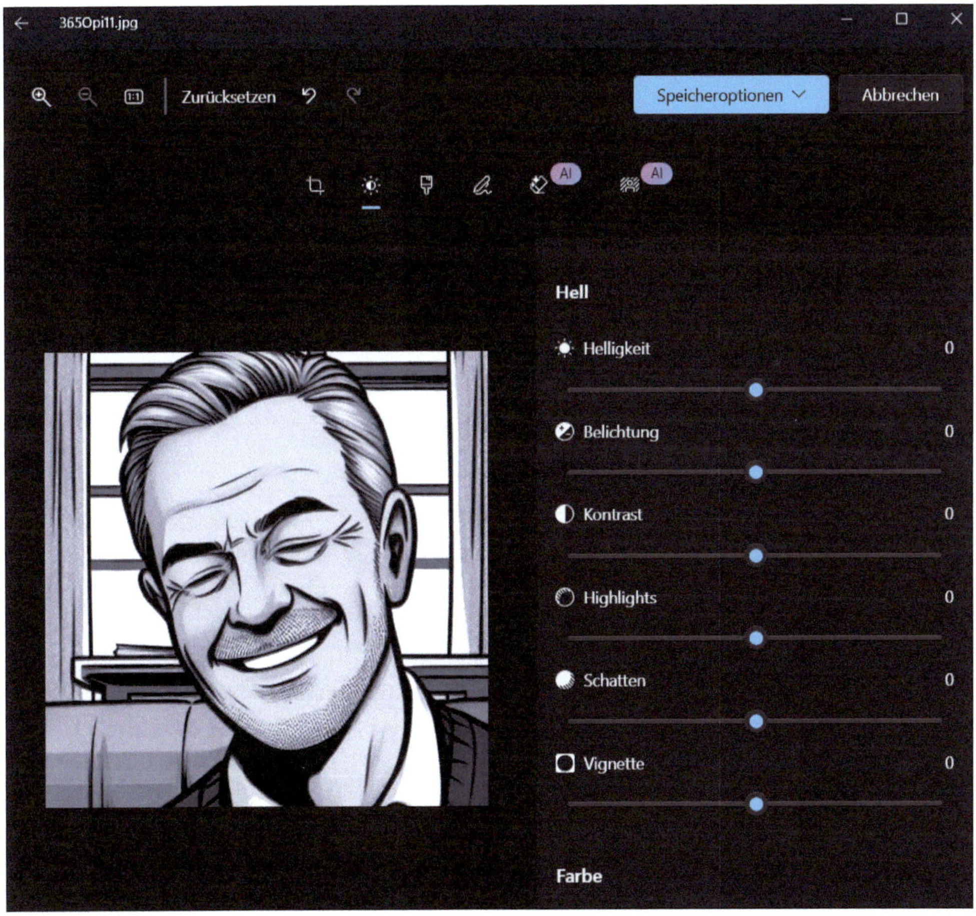

Abbildung 11.11: Einstellungen für Helligkeit und weitere Anpassungen

Manche Bilder, die Sie von Ihrer Digitalkamera, Smartphone oder einem Scanner auf den Computer importieren, kommen auf dem Kopf oder auf der Seite liegend an, weil der Fotograf die Kamera beim Fotografieren verkehrt herum gehalten hat. Sie können diesen Fehler korrigieren, indem Sie in der Vollbildanzeige bzw. im Bearbeitungsmodus die Schaltfläche DREHEN im oberen Bereich betätigen, um das gewählte Foto jeweils um 90 Grad nach rechts zu drehen.

7. Im Bearbeitungsmodus können Sie mit der Schaltfläche SPEICHEROPTIONEN verschiedene Möglichkeiten einblenden, um beispielsweise eine Kopie des aktuellen Fotos zu speichern. Auf diese Art behalten Sie das Originalbild und können die bearbeitete Version als separate Datei abspeichern.

Fotos aus der Fotos-App heraus drucken

1. Schließen Sie, falls nötig, das Kabel von Ihrem Drucker am USB-Anschluss Ihres Computers an und schalten Sie Ihren Drucker ein.
2. Klicken oder tippen Sie in der Fotos-App mit der rechten Maustaste auf das Foto, das Sie drucken möchten.
3. Im nachfolgenden Kontextmenü brauchen Sie dann nur noch die Option DRUCKEN. Das Fenster DRUCKEN wird angezeigt (siehe Abbildung 11.12). Wählen Sie Ihren Drucker aus.

Es gibt ein praktisches Tastenkürzel, das in jeder App funktioniert: Drücken Sie Strg+P, um das Druckerfenster direkt zu öffnen.

4. Sehen Sie sich die Vorschau an. Für den Start der Druckausgabe wählen Sie dann die Schaltfläche DRUCKEN an.

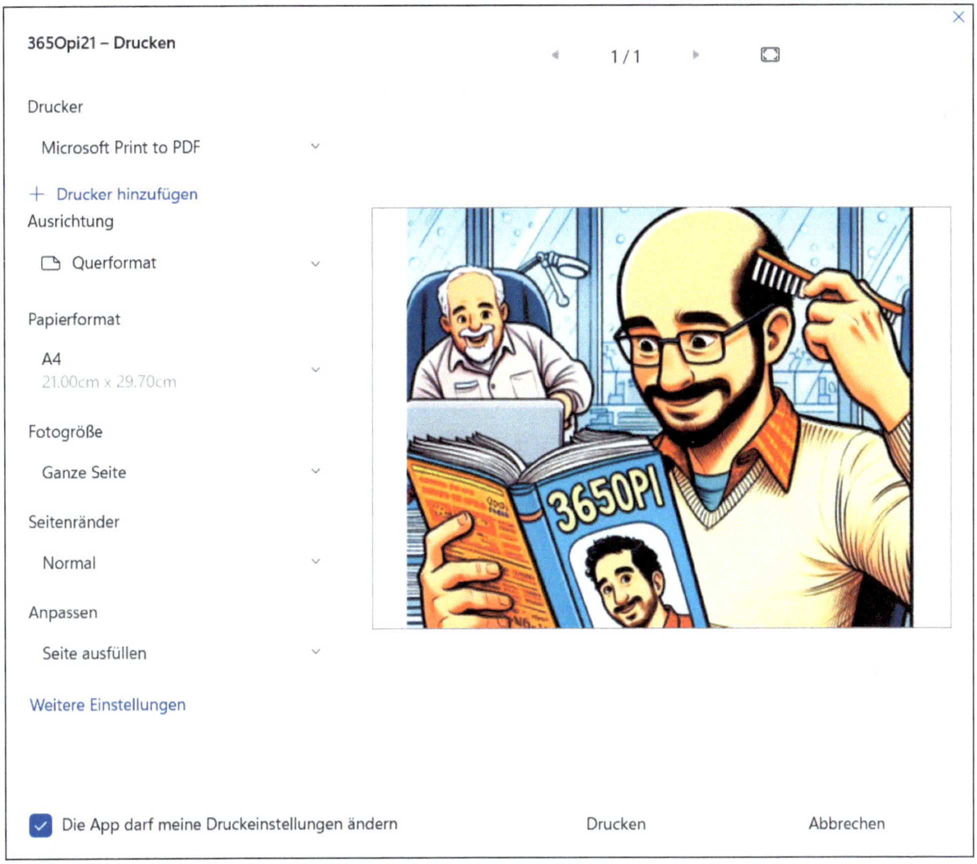

Abbildung 11.12: Auswahl der Einstellungen zur Druckausgabe

In Kapitel 13 erfahren Sie alles zum Thema Drucken in Windows 11.

Fotos und Dokumente scannen

Sie können Fotos und Dokumente scannen, um sie in digitaler Form aufzubewahren. Alte Familienfotos und wichtige Dokumente, beispielsweise Geburtsurkunden, sind hervorragend zum Scannen geeignet. *Scannen* bedeutet, dass Sie ein Foto oder ein Dokument auf Papier in eine Computerdatei umwandeln, die Sie dann im Internet veröffentlichen oder als Anhang zu einer E-Mail verschicken können. Um Fotos und Dokumente zu scannen, benötigen Sie einen Scanner oder einen Drucker mit Scan-Funktion (viele Drucker können heutzutage beides).

1. Schließen Sie das Kabel Ihres Scanners oder Druckers an den USB-Anschluss Ihres Computers an. Schalten Sie den Scanner oder Drucker ein. Wenn Sie einen Drucker verwenden, achten Sie darauf, dass er sich im Scan-Modus befindet (wahrscheinlich müssen Sie auf die Scan-Taste drücken).
2. Legen Sie das zu scannende Dokument oder Foto auf Ihren Scanner oder Drucker mit Scanfunktion.
3. Rufen Sie mit dem Lupen-Symbol in der Taskleiste die Suchfunktion auf und geben Sie `scan` in das Suchfeld ein. Wählen Sie in den Suchergebnissen den Eintrag WINDOWS-FAX UND -SCAN. Das Programm Windows-Fax und -Scan (siehe Abbildung 11.13) öffnet sich.

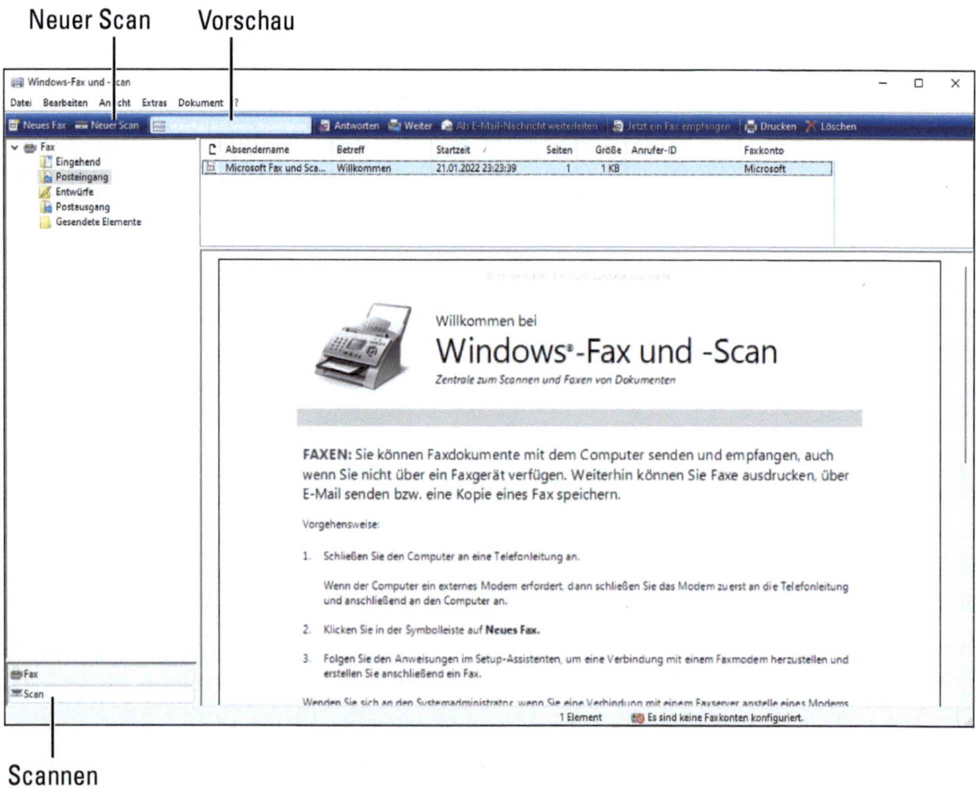

Abbildung 11.13: Desktop-App Windows-Fax und -Scan

4. Wählen Sie in der Symbolleiste die Schaltfläche NEUER SCAN. Das Dialogfeld NEUER SCAN erscheint. Hier können Sie Windows mitteilen, ob Sie einen Scan in hoher oder niedriger Qualität wünschen. Im Menü FARBFORMAT beispielsweise können Sie sich zwischen GRAUSTUFEN, SCHWARZWEISS und FARBE entscheiden. Wählen Sie eine Auflösung (DPI), die mindestens bei 300 dpi (dots per inch) liegt, damit Ihre Fotos oder Dokumente besser dargestellt werden.

Wenn Sie nur ein Element scannen, entfernen Sie das Häkchen bei der Option SEPARATE DATEIEN FÜR BILDVORSCHAU ODER BILDSCAN. Ist diese Option aktiviert, wird für jedes Element, das Sie auf den Scanner legen, eine eigene digitale Datei erstellt.

5. Wählen Sie die Schaltfläche VORSCHAU. Das Vorschau-Fenster zeigt Ihnen, wie Ihr Foto oder Dokument aussehen wird, sobald es gescannt ist. Wenn Ihnen das, was Sie sehen, nicht gefällt, testen Sie ein paar der Einstellungen im Dialogfeld NEUER SCAN und wählen danach erneut die Schaltfläche VORSCHAU.

6. Wenn Sie alle Einstellungen vorgenommen haben, wählen Sie die Schaltfläche SCANNEN. Ihr gescanntes Bild oder Dokument erscheint in dem Fenster von Windows-Fax und -Scan. Es trägt den noch wenig aussagekräftigen Dateinamen »Bild«.

7. Wählen Sie das eingescannte Bild aus und klicken oder tippen Sie anschließend auf die Schaltfläche SPEICHERN UNTER, woraufhin das entsprechende Dialogfeld erscheint. Geben Sie einen eigenen Namen für Ihre Datei ein, wählen Sie den Ordner, in dem sie gespeichert werden soll, und wählen Sie dann die Schaltfläche SPEICHERN.

Alternativ können Sie auch mit speziellen Scanner-Apps Ihre Fotos und Dokumente einscannen. Einige Apps können Sie im Microsoft Store kostenlos herunterladen (siehe Kapitel 9). Andere Scanner-Apps stellen teilweise noch mehr Einstellungsmöglichkeiten als die Standard-App zur Verfügung.

In Kapitel 14 erfahren Sie, wie Sie Dateien speichern.

IN DIESEM KAPITEL

- Musik von CD/DVD abspielen
- Musik auf den Computer kopieren
- Wiedergabelisten erstellen und verwalten
- Videos anschauen
- CD/DVD brennen
- Sprachaufnahmen erstellen

Kapitel 12

Musik und Videos genießen

Der Begriff »Medien« geht bei Computern weit über Textdarstellungen hinaus. Auch Audio und Video gehören zu Medien. Und Ihr Computer und Windows können auch gut damit umgehen. Audio ist ein Oberbegriff für alles Hörbare – Musik ebenso wie Hörbücher und dergleichen. Videos können eigene Urlaubsvideos sein, aber auch Hollywood-Blockbuster.

Seit Edisons Wachszylinder oder den alten Vinylplatten hat sich in der Musikbranche viel getan. Heute lässt sich Musik digital speichern. Mit den entsprechenden Apps können Sie Ihre Musiksammlung anhören und ganz einfach neue Musikstücke erkunden. Mit dem integrierten Windows Media Player können Sie CDs oder DVDs abspielen und Audiodateien auf Ihren Computer kopieren und Lieder auf eine CD/DVD brennen.

Unter Windows 10 stellte Microsoft eine spezielle App (Groove) zur Verfügung, um Medieninhalte zu bearbeiten. Durch eine Überarbeitung der App Windows Media Player ist Groove hinfällig und wird in den aktuellen Versionen von Windows 11 nicht mehr unterstützt.

Die Filme & TV-App ist für Videos statt für Musik zuständig. Sie können sie dazu verwenden, Ihre selbst gedrehten Videos abzuspielen.

In diesem Kapitel spielen Sie Ihre Musik ab, kopieren CDs oder DVDs zum einfacheren Zugriff auf Ihren Computer und brennen eine CD/DVD. Außerdem erkunden Sie die integrierten Apps Windows Media Player und Filme & TV. Zu guter Letzt erfahren Sie, wie Sie eine Sprachaufzeichnung erstellen.

Zum Abspielen von DVDs benötigen Sie teilweise eine andere App. Suchen Sie im Microsoft Store nach Media Center oder einer DVD-Player-App. Informationen über die Microsoft Store-App finden Sie in Kapitel 9.

Populäre Quellen für Musik und Videos sind Amazon, Hulu, iTunes, Netflix und YouTube, die alle über einen Browser zugänglich sind. Im Store finden Sie entsprechende Apps zum Abspielen.

Musik von CD/DVD abspielen und kopieren

1. Wenn Ihr Computer ein CD- oder DVD-Laufwerk hat, legen Sie eine Musik-CD/DVD ein.

   Um eine DVD als Datenträger für Musik zu nutzen, wird in der Regel ein spezielles Abspielgerät benötigt, das Audio-DVDs bzw. MP3-Dateien (ein spezielles Format mit komprimierten Audio-Daten) abspielen kann; normale CD-Player erkennen DVDs nicht.

2. Windows 11 erkennt die CD und blendet unter Umständen am Bildschirm eine Meldung ein: Wählen Sie eine Aktion für Audio-CDs aus. Windows 11 zeigt Ihnen eine Liste mit möglichen Aktionen (siehe Abbildung 12.1). Wählen Sie Audio-CD wiedergeben (Windows Media Player).

3. Wenn der Begrüßungsbildschirm von Windows Media Player erscheint, wählen Sie Empfohlene Einstellungen und dann Fertig.

   Der Windows Media Player spielt Ihre Musik ab.

4. Um auf mehr Optionen zugreifen zu können, wählen Sie die Schaltfläche Zur Bibliothek wechseln, die kleine Schaltfläche unter dem »X« oben rechts in Windows Media Player (siehe Abbildung 12.2).

Abbildung 12.1: Optionen für eine eingelegte CD

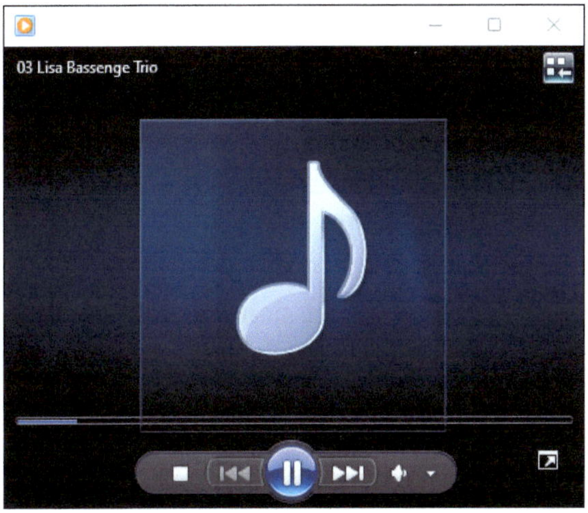

Abbildung 12.2: Schaltfläche »Zur Bibliothek wechseln«

5. Beachten Sie die folgenden Steuerungsmöglichkeiten unten in Windows Media Player (siehe Abbildung 12.3):

   - ZUFÄLLIGE WIEDERGABE EINSCHALTEN: Mit dieser Funktion (auch als »Shuffle«-Funktion bekannt) werden die Stücke in willkürlicher Reihenfolge abgespielt. Durch erneutes Klicken wird die zufällige Wiedergabe wieder abgeschaltet und die Stücke sind in der Reihenfolge zu hören, in der sie auf der CD stehen.

- WIEDERHOLUNG AKTIVIEREN: Diese Funktion spielt alle Stücke nach dem ersten Durchlauf ein weiteres Mal ab und immer so weiter. Klicken Sie ein zweites Mal auf die Schaltfläche, um die Wiederholfunktion auszuschalten.
- STOPP: Verwenden Sie diese Option, um die Wiedergabe zu beenden.
- ZURÜCK: Mit dieser Schaltfläche springen Sie zum vorherigen Stück zurück. Halten Sie die Schaltfläche gedrückt, gelangen Sie an einen früheren Punkt im Stück.
- ANHALTEN: Die Schaltfläche mit den zwei senkrechten Linien lässt die Wiedergabe pausieren. Klicken Sie danach erneut auf diese Schaltfläche (die nun ein nach rechtszeigendes Dreieck anzeigt), wird die Wiedergabe fortgesetzt.
- WEITER: Mit dieser Schaltfläche springen Sie zum nächsten Stück. Halten Sie sie gedrückt, um einen schnellen Vorlauf durch das Stück zu aktivieren.
- TON AUS/TON AN: Mit dieser Schaltfläche wird die Wiedergabe stummgeschaltet. Das Stück läuft weiter, aber Sie hören nichts mehr. Ist der Ton aus, erscheint neben dem Lautsprechersymbol ein roter Kreis. Klicken Sie erneut darauf, schaltet sich der Ton wieder an.
- LAUTSTÄRKE: Ziehen Sie den Schieberegler nach links, um die Lautstärke zu verringern, oder nach rechts, um sie zu erhöhen. Eventuell haben Ihre Lautsprecher auch einen manuellen Lautstärkeregler. Windows 11 verfügt in der Taskleiste noch über eine weitere Lautstärkeregelung.
- ZUR AKTUELLEN WIEDERGABE WECHSELN: Mit dieser Schaltfläche ganz rechts in der Steuerungsleiste zeigen Sie den Player in einem verkleinerten Wiedergabefenster an (siehe Abbildung 12.2).

6. Um die CD in Ihren Ordner MUSIK zu kopieren, wählen Sie oben die Schaltfläche CD KOPIEREN. Diese Schaltfläche befindet sich oben in der Symbolleiste des Bildschirms (siehe Abbildung 12.3). Es dauert ungefähr eine Minute, ein Musikstück zu kopieren. Sobald ein Titel erfolgreich kopiert wurde, erscheinen in der Spalte KOPIERSTATUS des Windows Media Player der Hinweis IN MEDIENBIBLIOTHEK KOPIERT.

Abbildung 12.3: Optionen im Windows Media Player

Bei jüngeren Freunden sollten Sie diesen Vorgang als »CD rippen« bezeichnen, aber bitte nicht bei den allerjüngsten, denn die kennen gar keine CDs mehr, sondern nur noch MP3-Files. (MP3 ist ein Audiodateiformat, das häufig für portable digitale Abspielgeräte und Musikdownloads verwendet wird.)

7. Entfernen Sie nach dem Kopieren die CD aus dem Laufwerk. Ab jetzt können Sie diese Musik einfach abspielen, indem Sie den Windows Media Player öffnen und unter MUSIK nach dem gewünschten Interpreten, Album oder Genre fahnden. Wählen Sie die soeben kopierte CD, wählen Sie einen Titel darin aus und klicken oder tippen Sie auf die Schaltfläche WIEDERGABE.

Musiktitel, die Sie von einer CD kopiert haben, werden auf Ihrem Computer in einem Unterordner des Ordners MUSIK gespeichert. Um Musik, die Sie von einer CD kopiert haben, zu kopieren oder zu bewegen, öffnen Sie Ihren MUSIK-Ordner, öffnen den Unterordner, der den Titel Ihrer kopierten CD trägt, und kopieren oder verschieben anschließend die Dateien.

Für einen leichteren Zugriff sollten Sie den Windows Media Player an die Taskleiste anheften. Dazu klicken Sie mit der rechten Maustaste über das Windows Media Player-Symbol in der Taskleiste oder drücken mit dem Finger so lange darauf, bis ein Quadrat erscheint. Dann lassen Sie los. In dem eingeblendeten Menü wählen Sie AN TASKLEISTE ANHEFTEN. Natürlich erreichen Sie den Windows Media Player auch mit der Suchfunktion. Klicken oder tippen Sie auf das Lupen-Symbol in der Taskleiste und geben Sie in das Suchfeld `Windows Media Player` ein. In Kapitel 2 erfahren Sie, wie Sie Apps an den Startbildschirm anheften können.

Wenn ein Datenträger (CD/DVD) nicht automatisch abgespielt wird, wenn Sie diese das nächste Mal einlegen, können Sie Windows 11 mitteilen, wie es zukünftig mit Audio-Datenträgern umgehen soll. Klicken oder tippen Sie auf das Lupen-Symbol in der Taskleiste und geben Sie dann in das Suchfeld `automatische wiedergabe` ein. Wählen Sie dann in der Liste mit den Suchergebnissen die Option AUTOMATISCHE WIEDERGABE EIN- ODER AUSSCHALTEN an. Es öffnet sich das Dialogfenster der App EINSTELLUNGEN mit der Seite AUTOMATISCHE WIEDERGABE. Setzen Sie den Schieberegler (oben) unter AUTOMATISCHE WIEDERGABE FÜR ALLE MEDIEN UND GERÄTE VERWENDEN auf EIN, damit CDs/DVDs beim Einlegen automatisch abgespielt werden.

Videos anschauen

1. Für die Anzeige von Filmen stellt Windows 11 eine separate App zur Verfügung. Microsoft hat diese App zum Anschauen von Filmen oder von selbst gedrehten Videos entwickelt. Rufen Sie zum Start dieser App mit dem Lupen-Symbol die Suchfunktion auf und geben Sie in das Suchfeld `medien-wiedergabe` ein. Aus den Suchergebnissen wählen Sie die gleichlautende App.

Microsoft hat mittlerweile den Verkauf von Filmen oder TV-Inhalten über den Microsoft Store eingestellt. Aus diesem Grund dient die App mit dem Namen Filme & TV nur noch der Ansicht von in der Vergangenheit im Microsoft Store gekaufter Filme und TV-Inhalte.

2. Um beispielsweise selbst erstellte Videos anzuschauen, wählen Sie nach dem Aufruf der App die Schaltfläche DATEI(EN) ÖFFNEN an.

3. Im nachfolgenden Dialog können Sie dann wählen, ob Sie einzelne Dateien, Ordner mit Videoinhalten oder eine Web-Adresse (URL) mit Videoinhalt anzeigen möchten. Haben Sie beispielsweise einen Ordner mit Videos ausgewählt, wird dies anschließend am Bildschirm angezeigt.

Abbildung 12.4: Anzeige der ausgewählten Videos

Wenn Sie Ihre Videos nicht im Ordner `C:\Benutzer\`*`Ihr Name`*`\Videos` abgelegt haben, erscheinen keine Videos. Wählen Sie die Schaltfläche ORDNER ÖFFNEN, um der App mitzuteilen, wo Ihre Videos gespeichert sind. Wiederholen Sie dies, um alle Ordner hinzuzufügen, in denen Sie Videos speichern.

4. Um ein Video abzuspielen, wählen Sie es auf dem Startbildschirm durch Anklicken aus, worauf es auf dem Videobildschirm angezeigt wird. Unten auf dem Bildschirm finden Sie Steuerelemente zum Unterbrechen, Abspielen und Ändern der Lautstärke. Zudem können Sie das Video mit dem Schieberegler vor- oder zurückspulen.

5. Wählen Sie die Schaltfläche ZURÜCK (Pfeil nach links) in der oberen linken Ecke des Bildschirms, um auf den Startbildschirm der App Medien-Wiedergabe zurückzukehren.

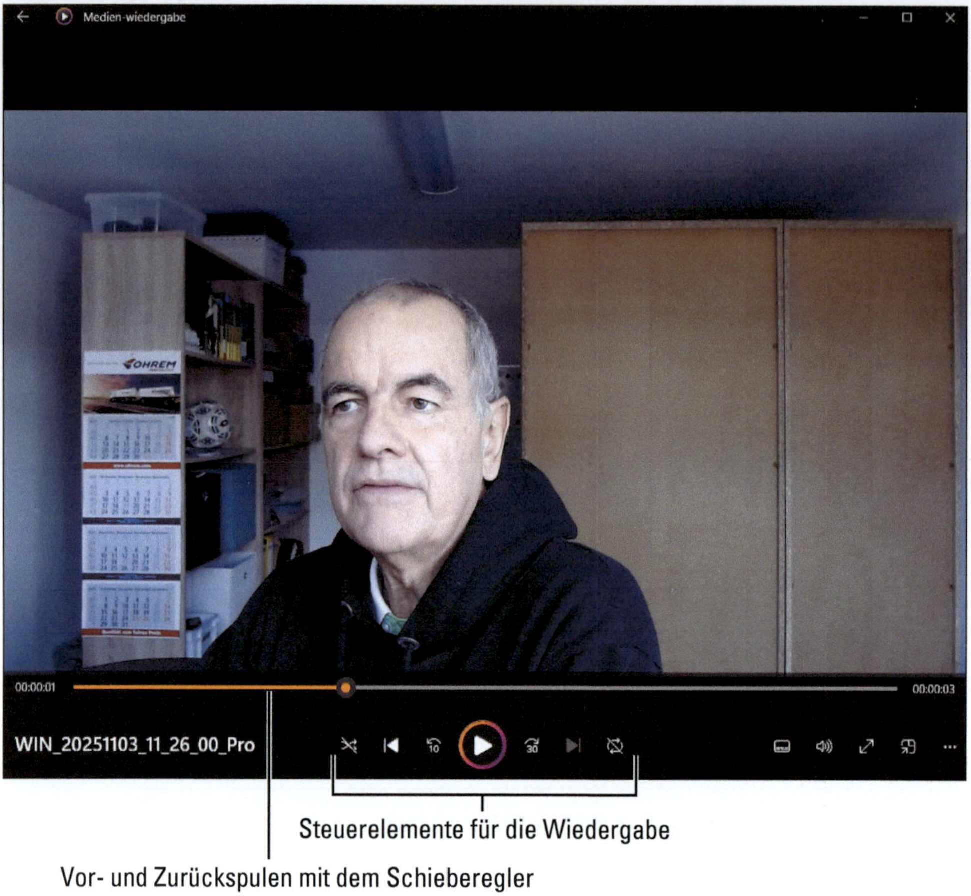

Abbildung 12.5: Abspielen eines Videos in der Medien-Wiedergabe

CD/DVD brennen

1. Eine CD oder DVD zu *brennen*, bedeutet, Lieder von einem Computer auf eine CD oder DVD zu kopieren. Sie brennen eine CD/DVD, um die Lieder im CD/DVD-Player Ihres Autos abspielen zu können oder um Ihre Lieblingslieder im Freundeskreis weiterzugeben. Um einen Datenträger zu brennen, öffnen Sie zuerst den Windows Media Player.

Im Abschnitt »Musik von CD/DVD abspielen und kopieren« früher in diesem Kapitel ist der Windows Media Player genauer erklärt.

2. Erstellen Sie zunächst eine Wiedergabeliste, damit der Windows Media Player weiß, welche Lieder er auf den Datenträger brennen soll. Dazu

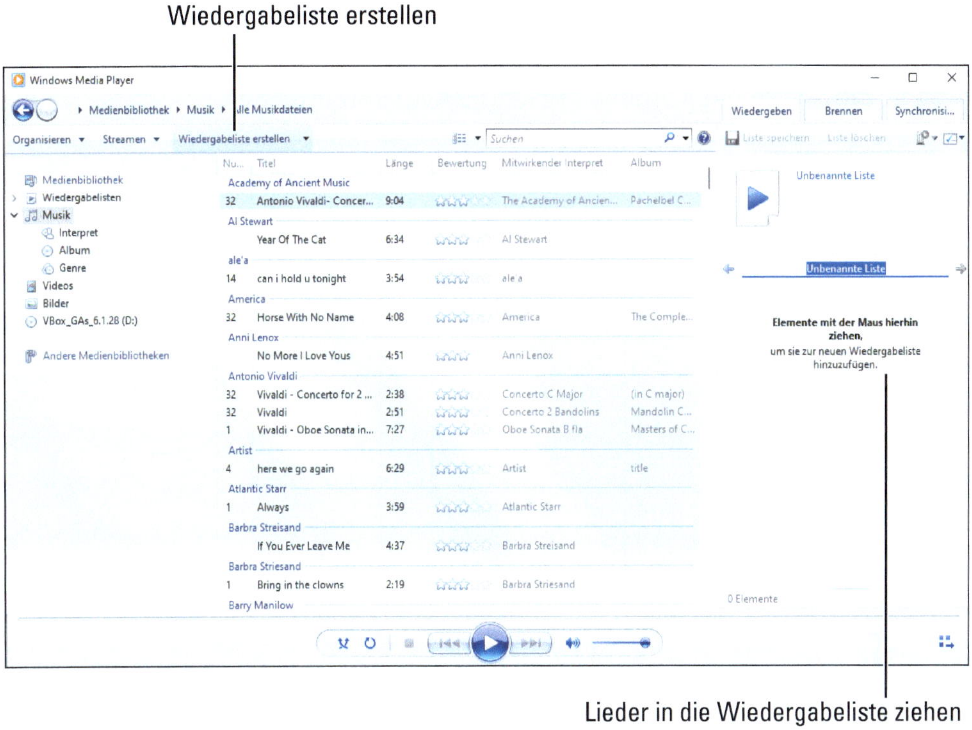

Abbildung 12.6: Erstellung einer Wiedergabeliste

wählen Sie die Schaltfläche WIEDERGABELISTE ERSTELLEN und geben einen Namen in das Feld ein, in dem die Worte *Unbenannte Liste* erscheinen; bestätigen Sie dies mit [↵]. Der Name – in unserem Beispiel »Lieblingsmusik« – erscheint unter dem Punkt WIEDERGABELISTEN links im Bildschirm (siehe Abbildung 12.7).

3. Suchen Sie die Liedtitel für Ihre Wiedergabeliste und ziehen Sie diese auf den Namen Ihrer Wiedergabeliste. Wenden Sie dabei eine der folgenden Techniken an, um Lieder zu finden und diese in die Wiedergabeliste aufzunehmen:

   - **Nach Liedern durchsuchen:** Wählen Sie links auf dem Bildschirm unter der Option MUSIK einen Interpreten, ein Album oder ein Genre aus. Eine Liste mit Interpreten, Alben oder Genres wird angezeigt.

   - **Anzeige ändern:** Öffnen Sie über die Schaltfläche OPTIONEN ANZEIGEN (Symbol links neben dem Suchfeld) oben in der Menüleiste die

Anzeigeoptionen und wechseln Sie die Anzeige zu SYMBOL, KACHEL oder (je nach Auswahl unter MUSIK) DETAILS bzw. NEBENEINANDER, um die Suche nach einem Musikstück zu vereinfachen.

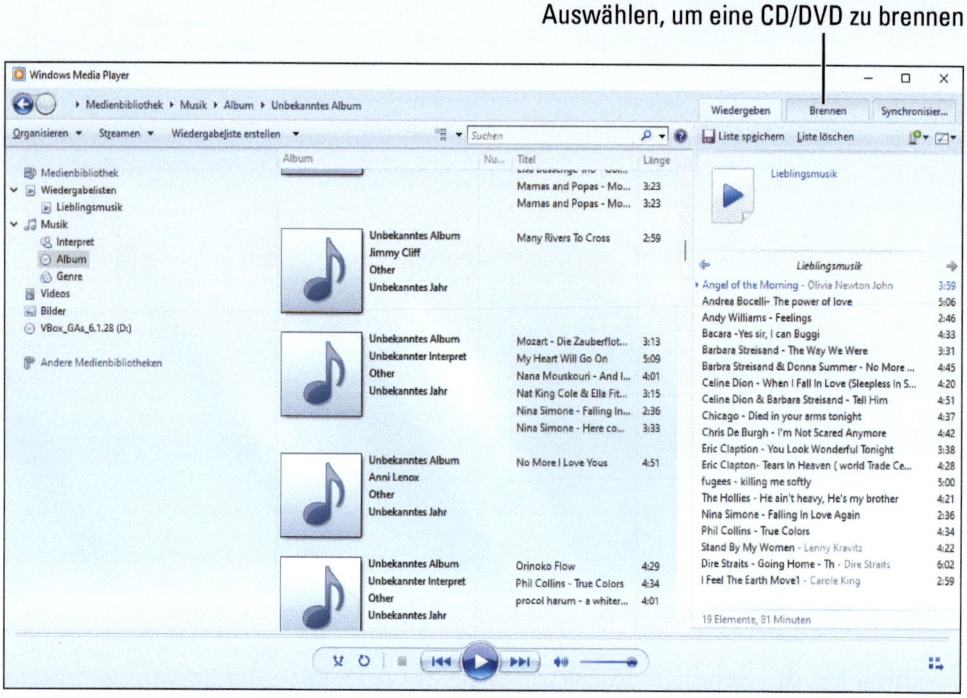

Abbildung 12.7: Titelanzeige in der Wiedergabeliste

- **Nach Liedern suchen:** Geben Sie den Suchbegriff in das Suchfeld ein.

4. Wählen Sie links im Bildschirm Ihre Wiedergabeliste aus; so sehen Sie die Titel, die Sie für die Liste ausgewählt haben. Um einen Titel in einer Wiedergabeliste anzuhören, klicken Sie seinen Namen doppelt an oder wählen Sie die Schaltfläche WIEDERGABE unten im Bildschirm, sobald Sie den Namen angewählt haben.

Sie können eine Wiedergabeliste jederzeit bearbeiten, indem Sie neue Dateien hinzufügen oder löschen; zudem können Sie der Liste auch bei laufender Wiedergabe weitere Lieder hinzufügen oder Lieder aus der Liste entfernen, indem Sie mit der rechten Maustaste daraufklicken (Kontextmenü) und AUS LISTE ENTFERNEN auswählen.

5. Sobald Sie eine Wiedergabeliste erstellt haben, können Sie diese auch auf einen Datenträger brennen. Legen Sie dazu eine leere CD in das CD- oder DVD-Laufwerk Ihres Computers ein.

Bevor Sie die Lieder auf einen Datenträger (CD/DVD) brennen, können Sie deren Reihenfolge ändern. Ziehen Sie Liedtitel nach oben oder unten in die Liste, um die Reihenfolge an Ihre Wünsche anzupassen.

6. Im nächsten Schritt wechseln Sie im Media Player zur Registerkarte BRENNEN (oben rechts). Ziehen Sie eine Wiedergabeliste von der linken Bildschirmleiste in den Bereich BRENNLISTE auf der rechten Seite oder verwenden Sie die Importmöglichkeit im Brennen-Dialog (z. B. »LIEBLINGSMUSIK« IMPORTIEREN).
7. Achten Sie darauf, ob genügend Datenträgerspeicher vorhanden ist, um alle Lieder der Liste zu brennen. Wenn genügend Platz vorhanden ist, wählen Sie die Schaltfläche BRENNEN STARTEN. Es kann ein paar Minuten dauern, bis der Datenträger erstellt wird.
8. Nachdem die Aufgabe abgeschlossen ist, wirft Ihr Computer den Datenträger aus. Ich empfehle Ihnen, diese abzuspielen, um zu prüfen, ob die Lieder ordnungsgemäß gebrannt wurden. Beschriften Sie den Datenträger mit einem weichen Filzstift (nicht mit einem Kugelschreiber).

Sprachaufnahme erstellen

1. Um eine Sprachaufnahme zu erstellen, müssen Sie in das Suchfeld des Startmenüs zunächst `audiorekorder` eingeben und dann aus den Ergebnissen die entsprechende App auswählen. Der Sprachrekorder listet alle Ihre bisherigen Aufzeichnungen auf, falls Sie bereits welche angefertigt haben; ansonsten sehen Sie nur das Symbol eines Mikrofons (siehe Abbildung 12.8).
2. Wenn Sie den Audiorekorder zum ersten Mal öffnen, fragt Windows 11, ob Sie der App den Zugriff auf Ihr Mikrofon erlauben möchten. Bestätigen Sie dies; es lässt sich später jederzeit in den Einstellungen der App ändern.

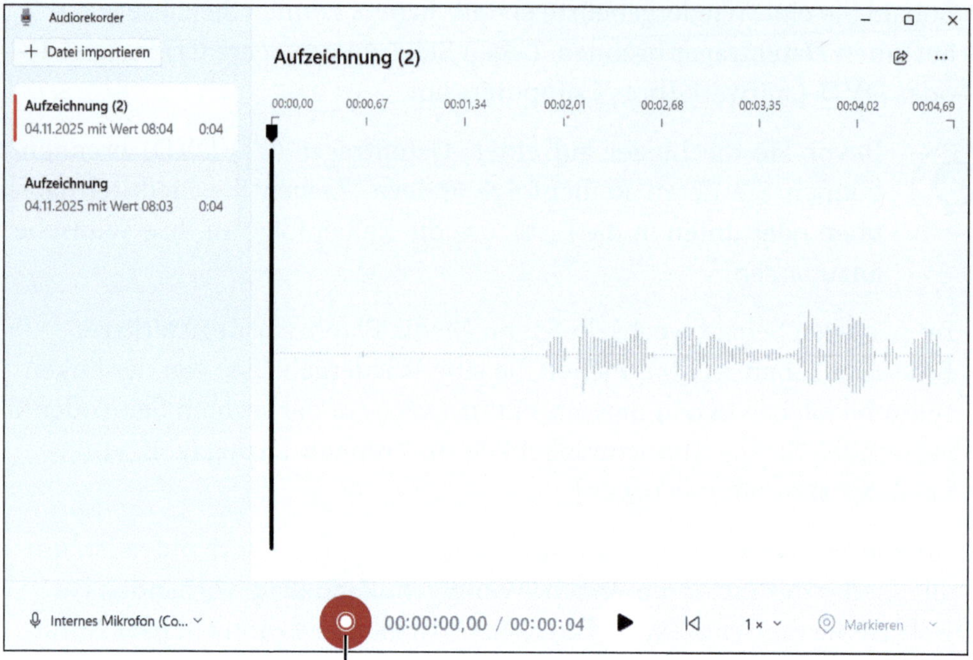

Abbildung 12.8: Oberfläche des Audiorekorders

Selbstverständlich muss Ihr Computer entweder über ein integriertes Mikrofon oder einen Mikrofonanschluss für ein externes Mikrofon verfügen, wenn Sie Sprachaufzeichnungen machen möchten.

3. Wählen Sie die Schaltfläche AUFZEICHNEN oder drücken Sie Strg+R, um eine Aufnahme zu starten. Ein Zeitgeber gibt an, wie lange Ihre Aufzeichnung dauert. Mit der Schaltfläche PAUSE oder betätigen der Leertaste können Sie eine Aufzeichnung vorübergehend anhalten. Wählen Sie die Schaltfläche AUFZEICHNUNG FORTSETZEN (oder Leertaste) erneut, um mit der Aufnahme fortzufahren.

4. Wählen Sie die Schaltfläche AUFZEICHNUNG BEENDEN, um die Aufnahme zu beenden. Ihre Aufzeichnung erscheint mit dem generischen Namen *Aufnahme*. Geben Sie der Aufnahme einen aussagekräftigen Namen, indem Sie den Namen mit der rechten Maustaste anklicken oder antippen, um das Kontextmenü der Aufzeichnung anzuzeigen. Im Menü wählen Sie den Eintrag UMBENENNEN. Geben Sie einen neuen Namen in das Textfeld ein und wählen Sie anschließend die Schaltfläche UMBENENNEN.

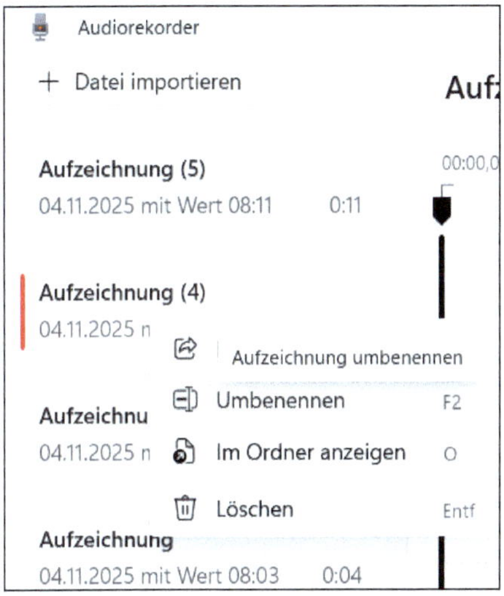

Abbildung 12.9: Kontextmenü einer Aufnahme

Ein schnellerer Weg zur Umbenennung einer Aufnahme besteht im Einsatz der Taste F2, sobald die Aufnahme angewählt ist. Über das Kontextmenü können Sie zudem eine Aufnahme auch wieder löschen: Wählen Sie dazu den Eintrag Löschen; alternativ betätigen Sie Entf, sobald die Aufnahme angewählt ist.

5. Sie können auf die Dateien der Sprachrekorder-App zugreifen, um diese zu kopieren oder zu verschieben. Zeigen Sie dazu das Kontextmenü an und wählen Sie den Eintrag Ordner anzeigen. Damit wird im Datei-Explorer der Ordner Audioaufnahmen geöffnet. Hier können Sie die Datei nach Belieben kopieren oder verschieben.

Kapitel 14 enthält nähere Angaben zur Behandlung und zum Umgang mit Dateien unter Windows 11.

Teil IV
Windows 11 für Fortgeschrittene

IN DIESEM TEIL …

- ✔ Windows 11 justieren
- ✔ Drucker und andere Geräte verwalten
- ✔ Dateien und Ordner bearbeiten
- ✔ Sicherungskopien von Dateien und Ordnern aufbewahren

IN DIESEM KAPITEL

- Neues Programm installieren
- Programme deinstallieren
- Start-Apps steuern
- Systeminformationen erkunden
- Sicherheit und Wartungsstatus überprüfen
- Ihren Computer beschleunigen
- Computer vor Viren und Bedrohungen schützen

Kapitel 13
Windows 11 warten und pflegen

Windows 11 ist ein bisschen wie ein Auto. Wenn es laufen soll, müssen Sie es warten bzw. regelmäßig zur Inspektion bringen. Dabei unterstützt Sie Windows 11 und hält Sie mit diversen Tools und Funktionen über alle Dinge auf dem Laufenden, die wichtig für die Integrität Ihres Computers sind. Die Zuverlässigkeitsüberwachung kann Ihnen helfen, Hardware- und Softwareprobleme zu diagnostizieren.

Küchengeräte wie z. B. ein Dosenöffner werden nicht intelligenter, aber Computer lassen sich heute für Aufgaben programmieren, die früher unmöglich waren. Mit bestimmten Programmen versetzen Sie Ihren Computer in die Lage, neue Dinge zu tun. Andererseits hat Ihr Computer vielleicht einige Programme, die Sie nie benutzen und nicht vermissen würden, wenn sie nicht da wären. Diese müssen Sie zwar nicht loswerden, aber Sie könnten es mit Leichtigkeit tun und würden damit etwas Platz auf Ihrem Computer freiräumen.

In diesem Kapitel arbeiten Sie mit dem Bildschirm WINDOWS-SICHERHEIT, um den Gesundheitsstatus Ihres Computers zu überprüfen. Außerdem installieren Sie ein Programm und erfahren, wie Sie installierte Programme wieder loswerden.

Darüber hinaus erfahren Sie in diesem Kapitel, wie Sie Ihren Computer beschleunigen, indem Sie die Start-Apps kontrollieren, die Festplatten defragmentieren und unnötige Systemdateien löschen. Und schließlich werden Sie lernen, wie Sie Ihren Computer gegen Spyware, Viren und andere externe Eindringlinge schützen können.

Neue Programme installieren

1. Sie können auf dem Desktop Software installieren, die Sie aus dem Web herunterladen oder auf CD oder DVD besitzen; alternativ können Sie Windows 11-Apps über den Microsoft Store installieren. Im Folgenden werden Sie Audacity installieren, ein kostenfreies Programm zur Bearbeitung von Audiodateien. Öffnen Sie Ihren Browser und geben Sie `www.audacityteam.org/download/` in die Adresszeile ein.

   Sie landen auf der Webseite, von der Sie Audacity herunterladen können.

   Wenn Ihnen eine Webseite anbietet, ein Programm automatisch zu installieren, ist Vorsicht geboten. Es könnte sich auch um ein Schadprogramm handeln. Lehnen Sie alle Downloads von Quellen ab, die Sie nicht kennen und denen Sie nicht vertrauen.

2. Wählen Sie die Option DOWNLOAD FOR WINDOWS und den Link INTEL 32 & 64 BIT, ARM64.

3. Nach Anklicken der Installationsroutine wird der Download gestartet.

4. Ihr Browser zeigt nun oben im Downloadbereich die heruntergeladene Datei an. Klicken Sie hier auf DATEI ÖFFNEN (siehe Abbildung 13.1). Sollte sich die neugierige Benutzerkontensteuerung einblenden und abfragen, ob das, was gerade passiert, okay ist, klicken Sie auf die Schaltfläche JA, um Windows mitzuteilen, dass Sie das Programm herunterladen und installieren möchten.

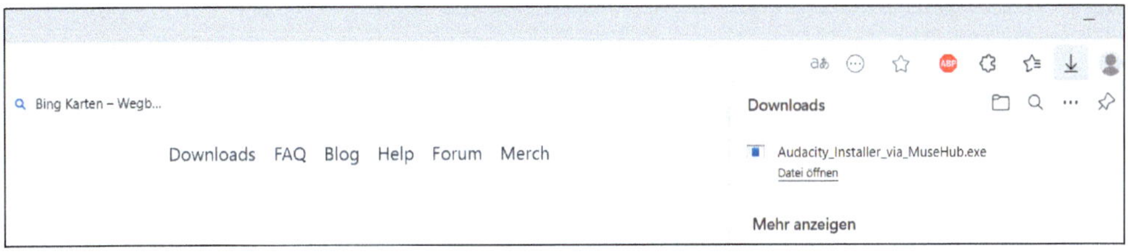

Abbildung 13.1: Mit »Datei öffnen« wird die Installation gestartet.

5. Im ersten Dialogfeld SETUP-SPRACHE AUSWÄHLEN wählen Sie DEUTSCH und anschließend die Schaltfläche OK.

Ganz generell gesprochen: Wenn Ihnen ein Programm eine Expressinstallation und eine benutzerdefinierte Installation anbietet, sollten Sie die Expressinstallation wählen. Dann kann das Installationsprogramm schalten und walten, ohne Sie weiter zu belästigen. Eine benutzerdefinierte Installation ermöglicht Ihnen anzugeben, wo Sie das Programm installieren möchten, und eventuell auch, welche Teile des Programms installiert werden sollen.

6. In den Dialogfeldern SETUP – AUDACITY, die dann nacheinander erscheinen, klicken Sie auf WEITER, bis Sie zu dem Dialogfeld gelangen, das Sie fragt, ob Sie das Programm installieren möchten; wählen Sie dort die Schaltfläche INSTALLIEREN.
7. In dem Dialogfeld INFORMATION wählen Sie die Schaltfläche WEITER. Zu guter Letzt klicken oder tippen Sie auf die Schaltfläche FERTIGSTELLEN in dem Dialogfeld, das Ihnen mitteilt, dass die Installation von Audacity abgeschlossen ist, wie in Abbildung 13.2 gezeigt.

Viele Programme versuchen, sich bei der Installation oder ersten Ausführung automatisch mit dem Internet zu verbinden, um nach Updates zu suchen. Wenn Sie ein Programm erstmals starten, werden Sie vielleicht gebeten, das Programm zu registrieren oder bestimmte Einstellungen zu konfigurieren. Im Zweifel halten Sie sich an die voreingestellten Antworten.

8. Schließen Sie Audacity, indem Sie in der oberen rechten Bildschirmecke auf die Schaltfläche SCHLIEẞEN (»X«) klicken oder tippen.

Abbildung 13.2: Abschluss der Installation

9. Wählen Sie die Schaltfläche Start, um das Startmenü zu öffnen. Audacity erscheint als Symbol im Bereich Empfohlen und natürlich in der Liste Alle unter A mit dem Zusatz neu (siehe Abbildung 13.3).

Wenn Sie ein Programm von einer CD oder DVD installieren möchten, legen Sie den Datenträger in das Laufwerk Ihres Computers ein (in der Regel mit der Beschriftung nach oben). Wenn das Dialogfeld Automatische Wiedergabe eingeblendet wird, wählen Sie die Option Installieren oder Setup aus. Eventuell bittet die Benutzerkontensteuerung um Bestätigung, dass Sie dieses Programm ausführen möchten. (Windows 11 fragt um Erlaubnis, damit keine Software unbeabsichtigt installiert wird.)

Programme deinstallieren

1. Etwas anders als die Apps aus dem Microsoft Store installieren Sie andere Programme von einer Webseite oder gegebenenfalls auch von einer CD/DVD. Um zu sehen, welche Programme installiert sind, klicken

oder tippen Sie in der Taskleiste auf das Lupen-Symbol und tragen `Systemsteuerung` in das Suchfeld ein. Wählen Sie aus den Ergebnissen SYSTEMSTEUERUNG, um die Startseite der App aufzurufen.

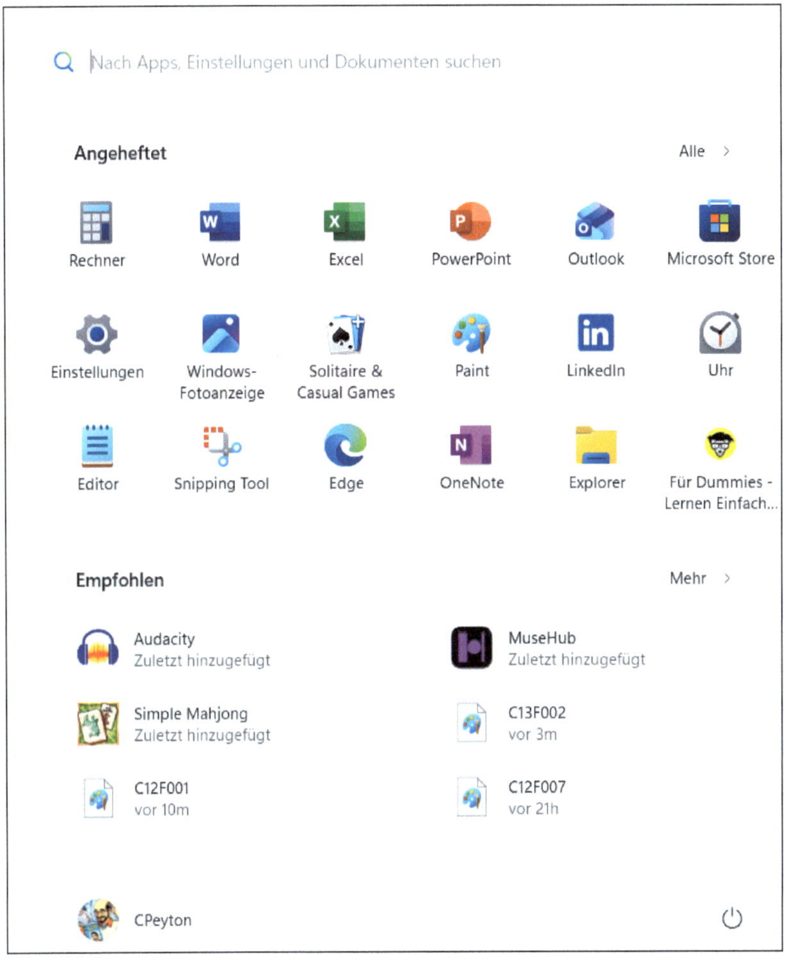

Abbildung 13.3: Audacity als Symbol im Startmenü

Die meisten in diesem Kapitel vorgestellten Funktionen gehören zur Systemsteuerung, die viele Möglichkeiten bietet, die Leistung Ihres Computers zu erhöhen.

2. Wählen Sie auf der Startseite der Systemsteuerung unter dem Eintrag PROGRAMME (siehe Abbildung 13.4) den Link PROGRAMM DEINSTALLIEREN.

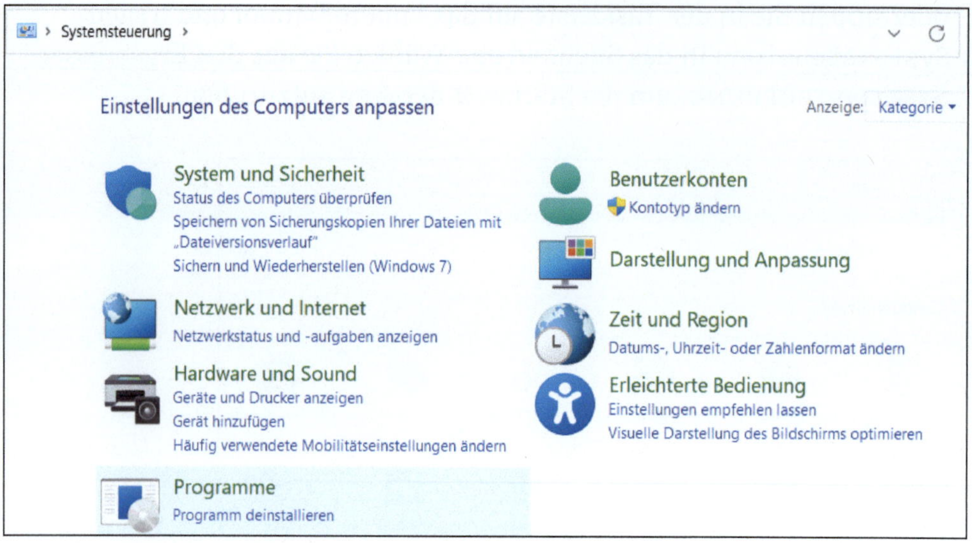

Abbildung 13.4: Programm deinstallieren oder Einstellungen anzeigen

In dem genannten Beispiel wurde als Anzeigeoption (oben rechts) KATEGORIE ausgewählt; sollte bei Ihnen eine andere Darstellung (z.B. GROẞE SYMBOLE oder KLEINE SYMBOLE) angewählt sein, lautet der anzuwählende Eintrag PROGRAMME UND FEATURES.

3. Sie brauchen ja nicht wirklich etwas zu deinstallieren, Sie können auch einfach nur schauen, was diese Option anbietet. So sehen Sie im nächsten Schritt das Fenster PROGRAMM DEINSTALLIEREN ODER ÄNDERN. In diesem Fenster werden keine Windows 11-Apps (aus dem Microsoft Store) aufgelistet, sondern nur Desktop-Programme. Standardmäßig sind sie alphabetisch nach Namen sortiert. Lassen Sie sich das Datum der letzten Verwendung anzeigen, denn ein Programm, das Sie seit Ewigkeiten nicht benutzt haben, können Sie möglicherweise getrost entfernen. (Ansonsten fahren Sie mit Schritt 5 fort.) Dieses Datum können Sie folgendermaßen anzeigen lassen:

   - **Maus:** Bewegen Sie den Mauszeiger über eine beliebige Spaltenüberschrift, zum Beispiel NAME, und klicken Sie mit der rechten Maustaste.
   - **Touchscreen:** Drücken Sie mit dem Finger auf eine beliebige Spaltenüberschrift, zum Beispiel NAME, und lassen Sie wieder los, sobald ein Quadrat erscheint.

4. Klicken oder tippen Sie im eingeblendeten Kontextmenü auf Weitere und aktivieren Sie im Fenster Details auswählen das letzte Kontrollkästchen Zuletzt verwendet am. Bestätigen Sie mit OK.

   Jetzt wird rechts neben den anderen Spalten auch die Spalte Zuletzt verwendet am angezeigt.

Ehe Sie ein Programm deinstallieren, das Sie vielleicht doch noch nutzen möchten, sollten Sie sich davon überzeugen, dass Sie eine Kopie davon auf CD oder DVD haben oder zumindest wissen, wo Sie es herunterladen können. Eine Deinstallation kann nicht wieder rückgängig gemacht werden.

5. Um ein Programm zu ändern, wählen Sie es zuerst in der Liste aus. Für dieses Beispiel wählen Sie beispielsweise Audacity. Sie müssen Audacity nicht deinstallieren, aber wenn Sie es tun, können Sie es anschließend mit dem im vorigen Abschnitt beschriebenen Verfahren erneut installieren.
6. Wählen Sie die Schaltfläche Deinstallieren (oberhalb der Liste mit den Programmnamen) oder rufen Sie den gleichnamigen Menüpunkt aus dem Kontextmenü auf, so wie in Abbildung 13.5 dargestellt.

Abbildung 13.5: Programm zum Deinstallieren auswählen

7. Wenn Windows 11 Sie fragt, ob Sie das Programm wirklich entfernen möchten, wählen Sie Ja.

Manche Programme bieten zusätzlich zur Option DEINSTALLIEREN auch die Optionen ÄNDERN und REPARIEREN. Reparieren oder Ändern sind nützliche Optionen für ein Desktop-Programm, das Sie behalten möchten, sich aber nicht wie erwartet verhält.

8. Wenn Sie Audacity oder ein anderes Programm deinstallieren, wird es anschließend nicht mehr im Fenster PROGRAMME UND FEATURES oder dem Startbildschirm angezeigt.

Sie sollten ein Programm nicht unbedingt deinstallieren, nur weil Sie es können. Sie können es auch einfach ignorieren. Schauen Sie auf den Namen, Herausgeber und Installationstermin eines Programms, um festzustellen, ob Sie es tatsächlich verwenden. Manche Programme haben Sie vielleicht selbst kürzlich installiert, andere waren bereits vorinstalliert, als Sie Ihren Computer erworben haben. Wenn Sie feststellen, dass es gewinnbringender ist, große Programme zu entfernen, können Sie die Schritte 3 und 4 wiederholen, um die Programme nach Größe sortieren zu lassen.

Start-Apps kontrollieren

1. Start-Apps sind Anwendungen, die ausgeführt werden, sobald Ihr Computer startet. Sie werden überrascht sein, wie viele Start-Apps im Hintergrund laufen, ohne dass Sie es wissen. Manchmal kommt es vor, dass Sie neue Software installieren oder ein Programm aus dem Internet herunterladen und dann feststellen, dass es automatisch ausgeführt wird, ob Sie wollen oder nicht. Manchmal verlangsamt die Anzahl der Start-Apps den Computer. Um zu sehen, welche Apps automatisch starten, wenn Sie Ihren Computer einschalten, rufen Sie den Task-Manager auf. Dazu gehen Sie wie folgt vor:

   - **Tastatur:** Drücken Sie Strg+Alt+Entf und wählen Sie auf dem blauen Bildschirm den Eintrag TASK-MANAGER.

   - **Suche:** Klicken oder tippen Sie auf das Lupen-Symbol in der Taskleiste und geben Sie `task` in das Suchfeld ein. Wählen Sie in den Suchergebnissen die App TASK-MANAGER aus.

2. Wählen Sie im Task-Manager-Fenster am linken Rand die Option DETAILS an, um sich nähere Informationen zu den einzelnen Tasks anzeigen zu lassen.

3. Wechseln Sie im linken Bereich zur Option AUTOSTART VON APPS, so wie in Abbildung 13.6 dargestellt. Hier sehen Sie die Liste der Apps, die gestartet werden, wenn Sie Ihren Computer einschalten.

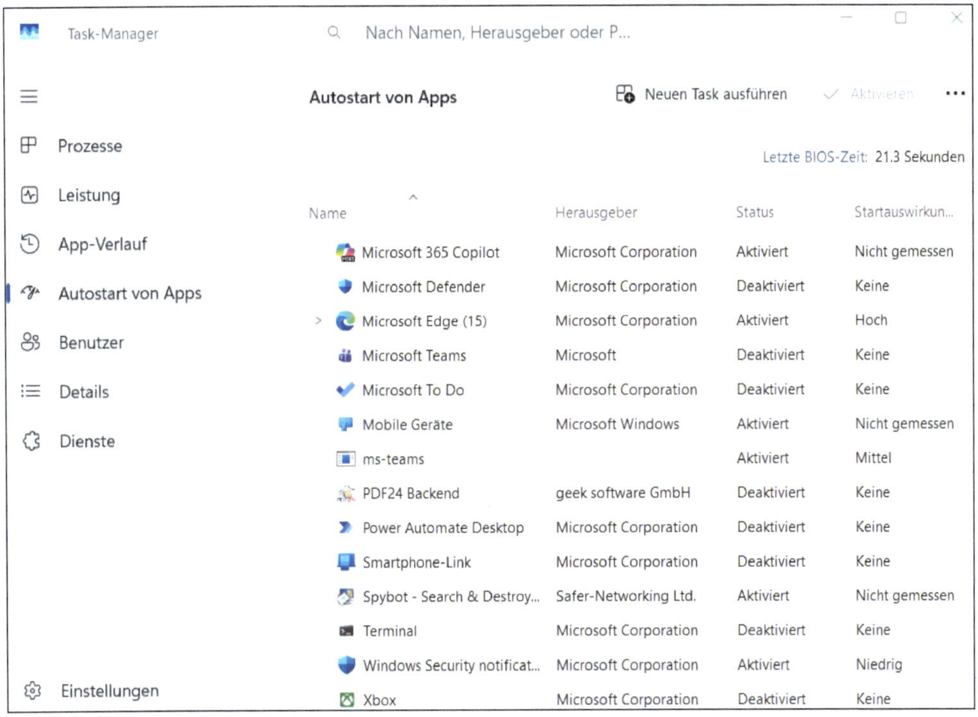

Abbildung 13.6: Anzeige der Start-Apps im Task-Manager

4. Sind Sie sich an der Stelle unsicher, was diese oder jene App macht, können Sie anhand der folgenden Techniken weitere Informationen aufrufen. Dazu nutzen Sie eine Online-Suche mit Ihrem Browser, um im Internet (World Wide Web) zu recherchieren:

   - **Maus:** Klicken Sie mit der rechten Maustaste auf eine App und wählen Sie ONLINE SUCHEN.

- **Touchscreen:** Drücken Sie auf den Namen einer App und wählen Sie ONLINE SUCHEN.

Die Spalte STARTAUSWIRKUNGEN im Task-Manager gibt bei den einzelnen Apps an, wie hoch deren Auswirkungen auf das Gesamtsystem sind. Apps wie beispielsweise Microsoft OneDrive können Ihren Computer stark verlangsamen. Wenn Sie feststellen, dass eine dieser Apps unerwünscht ist oder Sie bremst, deaktivieren Sie sie. Keine Sorge, Sie können sie jederzeit ganz einfach wieder aktivieren.

5. Um eine Start-App zu deaktivieren, wählen Sie ihren Namen aus und klicken oder tippen anschließend auf die Schaltfläche DEAKTIVIEREN. Alternativ können Sie den entsprechenden Punkt auch im zugehörigen Kontextmenü anwählen.

6. Um eine Start-App im Task-Manager zu aktivieren, wählen Sie ihren Namen aus und klicken oder tippen dann auf die Schaltfläche AKTIVIEREN oder alternativ im zugehörigen Kontextmenü. Die Status-Spalte im Task-Manager zeigt an, ob eine Start-App deaktiviert wurde.

Systeminformationen erkunden

1. Es kann hier und da sehr hilfreich und nützlich sein, bestimmte Systeminformationen auszulesen. Um dies durchzuführen, klicken oder tippen Sie auf das Lupen-Symbol in der Taskleiste und geben in das Suchfeld das Wort `systemsteuerung` ein.

2. Wählen Sie SYSTEMSTEUERUNG in den Suchergebnissen aus. In der Systemsteuerung wählen Sie die Kategorie SYSTEM UND SICHERHEIT (achten Sie darauf, dass Sie oben rechts als Anzeige KATEGORIEN eingestellt haben, damit Sie diese Kategorie auch entdecken können).

3. Im Fenster SYSTEM UND SICHERHEIT wählen Sie SYSTEM.

   Dieser Bildschirm (siehe Abbildung 13.7) ist prallvoll mit Informationen und Funktionen. Beachten Sie insbesondere folgende Bereiche:

   - **Gerätespezifikationen:** Dieser Abschnitt informiert über Ihre Hardware, das heißt den Prozessor, die Größe des Arbeitsspeichers (RAM) und weitere Details.

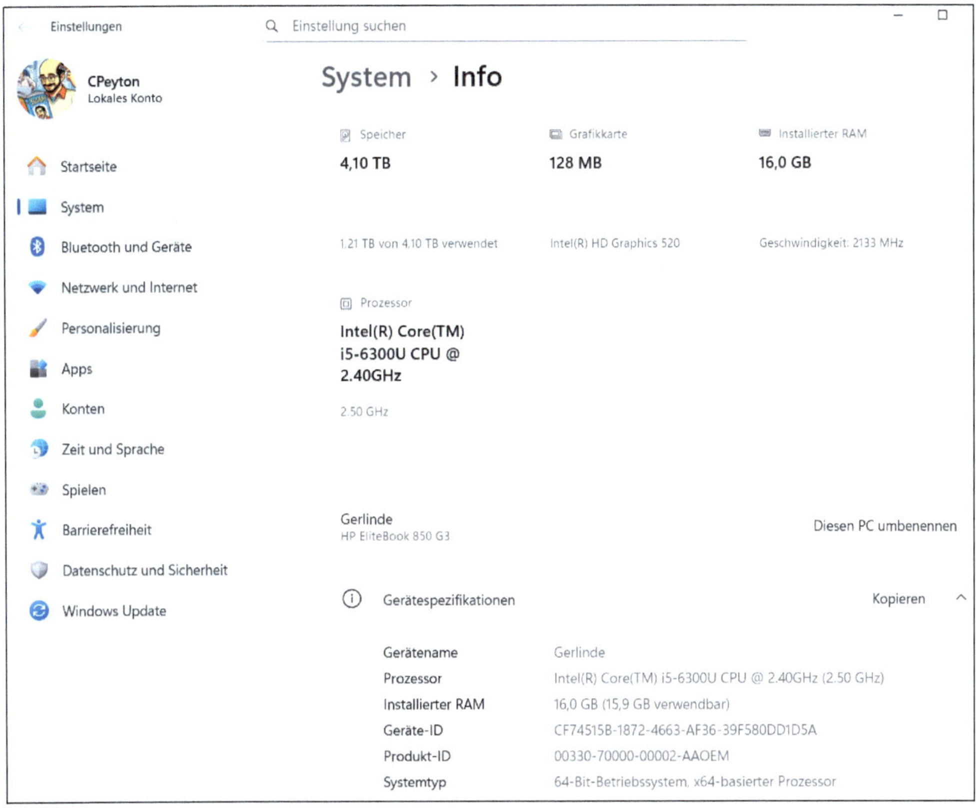

Abbildung 13.7: Ausführliche Systeminformationen

- **Windows-Spezifikationen:** Natürlich haben Sie Windows 11. Doch Windows 11 gibt es in unterschiedlichen Ausführungen; die bei Ihnen installierte Version wird hier angezeigt. Hier werden vielleicht auch sogenannte Funktionspakete (Service Packs) angezeigt; das sind große Sammlungen von Updates für Windows 11.
- **Einstellungen für Computernamen, Domäne und Arbeitsgruppe:** Wenn Sie (oberhalb der WINDOWS-SPEZIFIKATIONEN) das Register DOMÄNE ODER ARBEITSGRUPPE anwählen, erhalten Sie in einem Dialogfenster Angaben zu den aktuell zugewiesenen Einstellungen. Sie können diese Angaben behalten oder an der Stelle ändern. Hat ein Computer beispielsweise keine Verbindung zu anderen Computern im Netzwerk, hängt das Problem oft mit dem Namen der Arbeitsgruppe zusammen. Über den Link ÄNDERN (im zusätzlichen Dialogfenster) können Sie Ihrem Computer denselben Namen für die Arbeitsgruppe zuweisen, den die anderen Computer im Netzwerk haben.

Windows 11 weist Ihrem Computer zu Anfang einen allgemeinen, wenig aussagekräftigen Namen zu. Um Ihren Computer umzubenennen, wählen Sie in dem Dialogfenster ebenfalls die Schaltfläche ÄNDERN und geben dann in das Textfeld den gewünschten Computernamen ein.

- **Product Key und Aktivierung:** Zur Bekämpfung der Softwarepiraterie, die mit illegalen Kopien von Windows 11 handelt, muss jedes Windows-11-System aktiviert werden. Wahrscheinlich haben Sie Ihre Version schon beim ersten Starten Ihres Computers aktiviert. Um sicherzugehen, klicken oder tippen Sie auf den Eintrag PRODUCT KEY UND AKTIVIERUNG (im Bereich VERWANDT), woraufhin im nächsten Fenster der Aktivierungsstatus angezeigt wird.

Lassen Sie sich von den Systeminformationen und -optionen nicht einschüchtern. Wenn alles gut geht, werden Sie das meiste davon nie wieder benötigen. Es schadet aber nichts, diese Informationen zumindest schon einmal gesehen zu haben, nur für den Fall, dass vielleicht doch einmal etwas schiefgeht.

Sicherheit und Wartungsstatus überprüfen

1. Hin und wieder ist es sinnvoll, den Zustand des Systems bezüglich Sicherheit und Wartung (Updates usw.) zu überprüfen. Um dies durchzuführen, müssen Sie im Suchfeld (Lupen-Symbol) das Wort `systemsteuerung` eingeben und die App SYSTEMSTEUERUNG anklicken oder tippen.

2. Wählen Sie SYSTEM UND SICHERHEIT und dann die Kategorie SICHERHEIT UND WARTUNG (siehe Abbildung 13.8).

Sie können das Fenster SICHERHEIT UND WARTUNG auch über die Suchfunktion etwas schneller aufrufen. Geben Sie dazu in das Suchfeld `sicherheit und wartung` ein und bestätigen mit ↵.

3. Achten Sie unter ZEIGT NEUE MELDUNGEN AN UND HILFT BEIM LÖSEN VON PROBLEMEN auf angezeigte Meldungen. Im Idealfall wird hier nichts angezeigt. Sehen Sie eine Meldung über ein spezifisches Problem, klicken Sie darauf, um mehr zu erfahren.

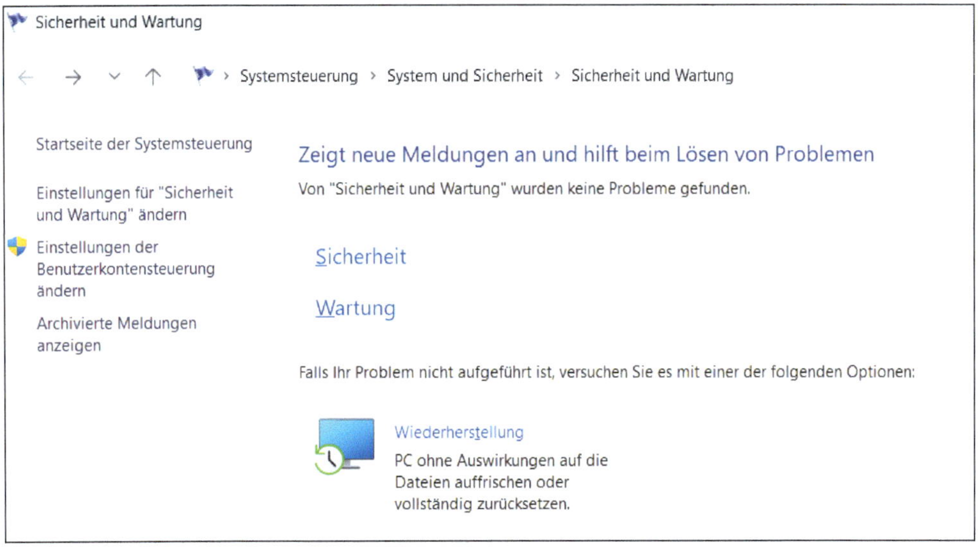

Abbildung 13.8: Informationen im Bereich »Sicherheit und Wartung«

4. Klicken oder tippen Sie auf die Überschrift Sicherheit im Wartungscenter, um alle Sicherheitsfunktionen einzublenden. Alle Optionen sollten auf Ein oder OK gesetzt sein, mit Ausnahme des Netzwerkzugriffsschutzes, einer Funktion, die normalerweise nur in Unternehmen eine Rolle spielt. Hier eine kurze Erklärung zu den Sicherheitsoptionen:

   - Netzwerkfirewall: Die Firewall untersucht den Internetverkehr und blockiert alle Aktivitäten von Programmen, die keine ausdrückliche Berechtigung haben, auf das Internet zuzugreifen. Wenn Sie ein Programm mit Internetzugriff installieren, werden Sie beim ersten Mal unter Umständen gefragt, ob Sie die Verbindung erlauben wollen. Am sichersten ist es, wenn Sie Onlineverbindungen, die Sie nicht kennen und nicht initiiert haben, ablehnen.

   - Virenschutz: Ein Virenschutz ist für Ihren Computer lebenswichtig. Microsoft Defender Antivirus (ehemals Windows Defender Antivirus), ein Virenschutzprogramm, ist bei Windows 11 vorinstalliert. Sie können aber auch jederzeit ein anderes Antiviren-Programm installieren, wenn Sie möchten. Im Abschnitt »Schützen Sie Ihren Computer« weiter hinten in diesem Kapitel erfahren Sie mehr über Microsoft Defender Antivirus.

- Internetsicherheitseinstellungen: Diese Einstellungen betreffen Ihren Browser. Die Standardeinstellungen sind wahrscheinlich korrekt.

- Benutzerkontensteuerung: Die integrierte Benutzerkontensteuerung liefert Hinweise zu Programmen, die Änderungen an Ihrem System vornehmen wollen; Sie werden dann aufgefordert, solche Änderungen zu bestätigen. Insbesondere werden Sie darüber informiert, wenn ein Programm versucht, potenziell schädliche Software zu installieren oder auszuführen. Im Zweifel beantworten Sie solche Meldungen mit Nein oder Abbrechen.

5. Klicken oder tippen Sie auf die Überschrift Wartung, um die Wartungsoptionen anzuzeigen:

   - Probleme melden: Diese Option ist eingeschaltet, damit Windows 11 regelmäßig nach Lösungen für Probleme suchen kann, die es entdeckt. (Im nächsten Schritt werden Sie dazu einmal den Zuverlässigkeitsverlauf ausführen.)

   - Automatische Wartung: Ihr Computer führt jeden Tag automatisch wichtige Updates, Sicherheitsprüfungen und Diagnosen durch.

Wenn Ihr Computer im Gästezimmer oder im Schlafzimmer steht, sollten Sie vielleicht die automatische Wartung auf eine andere Zeit als Standardeinstellung einstellen. Ihr Computer könnte dann nämlich tatsächlich in Aktion treten, sofern Sie ihn nicht heruntergefahren haben. Wenn der Computer die Wartung nicht zur festgelegten Zeit ausführen kann, holt er sie bei nächster Gelegenheit nach.

   - Dateiversionsverlauf: Wie Sie diese Option, die standardmäßig abgeschaltet ist, nutzen können, erfahren Sie in Kapitel 15.

   - Laufwerkstatus: Laufwerke sind die internen oder externen Festplatten des Computers. Ihre Dokumente, Fotos und Windows 11 selbst sind auf einer oder mehreren Festplatten gespeichert. Im Idealfall lautet der Status Alle Laufwerke funktionieren ordnungsgemäß. In Kapitel 15 erfahren Sie, wie Sie Dateien sichern und wiederherstellen können.

- Gerätesoftware: Wenn ein Gerät oder Ihr Computer einen Treiber oder eine andere Software benötigen, um ordnungsgemäß zu laufen, werden Sie hier darauf aufmerksam gemacht. Wählen Sie Gerätesoftware installieren, um die Software zu installieren.

Das Fenster Sicherheit und Wartung sollten Sie immer dann öffnen, wenn Sie Probleme mit Windows 11 haben.

6. Um eine Systemüberprüfung durchzuführen, sollten Sie im nächsten Schritt unter dem Eintrag Probleme melden die Option Zuverlässigkeitsverlauf anzeigen anklicken oder tippen.
7. Es wird ein Bericht generiert, und wie Sie in Abbildung 13.9 sehen können, zeichnet die Zuverlässigkeitsüberwachung die Stabilität Ihres Computers auf und zeigt Hardware- und Softwareprobleme an, einschließlich jener, von denen Sie gar nichts merken. Rote Kreise auf diesem Bildschirm informieren Sie über kritische Ereignisse (wie beispielsweise Computerabstürze), blaue Kreise sind Informationen über Softwareinstallationen und -Updates und gelbe Dreiecke sind Warnungen aufgrund von ungefährlichen Ereignissen, die den Computer nicht zum Absturz bringen. Wenn Sie einen Tag auswählen, erscheinen im unteren Teil des Fensters die dazugehörigen Details.

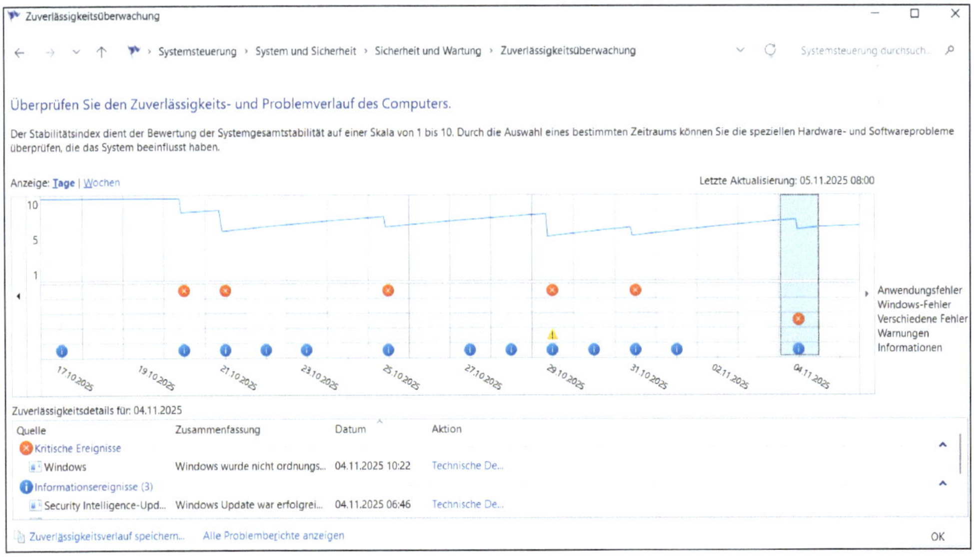

Abbildung 13.9: Bericht der Zuverlässigkeitsüberwachung

Ihren Computer beschleunigen

1. Computer sind in gewissem Sinne wie Menschen – in der Regel werden sie im Laufe der Jahre langsamer. Windows 11 bietet einige administrative Werkzeuge, die Ihnen dabei helfen, Ihren Computer zu wieder beschleunigen. Klicken oder tippen Sie auf das Lupen-Symbol und geben Sie im Suchfeld `Laufwerke defragmentieren` ein.

   BEISPIEL: Wenn Sie eine Datei speichern, werden die zugehörigen Daten auf der Festplatte dort abgelegt, wo Windows 11 gerade Platz dafür findet. Eine Datei kann damit auf sehr viele verschiedene Speicherorte verteilt werden. Wenn Sie Ihren Computer schon sehr lange verwenden, werden die Dateien immer weiter fragmentiert, und Ihr Computer muss eine Menge Arbeit leisten, um alle Teile wieder zusammenzusetzen, um eine Datei zu öffnen.

2. Wählen Sie aus den angezeigten Ergebnissen die App LAUFWERKE DEFRAGMENTIEREN UND OPTIMIEREN aus. Das Fenster LAUFWERKE OPTIMIEREN wird geöffnet, so wie in Abbildung 13.10 dargestellt.
3. Wählen Sie ein beliebiges Laufwerk aus und klicken/tippen Sie auf die Schaltfläche OPTIMIEREN. Windows 11 optimiert Ihre Festplatte, indem es die Teile der Dateien so verschiebt, dass sie auf der Festplatte nebeneinander abgelegt werden.

   Es kann ein paar Minuten oder sogar ein paar Stunden dauern, bis eine Festplatte optimiert ist, aber Windows 11 führt diese Aufgabe im Hintergrund aus und Sie können Ihre Arbeit ganz normal fortsetzen.

4. Eine weitere Optimierungsmöglichkeit besteht darin, nicht mehr benötigte Daten von einer Festplatte zu entfernen. Dies kann beispielsweise wichtig sein, weil Windows temporäre Dateien oder bei Updates des Systems alte Systemdateien ablegt, die unter Umständen nicht automatisch gelöscht werden. Die entsprechende App zur Bereinigung lautet

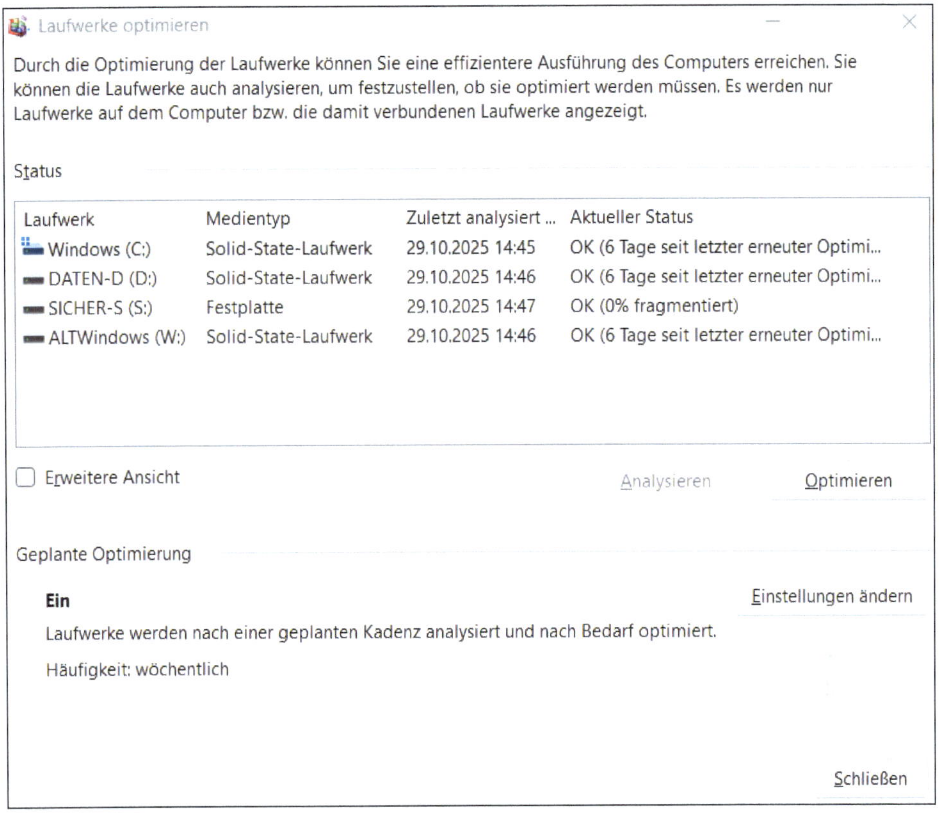

Abbildung 13.10: Der Bildschirm »Laufwerke optimieren«

Datenträgerbereinigung, die Sie durch Eingabe der Bezeichnung im Suchfeld (Lupen-Symbol) und Bestätigung mit Enter aufrufen können.

5. Wählen Sie im nachfolgenden Dialog den Datenträger/Laufwerk (Festplatte) aus, dass Sie bereinigen möchten.
6. Mit anschließender Bestätigung über die Schaltfläche OK oder Enter öffnet sich das Dialogfeld für die Datenträgerbereinigung, so wie beispielhaft in Abbildung 13.11 gezeigt. Anhand der Angaben erfahren Sie sehr einfach und schnell, wie viel Platz Sie auf Ihrer Festplatte freimachen können, indem Sie nicht mehr benötigte Dateien entfernen.

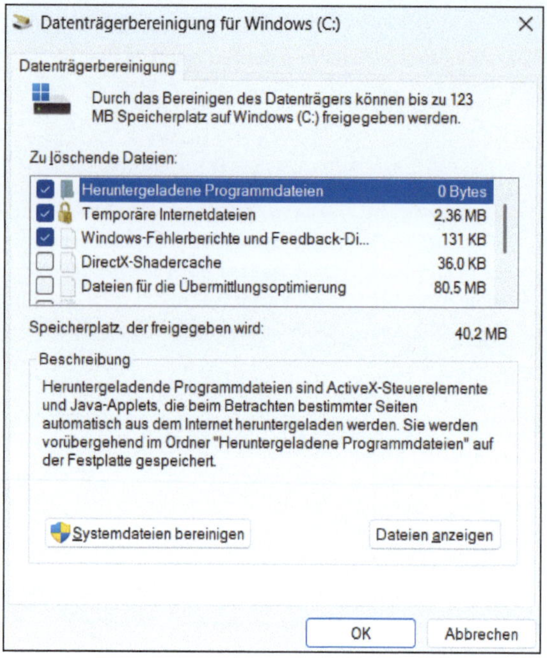

Abbildung 13.11: Bereinigung des ausgewählten Datenträgers

7. Wählen Sie in dem Dialog die zu löschenden Dateitypen (links) durch Anklicken aus. Mit Bestätigung über die Schaltfläche OK und einer erneuten Bestätigung, dass die gewählten Dateitypen endgültig gelöscht werden sollen, erfolgt der endgültige Löschvorgang.

Mit der Option SYSTEMDATEN BEREINIGEN im Dialogfenster (siehe Abbildung 13.11) haben Sie die Möglichkeit, weitergehende Dateitypen auszuwählen, die endgültig vom System entfernt werden sollen; dazu zählen beispielsweise auch die Dateien aus durchgeführten Windows-Updates.

Schützen Sie Ihren Computer

1. Windows kann Viren, Spyware und andere Schädlinge auf Ihrem Computer erkennen und entfernen. So verbessern Sie den Schutz Ihres Computers vor Bedrohungen von außen. Rufen Sie das Suchfeld (Lupen-Symbol) auf und geben Sie `Viren und Bedrohungsschutz` in das Suchfeld ein. Wählen Sie den entsprechenden Eintrag aus den Ergebnissen au, worauf die gleichnamige App gestartet wird (siehe Abbildung 13.12).

Abbildung 13.12: App »Viren- & Bedrohungsschutz« in Windows 11

Beim Start Ihres Computers führt Windows im Hintergrund eigenständig »Schnellüberprüfungen« durch. Dennoch sollten Sie ein Auge darauf haben und sich hin und wieder über den aktuellen Zustand informieren.

2. Überprüfen Sie in regelmäßigen Abständen, ob Ihr Computer von Viren und Spyware befreit ist. Wählen Sie dazu am besten den Link SCANOPTIONEN (unterhalb der Schaltfläche SCHNELLPRÜFUNG), um das gleichnamige Fenster zu öffnen.

3. Achten Sie darauf, dass im nachfolgenden Dialog die Option VOLLSTÄNDIGE ÜBERPRÜFUNG ausgewählt ist, und klicken oder tippen Sie anschließend im unteren Fensterbereich auf die Schaltfläche JETZT ÜBERPRÜFEN (siehe Abbildung 13.13).

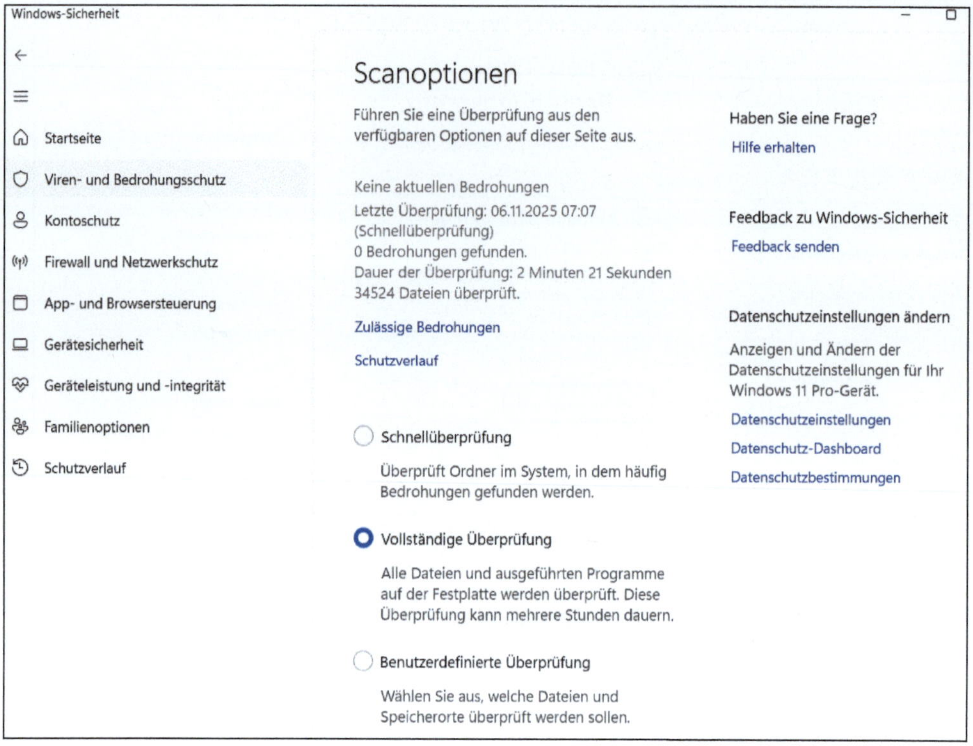

Abbildung 13.13: Durchführen einer vollständigen Prüfung des Systems

Eine vollständige Überprüfung kann unter Umständen sehr lange dauern, weil Windows alle Dateien auf Ihrem Computer auf Viren und Spyware überprüft. Während der Überprüfung können Sie andere Aufgaben auf Ihrem Computer ausführen. Sobald Probleme gefunden werden, wird die Datei mit dem Virus oder der Spyware in Quarantäne gestellt, sodass sie Ihren Computer nicht gefährden kann. Sie erhalten darüber dann einen entsprechenden Hinweis.

IN DIESEM KAPITEL

Hardware mit Plug-and-play erweitern

Alle angeschlossenen Geräte anzeigen

Drucker oder andere Geräte anschließen

Geräteoptionen auf dem Desktop aufrufen

Touchscreen kalibrieren

Kapitel 14
Drucker und andere Geräte anschließen

Jeder Computer hat einen Monitor; die meisten Computer – ausgenommen Tablet-PCs – besitzen standardmäßig auch eine Tastatur und eine Maus oder ein Touchpad. Sie können eine Maus auch an ein Notebook anschließen oder die Tastatur oder Maus ersetzen, die mit Ihrem Computer geliefert wurde. Und mit einem Drucker oder Scanner können Sie die Funktionalität Ihres Computers erweitern.

Für jede zusätzliche Hardware, von Technikern auch »Peripheriegeräte« genannt, hat Windows 11 einen Trick auf Lager. Dank der Plug-and-play-Technologie, mit der quasi fast alle neuen Geräte automatisch erkannt werden, ist es ganz einfach, Geräte an Ihren Computer anzuschließen.

Die automatische Erkennung von Geräten, die an ein Computersystem angeschlossen werden, wird als *Plug-and-play* bezeichnet. Mit dem passenden Stecker funktioniert ein solches Gerät im Idealfall sofort, nachdem es angeschlossen worden ist.

In diesem Kapitel erkunden Sie die Geräte, die mit Ihrem Computer verbunden sind, und die Optionen, die für diese Geräte zur Verfügung stehen. Außerdem lernen Sie, wie Sie auf die an Ihrem Computer angeschlossenen

Geräte zugreifen, und wie Sie einen Touchscreen kalibrieren, damit er für Ihre Zwecke besser funktioniert.

Plug-and-play per USB

Folgende zusätzliche Geräte könnten für Sie beim Einsatz eines Computersystems nützlich sein:

- ✔ Mit einem *Drucker* können Sie Dokumente und Fotos ausdrucken. Dabei haben Sie die Wahl zwischen Druckausgaben in Schwarz-Weiß oder Farbe; zudem wird generell zwischen Nadel-, Tintenstrahl- und Laserdrucker unterschieden. Sogenannte Multifunktionsdrucker funktionieren in der Regel als Kopierer, Scanner oder Faxgerät.
- ✔ Eine *Digitalkamera* macht Fotos, die Sie auf Ihren Computer übertragen können, um sie mit Freunden gemeinsam zu genießen oder zu teilen. Kapitel 11 informiert Sie über das Arbeiten mit Fotos.

Alternativ zur Digitalkamera können Sie natürlich auch ein Smartphone verwenden, um Fotos zu erstellen und diese an ein Computersystem zu übertragen.

- ✔ Mit einem *Scanner* können Sie alte Fotos oder Dokumente digitalisieren, um sie am Bildschirm anzuschauen. In Kapitel 11 erfahren Sie, wie Sie einen Scanner verwenden.
- ✔ Eine *externe Festplatte* speichert Sicherungskopien Ihrer Dateien. In Kapitel 15 ist beschrieben, wie Sie eine externe Festplatte an Ihren Computer anschließen können.
- ✔ Ein *zusätzliches oder anderes Zeigegerät*, zum Beispiel eine Maus, ein Trackball oder ein Stift (Stylus) für einen Tablet-Computer, ist möglicherweise bequemer als das, was Sie zu Ihrem Computer geliefert bekommen haben. Eine kabellose Maus erspart Ihnen das umständliche Hantieren mit einem Kabel. Manche Anwender verwenden für ihr Notebook lieber eine Maus als das eingebaute Touchpad.

- ✔ Ein *Mikrofon* ist notwendig, wenn Sie mit der Spracheingabe Ihres Computers oder über das Internet mit Ihren Freunden kommunizieren möchten. Zu empfehlen ist hier ein kombiniertes Headset mit Mikrofon.
- ✔ Eine *Videokamera* (oder Webcam) ist für die Kommunikation per Videochat unerlässlich. Wie man mit einer Videokamera umgeht, erfahren Sie in Kapitel 10.

Die Mehrzahl dieser sogenannten Peripheriegeräte wird heutzutage in der Regel über den USB-Anschluss (Universal Serial Bus) verbunden. Wenn Sie ein Gerät per USB-Kabel an einen USB-Anschluss Ihres Computers anschließen (siehe Abbildung 14.1), meldet sich das Gerät sozusagen beim Computer an; diese Identifikation oder automatische Erkennung nennt sich *Plug-and-play*. Im Idealfall funktioniert das Gerät sofort, nachdem Sie es angeschlossen haben.

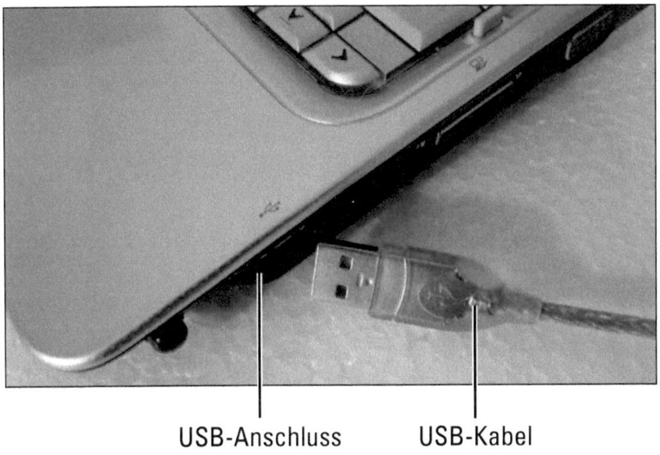

Abbildung 14.1: USB-Anschluss und -Kabel

Windows 11 verwendet zur Kommunikation mit Zusatzgeräten sogenannte *Gerätetreiber*. Ein Treiber ist ein Programm, das Windows sagt, wie das Gerät ausgeführt wird. Wenn Sie ein Gerät – beispielsweise einen Drucker – mit dem Computer verbinden, sucht Windows 11 nach einem Treiber (in diesem Fall einem Druckertreiber). Dieser ist entweder bereits in Windows 11 enthalten, wird auf CD mit dem Gerät mitgeliefert oder muss aus dem Internet heruntergeladen werden, sei es automatisch durch Windows 11 oder manuell durch Sie.

Jeder Computer verfügt über mindestens einen USB-Anschluss, zum Teil auf der Vorderseite und zum Teil (schlechter erreichbar) auf der Rückseite. Wenn Ihr Computer nicht genug Ports besitzt, können Sie einen USB-Hub dazukaufen: einen kleinen Kasten mit mehreren USB-Anschlüssen. Kommen Sie mit dem Gerätekabel nicht an den Anschluss heran, können Sie auch ein USB-Verlängerungskabel kaufen. All das finden Sie beispielsweise in Fachgeschäften oder in Online-Shops.

Bluetooth ist eine kabellose Technik, um Geräte mit Ihrem Computer zu verbinden. Wenn Ihr Computer Bluetooth »kann«, können Sie manche Geräte statt mit USB auch über eine Bluetooth-Funkverbindung anschließen, insbesondere Mikrofone oder Headsets.

Wenn Sie einen neueren Computer haben, verfügt dieser möglicherweise auch über einen oder mehrere USB-C-Anschlüsse. USB-C ist eine neuere Art der USB-Verbindung mit einer kleineren Steckerform, die einfach einzustecken ist. Außerdem sind USB-C-Kabel viel schneller als USB-Kabel. In der Dokumentation Ihres Computers finden Sie weitere Informationen.

Nur weil Sie etwas an Ihren Computer anschließen können, heißt das noch lange nicht, dass Sie es auch tun sollten! Flash-Laufwerke und andere Speichermedien, die an den PC angeschlossen werden können, können unter Umständen Viren (Schadsoftware) enthalten. Achten Sie also darauf, dass Sie nur Geräte aus vertrauenswürdigen Quellen verwenden. Mit anderen Worten: Wenn Sie ein Flash-Laufwerk auf dem Bürgersteig finden, nehmen Sie es nicht mit nach Hause und schließen Sie es nicht an Ihren Computer an!

Alle angeschlossenen Geräte anzeigen

1. Rufen Sie das Startmenü auf und wählen Sie das Symbol Einstellungen. Das Fenster Einstellungen wird geöffnet. Klicken oder tippen Sie hier auf Bluetooth und Geräte (siehe Abbildung 14.2).
2. In dieser Anzeige könnten zum Beispiel Ihr Bildschirm, Ihr Lautsprecher, die Kopfhörer, Tastatur, Maus und anderes mehr angezeigt werden.

Die über Ihr Hausnetzwerk oder das Netzwerk freigegebenen Geräte werden ebenfalls hier angezeigt.

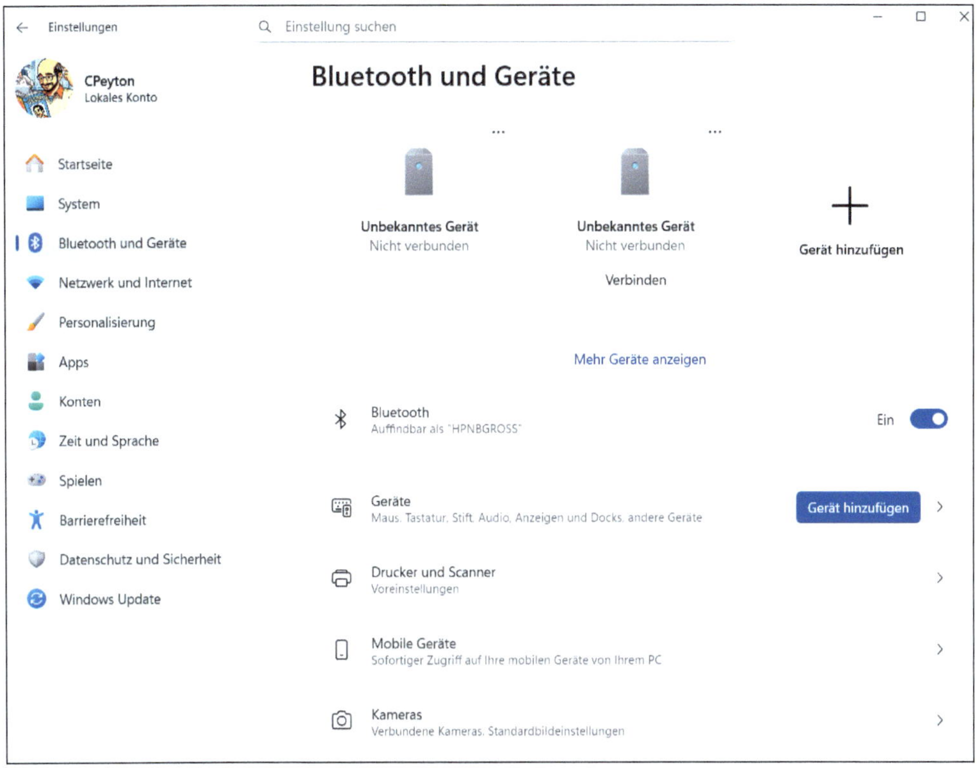

Abbildung 14.2: Informationen zu Geräten an einer Stelle

Weitere Informationen über die Anpassung der Geräteeinstellungen finden Sie im Abschnitt »Geräteoptionen auf dem Desktop aufrufen« weiter hinten in diesem Kapitel.

3. Wählen Sie innerhalb des Fensters BLUETOOTH UND GERÄTE die Kategorie DRUCKER UND SCANNER an. Dadurch werden alle Drucker und Scanner aufgelistet, die mit Ihrem Computer verbunden sind.

Einige (aber nicht alle) Geräte zeigen unterhalb der Gerätebezeichnung weitere Informationen an. Unter einem Netzwerkgerät, Drucker oder sonstigen Gerät könnte BEREIT oder OFFLINE stehen oder auch gar nichts, wenn das Gerät nicht bereit ist.

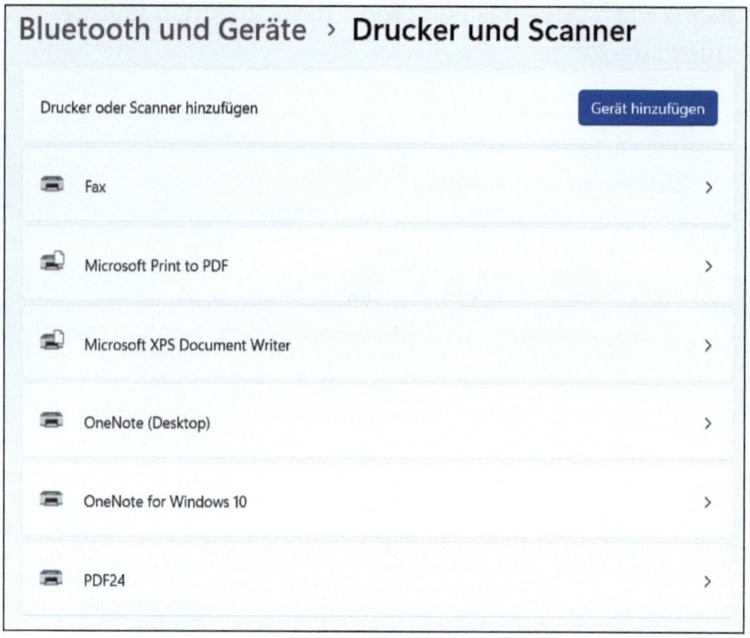

Abbildung 14.3: Anzeige verfügbarer Drucker und Scanner

Die Schaltfläche GERÄT HINZUFÜGEN werden Sie vermutlich selten benötigen, weil die meisten Geräte »automatisch« hinzugefügt werden. Wenn Sie diese Schaltfläche anklicken, sucht Windows 11 automatisch nach neuer Hardware; keine Angst, da kann nichts schiefgehen.

Drucker oder andere Geräte anschließen

1. Packen Sie Ihren Drucker aus und behalten Sie die Originalverpackung, bis Sie sicher sind, dass Sie ihn nicht zurückgeben möchten. Zusätzlich zum Drucker enthält die Verpackung womöglich Tinten- oder Tonerpatronen, ein Stromkabel und eine CD mit Druckersoftware. Lesen Sie die mitgelieferte Installationsanleitung, bevor Sie etwas machen.

Manche dieser Schritte gelten auch für andere Geräte, zum Beispiel Mäuse, Webcams oder Mikrofone. Drucker haben oft mehr Verpackung und erfordern mehr Montageaufwand als andere Geräte.

Viele Drucker lassen sich drahtlos mit Ihrem Internet-Router zu Hause verbinden. Auf diese Weise können Sie von jedem Computer, Tablet oder sogar von Ihrem Smartphone aus drahtlos drucken. Wenn Sie den Drucker über ein USB-Kabel mit Ihrem Computer verbinden müssen, müssen Sie ein solches Kabel kaufen, da es selten im Lieferumfang des Druckers enthalten ist. Zum Glück sind sie günstig und in den meisten großen Geschäften oder online erhältlich.

2. Entfernen Sie alle Klebestreifen von dem neuen Drucker. Bei den meisten Druckern wird der Druckmechanismus an Ort und Stelle fixiert, um Transportschäden zu vermeiden. Achten Sie auf helle Klebestreifen, Papier oder Plastik und eine Anleitung, was Sie tun müssen, um den Druckmechanismus freizulegen.

3. Stellen Sie den Drucker in Kabelreichweite von Ihrem Computer auf, es sei denn, Sie nutzen eine drahtlose Verbindung. Stecken Sie vor dem ersten Einschalten die Tinten- oder Tonerpatronen in den Drucker und legen Sie etwas Papier in den Papiereinzug. Anschließend verbinden Sie den Drucker mit dem Stromnetz und stecken das Druckerkabel in den entsprechenden Anschluss Ihres Computers. Wenn Sie einen kabellosen Drucker verwenden, befolgen Sie die Anweisungen für die Verbindung des Computers mit Ihrem Internet-Router.

Zu Ihrem Drucker haben Sie unter Umständen auch eine CD mit einem Druckertreiber und anderer Software erhalten. Ich empfehle Ihnen, diese CD zu verwenden, um Ihren Drucker zu installieren. Überlassen Sie Windows 11 nur die Installation, wenn keine CD dabei war.

4. Schalten Sie den Drucker ein. Eine Meldung teilt Ihnen mit, dass Windows ein Gerät einrichtet. Wenn alles gut geht, bekommen Sie schon bald von Windows die Nachricht, dass Ihr Drucker (Marke und Modellnummer) erfolgreich eingerichtet wurde und nun einsatzbereit ist. Während Windows 11 den Drucker konfiguriert, werden unter Umständen noch weitere Meldungen eingeblendet.

5. Blättern Sie zum vorigen Abschnitt, wenn Sie sich vergewissern möchten, dass Ihr Drucker richtig installiert wurde.

Geräteoptionen auf dem Desktop aufrufen

1. Um mehr Kontrolle über die Einrichtung Ihrer Geräte zu erhalten, rufen Sie die Systemsteuerung auf. Klicken oder tippen Sie auf das Lupen-Symbol in der Taskleiste und geben Sie in das Suchfeld `systemsteuerung` ein. Wählen Sie SYSTEMSTEUERUNG in den Treffern. Wählen Sie dann den Link GERÄTE UND DRUCKER ANZEIGEN (im Bereich HARDWARE UND SOUND), um das gezeigte Fenster anzuzeigen.
2. Das Fenster GERÄTE UND DRUCKER zeigt an, welche Geräte an Ihren Computer angeschlossen sind (siehe Abbildung 14.4), unter anderem der Monitor, externe Zusatzgeräte wie zum Beispiel Festplatte, USB-Stick oder Speicherkarte und die Maus.

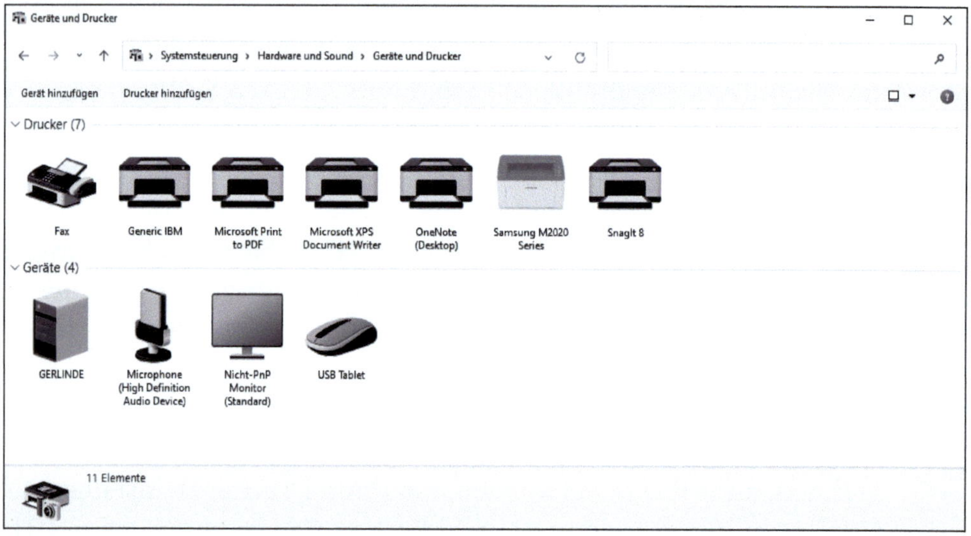

Abbildung 14.4: Geräte und Drucker

Die meisten Geräte werden auch in der Einstellungen-App in der Kategorie GERÄTE (unter BLUETOOTH UND GERÄTE; siehe Abbildung 14.2) aufgelistet. Es gibt jedoch Optionen unter GERÄTE UND DRUCKER, die in der Einstellungen-App nicht zur Verfügung stehen.

Windows 11 installiert Microsoft Print to PDF automatisch. Diese Anwendung druckt nichts, sondern erstellt Dateien, die Sie später mit einem richtigen Drucker ausdrucken können. Wenn Sie zum Beispiel in einem Café sitzen und eine Webseite oder E-Mail ausdrucken möchten, können Sie diese Anwendung benutzen und die Datei, die erstellt wird, später öffnen, wenn Ihr Computer an einen Drucker angeschlossen ist.

3. Klicken oder tippen Sie auf einen Gerätenamen, um seine Einstellungen anzuzeigen. Je nach dem Alter des Geräts werden mehr oder weniger ausführliche Informationen und Optionen angezeigt. Abbildung 14.5 zeigt die Einstellungen für den PDF-Drucker an. Nachdem Sie die Informationen überprüft oder verfügbare Optionen ausgewählt haben, kehren Sie mit dem Zurück-Pfeil zum vorherigen Bildschirm zurück.

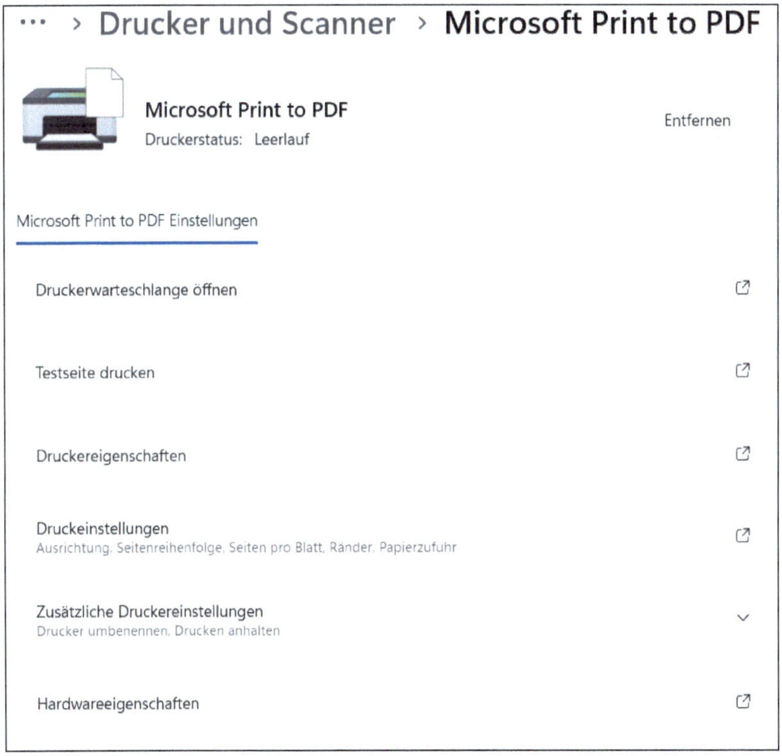

Abbildung 14.5: Verfügbare Geräteeinstellungen

4. Klicken Sie mit der rechten Maustaste auf das Gerätesymbol oder drücken Sie mit dem Finger so lange darauf, bis ein Quadrat unter dem Finger

angezeigt wird. Nehmen Sie dann den Finger wieder vom Bildschirm. Wählen Sie im Kontextmenü den Befehl DRUCKEREIGENSCHAFTEN.

5. Klicken oder tippen Sie im Eigenschaftenfenster auf die Schaltfläche TESTSEITE DRUCKEN. Ein weiteres Fenster informiert Sie, dass eine Testseite an Ihren Drucker gesendet wurde. Klicken Sie auf SCHLIEẞEN.

Wenn die Testseite nicht gedruckt wird, schauen Sie nach, ob auch beide Enden des Kabels richtig eingesteckt sind und der Drucker eingeschaltet ist. Falls Sie mit einem kabellosen Drucker arbeiten, prüfen Sie, ob der Drucker mit dem Router verbunden ist. Versuchen Sie erneut, die Testseite zu drucken. Mehr Hilfe bekommen Sie beim Druckerhersteller, in dem Fachgeschäft, in dem Sie den Drucker erstanden haben, oder in einschlägigen Internetforen.

Wenn Sie Probleme mit einem Gerät haben, wählen Sie die Option PROBLEMBEHANDLUNG im Kontextmenü. Ein Problembehebungsprogramm geht alle Optionen durch, um Ihre Probleme mit dem Gerät zu lösen.

Im oberen Bereich des Fensters GERÄTE UND DRUCKER befindet sich die Schaltfläche GERÄT HINZUFÜGEN. Diese benötigen Sie aber nur dann, wenn Windows 11 Ihr Gerät nicht automatisch erkennt und installiert. Die meisten Geräte mit USB-Plug-and-play-Technologie werden automatisch installiert.

Touchscreen kalibrieren

1. Haben Sie auf Ihrem Touchscreen Schwierigkeiten, Objekte auf Ihrem Bildschirm präzise mit dem Finger anzuwählen, sollten Sie Ihre Bildschirmausrichtung kalibrieren. In diesem Fall bedeutet »Kalibrieren«, dass Sie Windows 11 mitteilen, wie das Tippen auf den Bildschirm erfolgt. Rufen Sie dazu über das Lupen-Symbol in der Taskleiste die Suchfunktion auf und geben Sie `systemsteuerung` in das Suchfeld ein.

2. Wählen Sie SYSTEMSTEUERUNG in den Suchergebnissen und wählen Sie anschließend HARDWARE UND SOUND im Fenster SYSTEMSTEUERUNG. Das Fenster HARDWARE UND SOUND öffnet sich.

3. Im Fenster Hardware und Sound wählen Sie den Link Bildschirm für Stift- und Fingereingabe kalibrieren (unter Tablet PC-Einstellungen).

   Das Dialogfeld Tablet PC-Einstellungen erscheint (siehe Abbildung 14.6).

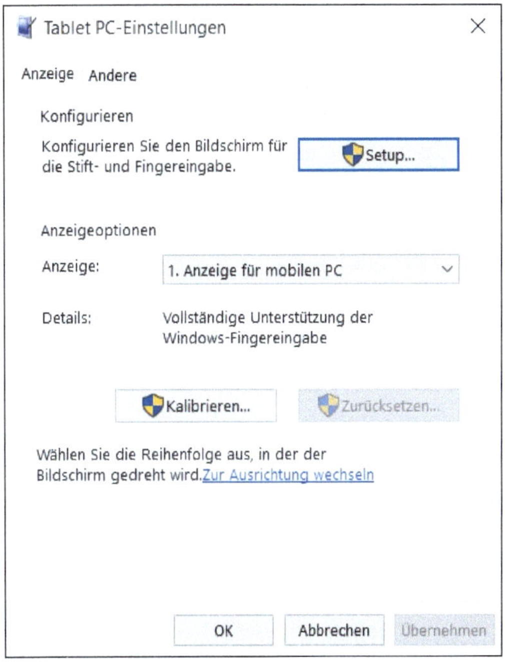

Abbildung 14.6: Bildschirmkalibrierung

4. Wählen Sie die Schaltfläche Kalibrieren. Eventuell fordert die Benutzerkontensteuerung Sie auf, zu bestätigen, dass Sie das Digitizerkalibrierungstool (was für ein Name!) ausführen möchten; bestätigen Sie das mit Ja.

   Wenn Ihr Touchscreen sehr schlecht kalibriert ist, können Sie vielleicht die Kalibrieren-Schaltfläche gar nicht mit dem Finger erwischen. In diesem Fall schließen Sie eine Maus an, klicken auf die Schaltfläche und machen dann wieder mit der Fingereingabe weiter.

5. Der Bildschirm zeigt Linien rund um seinen Rand herum an, sodass entlang der Bildschirmseiten ein Kasten und, ungefähr einen Zentimeter weiter innen, noch ein zweiter Kasten entsteht. An den Ecken sind diese

Kästen durch Linien verbunden, sodass 16 Schnittflächen entstehen. Nun tippen Sie mit dem Finger oder Stift, beginnend in der oberen linken Ecke, auf die einzelnen Felder. Die Felder zeigen dabei ein Fadenkreuz aus zwei dünnen schwarzen Linien an. Während Sie die Schnittflächen berühren, misst Windows 11 Ihre Berührung und stellt seine Berührungseinstellungen entsprechend ein. Nachdem alle Berührungen aufgezeichnet wurden, springt das Fadenkreuz um eine Schnittfläche nach rechts. (Springt das Fadenkreuz nicht weiter, tippen Sie die vorherige Schnittfläche erneut an.) Folgen Sie immer dem Fadenkreuz und tippen Sie auf die markierte Schnittfläche, von links nach rechts, nach unten und dann erneut von links nach rechts. Es dauert länger, die Beschreibung hier zu lesen, als auf die einzelnen Kalibrierungspunkte zu tippen.

Wenn Windows 11 Ihre Berührung nicht erkennt, fährt es mit dem Prozess nicht fort. Sie werden aufgefordert, die rechte Maustaste zu drücken, um zum letzten Kalibrierungspunkt zurückzukehren. Doch was tun Sie, wenn Sie keine Maus haben? Sie drücken so lange mit dem Finger, bis ein Quadrat angezeigt wird. Dann heben Sie den Finger vom Bildschirm, um so das Kontextmenü mit Fingerbedienung aufzurufen.

6. Nachdem Sie nacheinander auf alle 16 Kalibrierungspunkte getippt haben, werden Sie gefragt, ob Sie die Kalibrierungsdaten speichern möchten. Wenn alles gut gegangen ist, wählen Sie OK, andernfalls Abbrechen.

IN DIESEM KAPITEL

- Dateien speichern und öffnen
- Verloren geglaubte Dateien wiederfinden
- Einfacher Dateizugriff im Explorer
- Dem Schnellzugriff eine Position hinzufügen
- Ordner für die Dateiablage anlegen
- Dateien durch Kontrollkästchen auswählen
- Rückgängig-Schaltfläche einsetzen
- Dateien von einem Ordner in einen anderen verschieben
- Dateien oder Ordner umbenennen
- Dateien oder Ordner löschen
- Gelöschte Dateien und Ordner wiederherstellen

Kapitel 15
Dokumente verwalten

Alle Daten, die sich auf Ihrem Computer befinden, werden auf einer Festplatte gespeichert. Ihr Computer verfügt über eine primäre Festplatte, formal als interne Festplatte bezeichnet; in der Regel wird dieser Festplatte der Laufwerksbuchstabe »C:« zugewiesen. (Die Begriffe Laufwerk und Festplatte sind austauschbar.)

Der Inhalt einer Festplatte ist in einzelne Dateien gegliedert. Wenn Sie eine Datei erstellen und sie erstmalig speichern, erstellen Sie eine Datei auf einer Festplatte. Viele andere Dateien auf der Festplatte gehören zu den

Programmen, die Sie verwenden, einschließlich der Tausenden von Dateien, die Windows 11 als Betriebssystem ausmachen.

Dateien wiederum werden auf der Festplatte in Ordnern zusammengefasst. Für die eigenen Dateien hat Windows 11 einen Hauptordner, der Dutzende von anderen Ordnern (sogenannte Unterordner) enthält. Unter dem Ordner für Ihren Benutzernamen legt Windows 11 mehrere Ordner an, die Ihnen helfen, Ihre Dateien dem Typ nach anzuordnen. Beispielsweise werden alle Ihre Fotos im Ordner Bilder und alle Ihre Dokumente im Ordner Dokumente abgelegt.

In diesem Kapitel erfahren Sie, wie Sie Dateien speichern, öffnen und danach suchen. Sie erkunden Ihre Festplatte, Ordner und Dateien. Sie arbeiten mit dem Explorer, wenn Sie neue Ordner erstellen, um Dokumente zu organisieren, und verschieben Dateien von einem Ordner in einen anderen. Zudem kopieren Sie Dateien von Ihrer Festplatte auf externe Datenträger, die Sie dann mitnehmen oder anderen Personen geben können.

In diesem Kapitel wird auch erklärt, wie Sie Dateien und Ordner umbenennen und löschen. Doch was passiert, wenn Sie eine Datei oder einen Ordner löschen und es hinterher bereuen? Kein Grund zur Sorge, denn dieses Kapitel erklärt Ihnen auch, wie Sie Dateien oder Ordner zurückbekommen, die Sie versehentlich gelöscht haben.

Dateien speichern und öffnen

1. In der Welt der Computer sind Dateien das Maß aller Dinge. Computerprogramme werden als Dateien gespeichert. Daten werden in Dateien gespeichert. Um mit der Arbeit zu beginnen, öffnen Sie eine Datei. Wenn Sie Ihre Arbeit fertiggestellt haben, speichern und schließen Sie Ihre Datei. Um sich mit Dateien etwas vertraut zu machen, öffnen Sie Word, das Textverarbeitungsprogramm, das Sie bei der Anmeldung mit einem Microsoft-Konto abrufen können.

In früheren Windows-Versionen war ein Textverarbeitungsprogramm namens WordPad integriert. Diese App gibt es in den aktuellen Versionen von Windows 11 nicht mehr, da diese durch die Word-App als Textverarbeitungsprogramm abgelöst worden ist (Microsoft-Konto!). Unabhängig davon können Sie Word und andere Apps der Office-Suite natürlich auch lokal installieren. Näheres zum Einsatz der App Word, mit der Sie Texte erstellen können, enthält das Kapitel 8.

2. Wie in Abbildung 15.1 dargestellt, tippen Sie ein paar Wörter in ein (leeres) Word-Dokument ein und speichern Ihre Datei ab. Die meisten Apps (Word gehört auch dazu) bieten Ihnen drei Wege, eine Datei (erstmalig) zu speichern:

   - Klicken oder tippen Sie auf die Schaltfläche SPEICHERN.
   - Drücken Sie Strg+S.
   - Öffnen Sie das Menü DATEI und wählen Sie SPEICHERN.

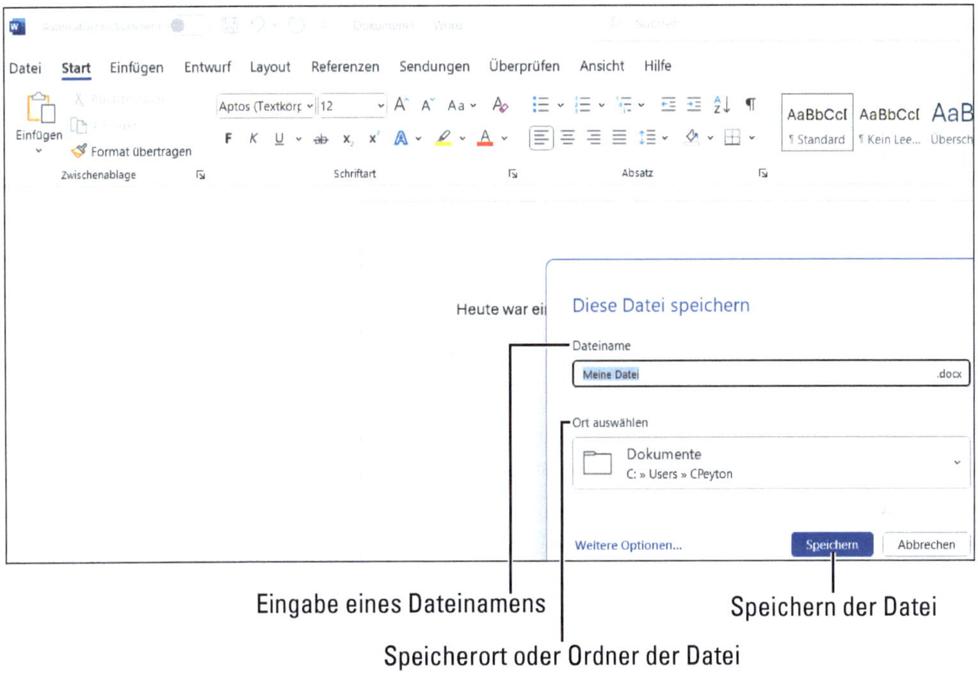

Abbildung 15.1: Dokument als Datei abspeichern

Setzen Sie die Online-Version von Word ein, erfolgt standardmäßig eine automatische Zwischenspeicherung der Dokumente in der Microsoft-Cloud (OneDrive). In dem Fall können Sie aber jederzeit eine Kopie der Datei herunterladen.

3. Wenn Sie eine Datei zum ersten Mal speichern, erscheint das Dialogfeld DIESE DATEI SPEICHERN (siehe Abbildung 15.1). Sie können hier Ihrer Datei einen Namen geben und Windows anweisen, in welchem Ordner bzw. an welchem Speicherort es die Datei abspeichern soll. Geben Sie als Dateinamen `Meine Datei` in das Textfeld ein. Speichern Sie Ihre Datei diesmal einfach im DOKUMENTE-Ordner. Windows 11 hat ihn für Sie bereits ausgewählt (siehe Abbildung 15.1). Im Navigationsbereich (Ort auswählen) sehen Sie, dass der Dokumente-Ordner hervorgehoben ist.

4. Klicken oder tippen Sie im Dialogfeld DIESE DATEI SPEICHERN auf die Schaltfläche SPEICHERN. Herzlichen Glückwunsch! Sie haben soeben Ihre erste Datei abgespeichert. In der Titelleiste oben in Ihrem Word-Fenster sehen Sie jetzt den Namen Ihrer Datei, der da lautet »Meine Datei«. Wenn Sie sich unsicher sind, welchen Namen eine Datei hat, werfen Sie einen Blick auf die Titelleiste oberhalb des Bildschirms.

5. Schließen Sie Word. Das geht am schnellsten, indem Sie die Schaltfläche SCHLIESSEN (»X«) in der oberen rechten Ecke des Bildschirms auswählen.

6. Starten Sie dann Word erneut. Sie werden sich vielleicht fragen: Wo versteckt sich »Meine Datei«, die Datei, die Sie in den vorhergehenden Schritten benannt und gespeichert haben?

7. Öffnen Sie das Menü DATEI (wählen Sie dazu in der oberen linken Ecke des Bildschirms das Wort DATEI) und klicken oder tippen Sie auf die Schaltfläche ÖFFNEN. Das Dialogfeld ÖFFNEN erscheint, wie in Abbildung 15.2 gezeigt. Dieses Dialogfeld ist das Spiegelbild des Dialogfelds DIESE DATEI SPEICHERN, das Sie beim Speichern der Datei kennengelernt haben. Verwenden Sie es, um eine Datei zu finden, die Sie öffnen möchten. In diesem Fall hat Windows 11 das Dialogfeld mit seinem bevorzugten Ordner, dem Dokumente-Ordner, geöffnet, der zufällig auch der Ordner ist, wo »Meine Datei« gespeichert ist.

8. Wählen Sie »Meine Datei« aus und klicken oder tippen Sie anschließend auf die Schaltfläche ÖFFNEN, wodurch die Datei mit dem Namen »Meine Datei« auf dem Bildschirm geöffnet wird.

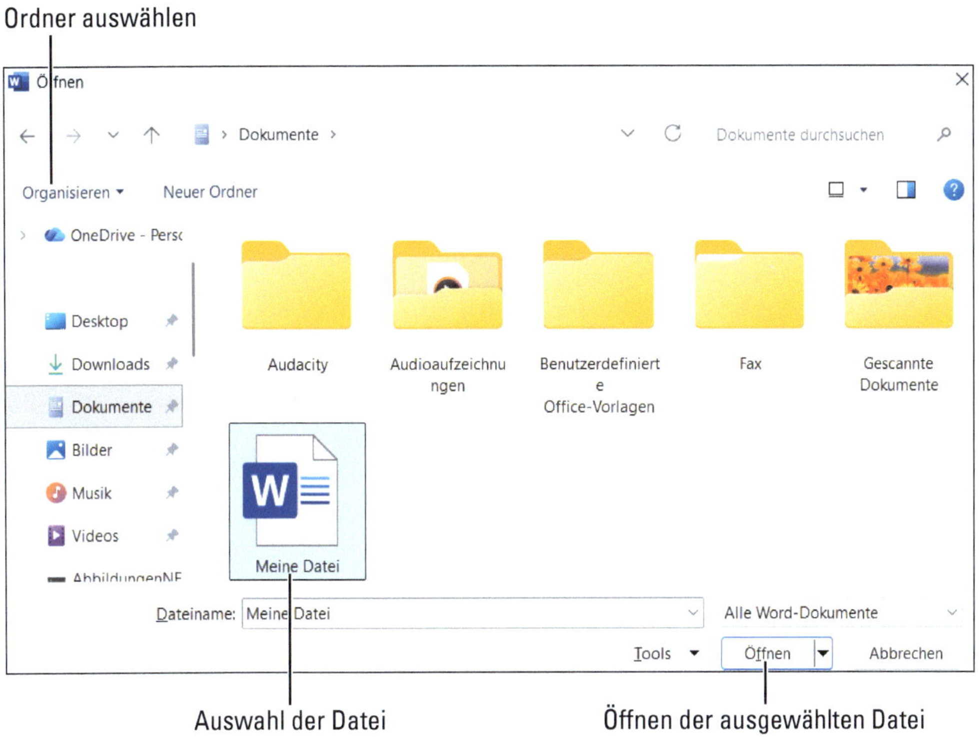

Abbildung 15.2: Öffnen einer gespeicherten Datei

Die meisten Apps bieten Abkürzungen zum Öffnen von Dateien. In Word sehen Sie beispielsweise nach Anwahl des DATEI-Menüs eine Liste von Dateien, die Sie zuletzt geöffnet bzw. bearbeitet haben. Sie können dort direkt den Dateinamen anwählen, um die Datei ohne Umwege zu öffnen.

Dateien lassen sich auch direkt über den Explorer öffnen. Klicken Sie dazu einfach doppelt auf den Dateinamen im Explorer. Im Abschnitt »Einfacher Dateizugriff im Explorer« später in diesem Kapitel erfahren Sie mehr darüber.

Verloren geglaubte Dateien wiederfinden

1. Um eine nicht mehr auffindbare Datei aufzuspüren, beginnen Sie mit der in Windows integrierten Suchfunktion. Klicken oder tippen Sie auf das Lupen-Symbol in der Taskleiste und geben Sie in dem Suchfeld den

Namen einer Datei ein (zum Beispiel Dokument, Foto, Audiodatei), die sich auf Ihrem Computer befinden sollte.

Das Feld mit den Suchergebnissen wird angezeigt, so wie beispielhaft in Abbildung 15.3 dargestellt.

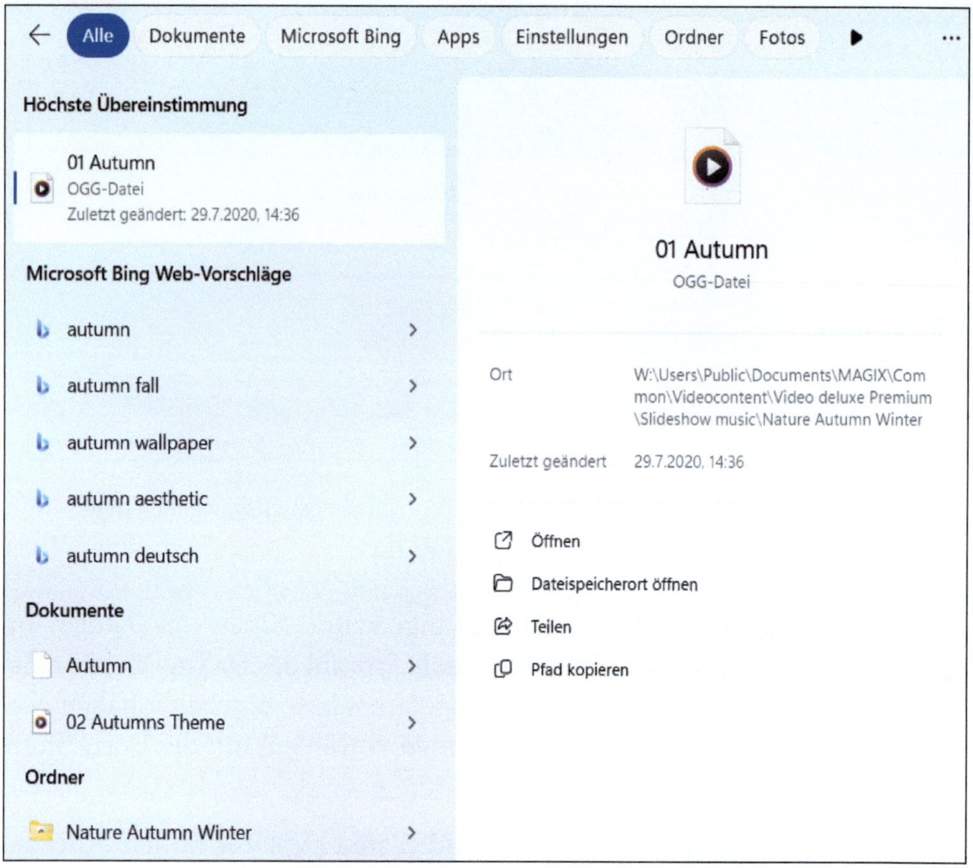

Abbildung 15.3: Ergebnisliste der integrierten Suchfunktion

Anfänglich zeigt das Suchfeld alle möglichen Einstellungen, Apps, Dateien, Webseiten und andere Möglichkeiten zur Websuche in den Suchergebnissen an. Wenn Sie das gesuchte Element nicht sehen, grenzen Sie die angezeigten Ergebnisse ein, indem Sie oberhalb der Ergebnisliste eine der Schaltflächen (DOKUMENTE, MICROSOFT BING, APPS, EINSTELLUNGEN, ORDNER, FOTOS) wählen. DOKUMENTE beispielsweise grenzt die Suche auf Dokumente wie Word-Dateien oder Ähnliches ein.

2. Um eine Datei zu öffnen, wählen Sie diese in den Suchergebnissen aus. Wenn es mehrere Apps auf Ihrem Computer gibt, mit denen die Datei geöffnet werden kann, wird möglicherweise das Dialogfeld WÄHLEN SIE EINE APP AUS, UM DIESE… geöffnet, so wie in Abbildung 15.4 gezeigt. Wählen Sie eine App aus, mit der die Datei geöffnet werden soll.

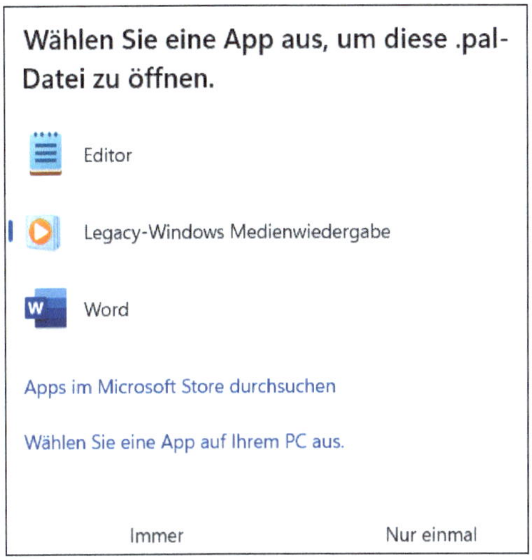

Abbildung 15.4: App zur Dateiöffnung auswählen

Das Dialogfeld WÄHLEN SIE EINE APP AUS, UM DIESE … bietet eine Möglichkeit, Windows mitzuteilen, Dateien eines bestimmten Typs immer mit einer bestimmten App zu öffnen (siehe Abbildung 15.4). Wenn Sie nach Auswahl der App die Schaltfläche IMMER auswählen, öffnet Windows in Zukunft Dateien dieses Dateityps immer mit der App, die Sie ausgewählt haben.

3. Schließen Sie die App, mit der die Datei geöffnet wird, unter Anwendung einer der folgenden Methoden:
   - Klicken oder tippen Sie auf die Schaltfläche SCHLIESSEN (»X« oben rechts auf dem Bildschirm).
   - Drücken Sie Alt+F4.

Wenn Sie gefunden haben, was Sie suchen, können Sie die Suche eigentlich beenden. In diesem Fall suchen Sie jedoch weiter, um zu erfahren, wie Dateien organisiert sind und wie Sie selbst die Kontrolle über diese Organisation übernehmen können.

4. Klicken oder tippen Sie in der Taskleiste oder im Kontextmenü der Startleiste auf das Symbol bzw. den Eintrag für den EXPLORER (den gelben Ordner), worauf sich der Windows-Explorer öffnet. Er besteht aus einer Symbolleiste, einem Navigationsbereich und dem rechten Bereich mit dem Inhalt (siehe Abbildung 15.5).

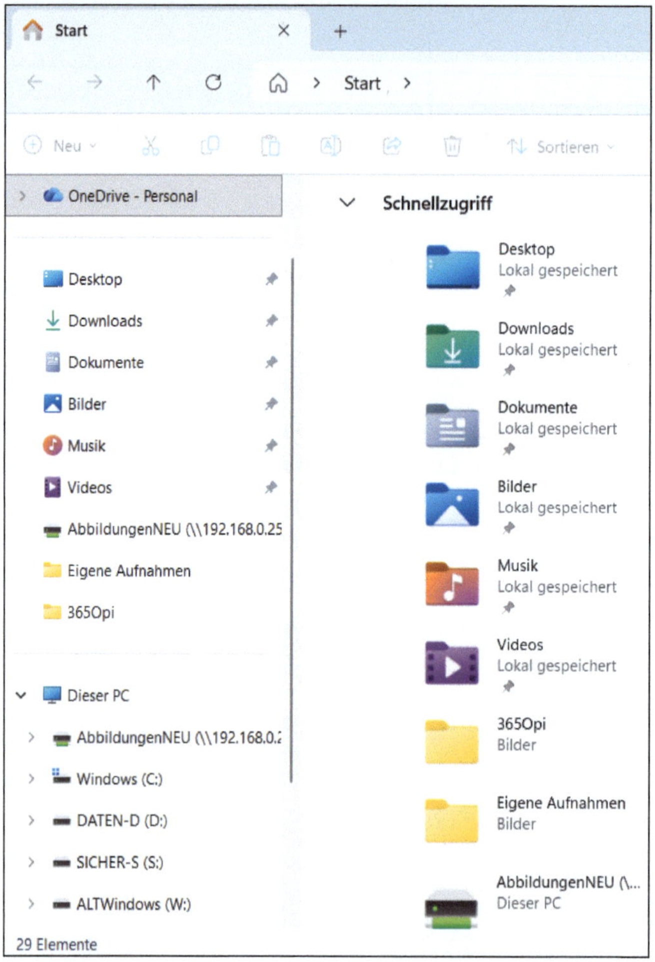

Abbildung 15.5: Windows Explorer nach dem Start

5. Wählen Sie im linken Fensterbereich des Explorers DIESER PC und klicken Sie dann oben rechts in das Feld DIESER PC DURCHSUCHEN. Geben Sie beispielsweise denselben Suchbegriff ein, den Sie auch in Schritt 1 verwendet haben. Bereits während der Eingabe startet die Suche, der Explorer zeigt alle mit dem Suchbegriff übereinstimmenden Dateien an und markiert den Eintrag entsprechend. Abbildung 15.6 zeigt beispielhaft die Ergebnisse bei einer Suche nach dem Suchbegriff `autumn` an.

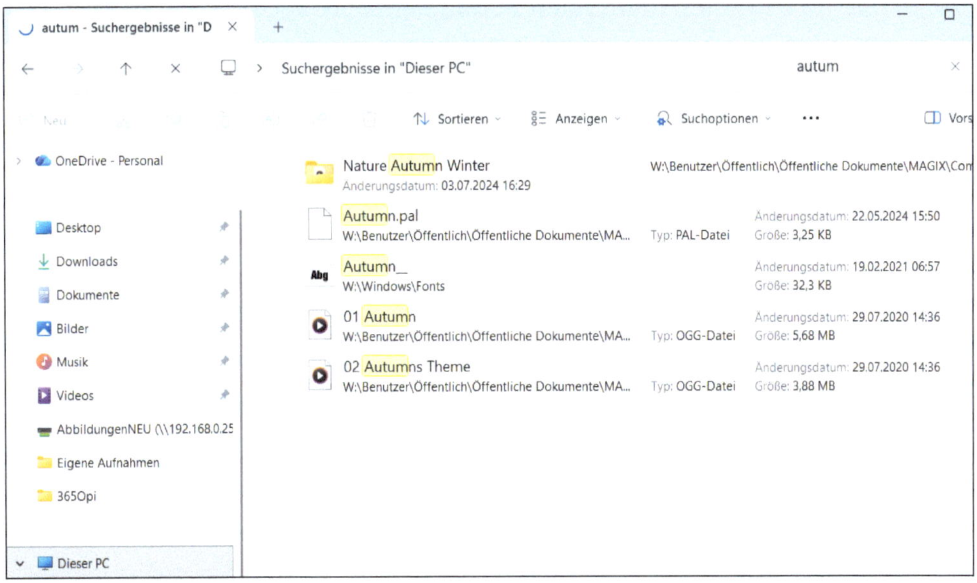

Abbildung 15.6: Explorer-Ergebnisse nach Eingabe eines Suchbegriffs

Auf einem Touchscreen wird die Bildschirmtastatur erst auf dem Desktop angezeigt, wenn Sie auf das Tastatursymbol auf der rechten Seite der Taskleiste tippen.

Wenn die Suchergebnisse zu viele Dateien einschließen, sodass Sie die gewünschte Datei kaum ausmachen können, tippen Sie mehr Zeichen des Dateinamens in das Suchfeld ein. Die Anzahl der Dateien sollte weniger werden, wenn Sie mehr Text in das Feld eingeben.

6. Beachten Sie beim Suchen über den Explorer immer den Fokus (links), das heißt den Bereich, den der Explorer durchsucht. In der oben durchgeführten Suche liegt der Fokus auf dem Ordner DIESER PC. Daher werden alle Festplatten, Ordner und Unterordner durchleuchtet, also alle

Dateien und Ordner Ihres Computers. Wenn Sie beispielsweise nur den Unterordner BILDER durchsuchen wollen, wählen Sie zunächst im linken Bereich den Ordner BILDER aus. Anschließend wählen Sie das Suchfeld und geben Ihren Suchbegriff erneut ein; die Suchergebnisse umfassen so nur Dateien im Ordner BILDER.

Sie können die Suche bei Bedarf mithilfe des Symbols SORTIEREN verfeinern. Klicken oder tippen Sie auf dieses Symbol und sortieren Sie Ihre Dateien dann nach NAME, ÄNDERUNGSDATUM etc.

Dem Schnellzugriff eine Position hinzufügen

1. Wenn Sie mit dem Datei-Explorer von Windows 11 häufig auf einen bestimmten Speicherort (Ordner usw.) zugreifen, können Sie diese Position dem Schnellzugriffsbereich im Navigationsfeld hinzufügen, um einfacher darauf zugreifen zu können. Der Bereich für den Schnellzugriff befindet sich innerhalb des Explorers oben im Navigationsfeld. Er listet Speicherorte oder Ordner, die Sie häufig besuchen, in alphabetischer Reihenfolge auf.

BEISPIEL

Windows 11 platziert einige Ordner automatisch in der Liste für den Schnellzugriff, wie unter anderem die Ordner DOKUMENTE, BILDER oder auch VIDEOS.

2. Sofern der Schnellzugriffsbereich nach dem Start des Explorers nicht automatisch angezeigt wird, müssen Sie im Navigationsfeld (links) auf den nach rechts zeigenden Pfeil neben SCHNELLZUGRIFF klicken; daraufhin öffnet sich der Bereich der Schnellzugriffe (siehe Abbildung 15.7).

3. Wählen Sie einen Ordner aus, auf den Sie häufig zugreifen. Wenn Sie beispielsweise häufig mit Dateien arbeiten, die in einem bestimmten Ordner aufbewahrt werden, wählen Sie diesen Ordner aus.

4. Wählen Sie im Kontextmenü die Option AN SCHNELLZUGRIFF ANHEFTEN (siehe Abbildung 15.8). Der Name des Ordners, den Sie ausgewählt haben, wird anschließend im Schnellzugriffsbereich angezeigt; auch erkennbar an der Reißzwecke hinter dem Namen.

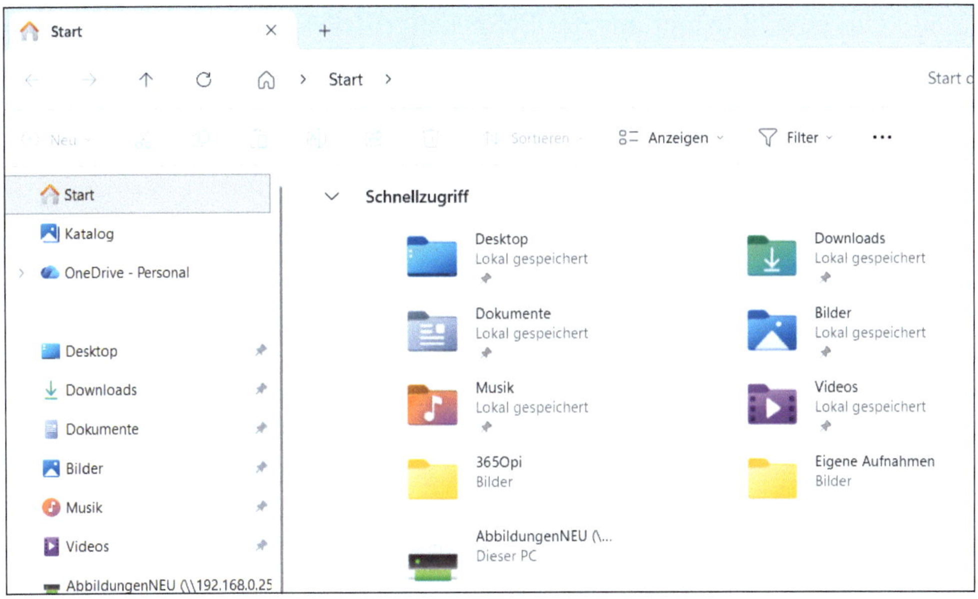

Abbildung 15.7: Schnellzugriff im Datei-Explorer

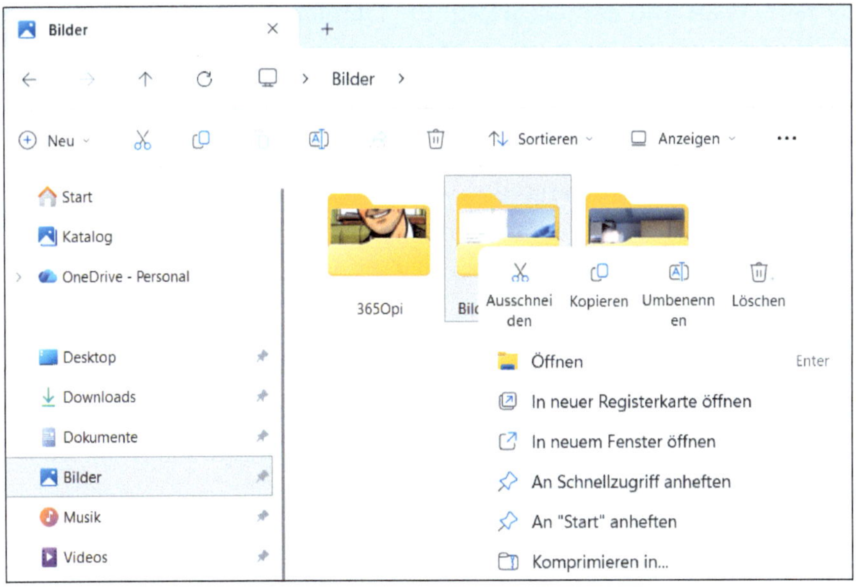

Abbildung 15.8: Order an den Bereich für den Schnellzugriff anheften

5. Wenn Sie beim nächsten Mal diesen Ordner aufrufen wollen, wählen Sie ihn einfach im Schnellzugriffsbereich aus.

Um einen Ordner aus der Schnellzugriffsleiste zu entfernen, wählen Sie den Eintrag an und wählen dann im Kontextmenü die Option Eintrag VON SCHNELLZUGRIFF LÖSEN.

Einfacher Dateizugriff im Explorer

1. Wählen Sie in der Taskleiste das Symbol EXPLORER, um den Datei-Explorer zu öffnen. Die rechte Seite des Explorer-Fensters wird Inhaltsbereich und die linke Seite Navigationsbereich genannt. Der Explorer wird mit dem Fokus auf Ihren Schnellzugriffsbereich und DIESER PC-Ordner gestartet, ebenso wie auf Ihrem C-Laufwerk und den sonstigen Laufwerken.

Die Tastenkombination zum Öffnen des Explorers lautet [Windows]+[E].

2. Wählen Sie links im Navigationsbereich nacheinander MUSIK, BILDER und dann VIDEOS an und achten Sie auf die Dateien, die im Inhaltsbereich (rechts) dazu angezeigt werden. Viele Apps unter Windows 11 speichern Dateien standardmäßig in den Ordnern DOKUMENTE, MUSIK, BILDER und VIDEOS. Wählen Sie wieder DOKUMENTE.
3. Um ein Übungsdokument zu erstellen, das Sie in späteren Abschnitten verwenden können, wählen Sie das Symbol NEU links in der Symbolleiste und klicken oder tippen dann im Menü auf TEXTDOKUMENT (siehe Abbildung 15.9).
4. Im nächsten Schritt wird im aktuellen Ordner ein leeres Textdokument mit dem Namen `Textdokument(neu)` angelegt. Diesen Namen können Sie mit einem Namen Ihrer Wahl überschreiben. Geben Sie z. B. `Uebungsdatei` ein und bestätigen dies mit [Enter].
5. Sie können diesen Schritt wiederholen, um weitere Übungsdateien zu erstellen, unter anderem Word-Dokumente oder Bitmap-Bilder.

Auf einem Touchscreen wird die Bildschirmtastatur erst auf dem Desktop angezeigt, wenn Sie auf das Tastatursymbol auf der rechten Seite der Taskleiste tippen.

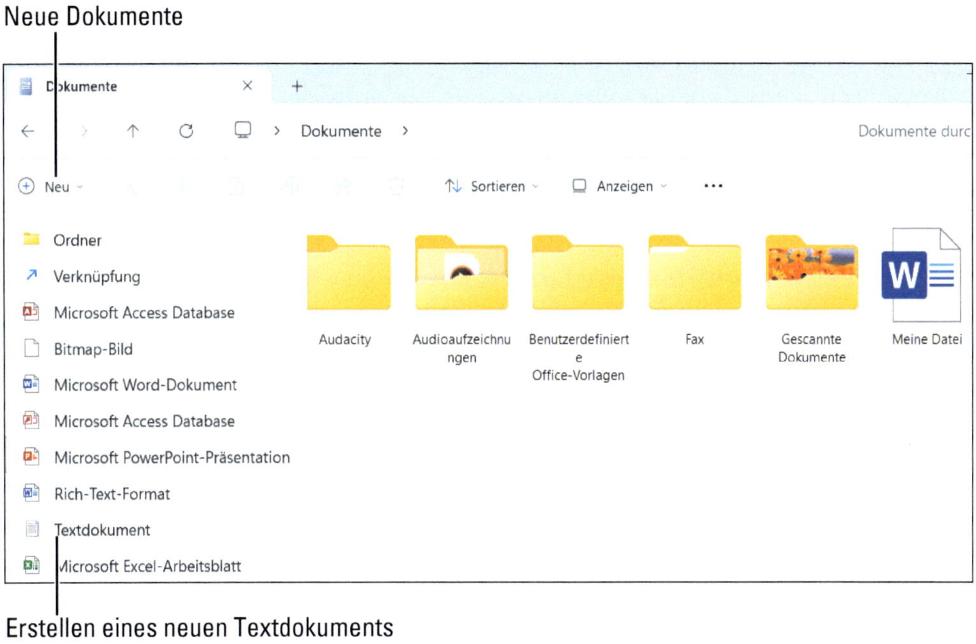

Abbildung 15.9: Anlegen eines neuen Textdokuments

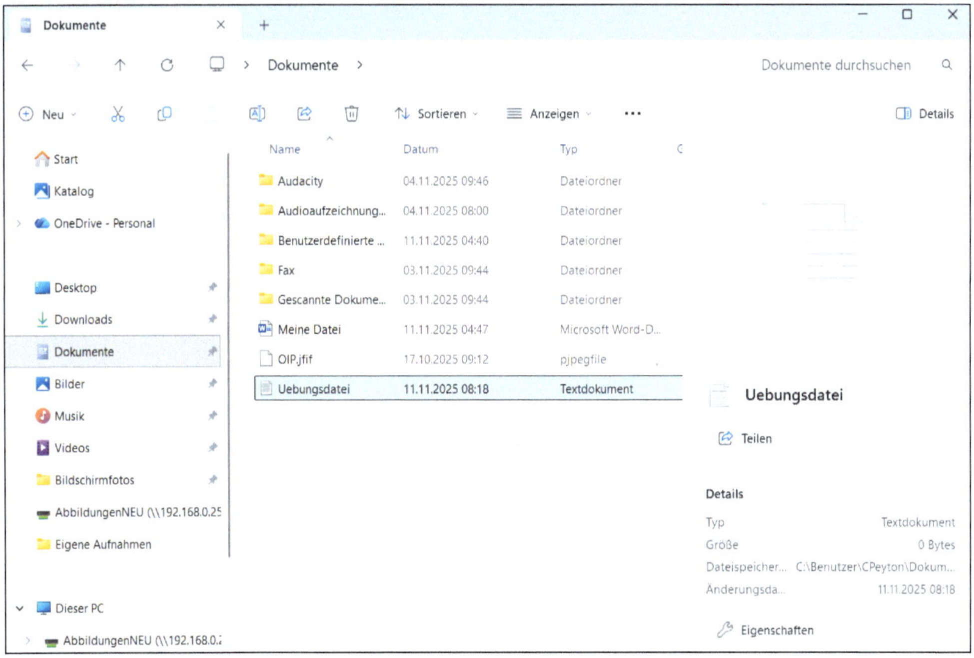

Abbildung 15.10: Dokumente in der Detailansicht

6. Wählen Sie als Nächstes in der Symbolleiste die Option ANZEIGEN und probieren Sie anhand der verschiedenen Möglichkeiten unterschiedliche Ansichten, zum Beispiel extra große, große, mittelgroße und kleine Symbole oder auch die Detailansicht.

Manche Layouts sind für bestimmte Zwecke besser geeignet als andere. Fotos sind zum Beispiel als extra große Symbole leichter zu identifizieren als in der Listenansicht.

Ordner zur Dateiablage anlegen

1. Wählen Sie im Navigationsbereich des Explorer-Fensters den Ordner DOKUMENTE aus.
2. Wählen Sie das Symbol NEU ganz links in der Symbolleiste und im Menü ORDNER.
3. Sofort wird rechts im Inhaltsbereich ein neuer Ordner eingefügt, der mit dem vorläufigen Namen NEUER ORDNER versehen ist.

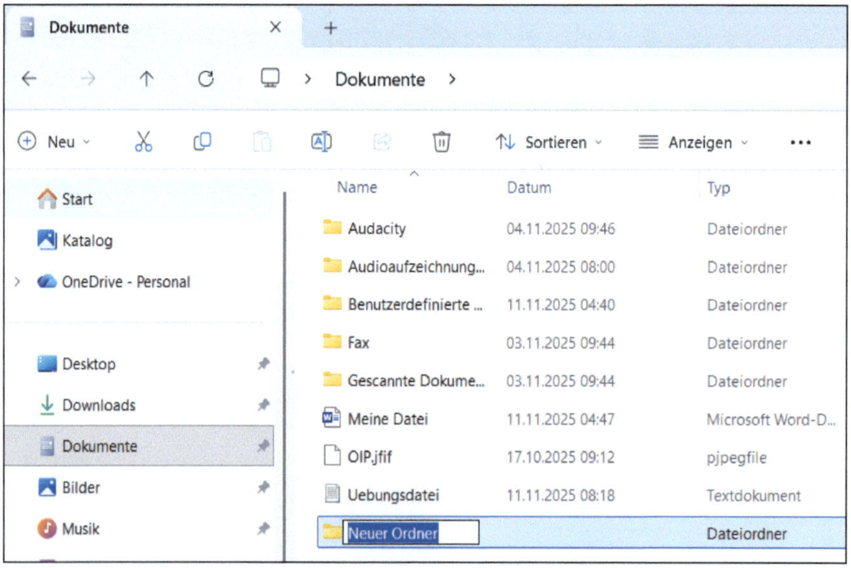

Abbildung 15.11: Der neue Ordner wurde eingefügt.

Auf einem Touchscreen wird die Bildschirmtastatur erst auf dem Desktop angezeigt, wenn Sie auf das Tastatursymbol auf der rechten Seite der Taskleiste tippen.

4. Wenn der Ordner nicht sowieso schon markiert ist, tippen Sie ihn kurz mit der Maus an. Geben Sie als neuen Namen `Uebungsordner` ein. (Sie sind auf der sicheren Seite, wenn Sie bei Datei- und Ordnernamen auf Umlaute verzichten.) Bewegen Sie dann nicht mehr die Maus oder den Mauszeiger, bevor Sie anfangen zu tippen. Ihre Eingabe ersetzt automatisch den markierten Text. Drücken Sie ↵, um den neuen Namen zu bestätigen.

Wenn bei der Benennung des Ordners Probleme auftreten, lesen Sie weiter hinten in diesem Kapitel den Abschnitt »Dateien oder Ordner umbenennen«.

5. Doppelklicken oder doppeltippen Sie auf den neuen Ordner, um ihn zu öffnen. Der Inhaltsbereich ist zunächst noch leer.

6. Um zum Ordner DOKUMENTE zurückzukehren, wählen Sie diesen im Navigationsbereich (links) aus.

Machen Sie sich nicht zu viele Gedanken um das Erstellen von Ordnern: Vielleicht sind die vorhandenen Ordner von Windows 11 für Sie schon völlig ausreichend. Erst wenn sich mehr Dateien ansammeln, kann es sinnvoll sein, diese in neuen Ordnern oder Unterordnern zu verwalten. So könnten Sie beispielsweise im Ordner DOKUMENTE einen FINANZEN-Unterordner für Einnahmen, Ausgaben und Anlagen und einen FAMILIE-Unterordner für Dokumente, die die Familie betreffen, anlegen. Es hängt ganz von Ihrem Ordnungssinn ab, welche Ordner Sie erstellen und wie Sie sie benennen.

Dateien durch Kontrollkästchen auswählen

Im Explorer können Sie Dateien zum Verschieben, Kopieren, Umbenennen oder Löschen auswählen. Wenn Sie den Dateien ein Kontrollkästchen hinzufügen, wird es einfacher, mehrere Dateien gleichzeitig auszuwählen. Wählen Sie dazu im Explorer auf der Symbolleiste das Symbol ANZEIGEN. Zeigen Sie im Menü auf EINBLENDEN und wählen Sie im Untermenü die Option ELEMENTKONTROLLKÄSTCHEN.

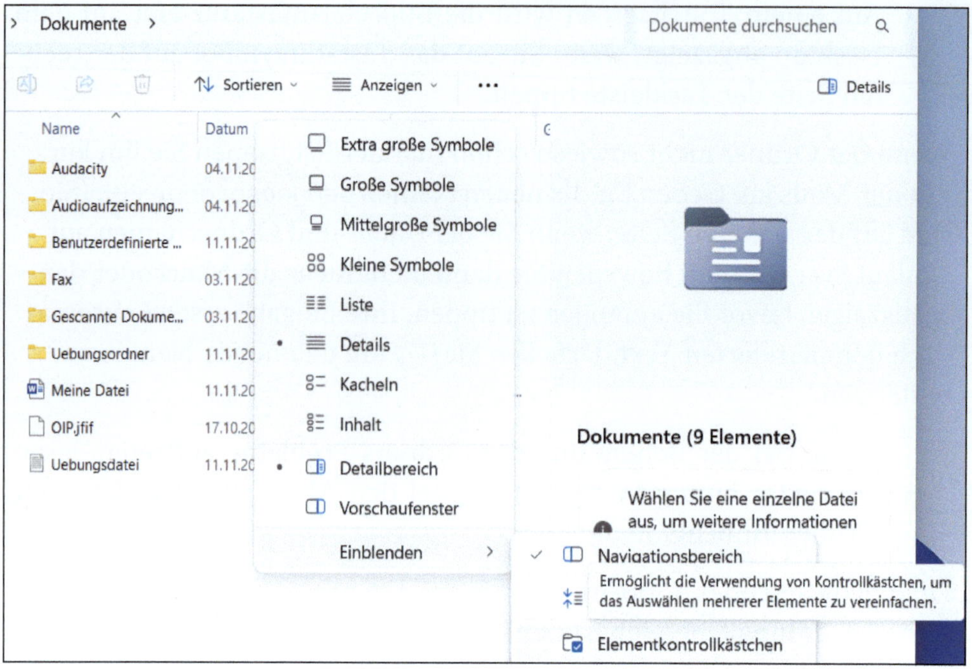

Abbildung 15.12: Kontrollkästchen zur Markierung von Ordnern und Dateien

Sofern die Option ELEMENTKONTROLLKÄSTCHEN bereits aktiviert ist, können Sie dies an dem vorangestellten Haken vor dem Eintrag erkennen.

7. Wählen Sie den Ordner DOKUMENTE (oder einen anderen, der mehr als eine Datei enthält) aus. Klicken oder tippen Sie auf den Dateinamen, um eine Datei auszuwählen, denn erst dann oder wenn Sie mit dem Mauszeiger über den Dateinamen ziehen, ist das Kontrollkästchen zu sehen. Dies können Sie bei weiteren Dateien wiederholen, um mehrere Dateien gleichzeitig auszuwählen. Wenn Sie die Auswahl einer Datei aufheben möchten, klicken oder tippen Sie auf das Kontrollkästchen, um das Häkchen zu entfernen. Abbildung 15.13 zeigt beispielhaft drei ausgewählte Elemente (zwei Dateien und einen Ordner).

Die Kontrollkästchen sind praktisch, um mehrere Dateien zugleich auszuwählen. Möchten Sie nur eine einzige Datei auswählen, können Sie einfach auf den Dateinamen klicken, um die Datei zu markieren.

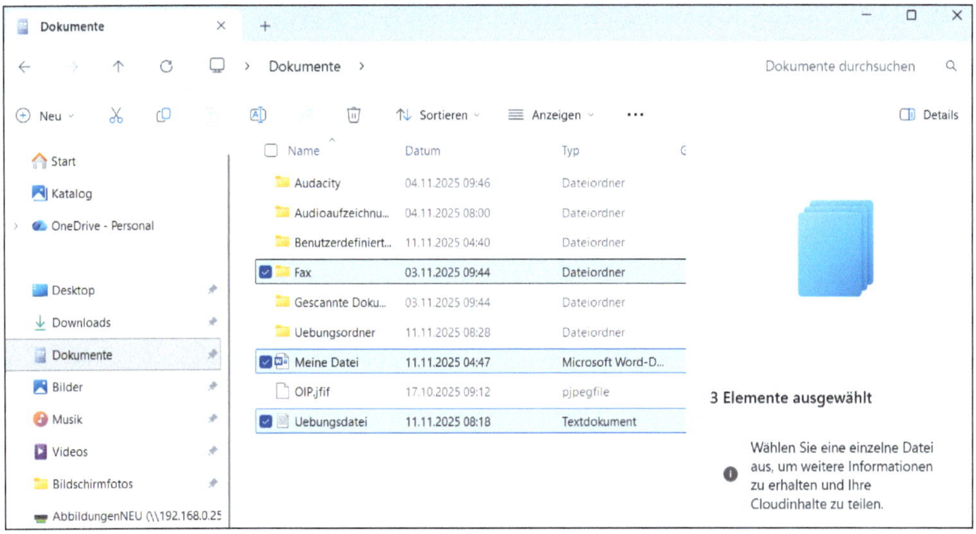

Abbildung 15.13: Dateiauswahl über Kontrollkästchen

Über das Menü des Symbols MEHR INFOS (drei Punkte) werden noch andere Methoden zum Auswählen von Elementen angeboten. Mit der Option ALLES AUSWÄHLEN werden alle Objekte des Ordners ausgewählt, NICHTS AUSWÄHLEN hebt jegliche Auswahl wieder auf und AUSWAHL UMKEHREN tut, was der Name schon sagt. Wenn Sie zum Beispiel in der Situation von Abbildung 15.13 auf AUSWAHL UMKEHREN klicken, wird die Auswahl der drei zuvor ausgewählten Dateien aufgehoben, und dafür werden alle anderen Dateien ausgewählt. Manchmal ist es einfacher, nur die Dateien zu markieren, die man ausschließen möchte, und anschließend die Auswahl umzukehren.

Eine Aktion rückgängig machen oder wiederherstellen

1. Bei der Arbeit mit Windows 11 unterlaufen einem hin und wieder einmal Fehler. Sie geben zum Beispiel einer Datei den falschen Namen oder verschieben eine Datei in den falschen Ordner. Die gute Nachricht ist, dass Sie Ihre letzte Aktion ganz einfach rückgängig machen können. Klicken oder tippen Sie auf das Symbol MEHR INFOS (drei Punkte), und Sie sehen die Option RÜCKGÄNGIG im Menü.

2. Wenn Sie einen Fehler machen und Ihre letzte Aktion rückgängig machen möchten, wählen Sie die Option RÜCKGÄNGIG. Beachten Sie, dass es hier kein Zeitlimit gibt, es ist also keine Eile geboten. Allerdings macht die Option RÜCKGÄNGIG nur eine begrenzte Anzahl von Aktionen rückgängig. Die letzte Aktion zum Rückgängigmachen wird beim Überfahren mit der Maus über den Menüpunkt in einem kleinen Fenster angezeigt (siehe Abbildung 15.14).

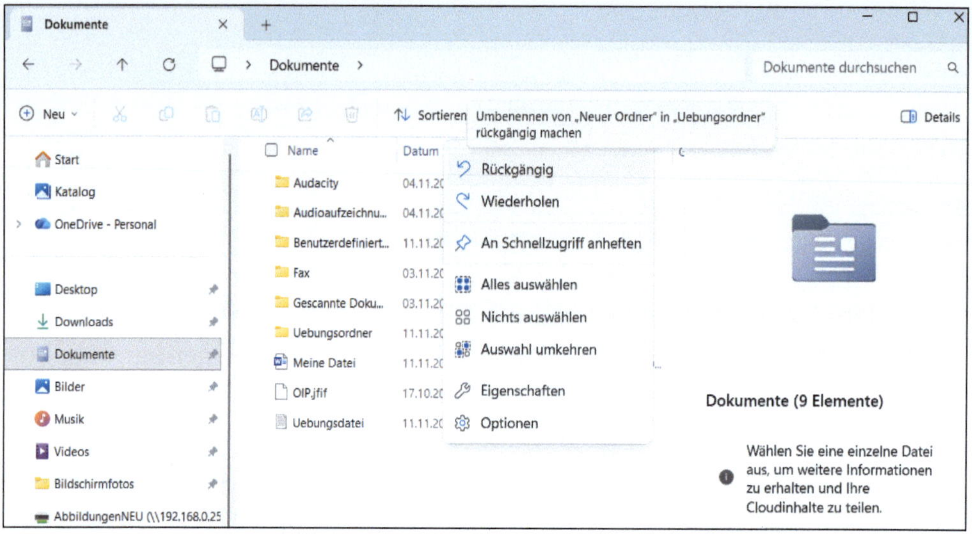

Abbildung 15.14: Option »Rückgängig«, um Fehler zu korrigieren

Die Tastenkombination für RÜCKGÄNGIG ist Strg+Z (Z für »Zurück«).

3. Wählen Sie erneut das Symbol MEHR INFOS (drei Punkte). Im Menü steht auch die WIEDERHOLEN-Funktion zur Verfügung, mit der Sie das Rückgängigmachen wieder rückgängig machen können.

Die Tastenkombination für WIEDERHOLEN ist Strg + Y.

Dateien von einem Ordner in einen anderen verschieben

1. Sobald Sie ein wenig aufräumen möchten, hilft Ihnen die Möglichkeit, Dateien zu verschieben. Für diese Übung wählen Sie im Explorer den Ordner DOKUMENTE und dann eine dort abgelegte Datei aus.

Um mehrere Dateien gemeinsam zu verschieben, lesen Sie den Abschnitt »Dateien durch Kontrollkästchen auswählen«.

2. Ziehen Sie dann die Datei mit gedrückter rechter Maustaste in den Ordner bzw. Speicherort, in den sie verschoben oder kopiert werden soll. Es erscheint ein Menü, in dem Sie dann beispielsweise die Option HIERHER VERSCHIEBEN auswählen müssen, um die die Datei aus dem ursprünglichen in den neuen Ordner zu verschieben.

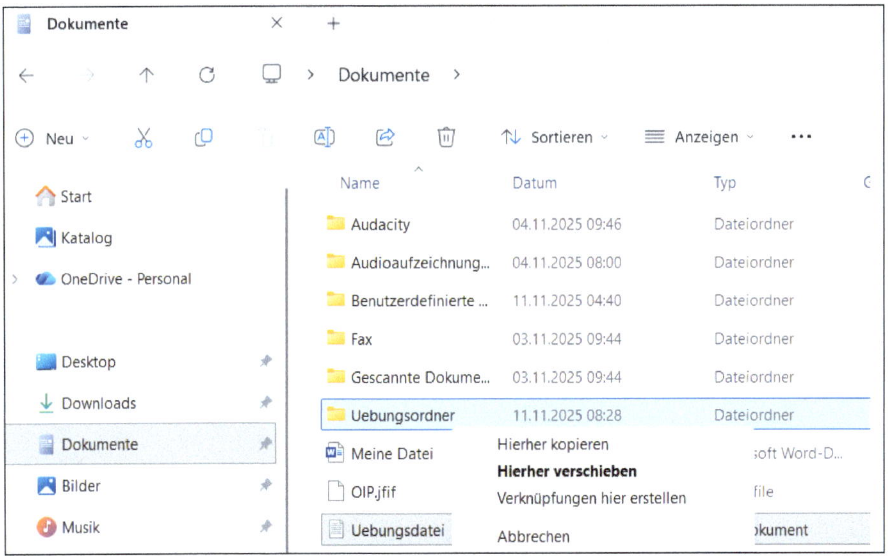

Abbildung 15.15: Menü für verschiedene Dateioperationen

Mit gedrückter linker Maustaste und dem Ziehen einer Datei auf einen andern Speicherort können Sie den Verschiebevorgang beschleunigen, da in dem Fall keine Menüauswahl erforderlich ist.

3. Wenn Sie nun im Explorer den Ordner öffnen, in den Sie die Datei verschoben haben, wird sie dort angezeigt.

Bei dem Speicherort zum Verschieben einer Datei kann es sich auch um Cloud-Speicherorte (z. B. OneDrive) handeln. Zudem können Sie mit diesem Verfahren auch Unterordner von einem Ordner in einen anderen verschieben. Aber bitte verschieben Sie keine Ordner, die Windows 11 angelegt hat – das könnte Ihnen das Betriebssystem übel nehmen.

Dateien oder Ordner umbenennen

1. Dateien oder Ordner lassen sich auch umbenennen. (Das sollten Sie jedoch keinesfalls mit Elementen aus den Ordnern tun, in denen Ihre Windows- oder Programmdateien liegen.) Für diese Übung wählen Sie wieder im Explorer eine beliebige Datei im Ordner DOKUMENTE aus.

Um mehrere Dateien gleichzeitig umzubenennen, lesen Sie bitte den Abschnitt »Dateien durch Kontrollkästchen auswählen« früher in diesem Kapitel. Nach dem Umbenennen mehrerer Dateien tragen diese den von Ihnen angegebenen Namen, jeweils mit einer angehängten fortlaufenden Nummer, beginnend mit (1); dies ist beispielsweise sinnvoll bei der Benamung einer Bilderserie.

2. Wählen Sie im Kontextmenü (rechte Maustaste) der Datei die Option UMBENENNEN aus. So wird im Inhaltsbereich der aktuelle Name der Datei oder des Ordners markiert, wie in Abbildung 15.16 gezeigt. Wenn Sie

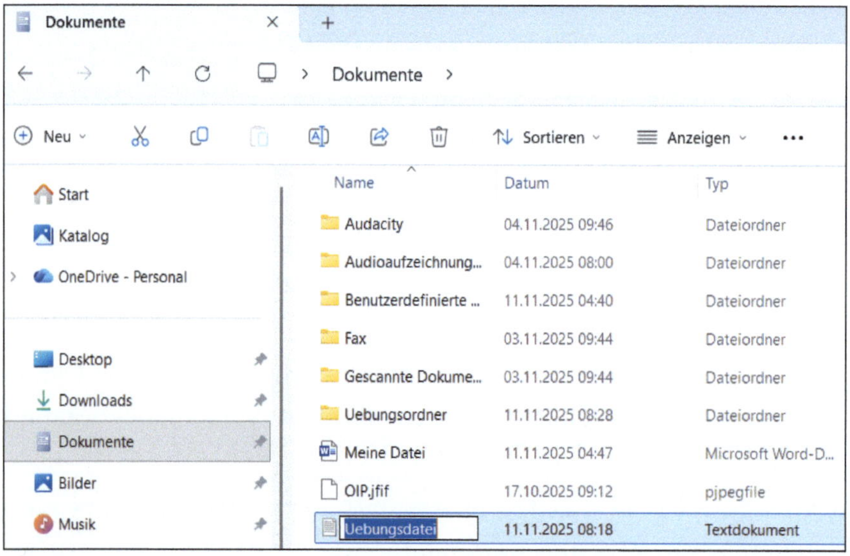

Abbildung 15.16: Umbenennen einer Datei

etwas eingeben, während der Text markiert ist, löschen Sie dadurch den alten Namen, was praktisch ist, wenn der neue Name ganz anders lauten soll. Möchten Sie jedoch den alten Namen nur leicht ändern, klicken oder tippen Sie in den Namen und drücken die Taste [←] oder [→], um zu dem Zeichen im Dateinamen zu gelangen, welches Sie ändern möchten.

3. Geben Sie dann den gewünschten neuen Namen für die Datei ein. Dabei können Sie (nahezu) beliebig viele Zeichen verwenden, inklusive Großbuchstaben, Leerzeichen oder auch Bindestrichen. Jedoch dürfen Sie beispielsweise bestimmte Sonderzeichen wie Schrägstriche oder Sternchen nicht verwenden; diese Zeichen sind in Windows 11 für andere Zwecke reserviert.

Auf einem Touchscreen wird die Bildschirmtastatur erst auf dem Desktop angezeigt, wenn Sie auf das Tastatursymbol auf der rechten Seite der Taskleiste tippen.

4. Nach der Eingabe des neuen Namens beenden Sie den Vorgang mit der [↵]-Taste.

Sie können eine Datei auch zweimal anklicken (Kein Doppelklick!), wodurch der Name markiert wird, den Sie dann ändern können.

Dateien oder Ordner löschen

1. Dateien oder Ordner, die Sie nicht mehr benötigen, können Sie löschen (aber bitte nicht die Dateien im Windows- oder Programmdateienordner). Für diese Übung wählen Sie im Explorer eine Datei im Ordner DOKUMENTE aus.

Um mehrere Dateien zugleich zu löschen, lesen Sie den Abschnitt »Dateien durch Kontrollkästchen auswählen« früher in diesem Kapitel.

2. Klicken oder tippen Sie in der Symbolleiste des Explorers auf das Papierkorbsymbol.

Auf der Tastatur verwenden Sie die Taste [Entf], um eine Datei zu löschen. (Keine große Überraschung, oder?)

3. Im nächsten Schritt erscheint standardmäßig ein Bestätigungsfeld, mit dem Sie gefragt werden, ob Sie die Datei wirklich löschen wollen (siehe Abbildung 15.17). Hier können Sie es sich noch anders überlegen. In

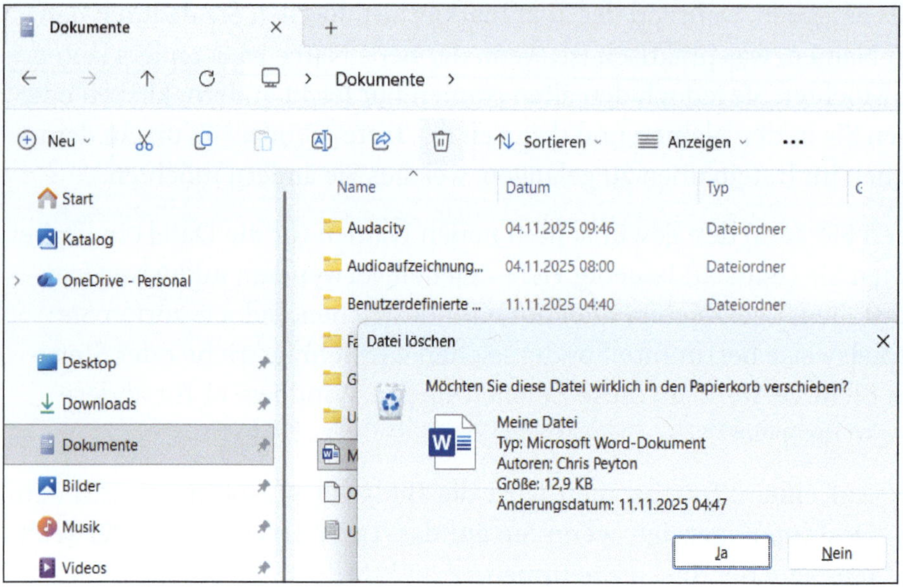

Abbildung 15.17: Bestätigung des Löschvorgangs

dieser Übung wählen Sie jedoch die Option JA in dem Dialogfeld, um die Datei zu löschen.

Auf die dargestellte Art lassen sich auch mehrere Dateien gleichzeitig oder auch Ordner löschen. Zudem lässt sich die Bestätigung des Löschvorgangs in den Eigenschaften des Papierkorbs deaktivieren.

Gelöschte Dateien und Ordner wiederherstellen

1. Normalerweise verschiebt Windows 11 Dateien oder Ordner, die Sie löschen, in den Papierkorb, in dem sie auf unbestimmte Zeit liegen bleiben. Das ermöglicht es Ihnen, Objekte bzw. Elemente auch lange nach dem Löschen wiederherzustellen. Um den Papierkorb zu öffnen, gehen Sie auf den Desktop und doppelklicken oder doppeltippen auf das Papierkorbsymbol, woraufhin sich der Papierkorb öffnet (siehe Abbildung 15.18).

2. Wenn im Fenster PAPIERKORB viele Dateien und Objekte aufgeführt sind, geben Sie den Namen des gesuchten Elements in das Suchfeld oben rechts im Fenster ein. Dateien, die zum eingegebenen Suchbegriff passen, werden im Inhaltsbereich aufgeführt.

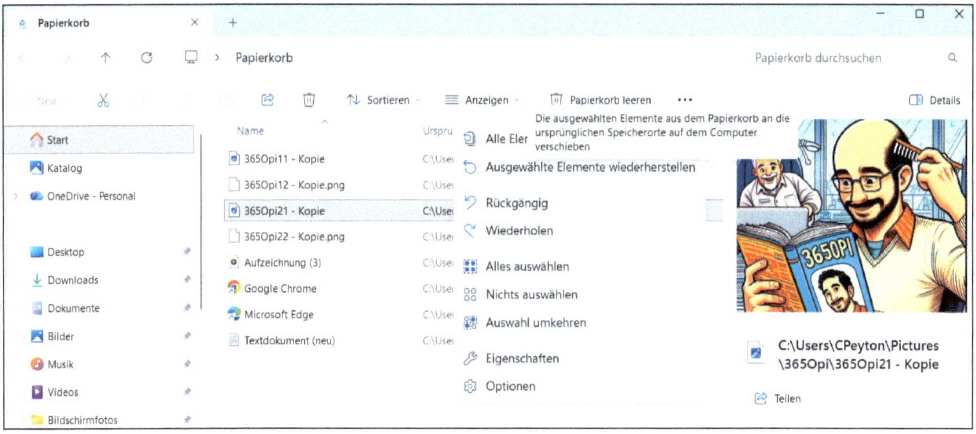

Abbildung 15.18: Datei-Wiederherstellung über den Papierkorb

Auf einem Touchscreen wird die Bildschirmtastatur erst auf dem Desktop angezeigt, wenn Sie auf das Tastatursymbol auf der rechten Seite der Taskleiste tippen.

3. Um eine Datei oder einen Ordner am Ursprungsort wiederherzustellen, wählen Sie das Objekt im Fenster PAPIERKORB aus und klicken oder tippen auf das Symbol MEHR INFOS (SEE MORE; drei Punkte).

4. Im nachfolgenden Menü wählen Sie AUSGEWÄHLTE ELEMENTE WIEDERHERSTELLEN (siehe Abbildung 15.18). Und schon liegt das ausgewählte Objekt wieder an Ort und Stelle.

Wenn Windows 11 Speicherplatz benötigt, löscht es automatisch die ältesten Dateien aus dem Papierkorb. Falls Sie schon vorher alle alten Daten aus dem Papierkorb löschen möchten, wählen Sie in der Symbolleiste das Symbol PAPIERKORB LEEREN. Dieser Vorgang lässt sich allerdings nicht mehr rückgängig machen.

Wählen Sie nicht ALLE ELEMENTE WIEDERHERSTELLEN, weil das den kompletten Papierkorbinhalt wieder zurückholt. Die meisten Dateien im Papierkorb wollen Sie ja vermutlich wirklich löschen. Dieser Befehl ist so, als würden Sie allen Hausmüll im Wohnzimmer ausschütten, nur um einen Cent zu finden, den Sie aus Versehen weggeworfen haben.

Im nachfolgenden Kapitel 16 erfahren Sie, wie Sie Dateien sichern und wiederherstellen können.

IN DIESEM KAPITEL

- Eine externe Festplatte oder einen USB-Stick anschließen
- Dateien vom Computer auf einen USB-Stick kopieren und umgekehrt
- Dateien auf OneDrive speichern
- Dateiversionsverlauf einschalten
- Dateien mit dem Dateiversionsverlauf wiederherstellen
- Frischzellenkur für den Computer

Kapitel 16
Dateien sichern und wiederherstellen

Manche Ihrer Dateien, zum Beispiel Fotos und Dokumente, sind von unschätzbarem Wert. Wenn Sie versehentlich eine wichtige Datei löschen, bricht Panik aus. Aber das muss nicht sein. Sie können viel entspannter auf Ihrem Computer herumwerkeln, wenn Sie Sicherungskopien Ihrer Dokumente und Fotos erstellt haben.

Die beste Absicherung ist, Kopien der wichtigen Dateien getrennt von Ihrem Computer auf externen Speichermedien zu speichern, etwa auf folgenden Geräten:

- ✔ **USB-Stick und Speicherkarte:** Auf solchen portablen Speichermedien können Sie Ihre Dateien überallhin mitnehmen. Sie können zum Beispiel einen USB-Speicherstick verwenden oder eine gerade mal briefmarkengroße Speicherkarte, die häufig in Notebooks und Digitalkameras zum Einsatz kommt. Die Speicherkapazitäten dieser Wechseldatenträger liegen zwischen 8 Gigabyte bis weit in den Terabyte-Bereich.

Ein Gigabyte (GB) Speicherplatz kann Tausende von Dateien aufnehmen, aber Sie werden staunen, wie schnell Sie diesen Platz voll bekommen.

- **Externe Festplatte:** Dieser Wechseldatenträger hat eine weit größere Speicherkapazität als ein USB-Stick oder eine Speicherkarte und eignet sich daher ideal, um alle Ihre Dateien zu speichern. Das ist die beste Versicherung. Es gibt erschwingliche externe Festplatten bereits mit Kapazitäten im Terabyte-Bereich.

Ein *Terabyte* (TB) entspricht eintausend Gigabytes. Das dürfte genügen, um alles zu sichern, was sich auf Ihrem Computer befindet.

- **Netzlaufwerk:** Wenn Ihr Computer mit einem Heimnetzwerk verbunden ist, können Sie Dateien auf andere Geräte im Netzwerk kopieren. Auf einem Netzlaufwerk mit hoher Kapazität können Sie zum Beispiel auch die Dateien mehrerer Computer sichern.
- **OneDrive:** Zu Ihrem Microsoft-Konto gehören mehrere Gigabytes freier Speicher in der sogenannten Cloud, dem virtuellen Speicherplatz von Microsoft »irgendwo über den Wolken« im Internet. Auf alles, was Sie beispielsweise auf OneDrive speichern, können Sie auch mit anderen Computern oder beispielsweise auch mit einem Smartphone zugreifen, wenn Sie sich dort mit demselben Microsoft-Konto anmelden.

OneDrive stellt Speicher bereit, aber keine Datensicherung (Duplikate). Wenn Sie eine Datei auf OneDrive löschen, werden alle Kopien, die auf verknüpften Computern gespeichert waren, ebenfalls gelöscht. Einen kleinen Ausweg gibt es bei OneDrive, wenn Sie etwas versehentlich gelöscht haben, denn dort gibt es ebenfalls einen Papierkorb.

In diesem Kapitel lernen Sie, Dateien auf einen USB-Stick und eine externe Festplatte zu kopieren, um diese auf einen anderen Computer zu übertragen und eine Sicherungskopie zu erstellen. Außerdem erfahren Sie, wie Sie Dateien mit OneDrive in der Microsoft-Cloud speichern können. Und Sie lernen die Sicherungsfunktion kennen, mit der Sie Ihre Dateien automatisch sichern können. Stellen Sie sich vor: Sie schreiben einen Brief an einen Freund und speichern ihn im DOKUMENTE-Ordner. Später löschen Sie einen

Teil des Briefs und speichern ihn wieder, wobei Sie das Originaldokument ersetzen. Am nächsten Tag wünschten Sie, Sie hätten den gelöschten Text noch. Hier kommt Ihnen die Sicherungsfunktion zu Hilfe, weil sie die verschiedenen Versionen Ihrer Dateien speichert. So können Sie eine ältere Version der Datei wiederherstellen, also bevor Sie einen Riesenfehler gemacht haben. (Rein hypothetisch, natürlich.)

Und am Schluss dieses Kapitels lernen Sie die Wiederherstellungsfunktion von Windows 11 kennen. Dieses Tool kann Ihnen helfen, wenn Sie Probleme mit Ihrem Computer haben. Ganz kurz: Die Wiederherstellungsfunktion installiert Windows 11 neu, aber behält Ihre persönlichen Daten bei.

Eine externe Festplatte oder einen USB-Stick anschließen

1. Sobald Sie einen USB-Stick oder eine Festplatte an Ihren Computer anschließen, erscheinen automatisch folgende Optionen, die Windows 11 automatisch für die Verwendung des neu angeschlossenen Datenträgers anbietet:

   - Speichereinstellungen konfigurieren öffnet die App Einstellungen, sodass Sie die Speichereinstellungen auf Ihrem Computer konfigurieren können.
   - Ordner öffnen, um Dateien anzuzeigen zeigt den Inhalt des Datenträgers im Explorer auf dem Desktop an. Mit dieser Option können Sie beispielsweise Dateien von dem externen Datenträger auf Ihren Computer kopieren und umgekehrt.
   - Keine Aktion durchführen schließt einfach das Meldungsfenster.

   Die Meldungen werden so lange angezeigt, wie die Dauer in den Einstellungen des Computers definiert wurde. Wenn die Meldung verschwindet, bevor Sie daraufklicken konnten, entfernen Sie einfach den externen Datenträger und schließen ihn dann erneut an, worauf die Meldung wieder erscheinen sollte.

2. Zum Anschluss eines externen Speichermediums müssen Sie einen freien USB-Anschluss an Ihrem Computer suchen. Ein USB-Anschluss ist ein kleiner rechteckiger Steckplatz an der Vorder- oder Rückseite eines

Desktop-Computers oder an einer Seitenfläche eines Notebook- oder Tablet-Computers. USB-Anschlüsse sind häufig mit einem Symbol gekennzeichnet, das an einen Dreizack erinnert, so wie in Abbildung 16.1 gezeigt.

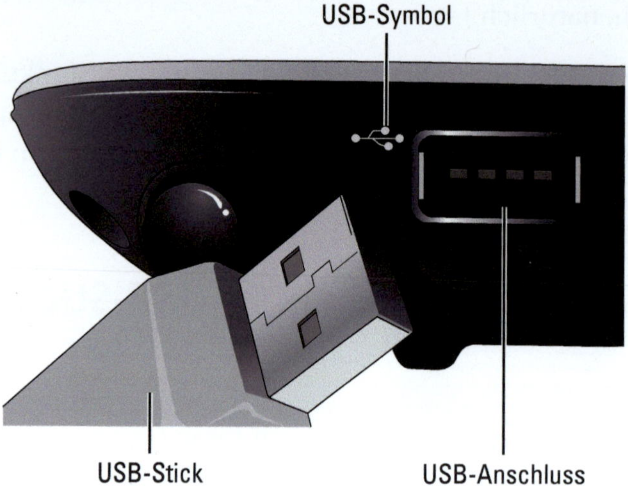

Abbildung 16.1: USB-Symbol, USB-Stick und USB-Anschluss

Wenn ein USB-Anschluss schwer zu erreichen ist, sollten Sie ein Verlängerungskabel kaufen. Eine weitere Alternative ist ein *Hub*, der aus einem USB-Anschluss Ihres Computers mehrere USB-Anschlüsse macht.

3. Zum Anschluss eines Gerätes mit USB-Verbindung kann dies immer nur in einer Richtung erfolgen; ggf. müssen Sie den Stecker drehen. Wenn Sie eine externe Festplatte verwenden, schließen Sie diese an eine Stromquelle an, falls erforderlich, und verbinden Sie sie dann über ein Kabel mit dem USB-Anschluss. Schalten Sie die externe Festplatte ein, falls sie einen separaten Netzschalter besitzt. (USB-Sticks und einige externe Festplatten haben keine separaten Stromquellen oder Netzschalter.)

4. Windows 11 zeigt eine Benachrichtigung an, die Sie auffordert, den Verwendungszweck des Wechseldatenträgers auszuwählen. Wenn Sie wissen, zu welchem Zweck der Datenträger verwendet wird, wählen Sie die entsprechende Option aus, beispielsweise ORDNER ÖFFNEN, UM DATEIEN ANZUZEIGEN. Andernfalls wählen Sie KEINE AKTION

DURCHFÜHREN oder warten Sie, bis die Benachrichtigung von selbst vom Bildschirm verschwindet.

Notebooks und Kameras haben oft auch einen Schlitz für eine Speicherkarte. Solche Speicherkarten können Sie ebenfalls zu portablem Speicher umfunktionieren, indem Sie sich einen Speicherkartenleser anschaffen. Grundsätzlich funktioniert auch ein Multicard-Kartenleser, aber diese Geräte kosten mehr und sind oft größer als Einzelkartenleser. Zudem brauchen Sie eine Kamera nicht mehr per Kabel mit dem Computer zu verbinden, wenn Sie ein solches Gerät besitzen. Sie laden einfach Ihre Bilder von der Speicherkarte auf Ihre Festplatte herunter.

Dateien von einem USB-Stick auf den Computer kopieren und umgekehrt

1. Um Dateien oder Ordner auf einen USB-Stick zu kopieren, stecken Sie den Stick in einen der USB-Anschlüsse an Ihrem Computer, so wie im vorhergehenden Abschnitt beschrieben.
2. Wenn Windows 11 beim Einsetzen eines USB-Sticks oder einer Speicherkarte eine Meldung und eine Aktionsliste wie in Abbildung 16.2 anzeigt, wählen Sie ORDNER ÖFFNEN, UM DATEIEN ANZUZEIGEN. Damit wird der Datei-Explorer auf dem Desktop geöffnet. Sollte der Explorer nicht automatisch geöffnet werden, rufen Sie das Startmenü auf und wählen dann das gelbe Explorer-Symbol in der Taskleiste aus.

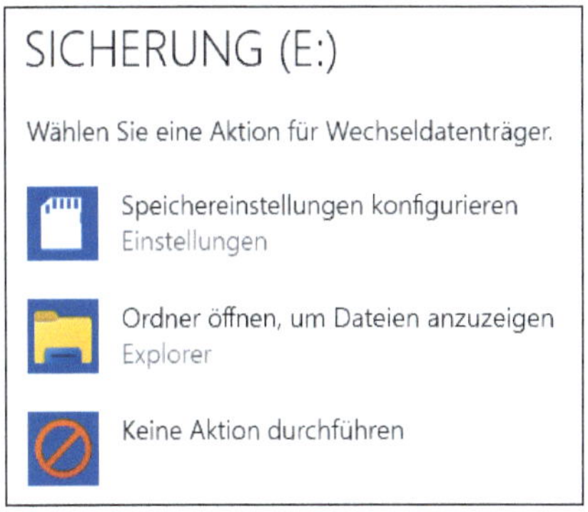

Abbildung 16.2: Aktionen für Wechseldatenträger

Die Tastenkombination zum Öffnen des Explorers ist ⊞+E.

3. Navigieren Sie links im Explorer zu dem Ordner, der die zu kopierenden Dateien enthält, und wählen Sie diesen Ordner aus. In Kapitel 15 ist beschrieben, wie Sie im Explorer navigieren und mehrere Dateien gleichzeitig auswählen können.
4. Wählen Sie auf der rechten Seite des Explorer-Fensters den Ordner oder die Datei(en) aus, den bzw. die Sie kopieren möchten. Wenn links neben den zu kopierenden Objekten Kontrollkästchen angezeigt werden, können Sie diese markieren, um mehrere Dateien gleichzeitig zu kopieren. (Mehr hierzu finden Sie in Kapitel 15.)

Um alle rechts aufgeführten Objekte auf einmal zu markieren, wählen Sie in der Symbolleiste MEHR INFOS (SEE MORE; drei Punkte) und im nachfolgenden Menü ALLES AUSWÄHLEN.

Die Tastenkombination zur Auswahl aller Dateien im Explorer lautet Strg+A.

5. Wählen Sie in der Symbolleiste des Explorers das Symbol KOPIEREN oder rufen Sie das Kontextmenü einer markierten Datei auf und wählen dort die Option KOPIEREN (siehe Abbildung 16.3). Alternativ können Sie zum Kopieren einer oder mehrerer Dateien auch die Tastenfolge Strg+C einsetzen.

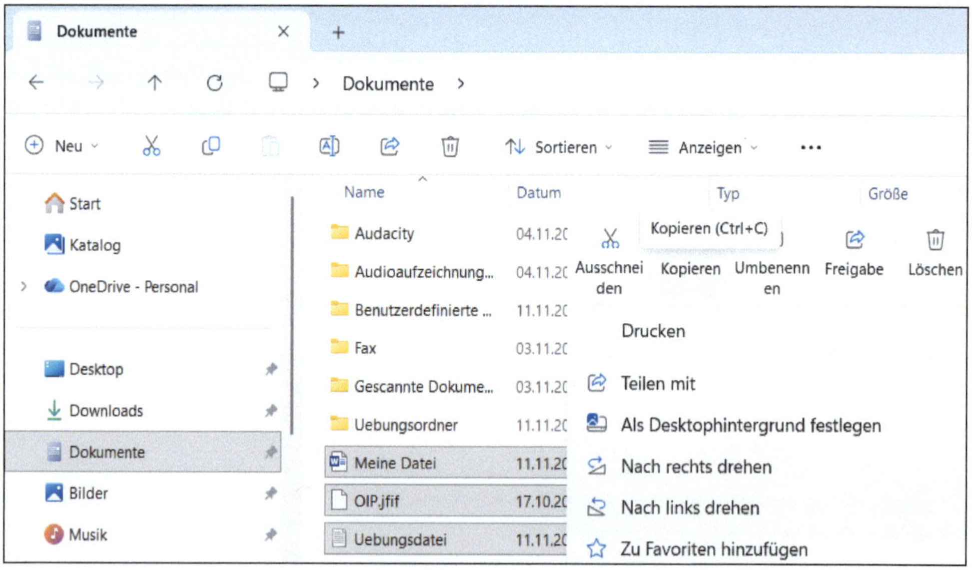

Abbildung 16.3: »Kopieren« im zugehörigen Kontextmenü

6. Suchen Sie als Nächstes im Navigationsbereich (links) unter DIESER PC nach dem Zielort. Das Laufwerk ist nicht LOKALE DATENTRÄGER (C:), auf der sich Windows 11 befindet. Wählen Sie, wie in Abbildung 16.4 gezeigt, den Wechseldatenträger aus, der für Ihren USB-Stick oder Ihre Speicherkarte steht, wohin die Dateien kopiert werden sollen.

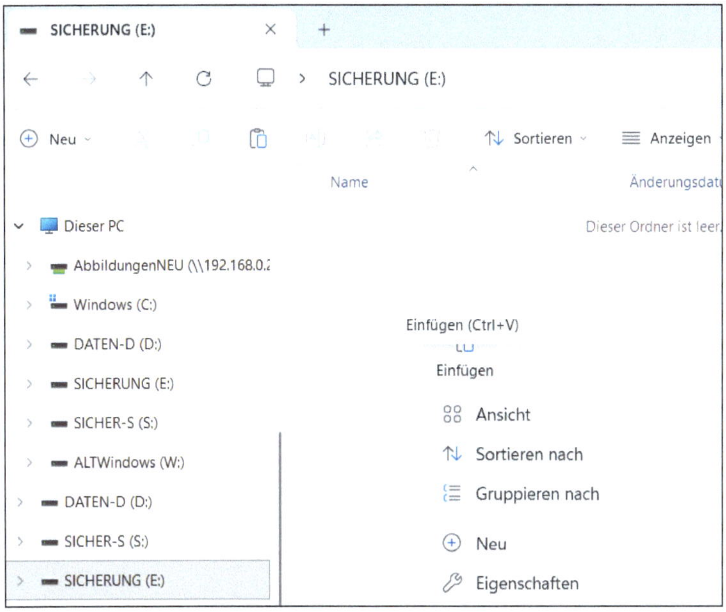

Abbildung 16.4: Zielort zum »Einfügen« kopierter Dateien

7. Wählen Sie dann in der Symbolleiste das Symbol EINFÜGEN oder den entsprechenden Punkt aus dem Kontextmenü; alternativ werden die kopierten Dateien über Einsatz der Tastenfolge Strg+V auf den Datenträger kopiert. Erfolgt der Vorgang schnell, sehen Sie keine Fortschrittsanzeige; sind es jedoch viele Dateien, wird Ihnen der Fortschritt angezeigt, bis der Vorgang abgeschlossen ist.

Dateien, die Sie auf OneDrive kopieren, werden automatisch in der Cloud und auf verknüpften Computern (auch Smartphones) gespeichert.

8. Wenn Sie eine Datei kopieren, die auf dem Ziellaufwerk bereits vorhanden ist, wird das Dialogfeld DATEIEN ERSETZEN ODER ÜBERSPRINGEN angezeigt (siehe Abbildung 16.5). (Vielleicht kopieren Sie ja eine neuere

Version einer zuvor schon mal kopierten Datei.) Folgende Optionen stehen zur Verfügung:

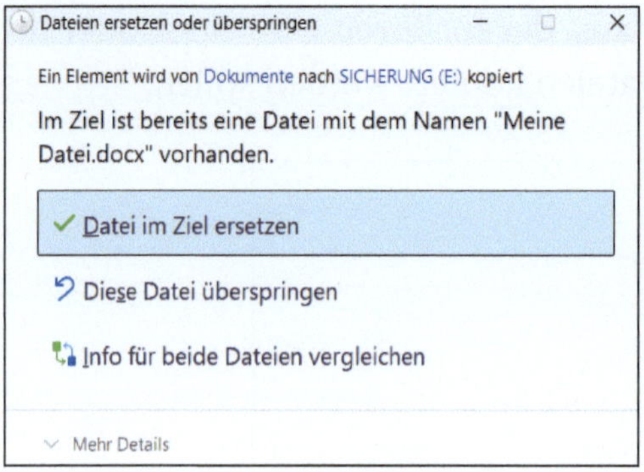

Abbildung 16.5: Wählen Sie eine Aktion aus.

- DATEI IM ZIEL ERSETZEN: Dies ersetzt die im Ziellaufwerk vorhandene Datei durch die neue. Tun Sie dies nur, wenn Sie sicher sind, dass Sie die alte Datei nicht mehr benötigen (wenn Sie beispielsweise nicht mehrere Dateiversionen aufbewahren möchten).
- DIESE DATEI ÜBERSPRINGEN: Damit wird die aktuelle Datei nicht auf den externen Datenträger gesichert.
- INFO FÜR BEIDE DATEIEN VERGLEICHEN: Diese Option öffnet ein weiteres Dialogfeld mit Dateiinformationen zu beiden Dateien. Wählen Sie die Datei aus, die Sie behalten wollen. Wenn Sie beide Dateien auswählen, wird die neue Datei mit einer an den Dateinamen angehängten, fortlaufenden Nummer auf den externen Datenträger kopiert, wie beispielsweise *Meine Datei (2)*. So können Sie das Original und die neue Version sichern.

Wählen Sie eine der beschriebenen Optionen. Wenn Sie INFO FÜR BEIDE DATEIEN VERGLEICHEN gewählt haben, geben Sie an, welche Dateien ersetzt und welche übersprungen werden sollen, und bestätigen Sie das anschließend mit WEITER. Je nachdem, wie schnell die Dateien kopiert werden bzw. wie groß diese sind, wird eine Fortschrittsanzeige angezeigt.

9. Überzeugen Sie sich vom Erfolg der Operation, indem Sie im Explorer links das Ziellaufwerk auswählen, das Sie festgelegt haben. Wenn die Dateien dort angezeigt werden, haben Sie es geschafft; sollte das nicht

der Fall sein, müssen Sie die obigen Schritte wiederholen.

10. Entfernen Sie den USB-Stick, die Speicherkarte oder einem sonstigen Speichermedium; damit sind Ihre Daten darauf gespeichert.

Wenn Sie Dateien oder Ordner besitzen, die Sie auf gar keinen Fall verlieren dürfen, führen Sie die hier gezeigten Schritte durch, um Sicherungskopien dieser Elemente auf einem Wechseldatenträger anzulegen. Anschließend bewahren Sie diesen Datenträger an einem sicheren Ort auf.

Um Dateien von einem externen Wechseldatenträger auf den Computer zu kopieren, befolgen Sie dieselben Schritte, nur in umgekehrter Richtung. Wählen Sie auf dem externen Speichermedium die Dateien aus, die kopiert werden sollen, und fügen Sie diese nach Anwahl des lokalen Speicherortes dort ein.

Kopien von Dateien auf OneDrive speichern

Neben der Speicherung auf einem externen Datenträger (Speichermedium) können Sie auch Kopien von Dateien in OneDrive, der Cloud von Microsoft, speichern. Damit speichern Sie Dateien auf Servern, die Microsoft im Internet gehören bzw. dort zur Verfügung stellt. Wenn Sie ein Microsoft-Konto haben, erhalten Sie aktuell 5 Gigabyte kostenlosen Speicherplatz in der Microsoft-Cloud. Wenn Sie ein Microsoft-365-Abonnement abgeschlossen haben, bekommen Sie sogar 1 Terabyte (das sind 1.054 Gigabyte) Speicherplatz dazu. Der große Vorteil von OneDrive: Sie können von jedem Computer mit Internetanschluss von überall auf Dateien in der Cloud zugreifen – egal ob Sie gerade in Trier oder in Timbuktu sind.

1. Mit einer der folgenden Techniken rufen Sie das Dialogfeld OneDrive einrichten auf und teilen Windows 11 mit, dass Sie OneDrive verwenden möchten:

   - Wählen Sie das OneDrive-Symbol im Benachrichtigungsbereich.
   - Rufen Sie über das Lupen-Symbol in der Taskleiste die Suchfunktion auf und geben Sie `onedrive` in das Suchfeld ein; wählen Sie in den Ergebnissen die OneDrive-App.

2. Geben Sie in das Dialogfeld ONEDRIVE EINRICHTEN die E-Mail-Adresse Ihres Microsoft-Kontos ein und wählen Sie die Schaltfläche ANMELDEN.

   Wenn Sie mit Ihrem Microsoft-Konto angemeldet sind, kennt Windows 11 Ihr Kennwort ja bereits, sodass dieses automatisch vorgeschlagen wird.

3. Geben Sie in das nächste Dialogfeld das dazugehörige Kennwort ein (sofern dies noch einmal angefordert wird) und klicken oder tippen Sie erneut auf die Schaltfläche ANMELDEN.

4. Es erscheint ein weiteres Dialogfeld, das Ihnen mitteilt, wo sich Ihr OneDrive-Ordner befindet (das Dialogfeld sieht anders aus, je nachdem, ob Sie mit einem Microsoft- oder einem lokalen Konto angemeldet sind). Den Speicherort können Sie an der Stelle ggf. anpassen und diese dann mit der Schaltfläche WEITER bestätigen.

5. Im nächsten Schritt schlägt die OneDrive-App vor, dass zu Beginn automatisch bestimmte Bereiche des Computers mit OneDrive gesichert (synchronisiert) werden. Dies können Sie an der Stelle aber zunächst durch Anwahl der Schaltfläche ICH WERDE ES SPÄTER TUN überspringen.

6. Um bestimmte Ordner oder Dateien nach OneDrive zu kopieren, öffnen Sie zunächst den Datei-Explorer. Im oberen Navigationsbereich sehen Sie einen Eintrag, der auf persönliche Dokumente des aktuell angemeldeten Benutzers hinweist (hier CHRIS - PERSÖNLICH), so wie in Abbildung 16.6 dargestellt.

   An dem Eintrag ONEDRIVE in der Zeile der Pfadangabe (oberhalb der Menü- bzw. Symbolleiste) können Sie erkennen, dass Sie sich aktuell in der OneDrive-Umgebung befinden.

   Auch wenn der OneDrive-Ordner zusammen mit Ihren anderen Ordnern im Navigationsbereich angezeigt wird, befindet sich dieser Ordner in der Microsoft-Cloud und nicht auf Ihrem Computer.

7. Sie können das OneDrive-Laufwerk jetzt wie jedes andere Laufwerk oder Speichermedium behandeln; im Grund genommen ist es ein Netzwerklaufwerk. So können Sie Dateien oder Ordner nach OneDrive kopieren und umgekehrt. Ordner und Dateien, die in OneDrive liegen, erkennen Sie an dem grünen Häkchen; Dateien/Ordner, die mit einer Wolke markiert sind, liegen nur in OneDrive.

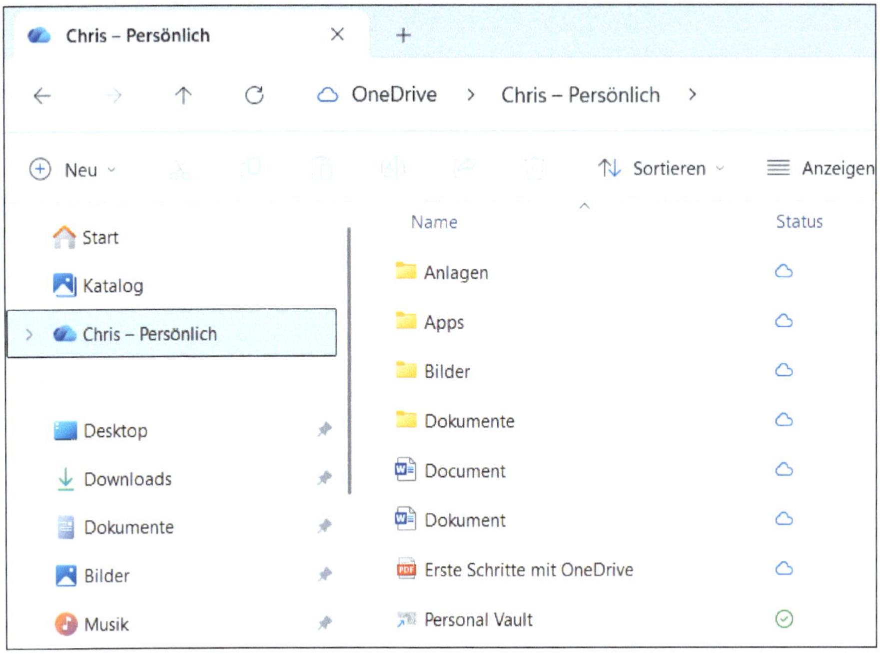

Abbildung 16.6: OneDrive-Ordner im Datei-Explorer

In Kapitel 15 erfahren Sie, wie Sie Dateien mit dem Explorer kopieren und verschieben. Dort wird auch erklärt, wie Sie Dateien erstellen und abspeichern.

8. Öffnen Sie im Explorer einen der Order auf Ihrem Computer, die Sie nach OneDrive kopiert haben. Erstellen Sie eine neue Datei und speichern Sie diese unter dem Namen `Sync` in dem geöffneten Ordner.

9. Wählen Sie im Explorer den OneDrive-Ordner aus und öffnen Sie dann den Ordner mit demselben Namen wie dem, den Sie in Schritt 5 geöffnet haben. Sie sehen nun die Datei mit dem Namen *Sync* in OneDrive (siehe Abbildung 16.7). Wenn Sie eine Datei in einem Ordner speichern, der auch auf OneDrive liegt, wird eine Kopie dieser Datei automatisch auch bei OneDrive abgelegt. Microsoft nennt diesen Vorgang Synchronisierung. Dank der Synchronisierung müssen Sie Dateien nicht manuell nach OneDrive kopieren. Sie werden automatisch erstellt. Praktisch!

Die automatische Synchronisierung funktioniert nur, wenn für den Ordner die Option SYNCHRONISIEREN UND SICHERN aktiviert wurde. Um zu sehen, welche Ordner von Ihrem Computer mit Ordnern auf OneDrive synchronisiert werden, klicken oder tippen Sie auf das

OneDrive-Symbol im Infobereich rechts in der Taskleiste, wählen im angezeigten Menü über das Zahnradsymbol EINSTELLUNGEN an. Über die Schaltfläche KONTO können Sie dann die Schaltfläche ORDNER WÄHLEN anwählen; ein Dialogfeld wird angezeigt. Entfernen Sie die Häkchen bei bestimmten Ordnern, wenn Sie verhindern möchten, dass OneDrive diese Ordner auf Ihrem Computer mit seinem entsprechenden Gegenstück in OneDrive synchronisiert.

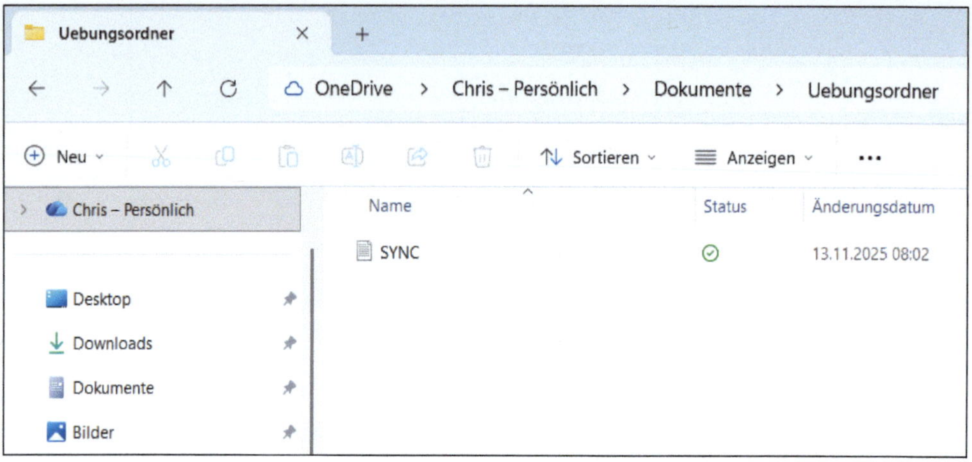

Abbildung 16.7: Die neue Datei ist auf OneDrive gespeichert.

10. Sie können auf OneDrive auch über jeden beliebigen Web-Browser zugreifen. Starten Sie beispielsweise Microsoft Edge und geben Sie als Adresszeile Folgendes ein: `onedrive.live.com`. Geben Sie Ihr Kennwort ein, falls Sie dazu aufgefordert werden. Sie sehen die Ordner Ihres Computers, die Sie in OneDrive gespeichert haben (siehe Abbildung 16.8).
11. Innerhalb der Browser-Darstellung von OneDrive können Sie sämtliche Dateien und Ordner verwalten, das heißt, Sie können sie löschen, verschieben und herunterladen.

In Kapitel 6 erfahren Sie, wie Sie Microsoft Edge verwenden, den offiziellen Web-Browser von Windows 11.

Dateiversionsverlauf einschalten

1. Damit Windows Sicherungskopien Ihrer Dateien anlegen kann, müssen Sie einen Wechseldatenträger an Ihren Computer anschließen, wie

beispielsweise einen USB-Stick oder eine externe Festplatte. Anschließend starten Sie über das Startmenü die entsprechende App, indem Sie in das Suchfeld (Lupen-Symbol) `Dateiversionsverlauf` eingeben; wählen Sie den gleichnamigen Eintrag in den Suchergebnissen.

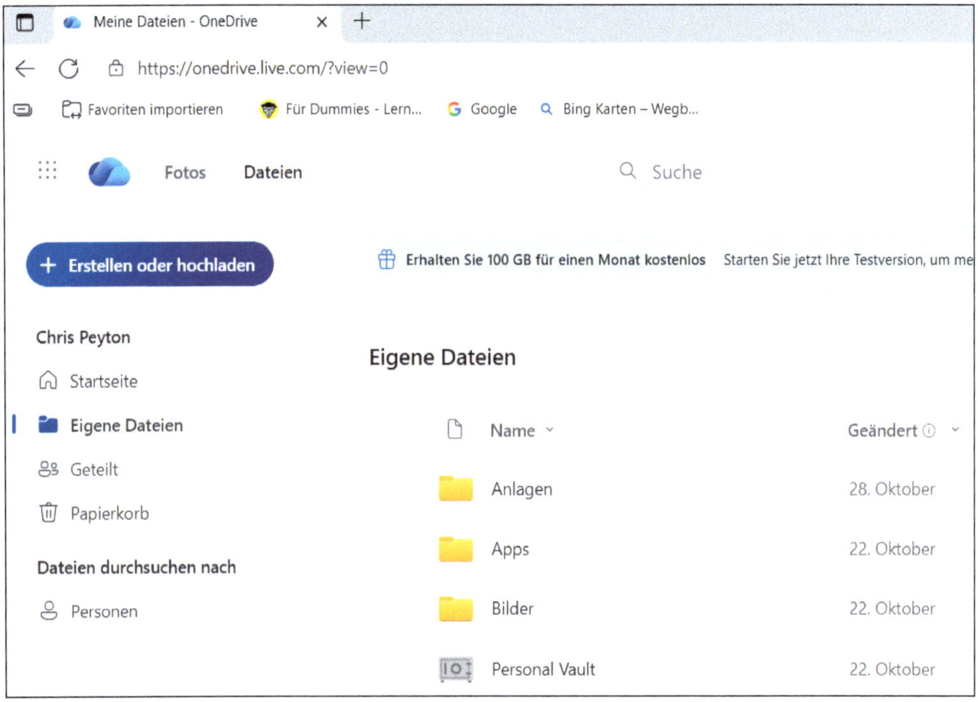

Abbildung 16.8: OneDrive-Zugriff über einen Web-Browser

2. Das Fenster DATEIVERSIONSVERLAUF wird angezeigt. Sollte diese Option noch deaktiviert sein, müssen Sie diese zunächst mit der Schaltfläche EINSCHALTEN aktivieren.

3. Der Dateiverlauf erkennt die externen Laufwerke, die Sie an Ihren Computer angeschlossen haben und die zum Speichern von Sicherungskopien Ihrer Dateien verwendet werden können. Wenn kein (externes) Laufwerk angeschlossen ist, wird die Option angezeigt, ein Laufwerk auszuwählen. Zudem können Sie über die Option LAUFWERK AUSWÄHLEN (links) ein beliebiges (externes) Speichermedium für die Sicherung auswählen.

Der Dateiversionsverlauf speichert Informationen auf einer externen Festplatte oder auf einem Netzlaufwerk. Haben Sie den Dateiversionsverlauf eingeschaltet, kopiert er automatisch Ihre Dokumente, Musikstücke, Fotos, Videos und Desktopelemente auf das von Ihnen angegebene Laufwerk. Wenn Änderungen verloren gehen, gelöscht werden oder nicht mehr erwünscht sind, können Sie die Sicherungskopie mit dem weiter hinten in diesem Kapitel im Abschnitt »Dateien mit dem Dateiversionsverlauf wiederherstellen« beschriebenen Verfahren wiederherstellen.

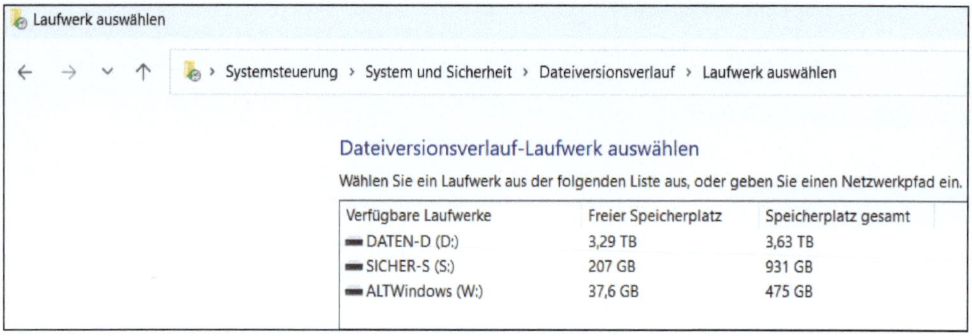

Abbildung 16.9: Laufwerksauswahl für Sicherung

4. Standardmäßig sichert der Dateiversionsverlauf alle persönlichen Dateien, die sich auf Ihrem Computer befinden. Sie können jedoch Ordner von diesem Sicherungsvorgang ausschließen, um Platz auf dem externen Laufwerk zu sparen. Wählen Sie Ordner ausschliessen auf der linken Seite des Dialogfensters, um festzulegen, welche Ordner ausgeschlossen werden sollen. Klicken oder tippen dazu Sie auf die Schaltfläche Hinzufügen und wählen Sie dann den gewünschten Bereich aus.

5. Mit Bestätigung der Einstellungen über die Schaltfläche Änderungen speichern, werden die Vorgaben für den Sicherungsverlauf gespeichert (siehe Abbildung 16.10).

6. Standardmäßig speichert Windows 11 jede Stunde eine Kopie der Dateien. Diese und andere Einstellungen des Dateiversionsverlaufs können Sie jedoch ändern. Klicken oder tippen Sie im linken Bereich auf die Option Erweiterte Einstellungen, worauf folgende Möglichkeiten zur Verfügung stehen:

   - Speichern von Dateikopien: Diese Option legt fest, wie oft der Dateiversionsverlauf nach neuen oder geänderten Dateien sucht. Ich empfehle die Einstellung Alle 10 Minuten, damit eine möglichst geringe Verlustgefahr für neue oder geänderte Dokumente besteht; dies vergrößert allerdings auch den Speicherbedarf.

- AUFBEWAHRUNG GESPEICHERTER VERSIONEN: Standardmäßig bewahrt der Dateiversionsverlauf die Kopien Ihrer Dateien für immer auf. Mit dieser Option können Sie die Lagerdauer aber auch begrenzen. Lassen Sie vorläufig FÜR IMMER stehen.

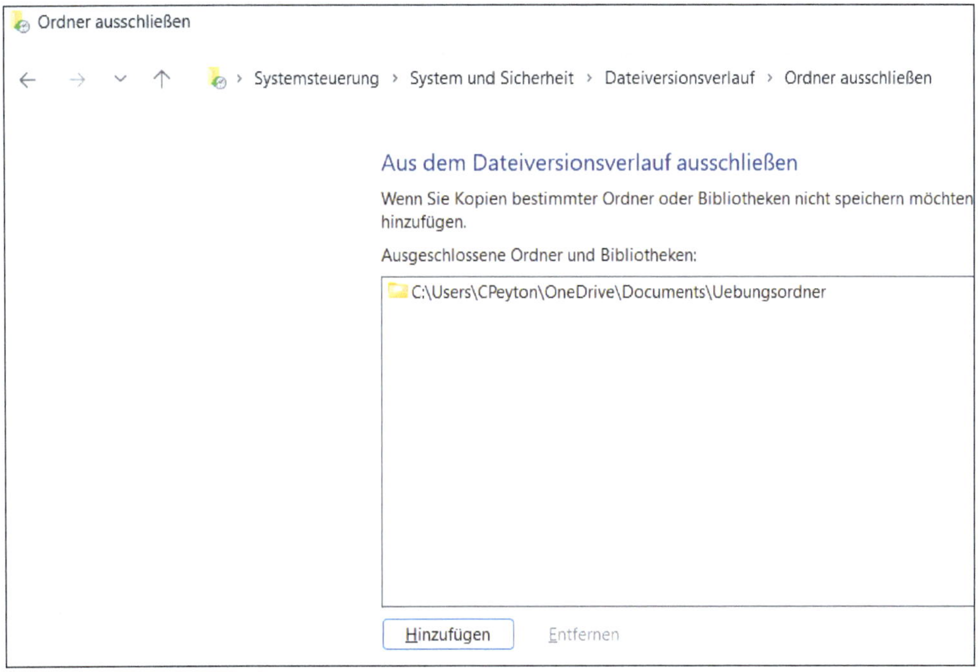

Abbildung 16.10: Festlegung für den Ausschluss bestimmter Ordner

Wenn Sie in den Urlaub fahren, könnten Sie das externe Laufwerk trennen und in einem feuerfesten Safe oder an einem anderen sicheren Lagerort unterbringen. Das Laufwerk ist Ihre Versicherung gegen Diebstahl oder Zerstörung Ihrer Daten.

Dateien mit dem Dateiversionsverlauf wiederherstellen

1. Um Dateien, die über den Dateiversionsverlauf gesichert wurden, müssen Sie die entsprechende App starten, indem Sie im Suchfeld des Startmenüs (Lupen-Symbol) Folgendes eingeben: `dateiversionsverlauf`. Wählen Sie in den Suchergebnissen STELLT DATEIEN MIT DEM DATEIVERSIONSVERLAUF WIEDER HER aus. Damit wird anschließend der

Dateiversionsverlauf auf dem Desktop geöffnet und angezeigt (siehe Abbildung 16.11).

2. Die neuesten Sicherungen, die der Dateiversionsverlauf erstellt hat, werden im Fenster angezeigt. Ältere Versionen können Sie aufrufen, indem Sie im unteren Fensterbereich auf den nach links zeigenden Pfeil klicken oder tippen. Zur neuesten Sicherung gelangen Sie, indem Sie auf den nach rechts zeigenden Pfeil klicken oder tippen.

Klicken oder tippen Sie erst auf die Schaltfläche zum Wiederherstellen (unten Mitte), wenn Sie die gewünschten Dateien ausgewählt haben; ansonsten werden alle Dateien auf einmal wiederhergestellt.

Abbildung 16.11: Datenwiederherstellung über den Dateiversionsverlauf

In der Regel werden Sie die neueste Dateiversion wiederherstellen. Wenn Sie jedoch eine Änderung rückgängig machen möchten, wählen Sie eine ältere Sicherungskopie aus.

3. Wenn Sie wissen, wo die Datei, die Sie wiederherstellen möchten, gespeichert ist, doppelklicken oder doppeltippen Sie auf den betreffenden Ordner. Möchten Sie beispielsweise ein Foto wiederherstellen und wissen, dass es sich im Ordner BILDER befindet, können Sie diesen Ordner öffnen und das gewünschte Foto suchen. Ist Ihnen der Speicherort unbekannt, geben Sie den Namen der Datei in das Suchfeld »ALLE« SUCHEN in der oberen rechten Ecke ein. Während der Eingabe werden passende Namen vorgeschlagen; wählen Sie die Datei aus, die wiederhergestellt werden soll.

4. Klicken oder tippen Sie anschließend auf die Schaltfläche zum Wiederherstellen (unten Mitte). Wenn damit die Datei wiederhergestellt wird, die Sie beispielsweise zuvor gelöscht hatten, können Sie den Dateiversionsverlauf schließen und die restlichen Schritte überspringen. Wird stattdessen das Fenster DATEIEN ERSETZEN ODER ÜBERSPRINGEN geöffnet, existiert am Ursprungsort bereits eine andere Version der Datei mit diesem Namen. Wenn Sie sicher sind, dass Sie die ältere Version der Datei wiederherstellen möchten, klicken oder tippen Sie auf DATEI IM ZIEL ERSETZEN. Sind Sie unsicher, wählen Sie hier INFO FÜR BEIDE DATEIEN VERGLEICHEN, um weitere Informationen anzuzeigen. Das Fenster DATEIKONFLIKT wird geöffnet.

5. Das Fenster für den Dateikonflikt bietet folgende Wahlmöglichkeiten:

   - Wählen Sie (links) die Datei(en) aus der Sicherung aus, die die Dateien im Zielordner ersetzen soll(en). (Das ist genauso, als würden Sie im Bildschirm DATEIEN ERSETZEN ODER ÜBERSPRINGEN auf DATEI IM ZIEL ERSETZEN klicken oder tippen.)

   - Wählen Sie rechts die Datei(en) auf dem Ziellaufwerk aus, die nicht durch die Sicherungsdateien ersetzt werden soll(en). (Das ist genauso, als wenn Sie im Bildschirm DATEIEN ERSETZEN ODER ÜBERSPRINGEN auf DIESE DATEI ÜBERSPRINGEN klicken würden.)

   - Wenn Sie auf beiden Seiten des Fensters dieselben Dateien wählen, lässt der Dateiversionsverlauf das Original, wie es ist, und stellt lediglich die Sicherungskopie mit demselben Namen und einer angehängten (2) wieder her, sodass Sie beide Versionen haben. (Diese Option benötigen Sie nur, wenn Sie nicht sicher sind, welche der beiden Dateien Sie behalten wollen.)

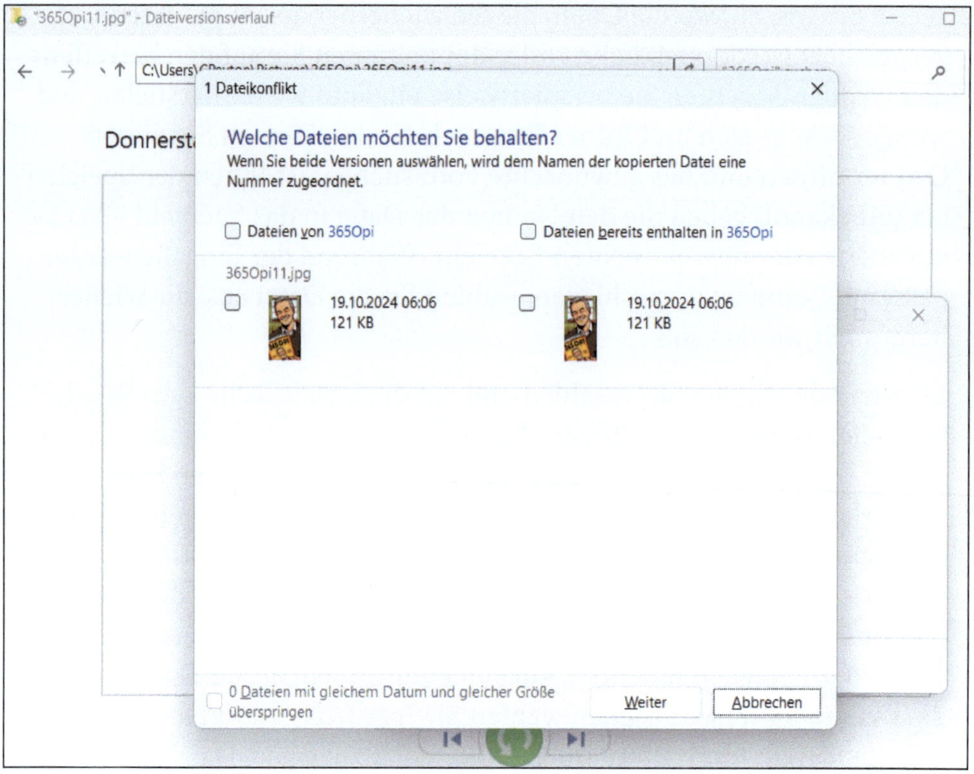

Abbildung 16.12: Überprüfung von Dateien mit gleichem Namen

Wenn Sie mehrere Dateien zugleich wiederherstellen, können Sie für jede einzelne Datei wählen, ob Sie sie ersetzen, überspringen oder duplizieren wollen.

6. Klicken Sie auf WEITER, damit Windows 11 die Operation anhand Ihrer in Schritt 6 getroffenen Auswahlen abschließt. Anschließend wird der Ordner mit den wiederhergestellten Dateien im Explorer geöffnet.

Frischzellenkur für den Computer

1. Fehler passieren! Der Computer tut nicht, was er soll, ein Programm stürzt ab oder das Notebook arbeitet nur noch im Schneckentempo. Wenn sich Ihr Computer schlecht benimmt, versuchen Sie, ihn zurückzusetzen. Klicken Sie auf die START-Schaltfläche und wählen Sie im Startmenü die Option EINSTELLUNGEN.
2. Im Fenster EINSTELLUNGEN wählen Sie links SYSTEM und scrollen nach unten (rechts) bis zum Eintrag WIEDERHERSTELLUNG.

Bevor Sie Ihren Computer zurücksetzen, lesen Sie in Kapitel 13 nach, wie Windows 11 aktualisiert und gewartet wird. Vielleicht lassen sich einige Probleme schon durch ein Update lösen.

Die Funktion Wiederherstellung ist so angelegt, dass Ihre Daten dabei intakt bleiben. Trotzdem sollten Sie die Schritte 1 bis 4 aus dem Abschnitt »Dateien mit dem Dateiversionsverlauf wiederherstellen« in Erwägung ziehen, um sicher zu sein, dass alle Ihre persönlichen Dateien auf Ihrem externen Laufwerk gespeichert sind. Lieber auf Nummer sicher gehen.

3. Klicken Sie unter Diesen PC zurücksetzen auf die Schaltfläche PC zurücksetzen, so wie in Abbildung 16.13 gezeigt.

Die Funktion Wiederherstellung entfernt keine Apps, die Sie über den Microsoft Store erworben haben, aber alle Programme, die auf andere Art installiert wurden. Diese Sicherheitsfunktion beruht auf der Annahme, dass etwas, das Sie aus anderer Quelle installiert haben, Probleme verursacht. Daher sollten Sie sich vergewissern, dass Sie selbst installierte Desktopprogramme, zum Beispiel Microsoft Office, entweder nicht mehr benötigen oder dass Sie über alles Notwendige verfügen, um die Anwendung zu einem späteren Zeitpunkt erneut installieren zu können. Windows 11 wird auf dem Desktop eine Datei erstellen, aus der ersichtlich ist, welche Programme entfernt wurden.

4. Wählen Sie im nachfolgenden Dialogfeld Option auswählen eine der folgenden Möglichkeiten:

   - Eigene Dateien beibehalten: Der Computer wird zurückgesetzt, wobei die eigenen (persönlichen) Dateien erhalten bleiben.
   - Alle entfernen: Der Computer wird zurückgesetzt und dabei alle Apps, Daten und sonstigen Einstellungen gelöscht werden.
   - Abbrechen: Sind Sie sich unsicher, können Sie diesen Dialog wieder verlassen und zur Einstellungen-App zurückkehren.

5. Nach Auswahl der gewünschten Option startet die Wiederherstellung und der Computer wird zwischendurch mindestens einmal neu

gestartet. Wenn die Wiederherstellung abgeschlossen ist, wird der Sperrbildschirm angezeigt, auf dem Sie sich wie immer anmelden. Wenn Sie eine Datei namens »Removed Apps« (»Gelöschte Apps«) oder ähnlich auf dem Desktop sehen, doppelklicken oder doppeltippen Sie darauf, um sie in Ihrem Browser zu öffnen. Die Datei liefert Informationen dazu, welche Apps entfernt wurden. Wenn Ihnen bekannt ist, dass eine dieser Apps ein Problem verursacht hat, sollten Sie diese nicht wieder installieren.

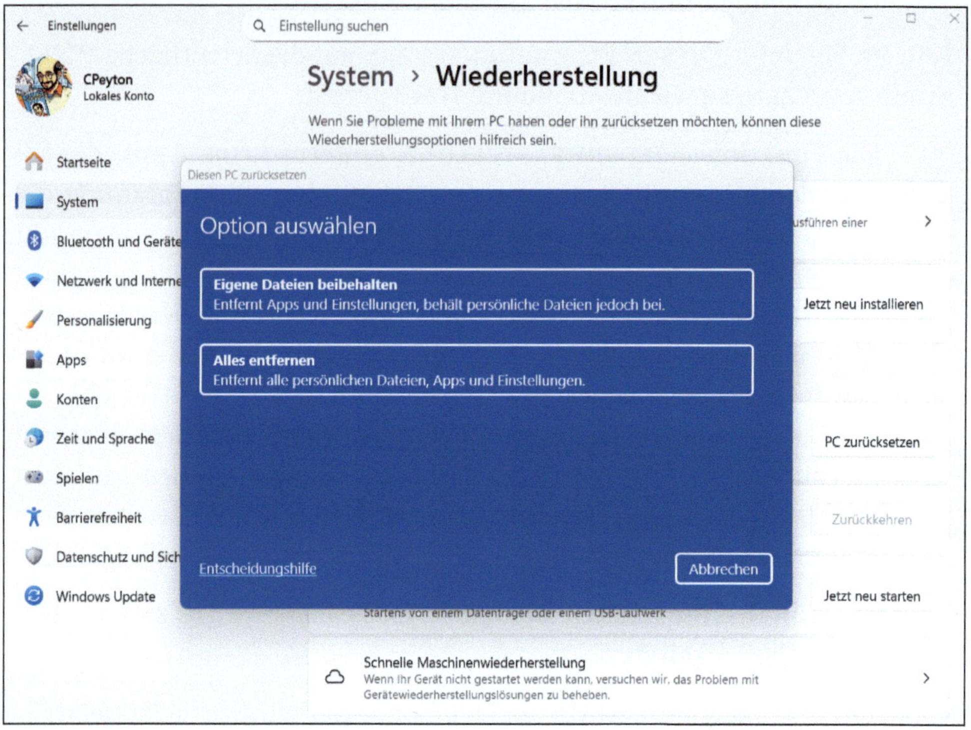

Abbildung 16.13: Optionen beim Zurücksetzen des Computers

Lassen Sie sich von der Funktion WIEDERHERSTELLUNG nicht abschrecken: Sie ist einfach, schnell und sie lohnt sich, wenn ein Computer, der Probleme macht, danach besser funktioniert. Allerdings hat sie auch bestimmte Konsequenzen, beispielsweise, dass Sie ggf. anschließend Apps neu installieren müssen.

Abbildungsverzeichnis

Stichwortverzeichnis